刀水歴史全書96

フランス革命

「共和国」の誕生

山﨑耕一著

刀水書房

刀水歴史全書96　フランス革命　「共和国」の誕生　目次

装丁　的井　圭

フランス革命——「共和国」の誕生

序章

フランス革命の歴史を叙述するにあたって、まず考えておかなければならないことがある。フランス革命はどのような状況で生じたのか、フランス革命が起こる際のフランスはどのような状態だったのかという背景の問題、および、そもそも「革命」とは何かという問題である。

1 革命前夜のフランスの状況

一八世紀のフランスは、基本的に区別と差異、特権と不平等を基本的原理とする社会だった。「社会は、祈る人＝聖職者、戦う人＝貴族、働く人（もしくは耕す人）＝平民という三つの身分から成っている」という中世的理念は九世紀頃に出現し、基本的には一八世紀にも引き継がれていて、前二者が特権身分とされていた。ただし「自分の実力で周辺一帯を支配下においている武人」という意味での「事実上の貴族」がそのままで貴族身分になったわけではない。弱者を助け、神のために戦うというキリスト教的な騎士のイメージを自己のものとし、また騎士の家系と縁組を行なうことで貴族が一つの身分となるのは一二世紀だった。中世は千年くらいの長さを持つ時代であり、その間には政治・経済・社会に様々な変化・進展があったことは確かである。だがここでは一八世紀を理解するためのみに、それとの対比においてあえて単純化し、モデル化して記すと、中世には各地域は大小の領主＝貴族が実力で掌握し、支配していたのであって、そこにおいて国王は「貴族の第一人者」であり、その機能は「戦時の指揮官」「紛争の調停者＝裁判官」であった。名目上はフランスを代表する君主であり、国王がもたらす法的秩序の超越性は揺るぎなかったにしても、一〇世紀末にカペ朝が成立した時にその支配が直接に及んでいたのはパリ周辺の王領地のみであり、それ以外の所ではそれぞれの領主が事実上の支配者となっている「群雄割拠」の状態だったのである。

そうした中で一二世紀末のフィリップ二世の頃から国王が少しずつ実質的な権力を蓄え、フランスの各地域、各団体をみずからの支配下におさめようとしていく。とりわけ一五世紀半ばから一六世紀半ばの百年間、国王で言うとルイ一一世からフランソワ一世の時期に重要な大諸侯の領地をフランス王国に併合するのにほぼ成功し、フランスの国土は現在の形に近づくのだが、その際に国王は、摩擦を避けるため、各地域、各団体がそれまでの歴史の中でみずからのものとしていたしきたりや慣習、制度を基本的には容認していった。ただし、それぞれの伝統を単にそうした伝統として認めたのではなく、国王が承認し、その地方（もしくは団体）に与えた「特権」として認めたのだった。つまり実質的にはこれまでと変わらなくても、正当化の根拠が入れ替わったのであって、ある地方でそこの慣習を守るのが正当であるのは、「歴史的にずっとその慣習が守られてきたから」ではなく、「国王がその慣習をその地方の特権として承認したから」なのである。ここで注意しておかなければならないのは、国王から特権を認められる（または国王から義務を課せられる）のは州や都市などの地域、または同業組合などの団体であって、個人ではないことである。各人は、個人としてではなく、そうした集団の一員という資格で特権にあずかる（または義務を課せられる）のである。このように政治的な権利・義務の主体として認知される集団は「社団」と呼ばれる。アンシァン・レジーム期のフランスは社団を単位として構成されていたのであって、「社団制国家」と呼ばれる。貴族身分もまた、一七世紀にルイ一四世によって二回にわたり「貴族改め」が行なわれた結果、中世以来の自生的な社会集団であったものが国王から法的に承認された身分団体＝社団へと変質したのだった。さてこうして、それまでは単なる不文律でややあいまいなところもあった社団の慣習が「国王が付与した特権」として成文化され、権利として認められることになる。特権を認めることで国王は人々の服従を期待することができ、みずからの権威を高められるのだが、人々の側も自分たちの特権を確かなものにするために積極的に国王の権威を承認し、王権が作り出す秩序をみずからのものとして受け入れるようになる。このようにして絶対王政が進展していく。もちろん、絶対王政期に入ってから形成される社団もあって、すべての社団や特権が中世に存在していたものの追認ではない。ひとたび社団制ができあがってしまえば、新たな団体や特権も同じ制度の中に取り込まれる形で成立するのである。

角度を変えて見ると、「特権」とはもともと各社団が絶対王政の出現以前から自分たち自身のルールとして持っていたものなのだから、「特権」が維持されるとは自分たちの本来の行動様式が守られること、つまりは自分たちが慣れ親しんだやり方で自由に振る舞えることを意味する。また数多くの社団がそれぞれに自己の特権を主張しながら権利・義務の主体として共存している社会では、特定の個人や団体が他を威圧するような支配力を持つことはできない。すなわちアンシァン・レジームの社会においては、各社団がそれぞれに他と異なる特権を享受していることこそが「自由」なのであり、特権を廃止して、フランス全国に一律な制度を適用しようとするのは、「自由」を否定する「専制」であると考えられていた。居住する地域、所属する団体が異なれば、それに応じて各人が享受することができる「特権」は異なるから、必然的に区別・差異・不平等が存在することになるが、そのように人は一人ずつ相異なることこそが「自由」が存在する証しだった。フランス革命は「自由、平等、博愛」をモットーとするが、革命前が不自由であり、革命によって自由がもたらされたわけではない。「自由」の意味が革命によって変化したのである。

とはいえ、こうした形での「特権」＝「自由」の承認がある意味で矛盾したものであったことは否定できない。絶対王政は、一方ではフランス全体を一つの王権のもとに掌握し、統一することをめざしていながら、各社団を王権に承服させるためにはそれぞれの個別性・独自性を「特権」として承認し、そうすることで人々の服従を確保していったのであるから。ブルボン王朝のもとで地理的に現在のフランスに近い地域を王権の支配下に収めることができると、一八世紀、とりわけその後半にはフランス王国の統治の実質的な一体性を国王政府はめざし、社団の特権を制限しようとするようになる。そうすると、まさに前段落で述べたような「専制政治」という批判が主に高等法院から寄せられるようになる。フランス革命に先立つ数十年、絶対王政はみずからが作り出した政治・社会の組織原理との矛盾に苦しむようになっていたのである。

特権に基づくが故に必然的に区別・差異・不平等を原理とするアンシァン・レジーム社会は「身分制社会」と呼ばれることもある。この呼び方には注意が必要である。なぜなら、以上の叙述から察しがつくであろうが、聖職者や貴族といった特権身分のみが特権を持っていたわけではないからである。ノルベルト・エリアスを引用しよう。

なるほど市民階層のなかのこの上流階層（＝大商人）の関心は必ずしも他の市民集団のそれと一致するものではない。しかし――その他の多くの関心とならんで――とりわけ彼らに共通するひとつの関心がある。それはかれらの様々な特権を維持するという関心である。例外的権利すなわち特権を与えられているのは、貴族あるいは官職についている人の社会生活だけではないからである。この時代においては商人の存在もまた特権に基づいている。同業組合の存在も特権に依存している。これらの特権がその細部においてどのようなものであったにせよ、ある意味で社会的勢力として重きをなす市民階層は一八世紀の後半にいたるまで、貴族と全く同じように例外的権利を与えられ、特権によって維持されている身分形成なのである(1)。

さらにつけ加えるなら、平民の特権は「社会勢力として重きをなす市民階層」に限られるわけではない。例えば塩税《ガベル》の徴収に関しては、一六八〇年五月の王令によって六種類の徴税区が区別されており、その中の「免税区」（ブルターニュ、フランドルなど）においては徴収されなかった。言い換えると「免税区」の住民は、一般庶民に至るまで、塩税を免除されるという特権を享受していたのである。都市の住民がその都市に住むことによって享受できる特権についても同様である。確かに社会的・経済的地位の高い人の方が、享受できる特権の重要性も高い（というより、重要な特権を享受することで高い地位を獲得ないし維持している）ことは確かであり、大局的に見れば聖職者と貴族からなるいわゆる「特権身分」が身分制社会の基本的な受益者だったと言えるだろうが、多くの一般庶民も何かしらの特権を享受し、それによって他との差異がはかられていたのであり、「身分制社会」とは「あらゆる住民が、享受する特権の違いによって、相互に他と区別されている社会」なのである。

一八世紀のフランスは基本的に、今述べてきたような社団制に基づく「身分制社会」であったが、国家を財政面から見ると「家産制国家」(2)であった。すなわち国王家の私的な収支と国家の公的な収支が区別されておらず、国王は基本的には王領地からあがる収入によって国家財政をまかなうものとされていたのである。国王＝国家の役割が「戦時の指揮官」と「紛争の調停者」に限定されていた時代なら、それでも財政は成り立ったかもしれないが、近世に入って、例えば重商主義的な政策を施行するために官僚層が必要になると、王領地からの収益だけではとても国家財政を支えられなくなる。国民から税を徴収する必要が生じるのだが、そうすると徴税のための役人を登用しなければならなくなり、さらなる国庫収入が求められる。もちろん、税制以外の収入の模索と活用（例えば売官制）もなされたし、借入を行なうのは国王政府の常套手段だったが、税金の種類と額をいかに増やして国家財政をまかなうかという問題が、フランス革命の時までずっと続く基本的な重要問題だったのである。実際の金額から言えば、歳出に占める王領地収入の比率は一六世紀末にはすでに一割未満に過ぎなかったのであり、徴税に頼らなければ国家が成り立たないのは自明だったのだが、「家産制国家」が基本的な理念であったから、徴税はあくまで臨時の例外的なものとみなされた。国王は、君主の当然の権利として納税を要求できたのではなく、国民に徴税の必要を訴え、その同意を得て、「税を納めていただく」立場だったのである。ちなみに戦争を指揮するのはフランク王国以来の国王の職務だったから、新たな戦争が起こった時には、戦費をまかなうという名目で、新税への同意を得やすい。一七世紀から一八世紀にかけては、こうして戦争の際に設けられた新税が、財政上の必要という理由で戦争終結後も徴収され、なし崩し的に普通の直接税の一部と化していったものがいくつか見られる。ともあれ、絶対王政のもとで国王がフランス全国、さらには国際関係を視野に入れながら政治のリーダーシップをとるためには十分な国庫収入が欠かせないが、そのために税制度の改革を行なうには国民に頭を下げてお願いせざるを得ないという矛盾があった。これは、先に述べた身分制社会の矛盾、すなわち国王が集権化を進めて自己の権威を高めるには、分権的な社団ごとの特権を承認し、保障せざるを得ないという矛盾と同じ性質のものであり、現実の政治問題においては、これら二つの矛盾はほとんど同じ一つのコインの両面だったのである。

一八世紀の国王政府は、フランスの国制をマヒさせかねないこれらの矛盾を前にして、別に手をこまねいていたわけではなかった。ルイ一五世の晩年におけるモプーの改革（一七七一～七四）、新王ルイ一六世のもとでのテュルゴの改革（一七七四～七六）、ネケールの試み（一七七六～八一）などはいずれも、国王の集権化と国家の統一化をめざしたものだった。だが集権化と統一化はまさに社団ごとの特殊性＝特権と真正面からぶつかることになる。これらの改革は多方面からの反対と抵抗に遭って、いずれも改革半ばで挫折することになった。そのために成功することはなかったが、国王政府（およびそれを支える官僚）は、権力を国王のもとに可能な限り集中し、フランス全国に一律な制度を施行して、これを国王が直接に把握するような政治体制をめざして改革を行なっていたと言えるだろう。

同じ時代に、国王政府やフランス社会のあり方を批判したり、あるべき政府や社会の姿を模索したりする思想がいろいろ生まれており、それらが「啓蒙思想」と総称されていることは周知のとおりである。その中で重農主義者が唱えた「啓蒙専制主義」は上記の国王政府の改革路線に近いものであり、一七七四～七六年に財務総監を務めたテュルゴは重農主義者の一人だった。モンテスキューは逆に、『法の精神』において「穏和な君主制」、すなわち国王が絶対君主化して独断で政治を行なうようになる以前の、貴族の合議制が政治的な決定を行なう主体で、国王は貴族の議事に基づいて政治を行なうような政体を理想として示した。「貴族の合議制」とは、イメージ的には中世の武勲詩「ロランの歌」に描かれているような戦士の寄合を思い浮かべればいいのであるが、合議の場となる国王宮廷は一一世紀末頃まではクリア・レギスと呼ばれていた。フィリップ二世の頃から王権の拡大が試みられるにつれて、クリア・レギスから様々な官職や会議が分離・自立していく。一三世紀から一四世紀初頭にかけて、高等法院、重臣会議、全国三部会などが出現した。注意しておくべきは、これらの機関は本来は国王を補佐もしくは代理すべき存在だったのだが、国王が支配域を拡大するとともに王国の社団的編成を進めると、高等法院などは社団の特権を擁護するために、時としては国王に抵抗する存在になっていったことである。一八世紀のフランス政治は王権と高等法院の対立と紛争の連続なのであるが、高等法院側は、右に述べてきたような歴史的事実や、ユグノー戦争期の政治論、次に述べるジャンセニスム論争での政治論などを踏まえ、「高等法院が貴族の合議制の場の正当な後継者である」もしくは「貴族の合議制の場は全国三部会に引き継がれているが、三部会が開催されていない時期には高等法院がその代理をする」と主張していた。言い換えると「貴族の合議制に基づく穏和な君主制」とは事実上は「貴族が高等法院などに拠りながら国王の絶対化を牽制する制度」であった。このモンテスキュー的な「穏和な君主制」論が絶対王政批判の理論的な武器となって、一八世紀末において重農主義的な「啓蒙専制主義」論と対峙することになる。

ジャンセニスム論争の影響も取り上げておくべきだろう。ジャンセニスムとは一七世紀前半のオランダの神学者ヤンセニウスが唱えた神学上の立場で、あくまでカトリックにとどまりはしたものの、教えの内容はカルヴィニズムに類似している。だがここで重要なのはそうした神学上の問題ではなく、それがフランスの社会と政治にもたらした影響である。ルイ一四世はジャンセニスムが国王批判につながることを疑って、ローマ教皇をも巻き込んで弾圧に乗り出した。批判され、異端とされたジャンセニスムの側はみずからの主張の正統性を訴えて、カトリック教会（間接的には国王政府）と論争を続けたが、一八世紀に入ると論争は政治性を強め、神への服従と政府への服従の関係、誤った政府への反抗の正統性などが論点となる。論争の間に、一六世紀のユグノー戦争の時代に出版され、国民の抵抗権や暴君放伐論を取り上げたパンフレットが再刊されたりもする。また高等法院の法曹がジャンセニスムを支持して、論争の政治論・法律論の側面に関連する発言を強めていった。社会契約を通した社会の再組織も論じられる。アンシァン・レジーム末期からフランス革命の頃に論じられる政治的主張は、ほぼジャンセニスム論争の中で出揃ったと言っても過言ではないくらいなのだが、それと並んで重要だったのは国王の非神聖化の進展である。宗教と政治がないまぜになって論じられる中で、「国王は地上における神の代理人であり、普通の人よりもより神聖な存在である」と考える「国王宗教」は決定的に傷ついたのであり、「国王が誤った場合には、国王に抵抗することこそが臣民の義務である」とする主張も説得力を持ち始めたのである。

J-C・マルタンは以上をまとめて、一八世紀後半のフランスには①ジャンセニスト的・高等法院的な立憲君主制論、②カトリック敬虔派による行政的絶対王政論、③啓蒙思想家や重農主義者による世俗的・功利主義的君主制論、の三つの国制論があったとしているが(3)、このうちの②と③は社団ごとの差異を薄めて王権の一元的支配を進めようとする点で共通しており、それに対して①は、フランス中世史の伝統に依拠しながら社団による王権の統制、すなわち絶対主義の緩和を求めるモンテスキューやブランヴィリエ(4)の政治論と重なり合う部分が多い。国家の社団制的編成を弱めて王権の統制力を強化する方向をめざす流れと、社団制的編成に拠って王権をコントロールすることをめざす流れという二分法で整理しておくことができるだろう。

国際的な状況にも目を向けておかねばならない。フランス革命はフランス一国のみの内部事情によって生じたわけではないからである。むしろ一八世紀後半から一九世紀前半にかけてのヨーロッパおよび南北アメリカは大きな転換もしくは再編成の時期を迎えており、各地で革命や、それに準じる変革の動きがあって、フランス革命もそうした動きの一つと見ることも可能なのである(5)。もちろん、各国の変革の動きは原因や背景となる事情、動きの規模や帰結はそれぞれに異なるのであるから、フランス革命を理解するにはやはりフランスの独自性を見なければならないが、外国での出来事から影響を受けた面にも目を向けるため、ここでは三つの事件を見ておこう。第一は北アメリカの独立戦争（＝アメリカ合衆国の成立、一七七四～八三）である。これは、新天地の住民が団結して自分たちの国を作る、すなわちルソー的な言葉づかいで言えば新たな社会契約を結ぶことの実例を示した点、そのようにして成立した国家が共和制をとっていた点、ラファイエットをはじめとするフランスの軍人が大西洋を渡って、植民地軍の応援にはせ参じ、自由と独立を求める情熱に触れた点、独立戦争への参戦がフランスの国庫財政の赤字をさらに拡大した点などにおいて、フランス革命に大きな影響をもたらしたのである。第二はスイスのジュネーヴにおける革命運動である。一八世紀にこの町の住民は市民《シトワイヤン》、ブルジョワ、居住民《アビタン》、出生民《ナティフ》の四つの階層に分けられており、その上に事実上の貴族が存在していた（居住民《アビタン》は居住権を持つ外国人、出生民《ナティフ》はその子供で、居《ア》住民《ビタン》よりは権利が多い）。町を実質的に支配するのは貴族であり、参政権が認められているのは市民《シトワイヤン》とブルジョワだったが、権利の平等を求める出生民《ナティフ》などの反乱が一七〇七年、一七三七年に起きている。一七六二年にルソーの『エミール』と『社会契約論』がジュネーヴで断罪された際にも、これに抗議する動きが権利の平等を求める運動とあいまって、一七七〇年まで続いた。これらは「ジュネーヴ諸革命」として一括されているが、その最後になるのが一七八一年二月の反乱である。平等を求めるブルジョワと出生民《ナティフ》が市庁舎を占拠したのに対して、貴族は出生民《ナティフ》がブルジョワになる条件を緩和するなどの譲歩を行なう一方で、ヴェルサイユの宮廷に支援を求め、これに応じたフランスはサルデーニャ、ベルンとともに軍を派遣した。ジュネーヴは一七八二年七月に降伏し、同市の貴族は外国軍の支援のもとに政権に復帰したのだった(6)。第三はオランダの「愛国派革命《パトリオット》」である。オランダは一七八〇～八四年の第四次英蘭戦争に敗れたため総督のウィレム五世に対する批判が高まっていたが、連邦議会の中の親仏派である愛国派《パトリオット》が勢力を強めると親英派のウィレム五世は一七八七年に首都アムステルダムを離れ、議会によって首都のあるホラント州への立ち入りを禁止された。総督の義兄であるプロイセン国王フリードリッヒ・ヴィルヘルム二世は軍事介入し、愛国派《パトリオット》の運動を鎮圧した。八五年に結ばれていたフランスとの同盟は破棄され、八八年にはイギリス、プロイセン、オランダの同盟が結ばれた(7)。フランス政府は同盟国を失う事態を前にして、財政の不如意からなんら有効な手を打つことができず、国際的な威信を低下させるとともに、国民に失望を与えた。ジュネーヴとオランダそれぞれの「革命」は類似した影響をフランスに及ぼしている。すなわち、「革命」は過去のものでも新大陸だけのものでもなく、同時代のヨーロッパにおいても現実にあり得るものであることを教えた。またそれぞれの国からは「革命」の失敗後に多くの亡命者《エミグレ》がフランスに流入したが、彼らは「革命」の思想と情熱をフランス人に伝えた。ジュネーヴから亡命してきた銀行家エチエンヌ・クラヴィエールはフランス革命のさなかにジロンド派を支持し、一七九二年には大蔵大臣を務めている。そして最後に、「革命」を起こせば外国軍が介入して「革命」を弾圧するであろうことをフランス人に示した。外国軍の侵略に対する恐れは、フランス革命期の政治家にとって、一種の強迫観念になっていたのである。

革命前夜のフランスは、以上のような状態だった。政治と社会は根本的な矛盾を孕んでおり、「身分制社会」と「家産制国家」を根底から改めなければ現実に適応すること、先に進むことは不可能になっていた。この状況からして、小手先の改革では何の意味も持たず、国制の抜本的な修正が必要だった。しかし国王の威厳は低下し、単に国王の命令であるというだけで人々がひれふして服従するような状況ではなくなっていた。様々な批判や改革案が出されるとともに、なんらかの改革を（場合によっては国王に逆らってでも）行なうのは正当な行為であるとするイデオロギーも一定の説得力を得ていた。そうした中で、アメリカ独立戦争に参戦したのが直接のきっかけとなって、もともと大きかった財政赤字がさらに拡大し、国庫の破産を恐れた金融業者は一七八六年にこれ以上の国庫の借入には応じないことを宣言する。財務総監カロンヌ（および国王ルイ一六世）は、ただちになんらかの財政改革に着手しなければ国家がつぶれる危機に立たされた。こうしてフランス革命が始まる。

2 「革命」とは何か

「革命」と言った時、私たちはどのような出来事を思い浮かべるだろうか。あるいは、どのような要件が揃った出来事を私たちは「革命」と呼ぶのだろうか(8)。恐らく人によって少しずつ異なるであろうし、その中のどれが絶対的に正しいと決めることはできないであろう。しかし歴史学の概念として用いるためには、これまでの歴史において通常「革命」と呼ばれ、その呼称がいわば常識として通用している出来事はすべて含み込めるような定義でなければならないはずである。本書においては「革命」を「①統治の目標と理念そのものが入れ換わるような国制の変革が行なわれること、②あらかじめ民間の「世論」が政権担当者にも無視し得ないほどに高まり、成熟していること、③この世論がなんらかの意味で自由を求めていること、の三点を含む変革」と定義しておきたい。通常、「革命」とは「暴力を用いた政権奪取（もしくは政権の転覆）」と考えられることが多いし、革命に暴力はつきものだろうが、本書での定義では「暴力」は革命か否かを分かつほど重要な要件とはみなさない。一七世紀末のイギリスにおける名誉革命は、「革命」という呼称が定着していることは確かだが、はたして暴力が必須の要件として加わっていたか否か微妙なのである。また単に「暴力を用いた政権奪取」を革命とみなすと、クーデタと革命の境界があいまいになる。それ故、クーデタと区別するために③を革命の要件に入れたのである。これら三点を含む変革を「革命」とみなすことで、歴史上、革命と呼ばれている事件はほぼ過不足なく網羅できるように思われるのだが、これだけでは革命とはかなり微温的であり、フランス革命やロシア革命のような、通常「典型的」とみなされる革命の定義としては何か物足りない感じがするのも否めないだろう。それ故「④社会において、社会構成・社会秩序・生活様式が不可逆的に変化すること、という要件が加わった時により徹底した革命とみなされる」という補足をつけ加えておきたい。①から③までのみが揃ったものを「広義の革命」、④まで含むものを「狭義の革命」と呼んでもいいし、シーダ・スコッチポルに倣って後者を「社会革命」と呼んでもいい(9)。ここではその点での用語を限定はしないが、フランス革命は最終的には④までも含む、徹底した革命であった。しかし④を含まないものは革命ではないとは考えないのである。

これは単なる理屈の問題ではない。フランス革命はいつから始まるか、フランス革命史はいつから書き始めるべきかという問題に直接関わるのである。周知のとおり、フランス革命史家アルベール・マチエはその著書『フランス大革命』の第一巻を「君主制の瓦解（一七八七年〜一七九二年）」とし、その第二章を「貴族の反乱」とした。王室財政の破産がこのままでは不可避と見た国王政府は、貴族への課税を中心とする改革案を作り、主として大貴族からなる名士会を一七八七年に召集して改革案の承認を求めたが、名士会は、貴族が課税されることよりも、むしろこのように臨時にしか貴族が国政に発言できない政治体制そのものを批判し、全国三部会の開催を要求した。マチエはこの名士会の召集から『フランス大革命』の論述を始めたのである(10)。従来は一七八九年に始まると考えられていたフランス革命の叙述を八七年から始めたのはマチエの卓見であったが、一七八七〜八八年の段階は「革命」ではなく「反乱」とされた。

それに対してジョルジュ・ルフェーヴルは「フランス革命と農民」と題する論文において、マチエの「一七八七年開始説」を引き継ぎながら、「……したがって、フランス革命の開始期ではまだブルジョワ革命ではなくて貴族革命である。貴族革命は結局流産したが、それを無視してはブルジョワ革命を説明できないであろう。（中略）フランス革命の火蓋はそのために滅んでゆく階級によってきられたのであって、そのために利益をえる階級によってではなかった」と記し、マチエが「貴族の反乱」と呼んだものを「貴族革命」と言い換えた(11)。他方、この論文の訳者である柴田三千雄氏はその著書『フランス革命』において「まず、フランス革命はいつからいつまでかといえば、一七八九年から九九年までの約一〇年間とみるのが、通説です。貴族の反抗をいれると一二年になりますが、それはいわば前段階です」として「反乱（もしくは反抗）」についてはマチエ説に立ち返るとともに、フランス革命の叙述を一七八九年から始めている(12)。

「革命」を本書のように定義した場合、一七八七～八八年の段階は革命だろうか、あるいは反乱（もしくは反抗）だろうか。問題は起こった事実の認識よりはそれらの事実の評価に関わるものであり、また革命とみなし得るか否かの境界線上に引っかかっているような状態であるから、断定は難しい。しかし本書においては、本文自体で述べる理由により、「革命」とみなすことにしたい。従ってフランス革命史を一七八七年から説き起こすことになる。もちろんこの段階は定義の①から③までをかろうじてギリギリで満たしているだけの微温的な革命であり、その後に④までも含んで本格的に展開するような「狭義の革命」ではない。この名士会の時期は時として「前期革命《プレレヴォルシオン》」と呼ばれるが、本書でもこの語を用いることにしたい。「革命の手前」という意味ではなく、「革命ではあるが、まだ④までを含む本格的な段階に至っていない状態」という意味である。

第一章　前期革命

1　カロンヌの改革案

一七八六年八月二〇日、財務総監カロンヌは国王に意見書《メモワール》を提出し、財政の窮状を告げた。年間の財政規模が四億七五〇〇万リーヴルであるのに赤字は一億リーヴルに達し、一七七六年以降の累積借入金は一二億五〇〇〇万リーヴルに上っていた。その上、アメリカ独立戦争のために設けられた第三次二〇分の一税は翌一七八七年には終了することになっていたのである。ただちに対策を講じなければ、国庫の破産は必至であった。そのためにカロンヌが国王に提案したのは「二〇分の一税（戦時のための臨時の税として設けられたが、終戦後も継続して徴収されていたもので、全身分に課せられるのが原則だったが、聖職者・貴族は事実上、免除されていた）を廃して、替わりに全土地所有者に課せられる「土地上納金」を新設する」というものだった。

カロンヌの提案はそれだけにはとどまらない。さらに、タバコの専売と塩税を免税州にも拡大するここと、工業産物への課税と国内関税を廃止すること、第三身分が特権身分全体と同数の議員を持ち、かつ議員一人一票で議決を行なう州議会を設置して、州内での担税の分担は州議会が決めるものとすること、の三点も含まれていた。すなわちカロンヌの提案は単なる国庫収入の改善案にとどまらず、絶対王政支持派がめざす国制の方向を示していたのである。

まず土地上納金であるが、課税対象が「全土地所有者」とされている点が重要である。当時のフランスで大規模な不動産を所有していたのは教会と貴族である。つまり免税特権を持つとされていた特権身分が課税されることになるわけだが、それと並んで、見方によってはそれ以上に重要なのが、そうした身分の相違がそもそも問題とされず、「土地所有者」というまったく異なるレベルの範疇で括られてしまった点なのである。他の三つの提案についても、多かれ少なかれ類似のことが言える。タバコの専売と塩税を免税州にも拡大するというのは、単なる税収源の拡大にはとどまらず、州という社団が持っていた特権を一方的に廃止して、フランス全体の均質化をめざすことを意味する。国内関税の廃止も、国内産業・国内流通の育成・刺激という経済政策であるのと同時に、州や都市という社団の特権を弱めることにつながる。新たに召集する州議会の議員は特権身分と平民で同数とし、議決は（一身分一票ではなく）一人一票で行なうのは、身分という社団の利害や立場が議決に必然的に反映するような制度にはしないし、議員の身分の相違は実質的に無視するということである。すなわちカロンヌの提案がめざしているのは、フランス王国全体を一つのものとして視野に収め、王国内部の区別や差異をできるだけ解消して均質化するとともに、フランス王国実質的統一化が進んだフランス王国を王権が一元的に把握・統治するような国制であった。そしてこれは、カロンヌのみならず、モプー、テュルゴ、ネケールなど一七七〇年代以降の大臣・官僚が等しくめざしてきた改革の方向だったのである。

とはいえ、カロンヌが社団もしくは身分の撤廃そのものをめざしていたと考えることはできないであろう。彼自身および国王政府のこれ以降の動きから考えれば、主要な社団の政治的影響力を、国王政府の統治を妨害しない程度にまで弱めることが改革の目的だったと考えるべきである。国王政府がフランス王国全体を一元的に支配しているとみなせる程度のリーダーシップが認められることが重要だったのであって、その目的さえ達成できれば、社会的に身分制や社団制が残存することに異存はなかった。というより、各社団が相互に競争し、牽制しあいつつ、まさに他と競合関係にあるが故に国王政府に対してはその保護を求めて従順で服従的であることが、安定した君主制をもたらす基盤と考えられていたのである。

2　名士会の召集

さて、改革の実現にとっての重大な問題は、国王の意思といえどもそれだけでは国家の正式な決定とはならず、高等法院に王令として登録されねばならなかった、言い換えると高等法院が登録を拒否したら国王の意思であっても王令としては認められないことである。「社団の影響力を牽制しようとする改革を実現するには、ある意味で最強の社団ともいえる高等法院の合意を得なければならない」というのが、序章でも述べたように、一八世紀のフランス王政の基本的な矛盾もしくは限界だった。高等法院が登録を拒否した場合に、国王が強制的に登録させる手段がないわけではない。親裁座《リドジュスティス》と呼ばれるもので、国王みずからが法廷に出席して法令の登録を命じた場合、高等法院は登録を拒否することはできなかった。しかしこの手段に訴えること自体が、場合によってはより大きな政治的紛争を引き起こしかねないのであるから、カロンヌは直接に高等法院と対決するのを避けて、迂回手段をとることにした。名士会を召集して改革案を審議・了承させ、その決定をもとにして高等法院が登録を拒否する大義名分をあらかじめ消滅させよう

図１　名士会の開催　1787. 2. 22

と考えたのである。
　名士会とは一五世紀末から一七世紀前半にかけて何回か開かれた諮問会議であるが、議員は上級聖職者、上流貴族、都市代表など文字通りの「名士」であること、下からの選挙ではなく国王の指名によって選ばれることの二点において、全国三部会と異なっていた。一六二七年を最後に一六〇年間開かれずにいたことは、全国三部会に似ている。王権の側が従順そうな人物を選んで議員に指名することができるのだから、国王政府が提案する改革案にも比較的容易に賛同が得られるだろうと、カロンヌは期待したのである。彼自身が病気に倒れたために、実際の開会は一七八七年二月二二日にずれこんだのだが、開いてみると名士会はカロンヌの提案を受け入れなかった。名士会議員にとっては、期限を区切らない永続的な税を設けること、身分の別を考慮せずに収入額に比例して課税することは、ともに国王と臣民の伝統的「合意《パクト》」に違反するものだった。すなわち名士会にとって「家産制国家」と「社団制国家」はともにフランス王国の伝統として守られなければならず、そこから踏み出すような改革は承認するわけにはいかなかったのである。まったく想定外の抵抗にあって、カロンヌは有効な打開策を打ち出すことができなかった。業を煮やした国王は四月八日に彼を罷免し、五月一日、トゥルーズ司教で名士会議員のロメニー・ド・ブリエンヌをその後任に任命した。このブリエンヌがトゥルーズの行政などで一定の政治的才能を示していたことは確かであるが、それ以上に、名門貴族の出身だからカロンヌのようにフランスの伝統に基づく国制に乱暴に手を触れたりしないであろうことを期待されたのだった。とはいえ、ブリエンヌは名士会議員としてはカロンヌ批判の急先鋒だったものの、その後任の地位につくとカロンヌ以上の改革案があるわけではない。結局はカロンヌ案をほぼそのまま引き継ぐ案を名士会に示し、前任者と同様の反対に遭遇したのだった。名士会は、当面の財政危機に対処するための借入金には同意したが、新たな税を承認する権限があるのは全国三部会のみであるとして、政府の改革案の承諾を拒否した。国王は五月二五日に名士会を解散し、高等法院と直接に対決する道を進むことにした。

3　高等法院との紛争

この時期の政治の動きを、その行動主体ごとに見ていこう。まずブリエンヌを中心とする国王政府である。州議会の設置はカロンヌの改革案にも含まれていたが、ブリエンヌによる修正を経て名士会の賛成を得ることができ、一七八七年六月に一連の勅令《エディ》によって実現に移された。この年のうちに一九の徴税管区《ジェネラリテ》(13)で州議会が召集されている。すでに述べたように、州議会は身分による差異を薄めたものであり、また全国で同じ規定に従って召集されるものだった。つまり身分と地方という二種類の社団の影響力を弱める方向に作用する制度だった。故にルアン、ブザンソン、ボルドーの各高等法院は州議会をフランスの国制に反するものとし、このような改革を認めるか否かを審議するために全国三部会の召集を要求した。州議会の設置が結果的にもたらした影響として、二つの点を指摘しておかなければならない。第一は、この議会が人々の政治的訓練の場になったことである。フランス各地で州議会議員に選ばれた八七〇名のうちの一二一名、同じく州議会の職員として政治に関わった一四〇名のうちの三〇名が、一七八九年の全国三部会の議員に選出されている。またそれ以外に、都市改革にともなって都市での行政に参加した上で議員に選出された者も無視できない。すなわち全国三部会の議員はすべてが政治の素人だったわけではなく、八七年の段階から実務の現場を経験していた議員も少なくないのである。第二は、州議会の議員に選出されるには、どの身分に所属するかよりも、土地所有者であるか否かの方が事実上重要だったことである。この一事がそれのみで決定的だったわけではないのだが、身分制が持つ重み、もしくは身分制をフランス社会に不可欠な秩序として尊重しなければならないという意識が相対的に薄らぐきっかけになったことは確かなのである。

国王政府はこの他に、八七年一一月二八日には勅令でプロテスタントにも市民権を認め、八八年五月一日には国王布告によって刑事裁判の改革、とりわけ拷問をともなう予審審問の廃止を命じた。すなわち社団の政治的影響力を削減して国王の統治権を相対的に高めるとともに、国家の世俗化と合理化をめざす方向、一言で言えば啓蒙専制主義の方向に一歩進んで行ったのである。

これに対して高等法院はどのような態度を示していたのだろうか。名士会が解散されたために高等法院、とりわけパリのそれが政治的に重要な位置を占めることになったが、この時期にパリの高等法院は臨時に重臣会議《クールデペール》とされ、王弟二人を含む王族七名が法官とともに審議に参加するようになっていた。フランスはフランク王国の頃から貴族の合議制によって政治が運営されていて、国王もこの合議に拘束された。

近代においては、三部会が召集されていない期間には、高等法院がその合議制の場を引き継いでいるという主張が高等法院側のイデオロギーとして存在していたのだが、王族が高等法院に参加することによって、実態がそのイデオロギーに近づいていたのである。さて（ここからは特に断らない限り「高等法院」はパリのそれを指すものとするが）、八七年七月二日に高等法院で王弟二名を含む三名がブリエンヌの税制改革案を登録することに賛成したが全体の結論とはならず、同月六日には高等法院として国王政府がまず財政状況を明らかにすることを要求した。さらに同月二六日には税制改革案の撤回と全国三部会の召集を要求、四日後の三〇日にも再び三部会を要求した。これに対して国王は八月六日に親裁座を開いて税制改革案を強制的に登録させ、同月一五日に高等法院をトロワに追放した。しかし高等法院側は国王政府を「絶対主義」および「大臣の暴政」として批判し、世論を味方につけることに成功したので、九月四日に国王政府は五年後の一七九二年に全国三部会を召集することを約束するとともに、高等法院をパリに復帰させ、同月二〇日にはみずからの税制改革案を撤回した。こうして第一ラウンドは終了した。国民（といってもその実体は漠然としているが）は高等法院的＝モンテスキュー的な「穏和な君主制」を支持して、「啓蒙専制主義」路線に踏み出した国王政府に反対したのである。

この後、一時的に波乱は収まるが、国王政府側で国璽尚書のラモワニョンが司法制度そのものを改革しようとする動きを見せたので、高等法院は一七八八年五月三日に、政府に先んじて一つの宣言を発表した。これが「王国基本法の宣言」と通称されているものである。「現在のように司法機関が脅かされている状況では、法廷（＝高等法院）は保持すべき原則を明瞭に宣言せねばならない」という趣旨の前文に続けて、宣言は「フランスは国王が法に従って統治する君主制である」とし、それらの法のうちの若干は基本法であると述べて、それらを具体的に列挙する。①長子相続制に従って男系に受け継がれ、女系を排除する王位継承法、②国民が、定期的に召集され構成される三部会を通じて、自由に税に同意する権利、③州の慣習法および州と国王との合意により承認された法、④司法官の非罷免性、⑤法廷が各州において国王の意思を確認する権利、および国王の意思が、州の権利を確認する法および王国基本法に合致する場合でなければ、その登録を命じられない権利、⑥各市民は、法が規定する本来の判事以外の者の前に引き出されることはないという権利、⑦いかなる命令によろうとも、資格ある判事のもとに遅滞なく送付されるのでなければ逮捕され得ない権利、以上である。国制そのものに直接関わる要素と、王権と対立している法曹の安全に関わる要素が併存しているが、後者といえども「暴政」批判に関わることに変わりはない。これが、一七八八年五月の時点で高等法院が表明した「王国基本法」、すなわちフランス王国のあるべき姿だったのである。

国王政府は、高等法院の宣言を一種の宣戦布告とみなし、その主導者とみなされた法官のデュヴァル・デプレメニルとゴワスラール・ド・モンサベールを逮捕するとともに、五月八日には親裁座を開いて、ラモワニョンが計画した司法改革を命じた。これは一七七〇年に始まるモプーの改革に似たもので、すべての高等法院を休廷とし、裁判機能のみで国政への発言権を持たない「大バイイ裁判所《グランドバイイヤージュ》」を新たに設立して、裁判をこちらに移管しようというものである。当然ながら高等法院および高等法院を支持する市民・民衆はこの改革に反対である。大バイイ裁判所の開設にあたって、レンヌ、ポー、トゥルーズ、ディジョンなど地方高等法院がある都市で民衆反乱が生じた。大バイイ裁判所の裁判官に任命された者が着任を拒否したり、着任しても住民に妨げられて裁判所に入れなかったりするといった事態も生じた。中でも有名なのは六月七日のグルノーブルの「屋根瓦の日」であろう。休廷になった高等法院の法曹が町を立ち去る日だったが、治安維持のために出動した国王軍に対し、市民が建物の上から屋根瓦を投げつけた事件である。また七月二一日にはグルノーブルの郊外にあるヴィジルの城館にドーフィネ州の各身分の代表が集まり、協議の結果、高等法院の復帰と全国三部会の召集を要求する宣言を出した。結局、この司法改革は失敗し、八月八日には翌八九年五月一日に全国三部会を召集することが決まった。同月二四日にはブリエンヌが辞任し、二日後の二六日にネケールがその後任に決まった。司法改革を主導したラモワニョンは九月一七日に罷免された。

この時期には、各地の州三部会が高等法院を支持している。新設されたばかりの州議会と紛らわしいが、州三部会は各州に伝統的に存在していた身分制議会である。ただし一八世紀には州三部会が消滅してしまっているところもある。また国王政府から各州に割り当てられた税の州内での分担を州三部会が決定する州と、三部会が消滅していたり、存在しても税に関する権限を失ったりしていて国王役人が分担を決定する州が区別され、前者が「議会州《ペイデタ》」、後者が「直轄州《ペイデレクシオン》」と呼ばれる。州三部会の様式は地域ごとに異なるが、「各身分の代表からなる会議」という建前は形骸化し、それぞれの州の伝統的貴族が実質的に牛耳っている場合が多かった。この州三部会、とりわけ議会州におけるそれは、新設の州議会が徴税に関するみずからの権限を侵害することに反対して、国王政府の行なう改革に批判的だったのである。すなわち議会州の州三部会はその地方の保守的貴族の牙城なのだが、彼ら貴族にとっては自分たちの地元の税の分担は自分たちで決めるという、社団制国家的な自由＝特権を守る砦なのだった。

さて、ラモワニョンの司法改革が失敗に終わった結果、元通りに復帰した高等法院は九月二一日、翌年五月一日に召集される全国三部会は、一六一四年に召集された最後の全国三部会と同じ様式によるべきことを宣言した。すなわち各身分がそれぞれに同数の代表を送り、身分ごとに討議を行なった上で、最終的な議決は一身分一票により決するという様式である。言い換えると、聖職者・貴族の特権身分と平民の第三身分との対立という図式で見た場合、特権身分は議員数でも平民の二倍である上、議決の際にも二票の投票権を持つことになる。一票しか持たない平民の意見が可決される可能性は最初からないのである。それ故に高等法院は九月二一日の宣言によって「国民全体の利害の代弁者というマスクをはずして、特権身分の利益擁護という本音をむきだしにした」と評価されることもある。しかし、この評価には注意が必要であろう。高等法院は、ここまでに述べてきたように、社団制国家および家産制国家をフランスのあるべき姿とし、擁護しようとしてきた。国王政府はそれに対して、社団の影響力を制限し、いうなれば国民の一人一人を社団から取り出して裸の個人にした上で、王権が各個人と直接に向き合う政治のあり方をめざして、その方向に一歩を踏み出していた。高等法院にとっては、王権による改革は社団によって担われるべき特権＝自由の否定であり、フランス王国を君主制から暴政・専制に向かわせるものだったのである。そうだとすれば、そうした高等法院の姿勢が国民から支持された結果として国王政府による改革は挫折し、国民は八九年の全国三部会開催を勝ち取ったのであるから、来るべき全国三部会が身分という社団を単位として構成されるべきことは理の当然であった。まさに国民全体の利益を考えたのであって、身分的利己主義に走ったわけではないのである。実際、もし一六一四年の様式で行なえば、高等法院の法官自身は必ずしも貴族とはみなされず、第三身分に区分されるケースもあり得た。つまり高等法院は社団制維持のために一種の自己犠牲すら払おうとしたのだった。

それにもかかわらず右に述べたような批判は一七八八年当時からすぐに出現し、高等法院は九月二一日の宣言を境に急速に国民への影響力・指導力を失っていく。なぜそのようなことになるのだろうか。この点を解明するには、国王政府、高等法院につぐ第三の政治主体がこの時期に出現し始めていたことに注目しなければならない。

4　愛国派《パトリオット》と全国三部会

この新しい政治主体は、当時の用語で「愛国派《パトリオット》」と呼ばれ、一七八七年の夏から秋頃に姿を現し始めた。八九年に三部会が召集されると初期のリーダーとなり、九一年頃まで政治的な影響力を保つことになるので、「パトリオット」は「革命派」と訳されることもあるが、八七年の段階ではそのような活動は志向していなかった。アメリカ合衆国の独立に刺激され、この新大陸の新国家に倣った国制の抜本的改革が必要だと意識しているが、その具体的な政治的プログラムはまだ明らかになっていない。このような人々がこの時期に出現してくる背景を、まず明らかにしておく必要があるだろう。

一八世紀、とりわけその後半のフランス社会を特徴づけるものの一つに「功績主義《メリトクラシー》」がある。それ以前の、国王がじきじきに率いる戦争もあれば、中小の領主同士の私闘も珍しくなかった時代ならば、貴族が「戦う人」であるのは自明だったし、武器の扱いや乗馬術、戦いに出る者の覚悟や心構えは、子供の頃から手を取るようにして教わり、身に着けるものであったから、貴族の血筋・家柄が尊重されるのにもそれなりの根拠があった。また貴族は国王に従って戦場に出るのが使命である、すなわち文字通りの意味で「血税」を払うのであるから、物や金で納税はしない、すなわち免税特権を持つという主張も首肯し得るものだっただろう。しかし一八世紀後半には戦争はほとんど消滅し、貴族が「戦う人」の姿を見せることは、ほとんどなくなっていた。武術や格闘術よりも役人や裁判官としての実務能力の方が尊重されるようになったのである。血筋や家柄よりも個人の知的能力の方が評価の対象になる時代が訪れていた。宮廷貴族にしてもヴェルサイユでしかるべき地位を得るには、実務能力とともに、華やかな宴会や祝祭を開く経済力、そうした場で優雅にそつなく振る舞う社交術が重要になった。またパリや主な地方都市で開かれていたサロンや文芸サークルにおいては、所属する身分よりも知的で気の利いた会話ができる能力の方が重要だった。そうした能力を身に着けていれば、啓蒙思想家のディドロなどのように、庶民の出身であってもサロンでは水を得た魚のように振る舞うことができたし、ルソーのような社交下手でも文筆能力を評価されて、大貴族が交友を求めて来るようになっていたのである。個人がその能力によって評価され、その評価にふさわしい社会的地位を得られるのが「功績主義《メリトクラシー》」であるが、これが社会で力を持ち始めたからといって、すぐにこれまでの貴族の地位が低下したと考えてはならない。確かに、実務能力を持たない田舎貴族は、商品経済の発展からも取り残されて、貧窮状態におちいることも珍しくなかったが、宮廷などでそれなりの地位を得ている貴族は功績主義《メリトクラシー》に適応する能力を持っていたのである。一八世紀前半には、貴族の優越的地位を正当化するのに、血筋・家柄を持ち出す言説が珍しくなかった。例えばブランヴィリエは、貴族はフランク族の子孫であり、平民はガリア人の子孫であるとして、フランク族がガリア人を征服したという点に貴族の優越性の根拠を求めている。しかし一八世紀後半になると「貴族は、より優れた能力を持つが故に、平民よりも優越する」と説く言説が次第に受け入れられるようになる。功績主義《メリトクラシー》を根拠に身分制を正当化しようとするのだが、こうなると「大事なのは個人の能力であって、身分などなくてもよい」という身分制否定の主張まで紙一重になる。話を戻すと、「愛国派《パトリオット》」と呼ばれる人々は、身分制や社団制を否定はしないまでも、功績主義《メリトクラシー》（およびそれに基づく一種の個人主義）の方に軸足を移すかたちで社会改革を志向する人たちだったと言えるだろう。さらに一点つけ加えると、伝統的価値観に与するか、功績主義《メリトクラシー》を積極的に受け入れるかは人によって様々である。例えば高等法院の法曹はまさに、法の実務に関する能力と知識によって社会的に出世してきた相対的に新しい貴族なのであり、その存在自体が功績《メリト》主義《クラシー》によっているのだが、全体としては新興貴族としてのコンプレックスから伝統的貴族に同化しようとする意識が強く、イデオロギー的にはかえって身分制や社団制を強く擁護するという一種の逆説が見られる。しかし高等法院の法官であっても愛国派《パトリオット》になる人物も存在するのである。

一七八七年後半、愛国派《パトリオット》たちは博愛協会やフリーメーソンの集会を核にして行動し始める。パリ高等法院の法官であるアドリアン・デュポールは八七年夏に「フランスに確固たる憲法を付与すること」を求めて「国民派《ナシオノー》」党を設立し、この党は八八年一月に「三〇人協会」（もしくは「三〇人委員会」）に改組された。貴族のラファイエットやコンドルセ、弁護士のタルジェやエロー・ド・セシェル、聖職者のシィエス、さらにはミラボー、タレイラン、ラメット兄弟など、八九年以降も革命で活躍することになる人々が、貴族・聖職者・平民上層部などの身分の相違を超えて参加していた。彼らの具体的要求は、来るべき全国三部会で第三身分議員の数を倍増すること、および投票を議員一人一票とすることであった。新たに登場した愛国派《パトリオット》はさしあたり、州議会で採用された召集様式を全国三部会にも適用することを求めたのである。八八年二月にはパリに黒人友の会が設立されたが、政治的には傾向が似ており、重複するメンバーも多い。

要するに、三〇人協会に代表される愛国派《パトリオット》の登場によって、政治状況は伝統的な国王政府対高等法院の対立から形を変えていたのである。九月二一日の宣言は、高等法院自身がどこまで意識したかとは無関係に、愛国派《パトリオット》の要求を否定するものと受け止められた。高等法院は国制の改革を拒否して伝統的秩序の墨守をめざしており、また貴族の特権の擁護に汲々としているとみなされたのである。これまで高等法院を支持していた人々も失望し、高等法院は世論をリードする力をあっけなく失ったのだった。それでもブルターニュ、フランシュ＝コンテ、ブルゴーニュでは保守的貴族が愛国派《パトリオット》の要求に反対して集会を開いていたし、王族の一部も愛国派《パトリオット》の要求は身分制の原理を崩すものだとする意見を具申していた。国王はそうした意見を退け、八八年一二月二七日の国王顧問会議で、ネケールの主導下に、第三身分議員の倍増を決定している。ただし投票を一身分一票とするか議員一人一票とするかについては何も決めていない。言うまでもなく、議員一人一票としなければ第三身分議員の定数倍増は実質的な意味をほとんど失うのである。しかし議員定数の増加は単なる技術的な問題であるのに対して、一人一票制は社団制の原理そのものに触れる問題なのであり、容易には決められなかったのである。結局、投票様式については全国三部会が実際に召集されても決まっておらず、そのために三部会冒頭での混乱を引き起こすことになる。

このような状況で、フランス全国で三部会の議員選挙が始まった。政治的には貴族対平民、もしくはアリストクラート(14)対愛国派《パトリオット》の対決が表面に現れた。貴族全体を一体のものとし、嫌悪すべき対象として非難するパンフレットも見られる。また八九年一月に刊行されたシィエスの『第三身分とは何か』が評判となったが、そこでは第三身分のみが「国民」であると主張されていた。ブルターニュでは、保守的な貴族が州三部会を実質的に支配していたが、八九年一月二七日に第三身分議員が定数の倍増を要求して、武力衝突が生じた。全国三部会の召集方式に対する貴族層の反発は根強く、この州の貴族身分は結局、四月一九日に、抗議の意思表示として貴族代表議員を全国三部会に送らないことを決定する。プロヴァンス州でも状況は類似していて、愛国派《パトリオット》的な傾向を持つ貴族は貴族身分から締め出された。そのためにミラボーは貴族でありながら第三身分から議員に選出されている。このように貴族対平民の対立という社会的側面が大きく表面に出て来ている州を「ブルターニュ型」と呼ぶとすると、プロヴァンスやフランシュ＝コンテも「ブルターニュ型」だったと言えるだろう。他方、八八年七月に三身分の代表がヴィジルで会合を開いていたドーフィネ州では、住民が身分の相違を超えて協調し、絶対王政の改革という政治的要求を表面に出している。こちらを「ドーフィネ型」と呼ぶとすると、ノルマンディ、メーヌ、ロレーヌ、ヴィヴァレ(15)は「ドーフィネ型」の州だった。そして、フランス革命初期における社会的・政治的対立のそれぞれを典型的な形で示したブルターニュとドーフィネの議員は、三部会および憲法制定国民議会でリーダー的な役割をしばしば果たすのである。

一七八八年から八九年にかけての冬は厳寒で降水量も多く、食糧危機が生じたため、民衆反乱も増大した。当時の政治状況とあいまって、農民は単に食糧を要求するのみならず、反領主制的な要求・主張を掲げることもあった。八九年四月二七日にはパリのフォブール・サン゠タントワーヌでレヴェイヨン事件が起きている(16)。レヴェイヨンは一代で財を成した壁紙製造業者で、フォブール・サン゠タントワーヌに広大な敷地を持つ工場を所有していた。全国三部会の議員を選ぶ選挙人の一人でもあった彼は、四月二一日の選挙集会の席で「労働者は日給一五スーで足りる」と発言したとの噂が流れ（彼自身は後に、そのような発言をしたことを否定し、噂は誤報だとしている）、類似の発言をしたとされる硝石業者アンリオとともに、人々の反発を買った。二七日の午後にフォブール・サン゠タントワーヌの入り口に五〇〇～六〇〇人の労働者が集まり、「第三身分の名においてレヴェイヨンとアンリオに絞首刑および財産没収」を宣告し、両名の人形を絞首刑にするとともに、翌二八日にかけて、両者の家を襲って家具を外に放り出し、火をつけた。こうした民衆の騒乱の背景には、一代で財を成したレヴェイヨンに対する嫉妬もあっただろう。いずれにせよ、この時期の民衆反乱は経済危機に対する単なる自衛運動ではなく、政治・経済・社会全体の変革を求める運動、およびあるべき姿に反するものへの処罰という色彩を帯びるようになっている。社会革命としての要素がつけ加わり始めたのである。また既存の伝統的権威による規範強制力は著しく損なわれていたことにも目を向けるべきだろう。秩序維持にあたるべき「当局」への信頼が大きく揺らいでいたことが民衆反乱を拡大した面もあるし、またレヴェイヨン事件のように、しかるべき「当局」に代わって住民自身が処罰に乗り出す（＝「裁判《ジュスティス》＝正義の代執行」）という面も生まれる。また既存の権威に代わるものとして全国三部会への期待が拡大している。議員に選出された者、または選挙人が人々の信頼を得て紛争の調停にあたる場合も見られるし、来るべき全国三部会が国民全体の和解と調和をもたらすことが強く求められたのである。

5　微温な前期革命

前期革命とは一七八七年・八八年において名士会、ついで高等法院が国王政府のめざす改革を批判し、阻止しようとした動きである。これを本当に「革命」とみなすことができるだろうか。政権を担当する国王政府も、それを批判する名士会・高等法院も、ともに基本的には「社団制国家」「家産制国家」を前提としていたことは確かである。しかし王権は各社団が王国の政治に及ぼす影響力と、社団制的編成が必然的にもたらす多様性・不均質性の双方をできるだけ削減して、王権がフランス全体を一元的に統治できるように改革することをめざしていた。またその具体的な現れの一つとして、社団ごとの特権に拘束されずにフランス全体に一律の基準で課せられる税を自己のイニシアティブで設けられるようにする、すなわち「家産制国家」を「税制国家」に編成替えしようと試みていた。それに対して名士会・高等法院は「社団制国家」「家産制国家」の原理を維持、もしくはより強化することを主張し、王権がめざす改革は王国基本法を逸脱する「専制」「暴政」であるとして批判したのだった。その理念は一七八八年五月三日の高等法院の宣言に示されている。具体的な政治的要求は「全国三部会の召集」という一点に凝縮されており、王権側も三部会の召集に敵対的だったわけではないから、実際的な対立はそれほど大きくなかったと言えるかもしれない。しかし、両者が現に立っている位置はそれほど離れていなかったとしても、両者がめざす方向、変革の理念が示すベクトルの向きは正反対だった。このベクトルの方向の相違に目を向けるならば、名士会・高等法院は「統治の目標と理念そのものの変換」をめざしていたと言えるのではないだろうか。そして、王権からのたび重なる弾圧を退け、八九年五月の全国三部会の召集を勝ち得て復帰した高等法院が、来るべき全国三部会は一六一四年と同じ様式で開催されるべきことを一七八八年九月二一日に高らかに宣言した時、この「変換」はほとんど実現したかに見えたのである。

しかも高等法院は単に特定の身分ないし社団のみの利害を代弁していたのではなく、「国民の代表」という資格で王権の「暴政」を批判していた。大勢の民衆が高等法院を「民衆の父」として支持していた。つまり「世論」と呼べるものが当時確実に存在し、それが高等法院を支えていたのであって、それ故に国王政府は高等法院を追放したり休廷にしたりする措置をとってもすぐに撤回し、高等法院を復帰させるとともに、みずからの側が譲歩せざるを得なくなったのである。また高等法院の大義名分は「伝統的な自由の擁護」であった。社団制のもとでの特権と不平等を前提とした自由であり、また全国三部会が召集されるとじきに色あせて顧みられなくなる自由であるが、これが当時における自由の概念であったことに違いはない。このように見てくると、一七八七〜八八年における名士会・高等法院の動きは序章の2節に挙げた「革命」が持つべき三つの条件（14頁参照）を満たしているのではないだろうか。

明確に断定するのがはばかられるとすれば、それは条件の①に関連して、変革が実際に行なわれたと断定できるか否かが微妙だからであろう。八八年九月二一日の高等法院の発表は一種の「勝利宣言」であったが、高等法院が自分たちの「革命」の勝利を宣言したまさにその瞬間に高等法院は民衆の支持を失い、実際の全国三部会は一六一四年とは別の様式で召集されることになってしまった。それは国王政府対高等法院という対立軸の外側に愛国派《パトリオット》という第三の政治主体が出現しており、彼らが功績主義《メリトクラシー》の理念に基づいて身分制の持つ重みを相対的に低下させたからである。個々の人間が当人の力量や功績によって評価されるべき存在であるなら、ことさらに身分の相違にこだわる理由は存在しない。また各人は社団に束縛されずに自由に自分の力量を発揮すべきものなら、自由は各人に同じように保障されなければならない、すなわち自由は平等とペアになるのであって、不平等とは両立しない。そうした視点から見ると、身分制にこだわる高等法院の立場は特権層の利益を守るためだけに汲々としているように見えるし、高等法院がよって立つ自由の理念も説得力を欠くものとなったのである。この点はその通りなのだが、愛国派《パトリオット》の登場は前期革命を乗り越えて政治を次の段階に進める要因と見るべきであって、国王政府を名士会・高等法院が批判して争った前期革命は、八八年九月二一日に高等法院が単独で、自己の考える召集様式を押しつけるような宣言を出せるほどに力を持った時点で一つの成果に達したとみなすべきではないだろうか。

前期革命の理念は「社団制国家」「家産制国家」という過去のものに立ち返ろうとする復古的なもので、歴史の歯車を逆に回転させようとしているのだから「革命的」ではないという批判もあり得るかもしれない。しかし、革命は未来という理念（＝歴史が進んで行く方向）を見据えて、未経験だが理想的であるはずの未来を実現すべきものだという考え自体が、一九世紀にマルクス主義が出現して以降のものであって、それ以前には革命運動や民衆蜂起はより良かった過去（＝黄金時代）への復帰を求めて行なわれるものだった。姿勢が前向きか後ろ向きかは、革命か否かを分かつ基準とはならない。早い話がフランス革命自体が、より過激な段階に進むと、古代のローマ共和制を様々な点で一つの理想もしくは参照対象として掲げるようになるが、だからといってフランス革命は復古的・後ろ向きだとは評価しないのである。

一七八七・八八年の名士会と高等法院の活動は、八九年以降のフランスの動きに比べると微温的ではあったが、「前期革命」として広義の革命の一部に含めるべきである。

第二章　国民議会の成立

1　三部会の開催

一七八九年五月五日、ヴェルサイユ宮殿のムニュ＝プレジールの間で全国三部会の開催式が開かれた(17)。議員の服装はあらかじめ儀典長のドルゥ＝ブレゼ侯爵によって定められていたが、第一身分（聖職者）の中の上級聖職者と第二身分（貴族）が派手で豪華な式服だったのに対して、同じ第一身分でも下級聖職者は質素な僧服で、第三身分（平民）も黒い簡素な服だった。しかも、第一身分と第二身分が両翼に開く広い入り口から議場に案内されたのに対して、第三身分は狭い裏口から導き入れられた。さらにつけ加えるなら、開会式に先立って五月二日に議員が国王に謁見した際、特権二身分は国王の私室で一人ずつ謁見したのに対して、第三身分は代表一人が個別に謁見したのみで、それ以外の議員は国王の寝室を集団で並んで歩いて、国王の前を通り過ぎただけだったのである。儀典係としては、恐らく、一七五年前の前例をできるだけ踏襲しようとしただけで、それ以上の意図はなかったのであろう。しかし三部会での投票

図２　全国三部会の開催式　1789. 5. 5

様式を身分ごとに一票とするか議員一人一票とするかという形で身分制が政治問題化しており、また「ブルターニュ型」に示されるように貴族と平民の対立が先鋭化して現れている時に、第三身分の議員に対するこうした無神経な扱いが彼らにどのような印象を与えたかは、容易に想像できるのである。

そもそも全国三部会の議員とはどのような人たちだろうか。資格審査が終了して議員が最終的に確定するのは八九年の七月半ばなのだが、その時点での議員数は第一身分（聖職者）が二九五名、第二身分（貴族）が二七八名、第三身分（平民）が六〇四名だった。前回（一六一四年開催）の約三倍である。もっとも会期途中での辞任や死亡、その後任の選出などがあって、人数がずっと一定だったわけではない。ブルターニュの貴族が選挙をボイコットしたりしたため、特権二身分の議員の合計よりも第三身分議員の方が多くなっている。独立直後のアメリカ合衆国の憲法制定議会の議員は五五名、当時のイギリスの下院議員は五五八名だったことに比べれば、全国三部会の議員が極端に多かったことがわかる。この人数の多さ故に、議員たちはなかなか相互に知り合うことができず、最後まで一体化しなかったし、特定の個人やグループが全体のイニシアティブをとることもなかった。また音響効果が悪い広い議場において有効な発言ができるのは、大声を出せる特定の少数の議員に限られたのである。だが人数が多いことは別の効果もあった。ヴェルサイユには六〇〇名近い第三身分議員を収容できる部屋が他になかったため、全体会議が開かれるムニュ＝プレジールの間が第三身分の議場にされたのである。五月から六月にかけて第三身分は特権二身分に議員資格の合同審査を呼びかけ、特権二身分はそれに抵抗しながらも結局は合流して、国民議会が成立することになるのだが、第三身分がムニュ＝プレジールの間に居続けたことはこの動きを促進するのに有利に働いたのである。

選挙区ごとの議員数は、人口、面積、富裕度を考慮して決められたが、結果的にはフランス北部の議員が多かった。大西洋岸のラ・ロッシェルとスイスのジュネーヴを結ぶ線の北側の議員が全体の七割を占めていたのである。また聖職者議員には農村出身者が相対的に多かったが、第二身分と第三身分の議員合計の四人に三人は都市出身だった。フランス全体では都市在住者は人口の一八パーセントであるから、議員の偏りは明らかだろう。後に議会が宗教問題を取り上げるようになる時、彼らは農民の反応を予想できず、農民の宗教文化にあっけにとられるのである。また議員は必ずしも自分の選挙区に住んでいたわけではない。特に貴族の場合はパリ在住者が多く見られ、議員全体でも二一一名、すなわち六人に一人はパリ在住だった。議会がパリの動きに敏感だった理由の一つである。またそれぞれの身分は必ずしもその身分の者を議員に選出してはおらず、第一身分の中の八五名、第三身分の中の五八名は貴族だった。第二身分の議員は全体の四分の一以下だが、議員全体の三分の一以上は貴族だったのである。

身分別に見ると、第一身分の四分の三は下級聖職者だった。修道会のメンバーは、女性も含めれば聖職者全体の半分を占めるにもかかわらず、議員としては第一身分の三パーセントを占めるに過ぎない。議会が修道会の廃止を討議する時、それに反対して修道会を擁護する議員は少なかった。聖職者は中等教育を受けた上で神学校でも学んでおり、教育水準は高かった。特に上級聖職者は聖職者総会の管理・運営を通じて行政能力を身に着けており、また相互に知り合っていたので、三部会の開始とともに共同歩調をとる準備ができていた。下級聖職者もそれなりの知識と社会経験を持っているが、三人から四人に一人は農民や職人の家庭の出身だった。議員全体の中でもっとも貧しい出自の者は第一身分にいたのである。

第二身分の議員の四分の三は爵位を持っていた。フランス全体では、爵位を持つのは貴族の中の二ないし六パーセントであるから、身分的には貴族の中の上位の者が議員に選ばれていたわけである。また議員の八割以上は一六〇〇年以前にさかのぼる貴族の家系だったが、フランス全体では貴族の三分の二は一七世紀以降に貴族位を与えられた者であるから、伝統的な貴族が多く議員に選ばれたと言える。この身分の議員の多くは都市民、とりわけパリ在住者だったが、伝統的な領主のイメージのままに農村地帯にある領地の城館に住む者も四人から五人に一人はいる。また法服貴族は三八名で、第二身分の一四パーセントだった。この身分の議員の中心は軍人貴族で、八割が将校を経験していた。若い頃から軍に入っていたため、勉学期間は他の二身分よりも短く、勉学内容も軍事に関わる技術的・実用的な教科が中心だった。

第三身分の議員の中心をなすのは法律関係者である。司法官が二一八名、弁護士が一八一名おり、公証人などの下級役職者を含めれば第三身分の三分の二を占めている。彼らは中等教育に加えて大学教育も受けていた。残りの三分の一は様々な職業に分かれるが、職人・小商人・中小農民など民衆層に属する者はいない。また先述のように五八名の貴族が第三身分の議員として選出されていた。約六〇〇名の議員のうちの一〇〇名ほどは駆け出しの弁護士、借地農、小役人など、経済的につましかったが、他は裕福な成功者だった。とはいえ、貴族との差は大きい。議員の中で、収入額や結婚の際の持参金の額がわかっているのは数十名に過ぎないのだが、その範囲で比べると第三身分議員の裕福度は第二身分の一五分の一だったのである。平民議員の多くはアンシァン・レジーム社会で立身出世できる能力を持っていたが故に、貴族との格差（経済的地位のみならず、威信や社会的評価の格差も含む）は不満や社会的緊張のもとになるものだった。

議員たちは、三部会に参加するためにヴェルサイユに参集するにあたって、それぞれの選挙区から陳情書を託されていた。当時の選挙は、選挙区ごとにそれぞれの身分が選挙集会を開いて、皆で話し合いながら自分たちの代表となる議員を選出した。第三身分の場合には人数が多いので、市町村ごとに第一次選挙集会を開いて選挙人を選出し、選ばれた選挙人が選挙区に集まって議員を選出するという二段階選挙（時には三段階選挙）が行なわれた。それぞれの選挙集会では議員（もしくは選挙人）が選出されるとともに陳情書が作成され、選ばれた代表に託されたのである。この陳情書については、従来は「一握りの人物がリーダーとなって作成しており、選挙集会全体の意見を反映してはいない」「手本になる陳情書のモデルが流布していて、多くの陳情書はその手本を写しただけである」と言われることもあったが、最近の研究によると地方エリートのリーダーシップは限定的で、議長が発言をほぼ独占していたのは全体の四分の一程度であり、全体の半分においてはリーダーシップは限定的で、残りの四分の一ではリーダーは見られない。また自分たちの地域の事情を考慮しながら議論をしており、他所からまわってきたモデルに影響されている事例もほとんど見られないのである。ただし第三身分の場合には、第一次集会から託された陳情書をベースにして、第二次集会において選挙人が新たな陳情書を作成する際、一般庶民よりは上位の社会層から選ばれている選挙人の意向によって、要求事項に一定のフィルターがかけられるのが普通だった。担税の平等や（集団の特権としてではなく）個人の主体性ないし自律性としての自由を要求している陳情書も普通に見られて、啓蒙思想の一定の伝播が認められるが、農村部の陳情書においては個人主義的要求と共同体的な連帯の双方が同時に記されている例も見られる。大胆な改革を要求している例は少なく、ましてや「革命的」と呼べる内容の陳情書は見られない。とはいえ、国王に対する批判を記したものこそないものの、陳情書の半分（イル＝ド＝フランスとノルマンディに限れば三分の二）は王への讃辞を記しておらず、民衆の政治文化に一定の変容があったことが窺われるのである。陳情書に関してはもう一点、注意が必要である。三部会の議員は議会での討論において、自分自身の意見を自由に述べられたのではなく、選挙区の意向に沿って議会活動をし、議会での活動に関して選挙区に責任を負わなければならなかった。こうした仕組みを「命令的委任」と呼ぶが、陳情書は国王に対する嘆願書であると同時に、議員の議会活動を指示し、束縛する「命令書」でもあったのである。

一七八九年五月五日のヴェルサイユに話を戻そう。開催式で国王ルイ一六世はもっぱら王室財政の赤字という問題についてのみ語った。国璽尚書のバランタンは主として国王を讃える演説を行なった。彼は「ルイ一二世の善良さ《ボンテ》、アンリ四世の仁徳《クレマンス》、ルイ一六世の善行《ビアンフザンス》」を強調した。一二＋四＝一六という一種の数遊びである。その後に財務長官ネケールが演説に立ったが、彼は三時間に及ぶ長大な演説で（彼自身は途中で疲れたのでブルソネという別の人物に原稿を代読させたのだが）、もっぱら財政赤字に関わる種々の数字を羅列し続けて、議員たちを退屈させた。国王とネケールは全国三部会の議題を財政赤字の解消のみに限る意思を示したのである。しかし議員の方は、この時点ではまだ「革命」など考えてはいなかったにせよ、漠然となんらかの政治改革を期待していた。王権側と議員たちの間の落差は、最初から大きかったのである。

開会式が済むと、各議員の資格審査をして議員としての地位を確定し、三部会を正式に発足させねばならない。特権二身分は国王の意向を汲んでそれぞれの議場に移動し、自分たちの身分の議員に関して資格審査を開始しようとしたが、第三身分の議員たちは困惑した。彼らは議員一人一票の投票制度を求めていたので、身分ごとの資格審査に入ってしまうとそれが既成事実化し、なし崩し的に身分ごとに分かれた審議と一身分一票の投票が決まってしまうことを恐れたのである。翌六日、彼らはイギリスの下院に倣って自分たちの部会を「庶民院《コミューン》」と名のるとともに、他の二身分に対して議員資格の共同審査を呼びかけた。

もっとも、第三身分の議員たちはすぐに一致団結して行動ができたわけではない。プロテスタントやジャンセニスト、フリーメーソンなど全国的な組織を持つ集団のメンバーだったら議場の中に何人か見覚えのある顔を認めたかもしれないが、大部分の議員は互いに初対面で、相手がどのような人物か知らなかったのである。同じ州から選出された議員同士なら、当時の地方名士は小さな社会を形成しており、何代にもわたる付き合いがある場合も多く相互に知り合いなので、議員たちは最初のうちはおのずから同じ州の者同士で固まることになった。そうした中で特にまとまりが緊密で、議論のイニシアティブを取ろうとし、周囲に対する影響力も持つようになったのが、ブルターニュとドーフィネの議員である。すでに記したように、これら両州は前期革命の頃から政治意識が高く、様々な活動が行なわれていて、議員同士もまとまっていた。特にブルターニュ選出の議員は、開会式が開かれる前から、自分たちでブルトン・クラブを作って毎晩会合を開き、①三身分別々ではいかなる決定も行なわないこと、②議員の資格審査も三身分合同で行なうこと、③第一・第二身分が合流を拒んだ場合には第三身分のみを「国民《ナシオン》」とし、これのみが議会を構成するものとする、の三点の方針を決定していた。また彼らは他州の議員にもブルトン・クラブへの参加を呼びかけ、プロヴァンス、アルトワ、フランシュ＝コンテなど、貴族と平民の対立が激しい

「ブルターニュ型」の州の議員は早いうちからブルトン・クラブに合流した。

しかし、当初のうちは議員たちの支持を得たのはむしろ、三身分の協調を重視するドーフィネ州選出議員の主張だった。五月一三日にブルターニュ選出のル・シャプリエは、ブルトン・クラブの方針に従って、特権身分とのいかなる妥協にも反対し、第三身分の議員が作る「国民議会」に特権二身分を招集することを提案したが、大差（六六票対三二〇票）で否決され、同月一七日にはドーフィネ州のムーニエが提案した、特権二身分との交渉を進めるという案が圧倒的多数で可決された。同月二九日にも第三身分の議員はブルトン・クラブの提案を否決して、あくまで三身分の協働、和解と妥協の道を求める方針を支持したのである。しかし第二身分のかたくなな態度が「ドーフィネ型」の方針の実現を困難にし、第三身分は次第にブルトン・クラブの方針に近づいていくことになる。

貴族身分議員は一枚岩で団結していたわけではない。自由主義貴族と呼ばれる人たちは、成文憲法を作ることをはじめとして、王国の重要な改革をもたらすことを望んでいた。彼らの中の一七名は三〇人協会のメンバーだった。しかし彼らは少数派だった。多く見積もっても七〇名程度、すなわち第二身分の議員の四分の一程度だったのである。残りの四分の三の中でも、パリ在住の相対的に裕福な貴族と地方貴族の間には社会的・政治的な経験の相違があり、相互の反発もあった。しかし彼らは、第三身分の動きを目にして、貴族独自の地位を守ろうとする点で一致した。彼らにとっては、貴族がフランス王国において主導的な役割を果たすのは自明の社会的秩序なのであり、従って平民と一緒になって共同で審議をしたり、平民と対等に一人一票で投票したりするのは論外だったのである。自由主義貴族がイニシアティブをとることはなく、第二身分は第三身分との妥協を拒否し続けることになる。それに比べると、平民出身の下級聖職者が多数を占める第一身分は多少柔軟だった。五月六日に第三身分から共同の資格審査を提案された際には確かに拒否したが、その票決は僅差（一三三票対一一四票）であり、その後も第三身分への合流を求める動きが続いた。それに反対する司教たちは、聖職者総会などを通じて相互に知り合いであるとともに、政治的かけ引きにもたけていたので、下級聖職者の発言を制限したり、教会内部での出世をちらつかせて懐柔したりすることで、かろうじて身分全体としては妥協拒否を貫いていた。しかし六月一〇日を過ぎると何人かの下級聖職者議員が少しずつまとまって、第三身分の部会に合流するようになったのである。

2　国民議会の成立

こうして全国三部会は、その入り口である議員の資格審査に入れぬまま、一か月を空費した。しかしその一か月の間に第三身分の議員たちは相互に知り合うことができ、当初よりも突っ込んだ意見の交換や相談ができるようになっていた。貴族のかたくなさが彼らの心理に大きく作用したし、地元のヴェルサイユやパリから傍聴席に集まってくる群衆からも影響を受けていた。議員たちは次第にブルトン・クラブの路線に近づいたのである。六月一〇日、庶民院《コミューン》は、他の二身分に最後通告を発するとともに、全議員の資格審査を自分たちのみで開始することを決定した。同月一七日、彼らはシィエスの提案に基づいて自分たちの部会が「国民議会《アサンブレ・ナシオナル》」を名のることを決めた。些細な名称変更のようだが、「国民」と名のったことの意味を見落としてはならない。それは「フランス人は均質な『国民』なのであって、その内部に身分による区別は認めない」ということ、すなわち身分制の否定を意味するからである。二日後の一九日、第一身分は一四九票対一三七票の僅差で国民議会《アサンブレ・ナシオナル》への合流を決めたが、議長（司教）は即座に閉会にして、国王に介入を求めた。第二身分も、妥協は拒否しつつ、国王に介入を要請した。ルイ一六世は、みずからが出席して三身分合同で開く親臨会議の開催を決め、その準備のため六月二〇日には第三身分の議場となってい

図３　室内球技場の誓い　1789. 6. 20

るムニュ＝プレジールの間を閉鎖させた。

この日、いつも通りに登院してきた国民議会《アサンブレ・ナシオナル》の議員は、自分たちの議場が閉鎖されているのを見て、国王政府が自分たちに対して反撃に転じたものと解釈し、集会を開ける広さのある場所を探して、宮殿内の室内球技場《ジュ・ド・ポーム》に集まった。そしてここで、ドーフィネ州選出の議員ムーニエの主導で、議長のバイイを中心にして、「自分たちは憲法が制定され、かつ堅固な基盤の上に確立されるまでは解散せず、状況に応じていかなる場所においても会合を開く」ことを、ほぼ満場一致で宣誓した。画家ダヴィッドの絵画によってよく知られている室内球技場《ジュ・ド・ポーム》の誓いである。そもそも全国三部会は国王の意思によって召集・解散されるものであり、議員の任務は国王の諮問に答えることであった。しかし議員たちは、この宣誓によって、国民議会《アサンブレ・ナシオナル》は議員自身の意思によって開催・継続していること、その目的は憲法制定であることをおおやけにした。基本的な理念が転換されたのである。

当初は二二日に予定されていた親臨会議は、議場整備の必要から翌二三日に延期された。そのために二二日にサン・ルイ教会で開かれていた国民議会《アサンブレ・ナシオナル》に一五〇名の聖職者議員と二名の貴族議員（二名ともドーフィネ州選出）が合流するという事態が生じた。さて二三日の親臨会議における国王の提案のうちの主要なものは、箇条書きにすると、①第三身分の諸決定はすべて無効とする、②すべての命令的委任を、一人一票の投票を禁じている命令も含めて、破棄する、③議員の資格審査を身分別に行ない、資格に不審な点のある者のみを合同審査する、④全体の利害に関するもののみを三身分の共同討議と一人一票の投票によって決する、ただし封建的諸権利の問題はここから除く、⑤租税への同意権、臨時上納金の使途決定権を全国三部会に与える、⑥特権層が租税負担の平等を可決し次第、それを裁可する、⑦教会十分の一税、領主的権利、封地に付着する実質的および名誉的な権利は、所有権一般の一部として、維持する、⑧人身的負担（賦役など）は通常の税で置き換える、⑨人身と出版の自由を認める、⑩州三部会が地方行政を担当する、州三部会は第三身分の議員は特権身分の倍とし、一人一票の投票で決する、⑪全国三部会は制度改革の権利を持つ、⑫王室用賦役と領主のマンモルト（直系卑属を持たない農奴が死亡した場合、その財産は領主に帰属するという制度）を廃止する、の一二点にまとめられるだろう。すなわち、あくまで国王政府が主導権を持ちながらも（①）、王は立憲君主になることを受諾し（⑤⑨⑩⑪）、所有権を保証し（⑦）、政治上の諸改革も行なわれ（②④⑪）、また租税に関する特権も廃止されるが（⑥）、それ以外は伝統的な身分制秩序が維持され（③④⑦）、社会的改革は必要最低限にとどまる（⑦⑧⑫）という趣旨である。もしこの国王提案が五月上旬の開会式の直後、まだ第三身分の議員が三身分の合意と協働のもとに絶対王政の部分的改革を志向している時期になされていたら、議員たちの賛同を得られたかもしれない。しかし六月下旬の段階では身分制の改革と国民的統合が議員の関心の中心を占めていたのだから、国王の提案は議員の意識と明らかにずれていた。しかも国王は二重の誤りを犯していた。一つは、開会式の時と同様に、六月二三日の親臨会議においても特権二身分の議員は直接に議場に案内されたのに、第三身分の議員は雨の中を小門の前で待たされたことである。後者の神経をわざわざ逆なでしたのである。もう一つは、国王は親臨会議を親裁座のように演出したことである。すなわち、議員たちが室内球技場《ジュ・ド・ポーム》の誓いによって国王から心理的な距離を取ろうとしている時に、国王は絶対君主として一方的に指示を伝え、命令したのである。演説を終わるにあたり、ルイ一六世は「かくも見事な案を諸君が見捨てるならば、私は一人で人民の幸福を考える」と述べて議会の解散を示唆し、「諸君がただちに解散し、明朝、それぞれの身分に割り当てられた議場に赴いて議論を再開することを命じる」と述べた。

貴族議員は国王の命令に従ってすぐに退席したが、聖職者議員の一部と第三身分は席に残った。儀典長のドルゥ＝ブレゼ侯爵が国王の命令を繰り返したが、国民議会《アサンブレ・ナシオナル》はこれを黙殺した。シィエスは「議員諸君は今日、昨日までと同じ資格を持っている」、すなわち国王の解散命令があったとしても、議会は室内球技場《ジュ・ド・ポーム》で誓った通りに自分たちが望む時に望む場所で集会を開くのだと宣言した。それを受けて国民議会《アサンブレ・ナシオナル》は、第三身分の議論を無効と宣言した国王の演説にもかかわらず、一七日以降の自分たちの諸決定を維持することを決議し、議員の不可侵性を宣言した。そして国王は、結局は、これらの「反抗」を黙認せざるを得なかったのである。国民議会が国王に対する意図的かつ明示的な反抗を二重に行なった点において、六月二三日は革命の本格化もしくは前革命から本格的な革命への移行の契機とみなすことができる。翌二四日、聖職者議員の大部分が国民議会《アサンブレ・ナシオナル》に合流し、二五日には四七名の貴族議員（その中には国王のいとこであるオルレアン公もいた）が合流した。六月二七日、国王は「忠良なる聖職者と貴族」に対して、第三身分に合流することを命じた。七月七日、国民議会《アサンブレ・ナシオナル》は内部に憲法委員会を設置し、二日後の九日、みずからの名を憲法制定国民議会《アサンブレ・ナシオナル・コンスティテュアント》と変えた。

このように見てくると、第三身分の議員たちは自分たちがめざすべき方向についてある程度の自覚を持ち、一定の方針のもとに事態を進行させていったかのように思われるかもしれない。実態はまったくそうではなかった。議員たちは、少なくともその大部分は、五月の上旬にヴェルサイユに集まってきた時には、自分たちの使命は国王の諮問に答えることのみであり、せいぜい数か月あればその使命を果たすことができて、その後は自分たちは故郷に戻り、元通りの生活を再開できると思っていた。だから彼らはヴェルサイユに冬服は持参しなかったのである。議員資格の審査を合同で行なおうという提案に対する貴族のかたくなな拒否が、第三身分の議員の反発を引き起こし、三身分の融和と協調よりも身分間の対決の方向に事態が進んだが、議員の意識は基本的には変化しなかった。王権は身分間の対立は超越していて中立であり、王権が介入してくれて貴族との対立が解消すれば、三部会は、国王の諮問に答えるという本来の任務に立ち返るはずだった。議員は、三身分の合同を求める自分たちの要求が持つ政治的インパクトを、それほど自覚してはいなかったのである。議員たちの意識が決定的に変化するのは、六月一七日に「国民議会《アサンブレ・ナシオナル》」を名のって以降、とりわけ同月二〇日の事件によってだった。議場が閉鎖されているのを見た議員たちは、国王が自分たちに敵対的であることを即座に悟り、議会の解散や議員に対する弾圧と逮捕などに対する不安の恐怖の中で室内球技場《ジュ・ド・ポーム》に集まり、一種の防衛本能から誓いを立てた。これはまったくの突発事で、前もって予定していたわけでもないし、宣誓の内容を熟慮していたわけでもない。議員たちは、とっさの勢いで誓いを立ててから、自分たちがまったく想定外の決定的な一歩を踏み出したことを理解したのである。二三日の親臨会議も同様だった。そもそも六〇名ほどの議員は、トラブルや逮捕を恐れて、親臨会議を欠席した。はたして、すでに記したように国王の態度は高飛車で、三部会の解散をはっきりと示唆した。国王の退席後もその場に残ったのは、その日も前日までと同様に自分たちの議題について討論する予定だったからであるが、議会の解散や軍隊による弾圧と逮捕に対する不安と恐怖に捉えられていた。事実、国王は第三身分の議員を実力で排除するために近衛兵を派遣したが、ムニュ＝プレジールの間の入り口にいた自由主義貴族が彼らを説得し、引き揚げさせたのである。そうした中で「祖国のためには死をも覚悟しなければならない。権威筋からの一撃に怯えてはならない」という発言が出るなど、議論は悲壮な調子を帯びた。要するに、自信を持って国王の解散命令を無視したわけではないのであって、二〇日も二三日も、言うなれば窮鼠が猫を噛んだのだった。しかし噛んでみたら猫、すなわち国王と特権二身分の側が意外なほどあっさりと譲歩したのである。そして議員たちは、自分たちがこれまで予想もしなかった方向に決定的に踏み出したこと、自分たちがなすべき仕事は故郷を出る前に想像していたものとは比べものにならないくらい大きいことを、否応なしに自覚したのだった。

ここで、議会の新しい名称である「憲法制定国民議会《アサンブレ・ナシオナル・コンスティテュアント》」の「憲法制定《コンスティテュアント》」という語に注目しておこう。この語を示唆したのは、一七八九年初頭のシィエスである[18]。アンシァン・レジーム期には主権、すなわち国家の最高統治権は、王権神授説によって、国王のみに与えられていると考えられていた。また国制のあり方を規定するものとして王国基本法の概念があったが、いずれにせよ、統治権ないし統治制度を規定するのはフランク王国以来の伝統と慣習（王国基本法）もしくは神（王権神授説）であって、人間自身ではなかった。それに対してシィエスは、各権力のあり方を規定する憲法そのものを制定する権力の存在、言い換えると人々は適正と思われる統治制度を自分たちで決め得る可能性を想定したのである。すなわち、国民議会こそが憲法制定権力を持つと宣言したに等しい「憲法制定国民議会《アサンブレ・ナシオナル・コンスティテュアント》」という名称は、「憲法制定《コンスティテュアント》」という考えが斬新であり、またある意味では革命的だった。しかしシィエスの考えがそのまま議員たちに共有されていたわけではない。ルフェーヴルも記すように[19]、議員たちは総じて、国王と議会が主権を分有していることを自明の前提として、憲法は両者の権力関係を調整するものと捉えていた

Cette fois ci, la justice est du côté du plus fort

図４　全国三部会の風刺画　第三身分には正義の女神がついているから，特権身分よりも重い

のであって、公権力そのものを憲法によって創出するとは考えていなかったし、身分制に関してもまだ穏和もしくは妥協的だったのである。それでも、五月には国王の御下問に答えることしか念頭になかった議員たちが、国王と対等の立場で交渉することを考えるようになった点に、六月の諸事件が議員たちに与えた影響を窺うことができるであろう。

さて、六月二七日の国王令と七月九日の憲法制定《アサンブレ・ナシオナル・》国民議会《コンスティテュアント》成立によって、五月上旬以来の三部会内の対立は表面的には解決された。しかし国王がすべてをあきらめたわけではない。六月二六日の国王顧問会議では軍隊をパリとヴェルサイユの周辺に集めることが論じられているし、七月一日には国王は新たに一〇個連隊をパリ周辺に召集している。フランスの議会の動きが、一七八二年のジュネーヴ、一七八七年のオランダのように、軍隊の介入によってつぶされないという保証はどこにもないのである。議会の不安は去らないし、パリ住民の間にも軍の動きに対する恐れと憤激が高まっていた。

3　民衆の登場

都市民の中の上層部、通常「ブルジョワジー」と呼ばれる階層と、下層部の「民衆」とを便宜上は区別することができる。前者は裕福だから経済状況が逼迫している際にも比較的にゆとりがあり、商業取引から収入を得ているので、利益を最大にできる機会を狙って取引できるよう、経済活動の自由を求めていた。全国三部会の選挙が始まると、第一次集会で選挙人に選出されるのはこの階層の人々であり、選挙を通じて政治意識に目ざめていく。特権を持つ貴族に対しては敵対的であり、一七八九年夏からは、各都市において、次第に都市行政から貴族を追放して、自分たちが地域の政治を担当するようになる。

それに比べると民衆は相対的に貧しい。一八世紀後半には賃金の上昇は物価上昇に追いついていないため、貧困化が進んだし、一七八六年頃からフランス経済は不況に陥っていた。民衆層の関心は何よりもまず、日常の食糧、とりわけパンが入手できることであり、そのために自由流通よりは行政当局による介入を望んだ。また下層の民衆の中には困窮から浮浪者となる者も少なくなかったが、これらの浮浪者が治安を脅かすことへの不安や恐怖も、人々の心理に少なからぬ影響を及ぼしていた。

当時の政治状況も、人々の心理に影響した。全国三部会の開催は、ブルジョワジーに対すると同様に、民衆層にも明るい希望を与えた。民衆の間では「国王は常に善意で庶民の生活を気にかけてくれているのだが、それにもかかわらず自分たちの生活が苦しいのは、王を取り巻く貴族たちが王の目や耳をふさいで、庶民生活の実態が国王に伝わらないようにしているからだ」とする考えが一般的であったが、国王が陳情書を通して一般庶民の不満や要望を受け入れ、みずから対処しようとしてくれるのだから、これからの世の中はうまくいくと考えたのである。しかし三部会開催がもたらした明るい希望は、「物事はそんなにうまく行くものではない」という不安と表裏一体をなす。自分たちの利己的利害のために国王の目と耳をふさいでいた貴族が、黙っておとなしく引き下がるはずはないと考えたのである。三部会開催後に、第三身分議員の合同審査への呼びかけに特権身分、とりわけ貴族議員が執拗に抵抗したことも、この不安を強化した。これと、前段落で述べた浮浪者や野盗に対する不安と恐怖が結びついて、「アリストクラートの陰謀」という考えを生み出す。アリストクラートは、食糧の流通を混乱させたり、浮浪者や野盗を雇って民衆に危害を加えたり、さらには外国の軍隊を呼び寄せたり、考え得るあらゆる手段を用いて自分たちの希望を押しつぶそうとするはずだと民衆は考え、恐れたのである。

「ブルジョワジー」と「民衆」を便宜的に分けて説明したが、両者は職業や地位、もしくは収入額などの客観的な基準によって区別できるものではない。当時の都市では、親方と職人は昼間は同じ仕事場や商店で一緒に仕事をしていたし、徒弟は親方の家に住み込んで、生活を共にしていた。また一八世紀後半には「庶民街」と「お屋敷街」の区別、すなわち「水平的住み分け」が出現し始めていたが、多くの場合は同じ建物の下の方の階にブルジョワジーが住み、上方の階に民衆が住むという「垂直的住み分け」がなされていた。金持ちと貧民は日常的に接触しており、ある程度は生活意識を共有していたのである。上層部の中には、あくまで「階級的利害」にこだわって民衆と敵対する者もいたが、民衆に対する家父長制的《パターナリズム》な共感ないし温情から、あえて自己犠牲も辞さない者もいた。下層部の庶民も同様で、自分たち独自の利害を主張する者もいれば、親方に対する親愛の念から、同僚に逆らってでも親方の指示のままに行動する者もいる。大雑把にはブルジョワジーと民衆は社会的地位や収入額で区別できるかもしれないが、両者はかなり入り乱れているのであって、商品経済を基盤にした利害計算と伝統的・共同体的な相互扶助や家父《パタ》長制的《ーナリズム》秩序のどちらをどの程度に行動の原理とするかは、各人の個人的性向やその時の状況によっても左右されるのである。また浮浪者や野盗に対する不安と恐怖、「アリストクラートの陰謀」という考えなどは、民衆とブルジョワジーの双方に共有されていた。言い換えると「ブルジョワジー」と「民衆」は、社会的な実態そのものというよりは、一種の「理念型」的なモデルと考えるべきなのである。

七月一一日、国王はネケールを罷免した。その知らせは翌一二日の日曜日の朝にパリに伝わった。人々は、国王政府が議会を武力で蹴散らす意図であることを理解して憤激するとともに、パリが軍隊に襲撃されることを恐れた。何人かの即席の弁士がパレ・ロワイヤルで自衛のために武器を取るよう演説した。同日夕刻には、王室付きドイツ人連隊と群衆がテュイルリ付近で衝突した。一三日、パリとヴェルサイユの間の橋が軍隊に押さえられたためにヴェルサイユとの連絡が途絶え、パリ住民の孤立感と不安を強めた。パリの選挙人（すなわちブルジョワジー）は市役所で常設委員会を設置するとともに、武器の調達を求めた。選挙人会の代表がアンヴァリッドに赴いたが、司令官は武器の引き渡しを拒否した。一四日朝、四万人から五万人の群衆がアンヴァリッドに現れ、実力で武器を入手しようとした。数百メートル離れたシャン＝ド＝マルスには国王軍の数個連隊が野営していたが、司令官のブザンヴァルが各部隊の指揮官を集めたところ、誰も群衆への攻撃を容認しなかった。銃と大砲を手に入れた群衆は、弾薬を求めてバスティーユに向かった。市役所にいた選挙人は代表をバスティーユ要塞司令官のロネーのもとに送り、弾薬の引き渡しを求めた。交渉自体は問題なく進んだのだが、バスティーユの前に集まってきた群衆と守備兵が偶然の些細なきっかけから発砲しあうことになった。群衆に味方するフランス衛兵分遣隊が昼頃に、朝方にアンヴァリッドで入手した大砲を持って到着したのが転機となって、午後三時頃から始まった武力衝突は五時頃にバスティーユの守備隊が降伏し、決着がついた。守備兵は群衆の手で市役所に連行されたが、混乱の中で司令官のロネーは虐殺され、首を切られた。

翌一五日の午前、事件を知った国王は国民議会に出席したが、その席で議員たちは国王に、パリとヴェルサイユの周辺にいる部隊を退去させること、ネケールを呼び戻すことを要求した。国王は沈黙を守ったが、同日午後に議会は有力議員からなる代表をパリに派遣することによって、前日のパリの動きを容認することを暗に示した。一六日、国王は議会に譲歩してネケールの呼び戻しと軍隊の退去を命じた。さらに一七日には国王自身が、三二名の議員とともにパリを訪れ、群衆が（国王万歳ではなく）「国民万歳」と叫ぶ中を市庁舎に入り、新市長のバイイから赤白青の三色の徽章を受け取って、自分の帽子につけた。三色の徽章はブルボン家のシンボルカラーである白をパリのシンボルカラーである赤と青ではさんだもので、国王とパリの和解のシンボルである。さらにパリ市の民兵団（一五日から国民衛兵と称する）の設置とラファイエットの国民衛兵司令官任命、およびバイイのパリ市長着任を承諾した。ともあれ、本来なら市長や司令官といった役職の設置と担当者の任命は国王の管轄であるはずだが、ルイ一六世は自分があずかり知らないところで決まった人事を事後承諾し、また自分とパリの和解のシンボルを受け入れることで、パリの住民が自分に反抗して自分の要塞を陥落させ、自分の部下である司令官を虐殺したという「犯罪」を不問に付したのだった。

単なる可能性を論じるなら、国王の側が機先を制して、「パリの反乱」を口実に軍を動かし、ヴェルサイユの国民議会をも一気に解散させてしまうこともありえたはずである。パリの住民のみならず、パリ市長になったバイイや民兵団司令官になったラファイエット（ともに国民議会の議員である）も国王から見れば反逆者であって、パリ市と国民議会の方がずっと適法性に乏しかったのだ。国王の側に弱みがあったとすれば、軍隊の忠誠をどこまであてにできるか不明だった点であろう（事実、一四日朝、シャン＝ド＝マルスにいたブザンヴァル軍は動かなかった）。それにしても、一七日まで議会はかなり危ない橋を渡っていたのである。言い換えれば、一四日のバスティーユ攻撃は一七日に国王からの譲歩を得ることで、かろうじて完了したのだった。そして、国王が武力で国民議会を解散させるかもしれない危機が六月半ばから一か月近く続いていたが、パリ住民の暴力による介入によって、危機はひとまず回避されたのである。この同じ一七日に国王の下の弟であるアルトワ伯（後のシャルル一〇世）は亡命した。彼は兄である国王にも亡命を勧めたが、ルイ一六世は拒否した。

パリの住民が軍隊に襲われることへの不安から自衛に立ち上がったことは確かである。しかしバスティーユの攻撃はまったくの偶発事であり、それ自体には何の意図も目的もなかった。また一連の騒動の最中に、一二日の深夜から翌朝にかけてパリに全部で五四ある入市税関門のうちの四〇か所で放火があり、穀物を退蔵しているという噂のあったサン＝ラザール修道院が略奪されているが、これは一連の騒動に食糧暴動の性質もあったことを示している。そして食糧問題に起因する騒乱や民衆蜂起は八九年早春からフランス全国で次々と起こっていたのである。そうした事情にもかかわらずバスティーユ陥落は、それ自体の重要性によってというよりは、その後の政治の動きによって、単に「当時いくつもあった騒乱の一つ」という以上の大きな転換点、もしくは「革命」そのもののシンボルと位置づけられることになったのだった。

ただしブルジョワジーと民衆の微妙な関係に注意しておく必要がある。七月一二日から一七日までの「バスティーユ事件」は両者が協力することで成功したし、そこが四月のレヴェイヨン事件と決定的に異なるところである。それにもかかわらず、両者の間には微妙なずれがあった。一四日の夕方、バスティーユ陥落後の混乱の中でパリ商人奉行（アンシァン・レジーム期の役職で、パリ市長に相当）で、常設委員会の議長であるフレッセルが民衆の手で射殺されているが、それは一三日に民衆層が武器を求めて市庁舎を訪れた際にフレッセルが彼らを戸惑わせるような発言をし、結果的に民衆の武装を遅らせたことが原因で

図5　バスティーユの陥落　1789. 7. 14

あった。フレッセルが殺されたために、パリの選挙人団は一五日にバイイを新市長に選出したのである。すなわちパリのブルジョワジーは、自分たち自身は防衛のために武装を求めたものの、民衆層が武装すること（さらには、武装した民衆が自分たちの統制から逸脱して、暴力がエスカレートすること）は警戒したのである。ブルジョワジーが中心になって設置し、ラファイエットが司令官となった国民衛兵もまったく同じ性格を持つもので、外部の敵対勢力からパリ市を守るとともに、民衆の暴力からブルジョワジー（およびブルジョワジー的社会秩序）を守ることをもめざしたものだった。ブルジョワジーと民衆は「バスティーユ事件」の最中においても一心同体ではなかったのである。

民衆の興奮状態と暴力は事件がおさまった後にも継続し、七月二二日には国務諮問会議のメンバーだったフーロンと、その娘婿で元パリ・イル＝ド＝フランス地方長官のベルチエ・ド・ソヴィニの二人がパリの民衆のリンチに遭い、虐殺された。二人はともに、パリの食糧不足に責任がある、もしくは民衆の貧窮状態を軽視したとみなされたのである。市長のバイイ、国民衛兵司令官のラファイエット、パリ市の選挙人たちは暴力を止めようとしたが、相手にされなかった。民衆によるフーロンとベルチエの虐殺が、アンシァン・レジーム期の国王裁判における見せしめのための暴力をなぞっていたことにも注意しておこう。序章にも記したように、民衆の暴力は単なる怒りの暴発ではなく、「裁判＝正義《ジュスティス》の代執行」、すなわち、不当な貧困を自分たちに強いている者の責任を自分たち自身の手で問いただすことを意図していたのである。

国民議会の議員たちも民衆の暴力に困惑したが、議会自身が六月以来の危機を乗り越え、国王から譲歩を引き出すのに「バスティーユ事件」での民衆の介入が大きく貢献したことは確かであるから、むげに暴力を否定するわけにもいかなかった。ドーフィネ選出の議員バルナーヴは議会で「流された血は悔やまねばならないほど純潔だったのか」と問うて虐殺事件を不問に付するとともに、各市町村当局が民衆対策として、ブルジョワ衛兵と裁判所を組織することを提案した。議会も全体としてはこの路線に従うとともに、同月二八日にはアリストクラートの陰謀を取り締まるため、議会内に調査委員会を設置した。パリ市当局も独自に、類似の委員会を設置した。こうして、①「アリストクラートの陰謀（後には「王党派」）のような保守的・反革命的な敵、②過激で危険な民衆、③両者の間にあって左右双方からの妨害に対処しながら改革（もしくは革命）を進める議会（もしくはブルジョワジー）」という、フランス革命の全体を通してずっと現れ続ける三分法が出現する。また七月二五日と二七日に、貴族から押収された手紙の扱いが問題になった際、何人もの議員が「国民はアリストクラートの陰謀を挫くためにはあらゆる手段に訴える権利を持っている」と主張し、貴族議員のグーイ・ダルシは「戦争状態にあっては手紙の開封は許される。そして……我々は戦争状態にあるとみなすことができるし、事実そうなのだ」と述べた。討論は途中で打ち切られたために、議会がこの問題に結論を出すことはなかったが、革命という非常事態においては、基本的人権の制限も含めて、あらゆる手段が政治的に許容されるという意見がこの時点ですでに現れていることには、後の「恐怖政治」との関連で、注意しておくべきだろう。

4　市政革命と大恐怖

七月一一日にネケールが罷免されたニュースは地方にも伝わり、各地に動揺を引き起こした。ブルジョワジーはアリストクラートの陰謀もしくは宮廷の陰謀を助けそうなもの、とりわけ公金庫と食糧倉庫を差し押さえた。セーヌ川河口のル・アーヴルではパリ向けの穀物を差し押さえたし、モントバン、ブール、ラヴァルでは国民議会を防御する兵を募集するための委員会が作られた。ブルターニュのレンヌでは公金庫を差し押さえ、民兵を組織したのみならず、駐屯兵から武器を奪い取った。ブルゴーニュのディジョンでは貴族・聖職者を自宅に監禁した。

バスティーユ陥落のニュースは一六日から一九日にかけて地方に伝わり、各地で爆発的な歓喜と熱狂を引き起こした。様々な祝賀会が開かれ、人々は通りを行列し、パリと同じように三色の徽章を身に着けた。こうした動きの中で「市政革命」が極端な暴力をともなわずに実行される。それは主として①都市当局のメンバーの交代もしくは補充、②食糧委員会の設置、③民兵＝国民衛兵を指揮するための「常設委員会」の設置の三点からなっていた。アンシァン・レジーム期に都市行政を牛耳っていたのは貴族であるが、彼らとブルジョワジー、民衆の三者の関係が問題になる。バスティーユ陥落を祝う動きの中心になっていたのはブルジョワジー、とりわけ都市行政への影響力を持ち始めていた第三身分の選挙人である。ボルドーでは都市当局が選挙人会議にあっさりと席を譲った。そこまで極端でなくても、例えば民衆は必ずしもブルジョワジーの運動の枠に収まっているわけではなく、時には独自に食糧の要求を当局にもちかける。その際に当局が弱腰で逃亡すると、ブルジョワジーが組織した国民衛兵が出動して騒乱を鎮め、選挙人からなる常設委員会が都市当局に取って代わることになる。またそうした動きとは別に、多くの都市で民衆の治安対策として食糧委員会が設置された。もっとも、すべての都市でブルジョワジーもしくは選挙人が自分たちだけで、もしくは旧来の当局と融合して、都市行政の中心になったわけではない。例えば北フランスのフランドル地方の沿岸都市では、旧来の当局がすばやく民衆に向けた食糧政策を打ち出したため、結果的にはアンシァン・レジーム期の権力が温存された。

バスティーユ陥落のニュースは農村部にも伝わり、都市におけると同様の歓喜と熱狂を引き起こした。ここで当時の農民の状態を概観しておこう。大土地所有農民は存在するが、数は少ない。フランスの農村に多いのは小土地所有農民、すなわち自分たち一家の生活をまかなうだけの収穫をかろうじて得られるかどうかの、ぎりぎりの面積の耕地を所有する農民である。もっとも「所有地」と「経営地」は区別して考えなければならない。所有地は少なくても、領主や教会、または不在地主である都市ブルジョワジーの土地を小作地として借り受けることで経営地を広げることは可能なのである。富農の中でも、経営地がすべて自己の所有地である者（＝耕作農《ラブルール》）と並んで、多くの大借地農《フェルミエ》、すなわち所有地と小作地を組み合わせることで十分な広さの経営地を手にしている農民が大きな割合を占めている。もちろん、借地農《フェルミエ》のすべてが富農なのではなく、経営規模は大小様々である。人数的にはピラミッド状で、かろうじて一家の生活を支えられる程度の規模の農民が多い。同じ小作農であっても、南フランスでは分益小作農《メティエ》と呼ばれる農民が多い。これは小作契約の条件が借りる側に不利になっているため、北フランスの借地農《フェルミエ》に比べると分益小作農《メティエ》はより貧しいのが一般である。各農村には、住民の居住区域や耕作地の周囲に、住民が誰でも利用することができる共有地があった。自己の所有地を持たずに小作地のみを経営地としている貧農、さらには他のより豊かな農民に小作地を借り占められているために経営地を持たない者であっても、共有地を利用した放牧、共有地での薪や木の実の採取と、農繁期の季節労働や手間賃稼ぎ、それに共同体的な慣習に基づく相互扶助を組み合わせれば、農村の中でなんとか生きていかれた。ただしそうした階層は、凶作の年には浮浪者や乞食になることを余儀なくされるのである。見方を変えると農民は、自家消費分（税や地代として納入する分を含む）を超える収穫が恒常的にあって、余剰を市場で販売することで収益を手にできる「販売者的農民」、収穫が翌年の種もみを含む自家消費分とほぼ等しい「消費者的農民」、収穫が自家消費分に満たないために食糧を市場で購入しなければならない（従って手間賃稼ぎや乞食など、耕作以外の収入源を探さなければ生活できない）「購入者的農民」の三者に区別できるだろう。そして大雑把には、「販売者的農民」を農村ブルジョワジー、「購入者的農民」を農村民衆、「消費者的農民」をそれら双方の要素を併せ持つ中間層とみなすことができるのである。農民には国王政府に収める直接税、領主に収める領主地代（＝年貢）、教会に収める教会十分の一税が課せられており、さらに借地農《フェルミエ》であれ分益小作農《メテイエ》であれ小作農であれば土地所有者に小作料を支払わねばならない。これらの負担の総額は、地域によって徴収の割合が異なる上に、名目上の徴収額と現場で実際に徴収される額には喰い違いがあることもあるので、一概には言えない。しかし農民の手元に残るのは収穫量の半分以下であるのが普通だったと考えていいだろう。その上、領主は領民に対して領主裁判権や賦役権、粉ひき場やパン焼き竈を強制的に使用させて使用料を取る領主独占権《バナリテ》など、一括して領主的諸権利と呼ばれるものを持っており、それらも領民たる農民の負担になっていた。国王役人や領主に対する農民の不満が大きかったことは、容易に想像できる。

ただ注意しておかなければいけないのは、領主が古くからの家柄で、農村の館に居住している場合には、農民との間に家父長制的もしくは擬似家族的な関係ができ上がっていて、農民が領主に友好的な場合がしばしばあるのに対して、都市在住のブルジョワジーが領主権を買い取ることで、比較的新しく領主になった場合には、そのような成り上がり者が自分たちの主人のように振る舞うことを、農民は正当とは認めず、些細なきっかけで一揆や暴動が起こることが多いという点である。そうした新興領主は、購入資金をできるだけ早く回収するために、伝統的な領主よりも厳しく地代の取立てにあたったことも、農民の不満の原因になっている。貧困や経済的負担が農民の怒りの原因であることは確かだが、自分たちの負担が正当であるとみなせるか否かも、農民の行動を左右するのであり、正当とみなせない場合には、すでに述べた「裁判＝正義《ジュスティス》の代執行」として農民は暴力行為に及ぶのである。反領主一揆はフランス全体で、一六六一年から九九年までの約四〇年間で八五件だったのに対して、一七六〇年から八九年までの約三〇年で二四六件、そのうち一七八〇年代だけで一二二件に上り、その約三分の一は農村共同体の集団的権利や共有地の擁護を求めるものだった。

　一七八九年に入っても、早春から各地で騒乱が生じていた。その点は都市部におけるのと同様である。全国三部会の召集が明るい希望をもたらしたこと、同時に、その裏返しとして、アリストクラートの陰謀に対する不安と恐怖が生じたことも類似している。七月一四日のニュースは農村部でも反響を呼んだが、その直接の結果は北フランスを中心とする農民反乱の激化だった。それは、アリストクラートの陰謀に雇われた「野盗」に対する自衛という意識にもよっていた。また人々は領主の館を襲って、領主的諸権利の根拠となっている証書類を燃やした。さらに、折から収穫の最中であったが、農民が新たな収穫に関して（領主の）地代や（教会の）十分の一税の支払いを拒否する場合もあった。農民たちは、国王が全国三部会を開いて人々の不満や要求に耳を傾けようとしてくれるのだから、自分たちの賦課も当然に廃止されるはずであり、従って自分たちが実力で賦課を拒むのは国王の意志を先取りするだけのことなのだから、正当なはずだと考えたのである。また理念的な「黄金時代の原初的な平等」を復活させるという意識から、貴族や聖職者だけでなく富農が攻撃の対象となることもあった。すなわち、富農は市場での販売を目的とした商品作物を栽培するために伝統的な農村共同体の規制や慣習を変更したり、それらを抜け出したりすることがあったが、中層以下の農民は共同体的慣習の維持および復活を求めて実力行使するとともに、大借地農《フェルミエ》を襲って儲けを吐き出させることもあったのである。そのため地域によっては、その地区の貴族とブルジョワジーが農民に対処するために手を結んだり、市政革命によって成立した新都市当局がアンシァン・レジームの機関と協力し合ったりすることも生じた。農民層の要求は、基本的には共同体的慣行の維持であった。ただしアンシァン・レジーム期の現実の農村共同体そのものではなく、理念的な原初的平等が実現している共同体をめざしているので、その意味では一定の改革も含むものだった。農民層の動きは、基本的にはこの方向で一貫しているのだが、それがその時々の政治状況に応じて中央の議会による解釈の枠組みに従って位置づけられると、時として「反革命」とみなされることも生じるのである。

農民たちは、国王が自分たちの負担を軽減もしくは廃止してくれるはずだと信じ、国王の意思を先取りして実現するために騒乱を起こしたのだが、まさにそうすることで「貴族がおとなしく黙って引っ込むはずがない」という「アリストクラートの陰謀」に対する不安と恐怖を自分たち自身で強めていった。こうした心理状態は、些細なきっかけでパニックをもたらす。七月下旬にフランス各地、全部で六か所でパニックが発生し、住民が恐怖に駆られて周辺の村に逃げ出す事件が生じた。そうすると、逃亡民を受け入れた村の人々に恐怖と不安が伝染して、彼らもさらに別の村に向かって逃げ出すという形で、結果的には数十キロから数百キロの長さに及ぶパニックの連鎖反応が起きたのである。起点となる最初のパニックをもたらしたのは、「竜騎兵が弾圧に来るという噂が流れた」「森から人が出てくるのが遠くに見えた」など、他愛ないきっかけであった。広く開けた耕地で太陽の下で仕事をする農民にとって、薄暗い森の中で働く木こりや炭焼き、暗い穴の中で一日を過ごす坑夫などは、その存在自体が神秘的で得体のしれないものであり、その時々に応じて畏怖や尊敬の対象にもなれば、恐怖や嫌悪の対象にもなったのである。しかしいったん逃げ出すと、人々は自分が逃げたことを正当化するためにも、話に尾ひれをつけて語る。そのために噂そのものが雪だるま式に大げさになるのである。またパニックが一段落したところで、伝えられた噂が根も葉もなかったことが明らかになることがある。その場合にも「こういうデマがもっともらしく広まったのはアリストクラートの陰謀によるに違いない」とされて、再び陰謀に対する恐怖とパニックが再燃することがあった。こうして、七月下旬から八月初めにかけてのフランスで、広がらなかった地域（ブルターニュ地方、アルザス・ロレーヌ地方、南西の大西洋沿岸、地中海沿岸の西部など）の方が狭いほど広範囲にわたって、パニックの連鎖反応が、時には同じ地域を数回繰り返して、襲ったのだった。これが大恐怖《グランドプール》と呼ばれる現象である。これの最中に村人が自衛のために武装したり、領主の館を襲撃したりすることもあったが、全体としては大恐怖《グランドプール》は新たな農民騒乱の原因というよりはこれまでの騒擾の結果であったと言えるだろう。それでもこの事件は、折からの議会と国王との関係において、これまでの農民騒擾とは異なる新たな政治的意味が付与され、封建制の廃止へとつながるのである。

5　封建制の廃止と人権宣言

アンシァン・レジーム期に地方行政の中心になっていたのは地方長官《アンタンダン》と地方長官補佐《スュブデレゲ》であるが、七月二十二日のフーロンとベルチエ・ド・ソヴィニの虐殺のニュースが伝わると、彼らは同じ運命に陥るのを恐れて姿を消した。軍事を担当する地方総督、司法を担当する高等法院も無力だった。このため国王政府の地方行政は実質的に機能しなくなっていた。また国民議会も、六月下旬からは折に触れて、議会が解散され議員たちは弾圧されるかもしれないという不安と恐怖を味わったのが、七月一四日の偶発事件とその後の経過によって急に国王に対して相対的に優位に立つことになり、憲法制定国民議会として一応は安定したものの、具体的には何にどこから手をつければいいのか戸惑って、活動が低下していた。大恐怖《グランドプール》は、この政治の空白を縫って、全国的な一大事件になったと言えよう。しかし民衆の蜂起や騒乱の知らせが全国から次々に寄せられるに及んで、無為に座視しているわけにはいかないことを議会は自覚した。政治機関として実質的に機能しているとともに、政治を主導する正統性を持っているのは、良かれ悪しかれ、国民議会しかなかったのである。八月に入るとすぐに、領主制の改革が論じられるようになる。これは、啓蒙主義的な理想の実現という理念的な要素と、騒乱を起こしている農民たちを鎮めるためになんらかの措置をとらなければならないという時事的な要素が混じり合ったものだった。

保守的な特権身分議員の抵抗が予想されたので、ブルトン・クラブで周到に打ち合わせた上で、八月四日の晩に封建制の廃止が提案された。自由主義貴族の協力をあおぐこととし、説得力を増すために、みずからも犠牲にすべき諸権利を多く持つエギュイヨン公爵が提案に立つことになっていたが、実際には打ち合わせでは予定されていなかったノアイユ子爵が真っ先に登壇し、①租税はすべての個人が収入に比例して負担し、公的負担は万人が平等に負担すること、②すべての封建的諸権利は共同体によって買い戻し得るものとすること、③領主の賦役、マンモルト、その他の人的隷属は無償で廃止されること、の三点を提案した。続いて、本来は最初に登壇するはずだったエギュイヨン公爵が発言し、すべての免税特権の廃止とともに、あらゆる封建的諸権利を有償廃止とすることを提案した。こちらが、ブルトン・クラブで決められていた提案だったのだが、議会ではノアイユ案の方が支持を得た。二人に続いて、他の議員が次々と登壇し、争うように自分たちが持つ特権を放棄する旨を宣言した。この時には、保守的な穏和派や明らかに極右とみなされる議員も、議場の興奮状態に巻き込まれて、特権廃止の宣言に加わったのであり（発言者は全部で五五名であり、その六〇パーセントが貴族、二五パーセントが聖職者だった）、皆の感動のうちに、封建的諸権利の原則的廃止と身分的・地方的諸特権の廃止の原則が決議された。しかし一晩たって冷静さを取り戻すと、特権二身分の議員は多くが決議に反対を表明するようになった。そのため、この決議を正式な法案とする作業には一週間を要したが、八月一一日に採択された封建制廃止令においては、①鳩舎権（貴族のみが鳩小屋を持ちうるという特権）、狩猟権、領主裁判権などの名誉特権と教会が徴収する十分の一税は無償で廃止、②封建的地代は買い戻し得るものとすること、③売官制、租税に関する特権、地方の個別的特権の廃止、④すべての市民があらゆる職業に就き得ることが定められた(20)。また聖職者の待遇は別途に定めることとされたが、教会十分の一税の無償廃止によって基本的な収入源を奪われた聖職者層は不安を抱き、彼らの多くが議会の動きから距離をとるようになった。しかしこの法令によって、身分や出生による差別・特権も地方や地域ごとの差別・特権も否定され、フランス人はすべて平等な条件のもとに生活する統一された「国民」であるという原則が確立したのである。他方で、地代徴収という経済的な特権は、その封建的な起源から切り離し、近代的な契約関係のようにみなすことで、存続をはかったのだった。すなわちアンシァン・レジーム期の金銭貸借においては借り手は元金は返却せず、毎年の金利のみを払い続けるケースが多かったのだが、議会は封建地代をあたかも金利の返済のようにみなし、元金にあたる額（＝二〇年分の地代）をまとめて払えば毎年の金利（＝地代）を払う義務は消滅するとみなしたのだった。それで農民層は、全国三部会によって自分たちの負担には大幅な軽減もしくは廃止がもたらされるものと信じていたのに、秋になって地代を支払う時期が訪れると、この法令によっても実際には何一つ変わっておらず、これまで通りに地代を支払わねばならないことを知って失望し、議会に幻滅を抱くようになった。すなわち議会は農民に一時的な幻想を与えて、とりあえず彼らを鎮めるのに成功したが、その成功自体が新たな問題の種となったのである。また都市の同業組合には、この法令は手をつけなかった。民衆層は同業組合の維持を陳情書などで訴えていたので、厄介を避けるため、議会はこの問題に決着をつけるのは先送りしたのである。

封建制を原則的・名目的に打ち倒し、身分的・地方的な特権を廃止して社団制をさらに弱体化させた議会は、ついで人権宣言の起草に取りかかった。もともと平民議員の多くを占める法律関係者には実務家的な傾向があって、抽象的な理念の表明などには関心を持たなかった。またこれから樹立する憲法との整合性を図るため、および憲法に関する議論をあらかじめ制約するような要因を作らないようにするため、人権宣言は憲法草案ができるまで待つべきだという意見もあったが、議会は八月四日に人権宣言の作成をまず行なうことを決議した。同日に封建制廃止を宣言したのと同じ興奮状態の中で、いつ議会が国王によって解散させられるかわからないから、とりあえず急いで自分たちがめざす目標を明文化し、万一のことがあっても自分たちの理念が後世に伝わるようにしようと考えたのである。そして、委員会での準備と審議を経て、八月二六日に「人と市民の権利の宣言」が議会で採択された。重要な文書であるから、まず全文を紹介しよう(21)。

前　文

国民議会を構成するフランス人民の代表者たちは、人権についての無知、忘却あるいは軽視のみが、公衆の不幸および政府の腐敗の原因であることにかんがみ、人間のもつ譲渡不可能かつ神聖な自然権を荘重な宣言によって提示することを決意した。それは、この宣言が社会の全構成員の心にいつも残ることによって、彼らがその権利および義務をたえず想起するようにするためであり、立法権の行為および執行権の行為がたえずあらゆる政治制度の目的と対比されることをつうじていっそう尊重されるためであり、今後、簡潔にしてかつ誰の目にも明らかな原理に基礎をおく市民の要求が常に憲法の維持と万人の幸福とに向かうようにするためである。

従って国民議会は、最高存在を前にして、またその庇護のもとに、以下に掲げる人および市民の権利を承認し、かつ宣言するものである。

第一条　人は自由で、権利において平等なものとして生まれ、かつ生き続ける。社会的区別は共同の利益に基づいてのみ設けることができる。

第二条　あらゆる政治的結合の目的は、人のもつ絶対に取り消し不可能な自然権を保全することにある。これらの権利とは、自由、所有権、安全、および圧制への抵抗である。

第三条　すべて主権の根源は、本質的に国民のうちに存する。いかなる団体も、またいかなる個人も、明示的にその根源から発していない権限を行使することはできない。

第四条　自由は、他人に害を与えないすべてのことをなし得ることに存する。従って、各人の自然権の行使には、社会の他の構成員にこの同じ自然権の享受を保証する以外の限界がない。これらの限界は法によってのみ定めることができる。

第五条　法は、社会に有害な行動しか禁止する権利を有さない。法によって禁止されていないことはすべて妨げることはできないし、また、いかなる者も法が命じていないことを強制され得ない。

第六条　法は、一般意志の表現である。市民はすべて、自分自身で、あるいはその代表者をつうじて、その形成に協力する権利をもつ。法は、保護するのであれ、あるいは処罰するのであれ、万人にたいして同一でなければならない。市民はすべて、法の目からは平等であるが故に、その能力に応じて、かつその徳性ならびに才能以外のいかなる差別も設けることなく、等しくあらゆる公的な顕職、地位、そして職務に就くことができる。

第七条　いかなる者も、法が明確に定めた場合について、しかも法が規定した手続きによるのでなければ、告発も、逮捕も、勾留もされ得ない。恣意的な命令を請願し、発し、執行するかあるいは執行させる者は、処罰されねばならない。しかし、法の名において召喚されるか、または逮捕された市民は誰でも、ただちに従わなければならない。その者は、抵抗することによって有罪とされる。

第八条　法は、必要最低限の刑罰しか定めてはならない。またいかなる者も、犯罪行為よりも以前に制定され、公布され、かつ合法的に適用された法の名によってしか処罰され得ない。

第九条　いかなる者も、有罪を宣告されるまでは無罪であるとみなされるが故に、逮捕が必要不可欠であると判断される場合であっても、身柄を拘束するために必要でないような厳しい措置は、法によって厳に戒められねばならない。

第一〇条　いかなる者も、その主義主張について、たとえそれが宗教的なものであっても、その表明が法によって確立された公共の秩序を乱さないのであれば、その表明を妨げられてはならない。

第一一条　思想および主義主張の自由な伝達は、人のもっとも貴重な権利の一つである。それゆえいかなる市民も、法によって定められた場合にはこの自由の濫用について責任を負うという留保付きで、自由に発言し、著作し、出版することができる。

第一二条　人および市民の権利を保障するには、公安力が必要である。従ってこの公安力は、万人の利益のために設けられるのであって、それがゆだねられる人々の個別的な利益のために設けられるのではない。

第一三条　公安の力を維持するために、また行政的支出のためには、共同の租税が必要不可欠である。それは、すべての市民のあいだでその資力に応じて平等に分担されなければならない。

第一四条　市民はすべて、みずから、あるいはその代表者をつうじて、公の租税の必要性を確認し、これに自主的に同意し、その行使を注意深く見守り、またその分担額、基礎、徴収および期間を定める権利を有する。

第一五条　社会は、すべての官公吏にたいしてその行政について報告を求める権利を有する。

第一六条　いかなる社会であれ、権利の保証が確保されておらず、また権力の分立が定められていない社会には、憲法はない。

第一七条　所有権は、神聖かつ不可侵の権利であり、従って、合法的に確認された公的必要性からそれが明白に要求されるときであって、かつ予め正当な補償金が払われるという条件でなければ、いかなる者もその権利を剝奪され得ない。

以上である。「人」と「市民」が区別されているが、同じ一人の人間を、国家の存在を前提とせずに自然のままの存在として見た時には「人」、国家を想定して国家に参与する存在として見た時には「市民」と呼んでいるのである。第一条でまず自由と平等が人の本質的条件とされるが、自由はこの後、第四条から第一一条まで使って細かく規定されるのに対し、平等は第一条で「権利の平等」と規定されるにとどまっている。第二条では、国家によって保全されるべき権利とは自由、所有権、安全、および圧制への抵抗とされる。言い換えると、平等は自然的存在としての人間のあり方ではあっても、政治によって保全されるべき権利ではないということである。また「自由、所有権、安全」という標語は、経済思想家メルシエ・ド・ラ・リヴィエールがその著書『政治社会の自然的・経済的秩序』（一七六七年）で述べたものであって、重農主義の影響が認められる。当時の政治状況から言えば、第三条がもっとも重要であろう。国民主権の原則の提示である。言い換えると、政治的な決定権は国王が神から直接に受け取っているのではないと宣言しているのであって、絶対王政の原理を否定したのである。第四条から第六条までが、自由と法全般の関係、第七条から第九条までが刑法ないし刑事裁判と自由の関係、第一〇条と一一条が思想と表現の自由を、それぞれ規定している。すなわち第四条から第六条はモンテスキューが言う「国制との関係における政治的自由」、第七条から第九条は「市民との関係における政治的自由」を扱っているのであるが(22)、第六条で法を一般意志の表現としているのはルソーの『社会契約論』に拠ったものである。先に指摘した重農主義からの影響を含め、議員たちはいわゆる啓蒙思想を勉強していたことが窺われるが、その摂取の仕方は一つの理論を体系的に取り込むというよりは、いわゆる「つまみ食い」ないし「いいとこ取り」に近いようである。第一二条から第一五条までが国家権力のあり方の規定である。そして第一六条で、憲法は諸権利の保障と諸権力の分立を規定せねばならないとされる。ここまでは一定の論理の展開に即して各条文が書かれており、最後に、第一六条に示されたような憲法を作成しなければならないという国民議会自身の使命の宣言がなされて、全体が締められることになるのだが、第一七条がやや唐突な感じで付け加わって、所有権の神聖を宣言している。国民議会の審議においては所有権には触れる予定はなかったのだが、やはり一言触れるべきだという意見が最後に出て、そのためにこのような収まりが悪い形で全一七条に仕上がったのである。

信教の自由に関して、第一〇条に注目しておこう。主義主張一般を表現する自由につけ加えるように「たとえそれが宗教的なものであっても」という但し書きのような形で触れられている。なんとも微妙な書き方である。プロテスタントのラボ＝サン＝テチエンヌのような議員は信教の自由をより積極的に打ち出そうとしたし、ミラボーのように啓蒙主義的な立場からそれを支持する議員もいた。しかし議会の中には聖職者の議員も大勢いて、その中にはカトリックをフランスの国教にするよう主張する者もいたし、カトリック教会がこれまで担ってきた戸籍管理、教育、救貧事業などは今後も維持しようと考える議員は、聖職者でなくても多かったのである。また封建制を廃止した際に教会十分の一税を無償廃止にしたことにより、聖職者の中には動揺と革命への不満が生まれていて、これ以上彼らを刺激するのは得策ではない。そうした種々の立場や思惑の妥協として、主義主張の表現の自由全般の中に紛れ込ませるようなやり方で、信教の自由はさりげなく認められたのだった。

A・オラールが言うように、人権宣言は「アンシァン・レジームの死亡証明書」である。すなわちルフェーヴルが解説するように(23)、アンシァン・レジームという過去を否定し、打倒するために作られた宣言であって、未来の社会像を描くものではない。自由に関して刑事裁判のあり方がまず取り上げられるのは、国王政府が政治犯を封印状(24)などによって恣意的に逮捕し、弾圧するのをやめさせるのが目的であるし、第九条は拷問の廃止をめざしている。それに続けて思想信条の自由が唱えられるのは、検閲制度と思想の取り締まりが実在しており、宗教的異端の弾圧も現実のものだったからである。逆に、商業取引の自由は取り上げられず、所有権についても最後に一七条で追加するまでは取り上げる予定がなかったのは、国王政府がすでにそれらを認めていたからだった。人権宣言は「これまでの社会や制度のどのような点を修正しなければならないか」を点検し、議員たちが行なうべき改革の見取り図を描いたのであって、あるべき社会や制度の理想の姿を描いた抽象的な宣言だったのではない。ただし所有権とは何か、どの範囲までが所有権に含められるかが明確に規定されなかったために、この後、封建的諸権利にも関わる分野や、食糧の徴発・取引統制が問題になった際に、大きな問題を引き起こすことになった点も認めなければならない。

6　一〇月の事件

人権宣言の第三条は主権の根源は国民であるとし、この根源から明示的に発している権限のみが正当であると規定していた。しかし国民とは具体的に誰なのか、また国民はどのような手続きを通して特定の個人なり団体なりに主権の行使を委託するのかは、明らかにされていなかった。この点は革命期を通して問題を引き起こす。すなわち政治家たちは国民の名において語ったり行動したりすることによって、みずからの正統性を主張するのだが、その正統性を客観的に検証することはできないのである。言い換えると、国民の名において語り、行動する資格があると周囲に思わせることができた人物ないし団体が、それぞれの時点で革命の主導権を握るのである。

一七八九年の八月から九月にかけても、同じ問題が生じていた。国王と国民議会の双方が国民の代表として政治的権限を持つことは、一種の常識もしくはアプリオリの前提であったが、どちらも国民から明示的に主権の委託を受けたわけではない。国王と議会はどの権限をどの程度に分有しているかも規定されていないし、両者の意見が分かれた時には、どのような手続きを経ればどの意見が国家の正式かつ最終的な決定となるのかもわからない。要するにこの時期には正統性《レジティミテ》と非正統性、および適法性《レガリテ》と非適法性[25]の境がきわめてあいまいになっていたのであり、議会は手探りで、試行錯誤的に事実を積み重ねていくようなやり方で、事態の打開を図っていたのである。

当面の問題は、封建制廃止令と人権宣言を国王に承認させることだった。議会はみずからが国民の代表であることは疑っていなかった（ミラボーは、議会の正統性の根拠として、室内球技場《ジュ・ド・ポーム》の誓いを挙げていた）が、自分たちだけの決定で正式な決議ができるとは考えていなかった。国王の同意が必要だと考えられたのであるが、国王は受動的ながらも抵抗し、議会の働きかけにも言を左右にして、同意を与えなかった。国王には身分制に手をつける意思はなく、六月二三日にも教会十分の一税や領主制を維持する旨をはっきりと宣言したのであるから、封建制廃止令も人権宣言もとうてい容認することはできなかったのである。議会は国王に対する交渉策を論じあう中で、憲法それ自体は王政に先行するが故に国王の裁可は不要であるとの原則を確認した。またそもそも国王に求められるのは「裁可」なのか「公布」なのかという議論もあった。しかし、いずれにせよ、肝心の国王がのらくらと決定を先送りしている限り、議会にはどうしようもなかったのである。

議会は、国王に対する駆け引きとして、来るべき憲法において議会は一院制とするか二院制とするかという議論、および国王に法案の拒否権を与えるか否か、与えるとしたらどのような拒否権とするかという議論に着手した。議会の構成に関しては、イギリスのように二院制にして、庶民院《コミューン》と貴族院を設けると、アリストクラートの政治的影響力が大きくなる。国王に対する譲歩としては有効であるかもしれないが、自分たちの革命の成果が脅かされる危険が大き過ぎるという理由で、九月一〇日に二院制案は否決された。第二身分の議員であっても地方貴族は、貴族院は宮廷貴族に独占されるであろうという恐れから、反対にまわる者が多かった。拒否権に関しては、三つの選択肢があった。議会が法案を可決しても国王が拒否権を発動すれば廃案になるという絶対的拒否権、国王は議会が可決した法案を一時的に停止し、議会の再審議を求めるという停止的拒否権、および国王に拒否権を与えないという選択肢である。このうち絶対的拒否権は国王の力が強くなり過ぎて議会とのバランスが取れなくなる恐れがあり、拒否権を認めないのでは国王に対する取引・妥協ができない。それで双方の間をとって、停止的拒否権が九月一一日に承認された。その具体的な内容は二一日に定められたが、国王は意に染まない法案を停止することができるが、その後に議会が二期連続して同じ法案を可決したら、国王も承認・裁可しなければならないというものである。議会は一期が二年で、一期ごとに改選されるはずだから、合計で三期にわたって異なる議員が同じ法案を審議し、可決することは実際にはあり得ないだろう。すなわち実質的には絶対的拒否権にかなり近いものになったのである。

二院制と拒否権の問題は、この頃から保守化し始めた一部の議員にとっては、国王と妥協して革命の進展を止めるための措置だったのだが、それでも国王は動かなかった。議会が改革を試みるが、国王が同意しないために先に進めず、膠着状態におちいって、議会自身では状況を打破できないという点で、この時期は六月末から七月前半に似ていた。パリの民衆が食糧危機におちいっている点も共通していた。バスティーユ事件の後に貴族の亡命が増えたため、それまで貴族に雇われていた下男や召使などが失業し、貴族を顧客としていた奢侈品の製造・販売も衰退したのである。また八九年には作物の収穫は良好だったのだが、脱穀がまだ終わっていなかったために食糧市場は供給不足になっていた。

もっとも、当時と異なる点も二点指摘できる。一つはパリの民衆運動である。バスティーユ事件の際には、事態を掌握し、コントロールするために動いたのは市当局だった。しかし九月には市長のバイイは権威を持たず、市政を把握できずにおり、パリを六〇に分けたディストリクトの集会が民衆運動の拠点となっていた。ここで活動する民衆にとっては、人権宣言が主権の根源とみなす国民とは自分たち自身であった。すなわち国民である自分たちが市当局や、さらには国民議会を監視するとともに、必要に応じて直接行動に出ること、言い換えれば直接民主制こそが革命によって確立されるべき政治形態と考えられたのである。それに対して国民議会の方は、自分たちが国民の代表として正統性を持っていると考えている。すなわち代表制議会主義である。両者の対立は革命のほぼ全期間を通して続くことになるが、八九年九月には現れていたのである。

第二は、新聞やパンフレットの増加である。パリにおける新たな新聞の刊行は（『化学年報《アナル・ド・シミ》』のように明らかに政治と無縁のものを除くと）、四月に六紙、五月に一三紙、六月に一一紙だったのが、七月には三〇紙、八月には二七紙、九月には一九紙となる。単に量が増えただけではない。五月と六月に刊行が始まった新聞は、どちらかというとヴェルサイユでの議論や動きをパリに伝えるという報道が中心だったのに対して、七月に入ると、プリュドームが編集人になって同月一九日に発行される『パリの革命』紙のように、報道に加えて出来事の解説や編集者の意見を掲載する新聞が出現し、新聞どうしで意見を戦わせたりするようになる。パンフレットについては、このような統計的なデータはないが、ルフェーヴルによれば、カミユ・デムーランが七月に発行した『自由フランス』と九月に発行した『パリ人への街頭演説』はともに大きな反響を呼んでいた(26)。ジャーナリズムが次第に世論を育成し、リードするようになっていったのであり、民衆は食糧不足のような日常生活での経験を、時の政治状況と結びつけながら考えるようになったのだった。こうして、民衆層の暴力的な介入をもたらすガスが充満していく。マッチを擦ったのは、またしても国王が呼んだ軍隊である。

九月の末にフランドル連隊がヴェルサイユに到着し、一〇月一日にその士官たちを歓迎する宴会が宮殿で開かれた。その席で会食者たちは三色の徽章を投げ捨てて足で踏みにじり、ブルボン家を表す白や王妃の祖国オーストリアを表す黒の徽章を身に着けた。そのニュースは三日にパリに伝わり、ディストリクト集会はこれを議会とパリにたいする挑発とみなした。四日の日曜日にはパレ・ロワイヤルに大勢の人が集まったが、特に女性が多く、彼女たちは翌日にヴェルサイユに行進するという話題を口にしていた。そして翌五日の月曜日、朝八時頃にフォブール・サン＝タントワーヌやレ・アールあたりから出てきた女性たちが市役所前に集まった。事前になんらかの計画があり、リーダーがいたものと思われるが、詳細は不明である。彼女たちはパンを要求していた。しかし市長のバイイも国民衛兵司令官のラファイエットもいなかったので、彼女たちはその場でヴェルサイユに行くことを決めた。そして、七月のバスティーユ攻撃に参加したことで民衆層に名を知られるようになったマイヤールをむりやりリーダーに仕立て、雨の中をヴェルサイユに向かって歩き出した。パリでは正午頃に国民衛兵が市役所前に集まり、自分たちの三色の徽章が侮辱された件で抗議をするためにヴェルサイユに赴くことを要求した。司令官のラファイエットが彼らを思いとどまらせようとしたが成功せず、結局パリ市の代表二名とともにヴェルサイユに向けて午後五時頃に出発した。

午後四時頃、ずぶぬれになった女性たちがヴェルサイユに到着し（途中セーヴルで商店を略奪したりしていたので、時間がかかったのである）、代表が議会の議場に入って、パンの供給とフランドル連隊の退去を要求した。狩りから呼び戻された国王は、何人かの議員にともなわれて宮殿に参内した女性たちの代表に面会し、パリに小麦を送ること、ヴェルサイユにあるパンもできる限り供給することを愛想よく約束した。女性たちは満足し、一部はパリに帰り始めた。国王は、事件は片づいたと思って、近衛兵を解散させた。夜九時過ぎにパリ国民衛兵の先遣隊が到着した。大臣のサン＝プリーストは国王を脱出させようとしたが、ルイ一六世は逃亡国王となることを拒み、先手を打って、八月と九月の諸法令をすべて受理する旨を夜一〇時頃に議会に通告した。一一時頃に国民衛兵の本隊が到着し、同行してきたパリ市代表が国王に面会したが、法案の受理の件、パリへの食糧供給の件はすでに決着済みだったので、国王のパリ帰還のみを要求した。しかしこの件は翌日に持ち越された。議会は夜中の三時頃に散会したが、五日の出来事から実質的な利益を得たのは議会だった。国王が憲法関係の諸法案を「受理」したので懸案が片づいたし、また憲法関係の法案には国王の「裁可」は不要であることを、国王自身が暗黙裡に認めたからである。

翌六日、屋外で一晩を過ごした女性ややじ馬たちは朝六時頃から宮殿の鉄柵の所に集まっていたが、たまたま開いていた所から何人かが中庭に入ったのを近衛兵が見とがめてトラブルになり、それはすぐに騒乱に変わった。群衆は宮殿内の王妃の控えの間にまで乱入した。国民衛兵が割って入って、騒乱はなんとか収まり、国王一家とラファイエットがバルコニーに姿を現すと歓声が上がったが、誰かが「パリへ」と叫ぶとすぐに皆が唱和し、止められなくなった。国王も議会も、その声に服す以外に手はなかった。午後一時頃、パリの国民衛兵、小麦や小麦粉を積んだ馬車、パリの女性や若者、国王一家と近衛兵などが列を作って、パリに向かった。国王一家は市役所に迎えられ、何人もの人の長々しい挨拶を聞いた後、夜一〇時頃になってやっと、テュイルリ宮殿に入ることができた。議会は同月一九日にパリに移り、当初は大司教館の広間を議場にしたが、一一月九日に、大急ぎで議場向けに改造されたテュイルリ宮殿の調馬場に移った。

こうして、五月上旬に召集された全国三部会は、七月一四日と一〇月五日・六日の二度に及ぶパリ民衆の暴力をともなった介入を経て、憲法制定国民議会として確立し、封建制廃止令や人権宣言をはじめ、憲法に関わるいくつかの法令を成立させた。また、これ以降は国王が「裁可権」を盾にとって議会の決定を拒否することで憲法の制定を妨げることができないような体制を作ることもできた。革命の完遂に向けて、道は整ったのである。

第三章　憲法の制定

1　一七八九年の秋と冬

八月から九月にかけての様々な議論の中で、主として民衆の暴力への警戒の程度、民衆運動との距離の置き方に関連して、議員たちの意見や立場の相違が次第に明確になり、一種の党派が形成されていく。一七八七年に国民派《ナシオノー》を形成していた議員の中から、民衆運動の過激さに脅威を感じて保守的になる人々が現れた。彼らはこの時期に二院制と絶対的拒否権を支持した。ムーニエ、マルーエ、ベルガス、シャンピオン・ド・シセ、ラリ＝トランダル、クレルモン＝トネールなどであり、彼らは「立憲君主派《モナルシアン》」と呼ばれた。ムーニエのようなドーフィネ選出の議員が中心で、半分以上が特権身分の出身である。議会は二週間おきに議長一名と六名いる書記の半数とを改選していたが、立憲君主派《モナルシアン》は八月半ばから四回連続で議長職を取り、書記にも複数のメンバーを送り込んで、この時期の議会をリードしていた。彼らは二院制を実現することには失敗したが、極右のアリストクラート（黒組《ノワール》もしくはオーギュスタン・クラブと呼ばれる）とも

図6　10月6日国王一家を乗せた馬車のパリへの出発

提携して、人権宣言の中の信教の自由の規定をあいまいにし、停止的拒否権を絶対的拒否権に事実上近づけるのには成功したのである。

立憲君主派《モナルシアン》に対抗して革命派《パトリオット》(27)は一〇月一九日にサン＝トノレ街のジャコバン（＝ドミニコ会）修道院の建物に「憲法友の会」を作った。この会は、ヴェルサイユでのブルトン・クラブの後身で、じきにジャコバン・クラブの名で知られるようになり、革命派《パトリオット》の拠点となった。そして全国に作られた支部と緊密に連絡を取り合い、各地からの意見を広く吸い上げることで、政治への影響力を強めていく。九〇年の一月半ば、このクラブの創設メンバーの一人であるタルジェが国民議会の議長に選出された。革命派《パトリオット》が立憲君主派《モナルシアン》の攻勢を押し返し始めたのである。しかしじきに、クラブのメンバーの中に過激な層と穏和な層の違いが少しずつ現れ始める。図式的に整理すると、一番穏和なのが当時は多数派であり、「立憲派」と呼ばれた。彼らは九〇年夏までラファイエットの政治的イニシアティブを支持し、九〇年五月一二日には、過激な議員

を排除した「一七八九年協会」を立ち上げることになる。彼らの左側に、バルナーヴ、デュポール、ラメット兄弟をリーダーとする「三頭派」、さらにその左にロベスピエール、ペティヨン、ビュゾなど、普通選挙制を要求する議員たちがいた。

当時、国王を補佐する大臣は、ラ゠トゥール゠デュ゠パンなどの自由主義的貴族であった。彼らは前期革命の頃にはリベラルだったが、この頃には革命に対する熱意に関して議会から不信を抱かれるようになっていた。一〇月二四日にミラボーは国民議会議員が大臣になれるようにすることを提案した。議

地図1
革命期のパリ

会と内閣の関係を改善しようとしたのだが、同時に彼自身が大臣になりたいという野心をほのめかすものでもあった。一一月七日、ミラボーの野心を警戒した議会は、議員は大臣になり得ないことを決定した。イギリス流の議院内閣制への道は閉ざされ、議会と内閣の相互不信と警戒が続くことになった。

まだ議会がヴェルサイユにとどまっていた一〇月一〇日、国王の呼称がこれまでの「フランスの王《ロワ・ド・フランス》」から「フランス人の王《ロワ・デ・フランセ》」に変更された。結論だけを見ると些細な相違のように感じられるかもしれないが、同月八日における審議で何人もの議員が論じたように、従来の「フランスの王」には常套句として「神の恩恵により」が添えられていた。すなわち暗黙のうちに王権神授説を前提としていたのであって、まさにこの点が議会で問題になったのだった。議員たちからは、替わりに「王国の法により」「国民の同意により」などを添える案が出されたが、最終的には「フランス人の王」に落ち着いた。ただしこの呼称が「国王の正統性は国民もしくは議会の同意に基づく」ということを含意する点には、議員の同意があった。国王と議会の関係は決定的に変化し、議会が優位に立ったのである。立憲君主派《モナルシアン》のリーダーの一人であるムーニエは議会を離れて故郷のドーフィネに帰り、ついで国外に亡命する。

同月二一日、パリのパン屋フランソワが、パンを隠匿することによってアリストクラートの陰謀に加担したと疑われ、民衆に虐殺された[28]。民衆にとっては「裁判＝正義《ジュスティス》の代執行」だったかもしれないが、宮廷・議会はともに、民衆の暴力性に改めて衝撃を受け、議会はその日のうちに戒厳令を発動した。これにより、パリ市当局は合法的に武力を行使できる可能性を手にしたのである。この頃には民衆の女性に対しても、同月六日にヴェルサイユで示した暴力性故に警戒心が高まっており、パリ市の調査委員会とシャトレ裁判所が「アリストクラート」と一〇月事件の責任者双方の追及を行なった結果、事件に参加した何人かの女性が逮捕・投獄された。「右翼の反革命と左翼の過激派双方の攻撃から革命を守って進む、中道の議会」という、すでに示した図式が再び現れたのである。これに関連するものとして、シィエスは七月二一日に憲法委員会を代表して議会で憲法の前提について報告し、その中で「能動的市民を一般庶民から区別して、彼らのみに投票権を与えよう」という案を示していたが、議会は一二月一四日に採択した「市町村《ミュニシパリテ》の構成に関する法令《デクレ》」において能動的市民の要件を明文化した。すなわち、二五歳以上のフランス人男性であって、同一の場所に一年以上は居住しており、三日分の労賃（地域によって異なるが、およそ二～四リーヴル）に相当する直接税を納めていて、他家の使用人でない者である。納税額に関する規定により、成年男性の約四割が参政権を持たないことになった(29)。さらに同月二二日に採択された「国民議会に関する法令《デクレ》」においては、能動的市民の要件を繰り返した上で、第二次選挙集会に出席すべき選挙人に選出されるためには一〇日分の労賃（七～一四リーヴル）に相当する直接税を納めていること、さらに議員に選出されるためには銀一マール（五三リーヴル）の直接税を納めていることが要件とされた。選挙人の要件を満たすのは、フランス全国で五万人程度と見積もられている。要するに、議会は民衆の暴力に不安を抱くとともに警戒し、民衆を代表制の政治から排除しようとしたのである。それとともに、直接国税の額を基準とするのだから、農業・工業・商業という産業部門は区別されずに一律に扱われている点にも目を向けておこう。実際の選挙や種々の政治的活動において能動的市民に関する規定がどの程度厳密に守られたかは疑問であるが、議会の意思は明瞭に示されたのだった。

中央ではこのような動きがあったのだが、地方の農村では一一月頃から新たな蜂起の波が生じていた。すでに述べたように、封建制の廃止によって地代は消滅したものと農民は信じていたのに、秋の収穫が済んだらこれまで通りに徴収が行なわれ、何も変わっていないことが明らかになったのであり、不満を抱いた農民たちが実力行使に出たのである。フランス中央部のニエーヴル県やアリエ県、さらに南部のドルドーニュ県やロ県では、農民反乱は九〇年に入っても続いた。

八九年一〇月に宮廷と議会がパリに移った時の政治状況はこのようなものだった。こうした中で、議会は自分たちの新たな任務である憲法の制定に取り組むのである。

2　県制度の制定

一七八九年の夏から新たな行政区画の制定が議題にのぼったが、それには三つの目的があった。第一に、八月四日〜一一日に封建制が廃止された際に、その一環として地方の特権も廃止された。すなわち州や都市は社団として独自の特権を持っていたのだが、それらは廃止されて、原則としてはフランス全土が一律の政治制度のもとに統治されることになった。その変化を行政区画に可視的に示す必要があったのである。第二に、アンシァン・レジーム期の行政区画は、複雑で混乱を招きやすかった上、境界線が厳密には確定していない場合も見られたから、全国一律に単一の原理で区画を確定させることが望ましかった。そして第三に、これからは定期的に国民議会が開催されることが予想されるが、そのためには議員の選挙区と行政区画を対応させて定めておく必要があったのである。

議会の憲法委員会で県制度が検討され、九月二九日に原案が議会に報告された。ここで示された主な原則は、①フランスはパリを中心として国境に至るまで、縦横一八リュー(30)ずつ三二四平方リューの、全部で八〇の区画に分けられる。この区画を県（デパルトマン）と名づける、②各県は、縦横六リューずつ三六平方リューの、九つの郡（ディストリクト）に分けられる、③各郡は縦横二リューずつの四平方リューの、九つの小郡（カントン）に分けられる、の三点に要約できるだろう。この委員会原案はひどく幾何学的であり、またそれぞれの地域の地理的条件や特殊性を一切考慮していないという点で抽象的である。この点は議会での討論ですぐに批判の対象となるところであり、また委員会側も「実際の区分けにあたっては杓子定規に幾何学的な方法を取るつもりはない」と言明するのであるが、旧来の州制度が持っていた地域ごとの相違を廃絶し、フランス全土に一律の地方制度を打ち立てようとする際には、まさに旧来の制度の対極にある一つの参照軸、もしくはめざすべき方向を示す理念として、こうした幾何学的・抽象的な委員会案もそれなりの存在意義を持っていたと言うべきであろう。

憲法委員会の提案は主に一一月三～一二日の一〇日間に集中的に審議され、同月一一日にはフランス全体を七五から八五の間の数の県に区分けすることが正式に可決承認された。憲法委の原案からの主要な修正点としては、県が国民議会議員の選挙区にもなることを考慮して、区画割りの際には単に面積だけでなく人口と地域の経済状況（具体的には納税額）にも配慮するよう定められたことが挙げられる。翌一二日には、郡の数は県ごとの事情に応じて決めるので、一律に一つの県に九つの郡とはしないが、各県ごとの郡の数は三の倍数とすることなどが、一二月九日には県行政の仕組みが、同月二二日には国政選挙の県ごとの議員定数の決め方などが、それぞれ正式に法令化《デクレ》され、県制度の原則は定まった。県の境界線の引き方に関して、それまでの州の境界線を最大限に尊重しようとする議員に若干の譲歩をして妥協するような変更はあったものの、基本的には委員会案をベースに法令化《デクレ》がなされたと言えるだろう。一七九〇年一月一五日に、フランスを全部で八三の県に分けることが最終的に決められた。ただしここまで決まったのはあくまでも原則であって、具体的な県の境界線の画定や県庁所在地となる都市の選定に入ると、それぞれの地域ごとの利害の対立や駆け引きなどで作業は長引き、細かい変更まで考慮すると、最終的に県制度が定まるのはさらに一年以上先の、一七九一年二月になる。

県制度をめぐる議会での審議において、原案に対する反対意見の一つに、首都パリの人口が他の地域と不釣り合いに多いことを警戒して、「それぞれの県はパリと同等の影響力を持つことができるだけの人口を擁するようにすべきである（すなわち、原案よりも一つの県の面積を広く、県の全体数を少なくすべきである）」というものがあった。一七九二年頃から明確に現れるようになる、いわゆる連邦主義《フェデラリスム》もしくはパリに対する地方の抵抗の動きは、議会での発言としては八九年秋にすでに現れていたのである。それよりも重要な反対として、「州はアンシァン・レジーム末期の「大臣の暴政」に対する抵抗の拠点として、地方の自由の防衛に貢献してきたのであり、州をなくしたら国民の自由が脅かされる。故に州をそのまま県とすべきである（もしくは、州を最大限に尊重して県の区画を考えるべきである）」という意見があった。前期革命の大義名分をそのまま持ち出しているのであり、封建制廃止令や人権宣言が出た後になってもまだ、事態の進展について行けなかった議員が存在したことが窺われる。こうした発言に対しては、原案を支持する立場の議員から、「課税が不平等に行なわれていた時代には、州の特権は「大臣の暴政」からみずからを守る手段だったが、革命が成立した今となっては不要である」「大臣による抑圧が消滅した現在は、州の慣習や大きな社団は不要であり、その存在は危険ですらある」と、八九年夏の一連の成果とその意義を踏まえた反論がなされた。

だからといって、実際の県の区画の設定が革命の理念のみに従って進められたわけではない。実際にはアンシァン・レジーム期の州の区画や境界線が様々な形で残された。その点で興味深いのが、ベルトラン・バレールという議員の態度である。彼はピレネー地方にあってスペインと国境を接するビゴールという小さな州の第三身分から選出された議員だった。一〇月一二日、すなわち議会が県制度について本格的な討論に入る前だが、フランスとスペインに挟まれたナヴァールの扱いが議会で問題になった。これはルイ一六世を国王とするが、名目上はフランスとは別の国であり、自分たちの独立性を主張して、国民議会に独自の扱いを求めてきたのである。この時にバレールは「……諸君の憲法の基盤が据え付けられた今日、いかなる国民がフランス人たることを望まないだろうか。こうした状況に鑑み、私は問題の審議を延期することを求める。中断している間にナヴァールの三部会は恐らく、諸君の法令《デクレ》に賛同する方向で審議をし、いずれはピレネー山脈沿いにはフランス人しかいなくなるであろう」と発言した。フランス革命の新しい原理のもとではすべての人が平等なフランス人になることを自発的に望むはずだと主張しているのであって、これを敷衍するなら、地方的な特権の廃棄と、そのための州制度の廃止という憲法委員会の方針に連なるであろう。しかしその同じバレールが、同年一二月に議会に提出した『所見』では、「ビゴール州は議会州《ペイ・デタ》として独自の自治を行なってきた伝統がある。州単独では一つの県を構成するのに必要な面積を満たさないが、周辺地域を切り取ってくっつけることで県を作るべきであって、ビゴール州が他の県の一部として吸収合併されるべきではない。とりわけ、ビゴール州の西に接触しているベアルン州とは、慣習も法体系も異なるので、一体化は不可能である」という主張をしているのである。ライバルで隣接するベアルン州への敵意をあらわにしながら、ビゴール州の実質的維持を唱えているのであって、地域エゴがむきだしになっている。

だが、こうした態度はバレールに限られたものではない。県制度の原則は八九年一一・一二月の約二か月の審議で決定されたのに、それが実施に移されて実際の県制度が確定するにはその後一年以上かかったのは、多くの議員がバレールと同じ態度を取ったからである。すなわち、全国民の平等、フランス全体に一律の県制度、地域ごとの特権や慣習の廃止というような原理原則には二か月で賛成したが、どのように県の境界線を引くか、どの都市を県庁所在地や郡庁所在地にするかという具体的な問題に入ると、各議員が自分の地元を有利にしようと画策し、なかなか物事を決定できなかったのである。そして各議員はなんらかの首尾一貫した原則に従って自己の主張を組み立てたのではなく、自分の出身地を有利にできるような口実であれば何でも構わずに利用したのだった。バレールも、そうした議員たちの典型的な一事例を示しているに過ぎないのである。言い換えれば、議員たちは革命の理念には共感しながらも、慣れ親しんだ伝統や慣習はそう簡単には捨てられず、抽象的で理想的な革命の理念を大義名分として表に掲げながら、現実的な地域の利害を背後から押し込むという「政治」の実態を現場で学び取っていったのだった。議員たちは確かに、バスティーユ事件の折や八月四日の晩などに、「自分たちは不滅の瞬間を生きている」という感慨を持ち、同じ経験をしている者どうしの連帯感を抱いた。それが、過ぎ去った現実を不当なものとみなし、理想の未来を切り開こうとする精神的エネルギーをもたらしたのだが、実際の政治はそのような理想主義の幻影だけでは動かなかったのである。

この点と関連して、新たな地方制度の誕生それ自体が不和やいさかいをもたらしたことも見落とせない。例えばフランス中西部では、州ごとの税制度の相違（例えば塩税の税率の相違など）を利用して利ざやを稼ぐ密輸が、アンシァン・レジーム期には庶民によって日常的に行なわれていたが、県制度の成立とともに行政制度も一律になると、こうしたうま味は消滅した。数年後にこの地域がヴァンデーやシュアンの反乱などの反革命運動の舞台になる一因は、ここにある。また地中海沿岸のブーシュ＝デュ＝ローヌ県では、エクスとマルセイユの二都市が県庁所在地候補になったが、エクスに決められた（後にマルセイユに変更）。勝利を得たエクスは現状に満足して穏和派支持が強まるが、敗れたマルセイユは逆に急進化する。こうした事例は他の場所でも見られるのであり、個別の地域的事情が革命全体に対するその地域の態度を左右することがしばしば生じたのである。

それでも県・郡・小郡の創設という「空間の改革」は、全体として見れば成功したのであって、一八〇〇年二月には中央集権化を推進する方向での抜本的改革が行なわれ、その後も社会の変化に応じて修正は加えられているものの、基本的なあり方は創設時のままに現在まで存続している。そして県制度が成功したのはまさに、地域エゴに基づいた議員の「ごり押し」を認めたこと、すなわち「地域ごとの特権や不平等の根絶と、州制度の廃止」という原則は維持しつつも、各県（および郡・小郡や県庁所在地）の画定にあたっては地域の伝統や慣習を柔軟に取り入れて、地域の実情に制度の方を合わせたことによるのである。

3　連帯と統合

この時期のフランスには、友愛の原理を掲げ、国民の連帯をめざす動きも出現した。それが連盟祭だった。これは地方での自発的な動きとして八九年一一月から始まったのであり、その主体になったのは各都市の国民衛兵だった。

国民衛兵とは、第二章の4節で述べたように（57頁参照）、八九年夏にいろいろな都市で組織された民兵団であり、それぞれの都市を守ることを目的とする。しかし、どの程度の社会階層の人が参加するか、アリストクラートと過激な民衆のどちらを主たる取り締まりの対象とみなすか、具体的にどのような活動をするか、などの点は都市ごとにばらばらだったのであって、全国一律に統一された組織だったわけではない。また一口に「革命を防衛する」といっても、そもそも何を「革命」とみなすか一致していたわけでもない。全国の国民衛兵にある程度の共通性があったとしても、それは非常にゆるやかで大雑把なものだったのである。

その国民衛兵が地域レベルで連帯と相互援助をめざした式典を自発的に行なうようになった。一一月二日にフランシュ＝コンテの一四の都市が協定を結んだこと、同月二九日にヴィヴァレ地方とドーフィネ地方の国民衛兵が合同の連盟の宣誓をヴァランス郊外で行なったことなどが、連盟祭の始まりとされている。この動きは次第に各地に広まった。地域ごとに事情は異なるので、連盟祭全般の原因を特定することはできないが、八九年夏の大恐怖に対する反省が人々の意識にあったと考えられている。農民のパニックを引き起こした「アリストクラートの陰謀」をくい止められなかったことを反省するにせよ、逆にパニック状態の民衆を統制して鎮める有効な手立てをとれなかったことを反省するにせよ、各都市が互いに孤立していては無力であるから、相互に協力しようと国民衛兵どうしが誓うのが連盟祭なのであり、その背後には、市政革命でブルジョワジーが市当局を担うようになったという事情がある。そうした動きが九〇年前半に各地で繰り返され、かつより広い範囲での連帯へと規模を拡大していった。

九〇年の七月一四日にパリのシャン＝ド＝マルスで開かれた全国連盟祭は、一面ではこうした地方レベルでの連盟祭の総決算であった。連帯の範囲をフランス全国に広げようとしたのである。しかし同時に、別の面では地方連盟祭の修正でもあった。地方レベルの連盟祭が時として、廃止されたはずの州のレベルでの連帯の復活・強化につながったり、中央を無視した地域割拠主義につながったりする傾向がある点に、議会は疑念を抱いたのである。また地方連盟祭の中心になっている国民衛兵が相互にばらばらで統一のとれない組織である点も問題だった。故に国民議会は議会自身のイニシアティブで、守るべき革命とは

図７　全国連盟祭　1790.7.14

国民議会が行なう政策であることを明示して、国民衛兵と正規軍の連帯をめざして、全国連盟祭を企画・組織したのだった。

当日は雨降りだったが、全国から集まった総勢五万の各部隊が順に行進して、会場であるシャン＝ド＝マルスに入場した。これだけで午前中いっぱいかかった。国民議会の議員でオータンの司教でもあるタレイランが、会場の中央に設置された祖国の祭壇でミサをあげ、聖水で軍旗を祝福した。パリ国民衛兵の司令官であるラファイエットが登壇し、剣を抜いて、国民・国王・法に対する忠誠を宣誓した。兵士は全員が同様に剣を抜いてかざした。国王は自席で立ち上がり、国民議会が制定する憲法の護持と法の施行を誓った。全国連盟祭は「革命祭典」であり、「革命」は宗教的な礼拝の対象になったのである。

シャン＝ド＝マルスでの儀式は、それ自体で重要である。しかし全国連盟祭の意義はそれだけに限られない。まず、まだ交通が不便でフランスを縦断するには二週間前後もかかる時代に、全国から国民衛兵の代表が集まって交歓し、また国王や議会の代表的な議員を自分の目で見た。彼らは故郷に戻ると、パリでの見聞を同郷人に語り、首都で入手した様々な土産物を見せた。またフランスの各地で、同じ七月一四日に連盟祭の式典が行なわれており、参加者は同じ時刻にフランス全国において、自分たちが知らない土地で自分たちが知らない人々が自分たちと同じような儀式を行なっていることを意識していた。こうした一連の出来事すべてを含めて、全国連盟祭は国民的統合の一つのステップになったのである。

九〇年五月、北米太平洋岸のノートカ湾をイギリスが占拠したことにスペインが抗議し、両国が開戦の瀬戸際までいった。スペイン国王はブルボン家の出身であり、フランスはその潜在的な同盟国である。この危機にあたって議会では、宣戦布告の権利はそもそも誰にあるのかが問題となったが、同月二二日に「国王の提案に基づき、議会が宣戦布告する」という原則が示された。その宣言の中で議会は「フランス国民は、征服を目的とするいかなる戦争の企ても放棄し、かついかなる人民の自由に対しても武力を用いないことを（宣言する）」と述べていた。国内の連帯を追求する議会は、同時に対外的にも協調主義・非戦主義を宣言したのである。

アルザスに関するメルラン・ド・ドゥエの演説（一七九〇年一〇月二八日）も、この連帯の追求と国際的協調主義の双方の流れの中でおさえておこう。すなわち、アルザス地方に領主権を持つドイツ人領主が、自分たちはフランスの法には従わないことを理由に、封建的諸権利の存続を要求してきた問題に関連して、メルラン・ド・ドゥエは国民議会において、アルザスは「住民が望むが故に」フランス領なのだと主張したのである。また南仏のアヴィニョンの住民もフランスへの併合を希望することを八九年末に表明していたが、この地はローマ教皇領なので、フランスにおける教会改革の問題もからんで、国民議会は慎重な対処を迫られた。それでも結局九一年六月に、アルザスに関して主張したのと同じ大義名分により、フランス領としている。本章1節に引用した、ナヴァールの扱いに関するバレールの発言（86頁参照）も、ここで思い出しておこう。議会の主導の下に達成された「革命」の理念を支持してともに進むのが「フランス国民」なのであり、その国民が住む所がフランスの領土なのである。

九〇年三月四日に、貴族の家で主に行なわれている長子相続制が廃止され、同年六月一九日には世襲貴族制そのものが廃止された。もっとも軍人貴族の多くはこれ以降も軍隊にとどまり、勤務を続けている。彼らは六月一九日の措置を、空しい虚栄にしがみつく宮廷貴族や成り上がり貴族を打ち砕くものであり、人々がその才能と徳によって評価される社会を作ろうとするものと受け止めた。貴族制を廃止してしまうのは行き過ぎかもしれないが、めざす方向には反対でなかったのである。また九一年三月二日にアラルド法が制定されて、同業組合が禁止され、同年六月一四日にはル＝シャプリエ法によって組合組織の結成やストライキが禁止された。アラルド法が職人層に不満をもたらし、争議行為が増えたので、それに対処するためにル＝シャプリエ法が制定されたという、時事問題的な要素もあることは確かである。しかしアラルド法は同業組合とともに特権マニュファクチュアや国家による産業の規制をも廃止したのであって、立法の趣旨もしくは建て前としては、個人間の自由な契約のみが社会の基盤となるのであって、個人の自由を束縛する社団は廃止されなければならないということであり、基本的な精神においては貴族制の廃止と軌を同じくするものだった。さらにつけ加えるならば、八九年八月の人権宣言の第六条にある「市民はすべて、法の目からは平等であるが故に、その能力に応じて、かつその徳性ならびに才能以外のいかなる差別も設けることなく、等しくあらゆる公的な顕職、地位、そして職務に就くことができる」という規定を具体化するものでもあった。社団と身分は、君主制の改革を妨げてその没落をもたらした元凶であり、国民議会にとっても是が非でも排除しなければならないものだったのである。

八九年の革命は社団制に由来する特権と不平等を廃棄し、自由で平等で均質、かつ対外的には平和を主張する「国民」を生み出した。しかしそれは、見方を変えると、国民は均質で一体化していることがアプリオリに要請されているのであり、その一体性を乱すものは、反革命的なアリストクラートであれ、過激な民衆であれ、「敵」（時には「外国人」と表象される）として排除されるべき存在なのだった。パン屋のフランソワが虐殺されて、議会が戒厳令を発布したのと同じ八九年一〇月二一日、議会は「反国民罪《レズ・ナシオン》」も制定した。「国民」は一体でなければならず、そこからはずれて分派を形成するのは犯罪とされたのである。イギリス流の自由主義、すなわち国民内部に利害の異なる集団が存在することを認め、利害集団（＝党派）相互の話し合いと譲歩・妥協によって意思を決定する政治システムは、フランスにおいては革命の成立とともに排除されていたのだった。

4　教会の改革

一七八九年の一一月二日、聖職者議員で司教のタレイランの提案に基づき、議会は教会財産を国有化し、国家の必要、礼拝の費用と聖職者の生活、貧民の救済に充てるものとした。また主任司祭職への俸給は少なくとも一二〇〇リーヴルとすることも、併せて決定された。一二月一九日には国有財産を四億リーヴルまで売却することが決められ、二日後の二一日に臨時公庫が作られてアシニアを発行するものとされた。これは五パーセントの利子つきの債券（一七九〇年九月二八日からは無利子の紙幣）で、国有財産と交換できるものである。九〇年五月一四日に、国有財産の具体的な売却様式が決められた。

以上は、国庫の必要に迫られたための措置である。そして結果的には大きな影響をフランスにもたらした。九二年二月には亡命者《エミグレ》の財産が国有化され（＝第二次起源の国有財産）、同じように競売に付された(31)

結果、フランスの不動産の一割から二割が所有者を変えた。主要な購入者は貴族やブルジョワジーなどの富裕層であったが、中小の農民も小地片を手に入れて経営を拡大することができたのである。彼らは、入手した不動産を守るために、革命を支持した。他方では、税収入が実質的に途絶えて国庫の赤字が続いたのと、革命の先行きに対する不安が続いたのが原因でアシニアはあまり信用されず、その価値が下落したために、革命期の経済の混乱がもたらされた。

しかし教会財産の国有化は単なる財政上の方便だったわけではなく、議会は、ある程度は啓蒙主義的な理念のもとに、教会の改革を意図していたのである。すなわち教会財産が上級聖職者のぜいたくな生活に用いられるのをやめさせ、本来の目的（＝信徒と国の維持・救済）に振り向けるとともに、無為に生活する者をなくし、社会に有益な労働にいそしむ市民に変えようとしたのだった。また寛容の精神を広げることもめざしていた。しかし議会による教会改革の試みは、当初の目的や議員の意図とはうらはらに、革命の進展に大きな影響を及ぼし、結果的には革命と反革命の対立を激化させることになる。

議会がめざした教会改革には、三つの方向があった。第一は、修道院の改革もしくは廃止である。アンシァン・レジームの末期からすでに、修道士の志願者は減少しており、また宗教的な厳格さを失って無為で安逸な生活をむさぼるだけの修道生活が目立ったので、一七六〇年代から多くの修道院が廃止されていた。議会の動きもこの流れに乗るとともに、人は有益な労働によって社会に貢献すべきであるという啓蒙主義的な理念も抱いていた。八九年一〇月二八日には人権の名において修道の宣誓が禁止され、九〇年二月一三日・一四日には、教育および医療によって社会に貢献しているものを除いて、修道会が廃止された。この件に関しては、聖職者内部でも賛否が分かれている。

第二は、国民的統合と市民の平等のために、非カトリック、具体的にはプロテスタントとユダヤ人にも公職につく権利を認めようとするものである。まずユダヤ人であるが、フランス国内ではスペインとの国境に近い南フランスと、アルザス周辺の東フランスに、ユダヤ人の集団が見られた。そして南フランスのユダヤ人は比較的にフランスになじんでおり、統合が可能とみなされ、「ユダヤ人」という共同体としてではなく個人の資格において、市民の権利が認められた（一七九〇年一月二八日）。それでもこの件は政治的対立を引き起こしたのであって、例えばアヴィニョンの住民はこの措置に賛成したが、まさにそれ故にライバルであるカルパントラの町は反対にまわったのである。東フランスのユダヤ人に関しては、フランス人と異なり過ぎると考えられ、彼らに市民権を与えるという考え自体がアルザスで反ユダヤ主義を刺激したので、決定は先送りされた。

プロテスタントの場合には、政治問題との結びつきがより強かった。彼らは革命を支持する都市在住者である場合が多かったのである。それ故、特に南フランスにおいては、農村のカトリック民衆と対立することが多く、後者はプロテスタントに対する反発から、時にはカトリックの領主・貴族と手を結んで革命に距離を置くようになることもあった。九〇年の四月から六月にかけて、もともとプロテスタントが多かったニームやモントバンなど南仏の都市で、カトリックとプロテスタントの武力衝突が生じた。ただし両者の関係は単純ではなく、宗教と並んで政治や経済、さらには個人的な人間関係による利害対立や競合関係が複雑にからみ合って、地域ごとの同盟や対立の図式を作り出していたのである。

第三がカトリック教会それ自体の改革であって、政治的な影響はこれが一番大きかった。問題になるのは九〇年七月一二日に採択された「聖職者市民化法」である。これは①カトリック教会の教区を新たに制定された県制度と一致させ（県が司教区とされ、司教の総数が従来よりも削減される）、②司教と主任司祭は能動的市民（非カトリック教徒も含む）によって選出され、③司教・司祭は国家から俸給を受ける、一種の公務員となるというものである。またこの③から派生して、聖職者も他の公務員と同様に、国民・法・国王に対する忠誠と憲法の護持を宣誓することが要請された。これは一面において、教会財産の国有化からの必然的な帰結である。八九年八月の封建制の廃止によって教会十分の一税は廃止され、さらに教会財産も国有化されたのだから、聖職者は経済面で生活手段を失った。他方において、フランスにカトリック教会が存在し、従って維持しなければならないのは、当時のフランス人にとっては自明のことであった。そうであるなら、教会財産を接収した国家こそが聖職者に俸給を払わざるを得ないであろう。またこの措置は、ある程度はガリカニスム、すなわちフランス教会の自律とローマ教皇からの一定の独立の原則にも適うものだった。議会の意図としては、聖職者市民化法は、革命が生み出した新たな原則のもとで、国家とカトリック教会のきずなを再構成しようとするものだったのである。

しかし当時の状況においては、議会が打ち出す方針に従うか否かは、革命そのものを承認するか否かを示すものだった。そして言うまでもなく、上級聖職者には一年前から議会の動きに批判的な者が少なくなかったのである。聖職者市民化法は否応なく政治問題となった。議会は、地方の聖職者から寄せられる批判が多いのに苛立ち、九〇年一一月二七日に、聖職者が「市民化法」を受け入れ、国に忠誠を誓うのを義務とした。いわば踏み絵を迫ったのであり、聖職者は態度をあいまいにしたままやり過ごすことができなくなった。また翌年三月一〇日にローマ教皇ピウス六世は聖職者市民化法と人権宣言を小教書で弾劾し、四月一三日にも改めて聖職者市民化法を弾劾した。ローマ駐在のフランス大使であるベルニス枢機卿は、彼自身が市民化法に反対だったので、教皇に十分な理解を求める努力を怠ったのである。教皇の介入はフランス教会の自律の原則《ガリカニスム》に抵触するものだったが、議会が進める革命に敵対的な聖職者にとっては、教皇の意思に従うことは自分たちの抵抗の立派な大義名分になり得た。聖職者は各自で、議会が進める教会

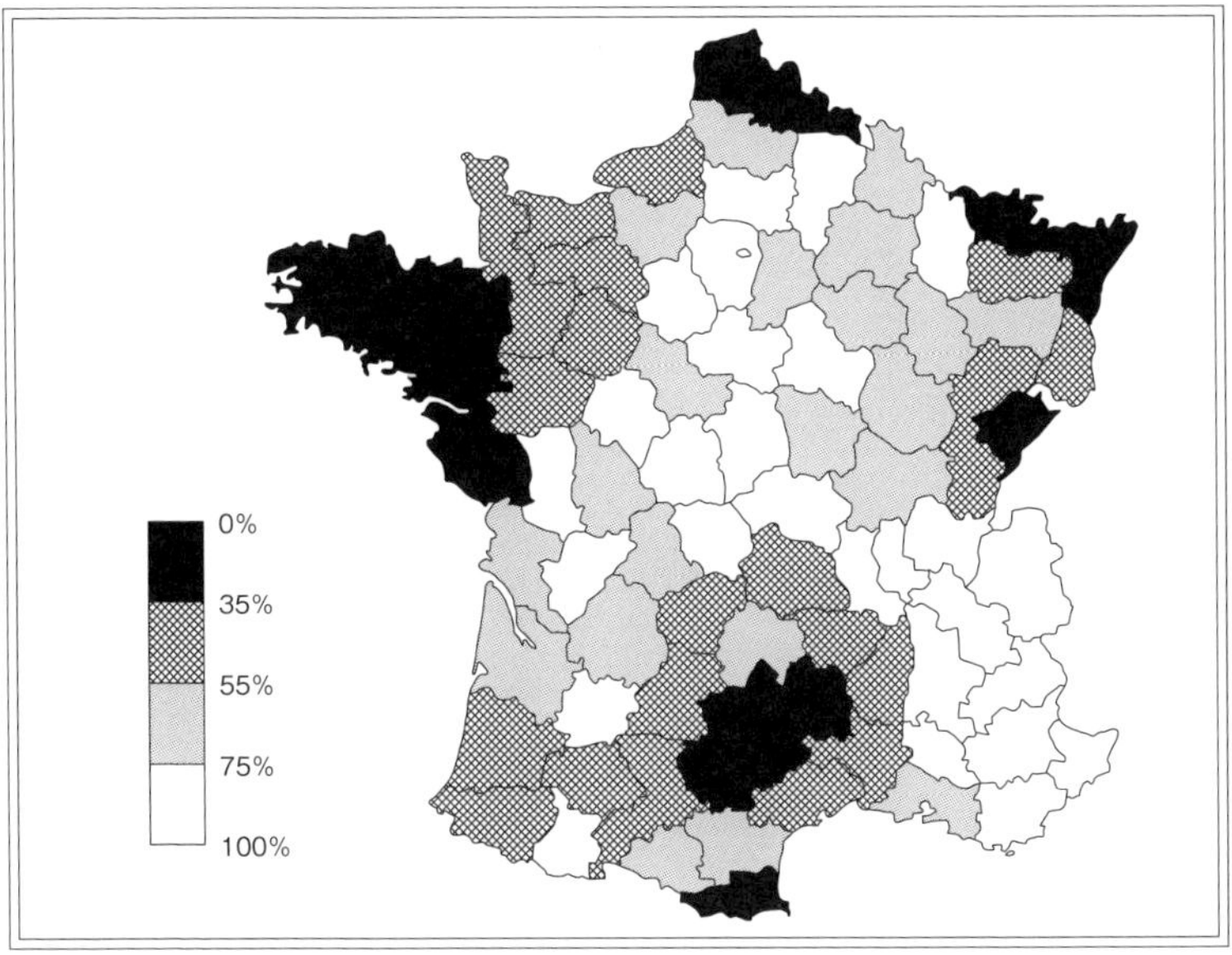

地図 2　宣誓聖職者の割合　出典：M. Vovelle, *La Révolution française 1789–1799*, Paris, 1992, p.159.

改革、フランス教会の自律《ガリカニスム》の原則、教皇の意思それぞれの位置づけや重要性を評価しなければならなかったし、地元の教区民の動向や地元民と聖職者の人間関係も彼の態度を左右する要因になった。従って個々に見れば様々なケースがあり得たが、全体を大きく見るなら、議会の方向に賛成の者が忠誠の誓いを行なう宣誓聖職者、反対の者が非宣誓聖職者となったと言えるだろう。前者は全体の五二〜五五パーセント程度で、大都市やフランス北部、中央部に多く、逆に西部やピレネー地方、中央山塊南部、ローヌ渓谷、アルザスでは非宣誓聖職者が多かった。他方で、聖職者市民化法を受け入れる立憲派司教の選挙は九一年二月二日から始まった。当初は、宣誓派と非宣誓派双方の聖職者が時間を分けて同じ教会堂で聖務を行なうこともあったが、議会が後者に対する態度を硬化していったこともあって、両派の関係は急速に悪化し、一般信徒もこの対立に巻き込まれていった。議会は、一方では確かに全国に一律に適用される行政区画を確定し、連帯と統合を求めて、新たな国民像と国民を主権者とする国家像を打ち出そうとしたのだが、他方で聖職者市民化法は国民の間に深刻な分裂を生みだす結果になったのだった。

5 「反革命」の出現

宗教問題は、国民の間に分裂をもたらし、革命に敵対する勢力を生み出す大きな要因となったが、それ以前から革命に対する反対は生まれている。国民議会の動きに批判的な旧特権層は国内にも各地に存在したが、ある程度まとまった組織的な動きが見え始めるのは国外においてである。八九年のバスティーユ事件の直後から、王弟のアルトワ伯をはじめとする王族や貴族の亡命が増加した。伯は、自分の義父であるサルデーニャ国王を頼ってトリノの宮廷に滞在し、そこを根城にして亡命者《エミグレ》たちの通信網を作ろうと画策した。彼の意を受けて実際の行動を受け持ったのが、前期革命の段階で亡命していたカロンヌである。アルトワ伯はフランスへの反革命的軍事介入をめざしたのだが、彼自身にあまり人望がなかったこと、亡命者《エミグレ》の思惑は必ずしも一致していなかったこと、国王のルイ一六世が弟である伯の野心を警戒して協力を拒んだことなどが原因で、この策謀は日の目を見なかった。またヨーロッパ諸国も、この段階ではフランス革命に干渉する意思は持たなかった。フランスが革命のために混乱して、その国際的影響力が低下するのは、他国にとっては好ましいことだったのである。さらにロシアは露土戦争（一七八七〜九二）、第一次スウェーデン・ロシア戦争（一七八八〜九〇）を戦っている最中だったし、オーストリアにとってもそれらの戦争の方が主要な関心事だった。さらにオーストリア領のベルギーでは、八九年夏にバスティーユ事件の知らせが伝わると、オーストリアに対する反抗（ブラバント革命）が生じた。九〇年一月にベルギー全国議会は新憲法を採択し、ベルギー共和国の独立を宣言した。しかしこの動きはオーストリア皇帝ヨーゼフ二世への反抗としてまとまっていただけで、じきに内部分裂を起こした。ヨーゼフ二世の死によって帝位をついだ弟のレオポルド二世は、同年七月にイギリス・オランダ・プロイセンと軍事同盟を結んだ上で軍を動かし、同年一二月にはブリュッセルに入って、ベルギーを制圧し、ブラバント革命を崩壊させた(32)。フランス革命は、言うなれば、これら一連の事件の陰に隠れたのだった。

九〇年に入ると、前節で述べたように、二重の宗教問題、すなわち主に南フランスにおけるプロテスタント（主に都市ブルジョワジーで革命を支持）とカトリック（主に農民）の対立と、カトリック内部における宣誓聖職者（または立憲聖職者）と宣誓拒否聖職者の対立が、革命に対する新たな反対運動を生み出した。また八九年八月四日の晩の宣言にもかかわらず、封建制もしくは領主制が実質的には存続していることに不満を持つ農民の反乱も、各地で続いていた。議会は九〇年三月一五～二八日の法令《デクレ》により、借地人と地主、農民と領主の関係を規制しようとしたが、農民の失望をもたらす結果に終わった。

こうした動きに関連して、「反革命」と「アンチ革命」を区別すべきだとする説もある。王政を支持するとともに、国民主権の原則に基づく国家と市民社会を設立しようとする動きを誤りとみなして批判するのが「反革命」であり、実際の革命の進み方、とりわけパリへの権限の集中と地方の実情に即さない政策への反発から革命に反対するのが「アンチ革命」であるとするのである。興味深い論点であるし、革命期の様々な動きを理論的に整理して理解するには役立つであろう。例えば前述のアルトワ伯の動きは「反革命」であり、農民反乱は「アンチ革命」と、一応は位置づけられる。しかし現実に起こっている運動は、両方の要素が混在している場合もあれば、両方が共闘する場合もあり、どちらか一方にすっきりと分類できるとは限らないのである。また現実の「反革命」とは、一定の固定的な原則に従った、独立で自律的な動きというよりは、「革命」と相互に規定し合うことで「反革命」として存在することになる。すなわち「どの時点ではどの勢力（もしくは個人）が革命を担っているか」、言い換えると「どの勢力が「国民」の名において語る資格があるとみなされているか」が定まって初めて、「革命」からはずれるもの（＝「反革命」）も定まることにもなれば、逆にある勢力がみずからに敵対するものを「徒党」もしくは「外国人」（＝「国民」を代表しないもの）と名指すことで、自分自身が「国民」の名において語る資格を得ることにもなる。言い換えると、何が「反革命」であるかは、その動きが依拠する原理原則よりも、それぞれの時点における各勢力（もしくは個人）の配置関係によるのであり、ある時まで「革命派《パトリオット》」とみなされていた勢力が、政治状況の急変とともに「反革命」のレッテルを張られることも珍しくない。従って、「アンチ革命」を「反革命」全般から区別して別扱いするのは、歴史の現実を理解するのにはそれほど生産的とは思われないのである。故に本書においては、革命に対する反対にもいくつかの互いに異なる流れがあることは踏まえた上で、「アンチ革命」も広義の「反革命」に含めて論じることにしたい。

それでも、「革命当時の現実の中で、どのような勢力が反革命とみなされたか」という過去の事実よりも「我々は反革命をどのようなものと考えるのか」という現在の歴史研究での問題を問う時、まだ論点は二つ残る。一つは、農民や都市民衆の動きを「農民の革命」「民衆の革命」とみなすか「反革命」とみなすかを判定するのは容易ではないことである。それらは、中央の議会が進めようとしている「ブルジョワジーの革命」とは異なり、それを批判する要素を持つことは確かであるが、自分たちなりの「革命」を進めようとしている動きであるのか、単に革命の進行を妨げようとしている動きであるのかは、判然としない。ここでは、その詳細には立ち入らないが、「農民（もしくは民衆）の革命」か「反革命」かは、おおよそは区別できるものの、厳密な境界線をきっちりと引くことは不可能であることを指摘しておきたい。第二は、そもそもある動きがいかなる意味で「反革命」であるのかを確定するのも困難な場合があることである。例を挙げよう。九〇年八月一八日にフランス南東部、ヴィヴァレ地方のジャレスにおいて地域の国民衛兵（二万人から四万五〇〇〇人の間とみつもられる）が、広野に集まり、国民・法・国王に対する忠誠と議会が制定する憲法の維持を誓った。集まった人々の政治的な意見や立場、集会に参加した動機などが一致していたわけではないが、実際に行なったのは、当時普通に見られた地方連盟祭である。式典終了後にも各地の国民衛兵の協働に関わる実務をこなすための委員会が作られた。この委員会が、当時の南フランスで問題になっていたカトリックとプロテスタントの対立の和平案を作成した。委員にカトリックが多かったためにカトリックに好意的ではあったが、プロテスタントに敵対的なわけでもなく、一応は穏和な提案だった。しかしプロテスタント住民が多い都市にニュースが伝わると、「アヴィニョン通信《クーリエ・ダヴィニョン》」のような新聞は、ジャレスの野での集会そのものをカトリックによる反革命の動きとして報道し、批判した。それに応じてカトリック陣営も、同じ集会をカトリックによる革命批判の動きとした上で、支持を呼びかけた。すなわち集会それ自体は党派色を持たなかったのに、それを報じるジャーナリズムの言説によって「反革命の運動」と位置づけられることになった。ジャレスの野での集会は、委員会の呼びかけにより、その後も二回開かれたが、九二年七月に開かれた最後の集会の際に、反革命の軍事行動を策謀していたサイヤン伯爵は集会に共闘を呼びかけた。集まっていた国民衛兵にはそのような意思はなかったので、共闘は成立しなかったが、ジャーナリズムによって作られた「カトリックの反革命」という規定が一人歩きして、外部からもそのように扱われたのだった。そして革命のような動きの中では、「実際には地方連盟祭の一つだった」という事実よりも「反革命とみなされた」というレッテルの方が周囲に与える影響は大きく、様々なレベルの政治は「ジャレスに反革命の動きがある」という前提で動いていき、結果的にはジャレスの野での集会は反革命そのものであるのと実質的に同じ意味を持つようになるのである。故に、ある動きに「反革命」というレッテルを貼ったからといって、それでその動きの性質が規定できるわけではない。その動きが具体的にどのようなものであったのか、どの次元、どのレベルで、誰によって反革命とみなされることになるのかを個別に明らかにしなければ、歴史研究として意味をなさないのである。

九〇年八月、ロレーヌ地方のナンシに駐在していたシャトーヴュー連隊のスイス兵が給与の支払いに関して上層部に不審を抱き、経理の明確化を求めたが、指揮官はこれを抗命とみなして兵を罰した。騒ぎは広がり、街の住民が兵士層を支持して、反乱状態になった。ラファイエットのいとこであるブイエ将軍が弾圧に派遣され、同月三一日にスイス兵を破った。彼らのうちの約二〇名が絞首刑とされ、四一名が軍法会議にかけられて、即決で苦役刑に処せられた。これがナンシ事件である。ただしこの事件は単独で起こったのではなく、トゥーロン、ブレスト、ブザンソン、ペルピニャンなど、あちこちの都市の部隊で、五月にイギリスとスペインの対立からフランスも戦争に巻き込まれる危険が現実に生じたのがきっかけとなって、貴族の上官と平民の兵士の間の抗争・反乱が生じていた。こうした軍隊内の騒動もしくは貴族の士官の強圧的な態度は、それ自体が反革命とは言えないであろう。しかし現実の国民の間には深刻な亀裂があることは、誰の目にも否定できないものになったのである。

九〇年前半の議会は、ラファイエットの主導のもとに、国民の連帯と統合、国民もしくは議会と国王の和解、革命の穏やかな終結をめざして進んできた。七月の全国連盟祭はそうした動きの一つの頂点だったと言えるだろう。しかしそれから一か月たらずで、この政策の失敗は明らかになった。全国連盟祭で華やかな主役をつとめたラファイエットの政治的影響力は、急速に減退していく。九一年春になると、フランス中南部を中心に農民騒擾が再発し、首都パリでも民衆が最低賃金制を要求する運動を起こした。社会的には不穏な状態が続いたのである。

6　国王の逃亡

ルイ一六世がこの頃に首尾一貫した政治方針を持っていたのかどうかは疑わしい。彼は議会の動きを一応は容認し、その決定に裁可もしくは承諾を与えていた。しかしヴェルサイユからパリに移ってから一週間ほどの頃に書いた、いとこのスペイン国王宛の手紙には、一七八九年六月二三日に示した方針のみが自分の信念であり、そこからはずれる議会の諸決定に自分が裁可を与えたとしても、それは強制されたものであって、みずからの本意ではないと記している。他方、六月二三日の親臨会議で国王への反抗を主導した議員の一人であるミラボーは、八九年末頃から民衆の暴力を嫌って革命の終結を図るようになり、審議中の憲法においては立憲君主制のもとでできるだけ国王の権限を強化する方向で活動するとともに、国王にも密かに接触を求めた。国王もミラボーを受け入れ、活動資金を提供したようである。そのミラボーが九一年四月二日に病没した。隠れた協力者を失った国王は、政治的決定に関して、王妃の影響をこれまでよりも受けるようになるが、王妃の方は革命と妥協する意思はなかった。

バスティーユ事件の直後から何人もの宮廷関係者が国王に亡命を勧めたが、ルイ一六世は一貫して拒否している。どうやら、一世紀半前のイギリスのピューリタン革命において、国王チャールズ一世が首都ロンドンから退いたことが内乱、さらには国王の滅亡をもたらしたことを意識し、同じ轍を踏むまいとしたようである。しかし九一年四月一八日に、復活祭を祝うためにサン゠クルーの城に向かおうとした国王一家が、テュイルリ宮殿を出たところで集まった群衆に阻止されるという事件が起きた。人々は、宣誓聖職者が行なう復活祭のミサを国王が嫌ってパリを離れ、サン゠クルーで非宣誓聖職者の行なうミサに与ろうとしているのだと疑ったのである。国民衛兵が出動したが、彼らは指揮官ラファイエットの命令を無視して、群衆に加担した。結局、国王一家はサン＝クルー行きをあきらめ、馬車を降りて徒歩で宮殿に戻るという屈辱を味わった。しかもこの事件の後、国王を取り巻く貴族・聖職者は制限され、追放されて、宮殿の中は以前よりも寂しくなった。この頃に、国王は本気で逃亡を決意したらしい。

計画が立てられ、準備が進められた。そして六月二〇日から二一日にかけての深夜にテュイルリ宮殿を抜け出し、ベルリンと呼ばれる大型馬車で、現在のルクセンブルクとの国境に近いモンメディをめざした。しかし二一日の夜八時頃、目的地まであと五〇キロほどの宿駅サント＝ムヌーで、宿駅長ドルエに国王であることを見破られる。彼はそしらぬ顔をして国王一家を出発させたが、その直後にパリのラファイエットが派遣した使者が国王の逃亡を知らせたので、すぐに馬で近道を通って、次の宿駅ヴァレンヌに先回りした。同夜一一時頃にヴァレンヌに着いた国王一家は、バリケードにさえぎられて前進できず、当地に住む郡総代のソースの家に案内された。ヴァレンヌでは国王の処遇について議論が生じたが、二二日朝、当地の革命派《パトリオット》の主張が通って、国王一家はパリに送り届けられることになった。彼らを乗せた馬車は、噂を聞いて集まった群衆が街道筋で見守る中をゆっくりと進み、途中で国民議会から派遣されてきたバルナーヴ、ペティヨン、ラトゥール＝モブールの三人の議員と合流して、二五日の晩にパリに帰還した。

逃亡計画はなぜ失敗したのだろうか。表面的には、細かい事故、不手際、行き違い、連絡のミスや誤解などが積み重なったことによる。しかしそれらの根底には、ルイ一六世の優柔不断と民意に対する誤解があったように思われる。もともとは五月末に逃亡する計画だったのが、いざとなると国王が渋ったために数日刻みで予定が延期された。そのたびに、国王一家を途中で出迎えてエスコートする役の軍隊が出動し

図8　国王逃亡事件の風刺画　国王一家が豚として描かれ「厩舎に連れ戻される豚の家族」という説明がついている　1791.6

ては引き返し、街道を行き来して、近隣住民の不安をあおることになった。それが彼らの警戒心を呼び覚まして、いざという時に敏速に対応できる心の準備をさせることになった。また警戒されてしまった軍隊は、本番の際に必要に応じて柔軟に、時には強引に、振る舞うことをはばかることにもなった。国王の馬車が予定の時間に遅れた時、迎えに出ていた軍隊は「今回もまた延期か」と考え、住民の目を気にして、長い間待たずに引き上げてしまったのである。他方で国王は、民衆の政治意識《ポリティザシオン》の先鋭化に気づいていなかった。反抗的もしくは革命的なのはパリとその近隣の住民だけで、地方に出てしまえば住民は穏和で、国王に忠実だと思い込んでいた。だから、目立つ大型馬車で動いているにもかかわらず、必要な用心を怠り、自分が国王であることすらあまり隠そうとはしなかったのである。

　国民議会が国王の逃亡を知ったのは、二一日の朝九時頃、議長が伝えるニュースによってだった。すぐに、議会を常時開催状態にして、一日二四時間、いつでも必要に応じて審議できるようにするとともに、国王を「アレテ」することを命じる法令を満場一致で採択した。ラファイエットの使者がサント＝ムヌーに伝えたのは、この法令である。ちなみに、「アレテ」という動詞は「止める」「さえぎる」「逮捕する」などの意味があり、一義的ではない。議会はまったく想定外の事態に遭遇して、何をなすべきなのか、議会は何をなし得るのか、とっさに判断がつかず、「アレテ」という多義的な動詞を用いて、実際の措置は現場の判断に委ねたのである。また議会は、法令の決定に国王の裁可は不要とする決定を全員一致で行なうとともに、大臣には議会に対する忠誠の誓いを求め、大蔵大臣には国王の署名なしで国庫の支出を行なう権限を認め、外国の大使には、外務大臣を介して議会と直接に交渉することを求めた。緊急の一時的な措置だったとはいえ、議会はこの時、国王の存在しない政体＝共和制を出現させたのである。シャルル・ラメットは「緊急の折には、国家存続のため、臨時の非合法措置をとることが認められる」として、右の決定を正当化した。

国王が国境付近で捕まり、二五日にパリに帰還すると、一二八時間に及ぶ議会の常時開催状態が解消されるとともに、議員間の党派的な対立も復活した。保守的な議員は、国王は法に違反してはおらず、また免責特権があるのだから、その行動の責任を問うことはできないのであり、即座に無条件で復位させるべきであると主張した。その対極に位置する革命派《パトリオット》の議員は、国王の裁判を要求した。議員の多数は両者の中間の位置をとり、国王の責任は議会で決定されるものとした。彼らは、国王の行為は容認できないものの、民衆層が政治に介入してくるのを恐れて、できるだけ穏便に処理したかったのである。臨時の委員会が作られ、六月二七日から審議が行なわれた。ほとぼりが醒めるのをできるだけ待つために、審議に二週間以上もかけ、七月一三日に議会に結果が報告された。それによれば、国王は脅迫と圧力によって決定の自由を事実上奪われており、精神的な意味で誘拐されたのだった。従って、その軽率で無責任な行動は道徳的には非難されねばならないが、法的な責任を問うことはできないとされた。ペティヨンなどの革命派《パトリオット》は委員会の結論を批判したが、一五日にはこの結論が議会の正式な決定とされ、翌一六日に「国王の権限は憲法採択まで停止され、憲法を公式に承認することで、権限が回復される。憲法への署名を拒めば失権させられる。将来において、国王がフランス国民に軍を差し向けた場合、憲法への忠誠の誓いを取り消した場合には、退位させられる」という修正条項が可決された。

パリ市中には、国王逃亡のニュースは六月二一日の朝八時過ぎには伝わった。教会の鐘が鳴らされ、国民衛兵が召集された。しかし、市当局がすばやく対応したこともあって、市中は比較的に穏やかだった。市長のバイイは朝一〇時に職員を招集し、常時活動状態にした。また議会と連絡を取り合って、新たな情報が入るとすばやく市中に流すとともに、デマや噂をチェックし、取り締まった。民衆運動の基盤となるセクションごとの集会も常時開催を決め、受動的市民にも参加を認めた。

国王が捕まったという知らせは二二日の夜一〇時半頃にパリに伝わり、やじ馬によって即座に市中に広められた。翌二三日は聖体の祝日だったこともあって、祝祭的な気分が広がり、昼間は行列、夜は花火が行なわれて、カーニバル的な雰囲気を生み出した。パリの全地区の国民衛兵は、ラファイエットの指示もあって、夕食後に議会に赴き、憲法への忠誠を誓った。日没（＝九時半前後）頃には一般市民が、地区ごと、友愛協会ごとに自発的に議会に赴き、同様の宣誓を行なった。作業用の長ズボンをはいた民衆も、ブルジョワとともに参加し、儀式は二時間ほど続いた。「自由に生きるか、さもなくば死《ヴィヴル・リーブル・ウ・ムーリール》」という標語も出現した。行列に武器を携える者もいた。政治勢力としてのサン＝キュロットが、まだきわめてシンボル的な姿ではあったが、出現したのである。ちなみに、「サン＝キュロット」という語が用いられるようになるのは、半月以上たった七月半ば以降であり、当初は暴力的な民衆に対する蔑称だった。逃亡事件は、民衆の国王に対する意識も変化させた。二一日に逃亡のニュースが伝わると、その日のうちに街中にある君主制のシンボルが破壊され始めた。また王の肖像画は廃棄され、ルイ一六世を動物、とりわけ豚の姿で描くカリカチュアが現れるようになる。

7　逃亡事件の余波――シャン＝ド＝マルスの虐殺と地方の状況

国王逃亡のニュースが人々の間にもたらした一致と団結の精神は、国王の帰還とともに消滅し、議会と同じように以前の対立が復活した。パリでは、ル＝シャプリエ法によって職人のストライキが違法とされたのを受けて、七月の第一週には、労働者の騒乱やストライキを弾圧するため、国民衛兵が毎日のように出動するようになった。国民衛兵は四月一八日の事件の後、ラファイエットによって規律が強化されるとともに、不服従分子が追放されていたのである。また貧民救済のために八九年から行なわれてきた市当局による公共事業が、経費がかかり過ぎるという理由で中止されるようになり、民衆の不満を招いた。一年前、九〇年の四月に設立されたコルドリエ・クラブは、ジャコバン・クラブよりも会費が安いため、より下層の民衆も参加できる政治クラブだったが、国王逃亡の当日にはすでに立憲君主制への疑念を表明し、共和制を要求するようになっていた。

アンシァン・レジーム期においては、共和制は否定的に捉えられていた。モンテスキューもルソーも、共和制は都市国家にはふさわしくても、フランスのような大国には向かないと考えていたし、モンテスキューによれば共和制は不可避的に民主制か専制、すなわち政治的騒乱の絶えない不安定な政体に向かうのであって、彼が理想とする穏和政体ではなかった。しかしフランス革命期には、新興の独立国であるアメリカ合衆国の事例、すなわち有徳で教育があり、連帯心を持った市民がみずから政治を行なう国＝共和国というモデルが紹介される。もっとも、アメリカ合衆国は文字通りに新しい国だから可能なのであって、フランスのように中世以来の伝統やしがらみのある国には適用できないと考える人もいて、このモデルがすぐに受け入れられたわけではない。革命期には、プラス・イメージとマイナス・イメージの双方が入り混じって、共和制は語られていたのである。

七月一五日、議会が逃亡事件に関して国王の責任は問わない旨の決定をしたことがパリ市内に伝わると、コルドリエ・クラブなどいくつかの民衆協会では抗議の声があがった。比較的に裕福な地区では議会を支持する者も多く、市中で小競り合いも生じた。コルドリエ・クラブのメンバーは、決定の再考を求めるために議会に赴こうとしたが、ロベスピエールやペティヨンに阻止されたので、夜九時頃に連帯を求めてジャコバン・クラブに出頭した。ここでも議会の決定について討論していたが、出席していた議員の多くは、民衆からの圧力と議会への敵対に怒って退出した。これらの議員は翌日にジャコバン・クラブを離脱し、より穏和なフイヤン・クラブを形成する。残ったメンバーは、結局ジャコバン・クラブとしての意見書の作成は断念した。

翌一六日、パリ市長のバイイは議会に呼び出され、民衆の騒乱を放置している件で叱責された。同日、コルドリエ・クラブは共和制の樹立を含む長大な請願書を用意し、翌日にシャン＝ド＝マルスにある祖国の祭壇で請願書に署名することを呼びかけた。

一七日、シャン＝ド＝マルスには単なる見物人まで含めて五万人ほどの人が集まった。二人の不審人物が祭壇の下に隠れているのが見つかり、祭壇を爆破しようとしたと疑われて、民衆のリンチに遭って落命するという事件はあったが、それ以外はおおむね平穏のうちに人々が署名を進め、中断されるまでに六〇〇〇名ほどが署名を済ませた。それでも議会は騒乱を疑い、市当局に出動を要請した。夕方五時半頃に市

図9　シャン＝ド＝マルスの虐殺　1791.7.17

長のバイイは戒厳令を出して市庁舎に赤旗を掲げ、国王を誘拐したのと同じ外国勢力が民衆を煽動していると演説した。六時半頃、市当局と国民衛兵が出動した。投石などによる小競り合いが起こり、国民衛兵が法の定める手続き（＝三回にわたる警告）抜きにいきなり発砲した。死者約五〇名、負傷者数百名が出た。これがシャン＝ド＝マルスの虐殺である。戒厳令は二五日まで継続され、共和主義の煽動者とみなされた人が追及・弾圧され、二〇〇名以上が投獄された。

以上はパリにおける出来事だが、国王逃亡のニュースは当然ながら地方にも伝わった。六月二一日の深夜にはパリから半径一五〇キロくらいにまで知らせが届いており、フランスの北半分には、へき地を除けば、翌二二日のうちに、南フランスにも、山間部の孤立した村などを除いて、二五日までには伝わっている。また議会は二二日に地方当局に向けて、国境の方向への人・武器弾薬・貴金属・馬の移動をすべて止め、公共秩序の維持と祖国防衛に備えるよう、指示を出した。王が国外に出れば戦争は必至と考えられ、沿岸や国境付近では外国からの脅威が現実で緊急の案件となったのである。新設の県制度のもとで新たに設置された地方当局を担ったのは、主として自由業や商業に従事する地方エリートであり、基本的に革命支持の立場だった。多くの地域で危機対策委員会が設置され、種々の地方当局のメンバーが委員となった。彼らは人々に連帯を呼びかけ、革命の徽章をつけることを求め、「国民・法・議会を守る」ことを誓う儀式を組織した。戦争の危険が現実に感じられる地方では、「自由に生きるか、さもなくば死」《ヴィヴル・リーブル・ウ・ムーリール》という標語は単なるレトリックではなかった。危機対策委員会が実質的にどれだけ役立ったかは不明だが、フランス・ナショナリズムの誕生には確実に貢献したのである。国王逮捕の知らせが伝わると、外敵の侵入に対する恐れはいっそう強まり、一部では「すでに戦闘が始まった」「オーストリア軍が侵入した」などの噂が流れて、人々をパニックに陥れた。ただしこの時にパニックが生じたのは八九年の大恐怖をほとんど経験しなかった地域であり、大恐怖が生じた地域では逆に、噂が届いても冷静に対処している。

国王逃亡事件は、外敵の侵入に対する恐れとともに、国内の反革命陰謀に対する恐怖ももたらした。亡命者《エミグレ》の活動はすでに知られていて、国内の貴族がこれに呼応することが疑われた。また聖職者市民化法が教会にもたらした分裂がからんで、司教による反革命陰謀が、特に非宣誓聖職者の多い西部地方などでは、警戒の対象になった。「反革命容疑者《シュスペ》」という語がこの頃から行政用語になったが、その主な対象は貴族と非宣誓聖職者だった。「陰謀」を克服して革命を救うためには超法規的措置も認められるとみなされ、手紙の開封・検閲、貴族の城館や非宣誓聖職者の居所の家宅捜索、単なる旅行者の逮捕と尋問などが行なわれた。国王逃亡事件が引き起こした危機が一段落すると、議会は地方のこうした強圧的な措置を批判するが、議会自身も、六月二一日のシャルル・ラメットの発言にみられるように、緊急の折には臨時の非合法措置をとることを認めていたのである。

この時期にフランス全国から国民議会に寄せられた手紙を分析すると、①地方のエリートは、国王の責任問題とシャン＝ド＝マルスの虐殺に関しては議会を支持する者が多かったこと、②逃亡事件に関して国王に失望し、国王のイメージが悪化していること、またこれに関連して、国王よりも議会を忠誠の対象とするようになっていること、③君主制の廃止や共和制の樹立も話題になってはいるが、共和制についてはモンテスキュー・ルソーに従って否定的なイメージで語られることが多いこと、などがわかる。

8　憲法の完成

シャン＝ド＝マルスの事件の後に議会の中心になったのはフイヤン派だった。七月一六日には、ジャコバン・クラブに所属して革命派《パトリオット》とみなされていた議員のほとんどがフイヤン・クラブに移って、ジャコバンに残ったのはロベスピエールとペティヨンくらいだったが、夏の間に六〇名ほどが再びジャコバンに戻った。フイヤン派の中で指導的だったのはバルナーヴやラメット兄弟であり、彼らは現時点では国王よりも共和派の方がより危険であると判断していた。彼らが中心となって憲法草案の見直しが行なわれたが、フイヤン派は他の党派に協力者を持たずに孤立しており、彼らが王権の強化と民主主義的要素の削減を求めると、ロベスピエールなどのジャコバン派から反対があがるのはもちろんのこと、他の党派からも意図を疑われて、結局あまり大きな修正は加えられなかった。一つだけ大きく改められたのは選挙権・被選挙権の資格であろう。これについては、すぐに改めて触れる。

八月二七日、王妃マリ＝アントワネットの兄でオーストリア皇帝のレオポルド二世とプロイセン国王フリードリッヒ＝ヴィルヘルム二世がザクセンのピルニッツで会見し、共同の宣言を発表した。フランスの状態に関してヨーロッパの諸君主の注意を喚起し、「用意ができ次第、緊急の行動をとる」ことを要請したものだった。これがピルニッツ宣言である。フランス国王の逃亡失敗という事態の後では、なんらかの対応を取らざるを得なかったのだが、二人とも本気でフランスに介入する意思はなかった。彼らにとってはポーランド問題の方が重要だったのである。宣言の文も、注意して読めば単なる警告であることがわかるように書かれていたのだが(33)、フランス側はそのように読み取らなかった。この時期のフランスには外交交渉の専門家が不足していて、微妙な表現で書かれた外交文書の裏の意味を読み取れなかったこともある。しかし直近の一〇年間にジュネーヴ、オランダ、ベルギーの革命運動がいずれも外国からの武力干渉で壊滅させられるのを見てきたフランス人にとっては、「革命をやれば外国軍が攻めてくる」というのは、単なる恐れや不安ではなく、一種の「常識」だった。しかも国内は分裂しており、対立する党派は互いに、相手側は「外国の陰謀」と結託して自分たちに攻撃をかけてくるのではという疑念を抱いていた。ピルニッツ宣言はフランス国内では、自分たちの不安がいよいよ現実になったことを示すものと受け止められたのである。だからといって、すぐになんらかの動きが生じたわけではないが、人々の政治意識はさらに急進化し、対外戦争が意識されるようになった。戦争が重要な政治テーマとして取り上げられるのは時間の問題となったのである。

このような状況の中で、九月三日に国民議会が憲法を採択し、同月一三日には国王が憲法の受諾を宣言し、翌日に議会に赴いて憲法に署名し、その尊重を宣誓した。一七九一年憲法が正式に成立したのである。全部で七編から成り、そのうち第三編「公共の諸権力について」が中心で、この編のみが章や節の下部分類がなされており、第三編のみで一七一条、七編合計で二〇九条からなる憲法である。冒頭には、八九年八月に採択された人権宣言が掲げられた。憲法制定直前の数か月には、国家の危機に際しては非常手段が取られ、人権も制約されるという経験をしたばかりだったのだが。聖職者市民化法は、国内での対立に配慮して、憲法には含められなかった。

第三編第一条には「主権は国民に属する」、第二条には「国民は代表の委任によってしか諸権力を行使し得ない。フランスの国制は代表制である。代表者は立法府および国王である」と定められている。国王は憲法を受諾することで、逃亡事件以後に停止されていた権限を取り戻したが、その地位は今や、国民から委託を受けた執行府の長に過ぎない。六名の大臣はみずからの意思で任命・罷免することができるが、大臣の副署がなければ何事も決定できないし、宣戦布告と講和については議会の意思に従わなければならない。議員は大臣になれないので、大臣の地位をちらつかせることで議会を懐柔することもできない。また国王が自分の意思で支出できるのは、議会が承認した王室費のみである。立憲君主制が明文化されたのだった。

一院制の立法国民議会が、実質的には国民の代表だった。新たな県制度に従って、各県から議員が選出されるが、議員は国民全体の代表であり、従って各選挙区は選出議員に対する命令的委任はなし得ない。選挙に関しては、八九年一二月二二日に定められた選挙人と議員の資格要件は、九一年八月に大きく改められた。まず選挙人に関しては、「一〇日分の労賃に相当する額の直接税」という規定は廃棄され、替わりに、能動的市民であることに加えて、一定の要件を満たした不動産の保有者であることが求められた。農業のみを生産的と考える重農主義の影響が表れたことが窺える。また議員に関する銀一マールの規定も廃棄されて、能動的市民であればだれでも議員に選出される資格があるとされた。シャン＝ド＝マルス事件に表れたような民衆の圧力に対して、一定の譲歩をしたのである。とはいえ、二つの点に注意しておく必要があるだろう。まず、議員は第二次選挙集会において選挙人によって選ばれるのであり、事実上は選挙人同士の互選であるから、単なる能動的市民が選出される可能性はまずないことである。また八月に改正が行なわれても、事務的準備はすぐには整わなかったから、九月の選挙は実際には、選挙人の資格に関しては、八九年の規定に従って行なわれた。そして周知のように、九一年憲法に基づく立法国民議会の選挙は、実際にはこの一回しか行なわれなかったのである。

家柄や血筋に基づく身分制は否定され、個人の能力が社会的評価の基準となる功績主義《メリトクラシー》が新たな原理となったのだが、その場合の「個人の能力」とは、自由放任的な社会における経済的成功＝富の蓄積によって測られることになった。

地方行政は県制度、すなわち県（デパルトマン）—郡（ディストリクト）—小郡（カントン）—市町村（コミューン）という区分によっていた。八九年の規定での選挙人資格者の中から任期二年の県議会議員が選出される。この議会の中に県執行部《ディレクトワール》が設けられ、県行政を担当する。執行部の総代は大臣に直接連絡を取り、かなり大幅な権限を与えられていた。もし九一年憲法が十全に機能していたら、フランスは地方分権の国になったはずである。司法に関しては、国王・議会の双方から独立した裁判所が設置され、県議会と同様に選挙人資格者から任期二年の判事が選出されるとともに、同じ資格者の中から陪審員がくじ引きで選ばれることになった。

以上のような骨格の憲法を定めた後、憲法制定国民議会は九月一四日にはアヴィニョンとヴナスク伯爵領のフランスへの併合を、二七日には国内のすべてのユダヤ人に市民権を付与することを決め、三〇日に最後の会議を開いて解散した。憲法制定を祝して恩赦が行なわれたが、一七八八年五月一日以降の反乱《レヴォルト》で刑を受けた者が対象となった。当時の人々が、自分たちの革命はいつ始まったと意識していたかを示唆するものとして、興味深い。またロベスピエールの提案により、憲法制定国民議会の議員は立法議会には選出され得ないものとされた。古典古代の政治理念に倣って「国制を定めた者は実際の政治には関与すべきでない」という大義名分によるものだが、議員たちの実感から言えば、もうこれ以上、激務と緊張、疲労にさいなまれたくないというのが本音だっただろう。しかしこの規定の結果、議員たちが二年半の濃密な経験によって蓄積した政治的ノウハウは、立法議会には継承されないことになったのだった。

第四章　立法議会

1　立法議会の成立

一七九一年一〇月一日、立法国民議会が開会した。議員は七四五名で、身分ごとの選挙ではなくなった結果、聖職者と貴族の議員はほとんどいなくなった。旧特権身分は政治に参加する公的な場を失い、私生活に引退するか、さもなければ反革命運動に身を投じることになった。また民衆階層に属する議員も事実上存在せず、この階層の政治的意思は議会の外で、しばしば実力行使というかたちで、表明されることになった。立法議会は、端的に言えば、法曹、役人、大商人など、いわゆる「名士」の集団だったのである。この議会がそれまでの憲法制定国民議会と基本的に異なるのは「憲法によって制定された」権力だという点である。これまでは「憲法を制定する」権力であったから、それより上位の政治的権威はなく、必要に応じていかなる臨時的措置でも取り得る権限があった。しかし立法議会は憲法に制約され、その規定に従わねばならないため、臨機応変に例外的措置をとることはできないのである。

フランス革命期には厳密な所属政党というものは存在しないが、立法議会の議員は最初から三つの傾向に分かれていた。右派がフイヤン派で、二六四名から三三四名（三五〜四五パーセント）、左派がジャコバン・クラブ会員の議員で一三六名（一八パーセント）であり、そのどちらでもない中間派が二七五名から三四五名（三七〜四六パーセント）で、独立派、立憲派などと呼ばれていた。左派のリーダーはブリソやビュゾであり、このグループは後にジロンド派と呼ばれることになる。混乱や誤解を避けるため本書では「ジャコバン派」とは呼ばず、立法議会期からジロンド派という呼称を用いることにしたい。フイヤン派とジロンド派が政治的に異なる立場を主張して意見を戦わせ、中間派がそのどちらを支持するかで政治の流れが決まるという構図だった。

パリなどの大都市では、国王逃亡事件を契機にして民衆の政治意識《ポリティザシオン》の先鋭化が進んだが、彼らは議会に足がかりを持たなかったので、選挙の第一次集会ともなるセクションでの会合を活動の場とした。主権者である人民がセクション集会で直接に表明する意見こそが真に正統性を持ちうるという、直接民主制的な意識が育ったのである。同様にカフェ、街頭、市場も重要な「政治」の場となった。農村でも九一年夏以降、騒乱が増加した。封建制の廃止が宣言されたにもかかわらず地代の徴収が続き、しかもそれが「神聖な所有権」の一部として議会からも認められたこと、「経営・耕作の自由」の名のもとに共同体的慣行が掘り崩されていくことへの不満が、主な原因である。この時期の特徴は、騒乱の参加者が貧農に限られずに、村全体が一致して、村長や村の司祭の主導のもとに蜂起し、時としては近隣の国民衛兵の協力をも得た点である。彼らは、自分たちは八九年の改革によって保障された合法的権利を主張・擁護しているのであり、単なる不満分子の反抗ではないとみなしていた。また農村部でも政治意識《ポリティザシオン》の先鋭化が進み、単に農村共同体の枠の中の問題に限らず、反革命容疑者、アリストクラート、カトリックの狂信徒、買占め人なども批判や反抗の対象に名指されるようになった。要するに、都市においても農村部においても、騒動の直接の原因は食糧問題であっても、それが政治の問題と結びつけられ、政治と一体化したものとして問題提起されるようになったこと、代表制に基づく議会の正統性とは別に、直接民主制的な正統性を自分たちは持っており、自分たちの行動は法的・政治的に正当なものだという意識が生まれたことが、この時期の特徴と言えるだろう。言い換えれば、九一年憲法は代表制と結びつく国民主権原理をとるが、この時期には直接民主制と結びつく人民主権原理がそれと並立するようになって、こちらも一定の説得力を持ったのである。

こうした意識の変化を背景にして、サン＝キュロットが出現する。暴力的な民衆を指す蔑称として出現した「サン＝キュロット」という語を、九一年の秋から冬にかけてコルドリエ・クラブのメンバーなどが自分たちのアイデンティティを示す呼称として積極的に用いるようになったのである。明確な定義があるわけではないが、直接民主制を主張し、自分たちの活動の正統性を意識し、アリストクラートや反革命と対峙し、民衆生活に直結した食糧問題などで積極的に活動する人々を指す。民衆層もいるが、ブルジョワジーも普通に見られる。サン＝キュロットは、長ズボンをはいた服装、政治的討論への参加と「革命・反革命」の善悪二元論的な政治論、「お前呼ばわり《チュトワモン》」によるざっくばらんな会話や物言いなど、文化的な要素によって見分けられていたのであって、特定の社会階層に対応していたのではない。サン＝キュロットとは社会経済的要因よりも政治的・道徳的要因によるものであり、それ自体としてというよりも「ジャコバン」の対概念として形成された。すなわちジャコバン派は民衆運動と接点を持ちながらも、自身は代表制に基づく議員として民衆を上から指導しようとしたのに対して、民衆自身ないしは理想的な姿の民衆として、貧しさと政治的徳を一体視する道徳観を基盤とするアイデンティティを持ったのがサン＝キュロットなのである。議会が交代したのにともなって、政治的リーダーもある程度入れ替わるが、その移行期の空白をつくようにして、サン＝キュロットが自分たち独自の政治活動の位置を手に入れたのである。

ちょうど九一年憲法が制定された頃、西インド植民地のニュースがパリに届いた。サン＝ドマング（現在のハイチ）の黒人奴隷が反乱を起こしたのである。ここで、植民地の奴隷制の問題にいったん目を転じよう。

2　植民地問題

一八世紀末、革命直前のフランスにおいては、植民地産物（その中心は砂糖とコーヒー）の輸入と、それらのヨーロッパ諸国への再輸出が、貿易の重要な部門となっていた。輸出入の四分の一は西インド植民地の産物が占め、その八割はサン＝ドマング産だったのである。当時のサン＝ドマングの人口は、白人（＝入植者）が二万八〇〇〇人から三万一〇〇〇人、有色（＝混血）自由民が二万二〇〇〇人から二万五〇〇〇人、黒人奴隷が四〇万人から四四万人だった。人口の約九割は黒人奴隷だった。一八世紀のヨーロッパにおいては、各国は国際貿易の競争力を強化するために、労働力にかかるコストを最低限に切り詰める必要に迫られていた。それが、植民地における奴隷制の拡大を必然化する。経済のグローバル化がもたらす労働条件の悪化や貧富の格差の拡大という問題は、この時代にすでに萌芽的に生まれていたのであって、黒人奴隷の反乱はそれに対する抗議の現れなのである。

全国三部会の召集が決まると、西インド植民地においては選挙権の問題、具体的には有色自由民は選挙権を持ちうるか否かが問題となった。また八九年八月に人権宣言が出されると、その第一七条で保障された所有権は人間すなわち奴隷の所有にも及ぶのか否かが問題となった。しかしどちらに関しても三部会＝

国民議会の議員たちは、植民地貿易を損なう恐れや白人プランターからの圧力と、革命の理念との間で躊躇し、明確な議論は展開していない。八九年八月にマルティニック島で黒人奴隷の反乱が起こり、そのニュースは一一月に本国に伝わって、貿易商人を不安に陥れた。さらに重要だったのがヴァンサン・オジェの動向である。彼はサン＝ドマングの有色自由民でパリに滞在しており、自分たち自由民の参政権を国民議会に訴えていたが、いっこうに埒があかないので、九〇年秋にサン＝ドマングに戻り、数百名の仲間とともに武装蜂起した。しかし数倍の人数を持つ軍隊にあっさり鎮圧され、捕えられた。そして二か月に及ぶ裁判の後、九一年二月に車裂きの刑で処刑されたのである。この凄惨で残酷な処刑のニュースが本国に伝わると、植民地当局への批判が噴出し、議会でも同年五月一二日〜一五日に取り上げられた。

フランスでは八八年二月に、白人入植者と有色自由民の権利の平等、および奴隷制度の漸進的な改革・廃止をめざして、黒人友の会が作られていた。ブリソとクラヴィエールが発起人であり、ミラボー、コンドルセ、シィエス、グレゴワールなどが会員になっていた。八九年以降、西インド植民地にも一定の政治改革が必要だと考える会員と、単なる博愛主義的な運動にとどめようとする会員が分裂し、後者にあたるバルナーヴ、デュポール、ラメット兄弟などは、奴隷制の維持を主張する「フランス植民者通信協会」（通称マシアック・クラブ）に合流した。九一年五月の議会での討論においては、有色自由民の参政権を認めようとする黒人友の会と、選挙権を白人入植者に限ろうとするマシアック・クラブが対立した。後者の主張は、人権宣言の理念をむやみに適用すれば植民地の経済構造を損ない、それは本国の経済にも直接に響くのであるから、改革・妥協はいっさい受け入れるべきでないとするものであり、それに対して前者の主張は有色自由民に選挙権を与えて味方につけることで、黒人奴隷の反乱に備えようというものだった。どちらも理念より実利が優先していたのであり、両者ともに黒人奴隷に対しては徹底して敵対的・抑圧的だった。議会は結局、五月一五日に「自由人を両親として生まれた有色人」に限って植民地議会に参加する権利を認めた。しかしこの法令《デクレ》がサン＝ドマングに知らされると、白人入植者は猛然と反発し、法令《デクレ》実施の棚上げを求めた。憲法制定国民議会が解散する直前の九月二四日、バルナーヴがこの法令《デクレ》の破棄を提案し、黒人友の会やロベスピエールの反対を押し切って可決された。サン＝ドマングで黒人奴隷の反乱が生じたのは、このような時期だったのである。

3　国内の騒乱

フランス国内では、アシニア紙幣が十分な信用を得られず、価値が下落していた。この紙幣は、八九年一二月に発行された時には国有財産を担保にした利子つき債券だったが、翌九〇年九月には無利子の紙幣とされた。革命の先行きが不透明な状態では、国有財産を入手してもそれが安定した資産になり得るか否かが不明だったので、人々はアシニア紙幣を信用せず、額面価格では通用しなくなって、物価騰貴が生じたのである。食糧をはじめとする生活必需品の価格上昇は、人々を苦しめることになった。またアシニア紙幣の額面価格は高額だったので、庶民の日常生活には無縁であり、普段の買い物には貴金属貨幣が用いられ続けたが、有産者は資産保護のために貴金属貨幣をため込んだので、インフレーション下で通貨不足が生じ、経済をいっそう混乱させた。そうした時期にサン＝ドマングでの黒人奴隷の反乱が起こり、コーヒーや砂糖の本国への輸送が中断された。朝食のカフェ・オ・レはすでに庶民の生活必需品になっていたので、民衆の不満はいっそう拡大し、各地で食糧騒動が生じた。都市における商人や農村部における領主が襲撃の対象になる場合もあったが、政治意識に目ざめ、直接民主制における主権者という自覚を持った民衆層は、行政当局に対して経済の統制、とりわけ価格の公定を求めることが増えた。

これは各地域の行政当局が種々の商品、とりわけ小麦をはじめとする食糧品の取引価格を設定し、それ以上の値段で売買することを禁止する政策である。絶対王政期には普通に行なわれていた政策であるが、フランソワ・ケネーに始まる重農主義はこうした統制経済に反対して自由放任を唱えた。この学派の流れを汲むテュルゴは一七七四年に財務総監に就任すると、穀物取引の自由を実現しようとし、結局は失敗したのだが、彼は自由放任政策はフランス全国に徹底して実施しなければ成果は得られないのであって、中途半端な自由化は統制経済よりも悪いと考えていた(34)。重農学派のデュポン・ド・ヌムールは全国三部会＝憲法制定国民議会の議員となり、七四年の改革でテュルゴに協力したコンドルセは立法議会の議員に選出されていた。彼らの影響のもとに、九一年憲法の体制においては所有権と取引の自由が絶対視されており、比較的に裕福な階層から議員が出ている立法議会も、基本的にはこの政策を支持していた。行政当局は全般に、テュルゴに倣って、経済がうまく行かないとすれば、それは自由放任政策それ自体に欠陥があるのではなく、その政策が不徹底であることに原因があると考える傾向があった。すなわち、民衆の要求する統制経済策を容認すること自体が、経済のいっそうの混乱をもたらすと考えられたのである。民衆騒乱と行政当局は、互いに歩み寄って妥協点をさぐることが、最初から原理的にあり得なかったのである。

こうした両者の対立と、この時代の民衆騒乱の特徴が典型的なかたちで現れたのが、九二年三月三日に起こったエタンプ一揆である(35)。エタンプはパリの南四五キロ、穀倉地帯として知られるボース地方の東端にある町で、古くから農産物の集散地として重要な位置を占めていた。前年は、フランス全体を見れば凶作とは言えないのだが、南フランスではやや不作で、全体としては品薄で価格が上昇しており、その中でこの頃にはエタンプでも南フランスに向けた小麦の搬出が行なわれていた。これ自体は通常の穀物取引であって、法律的には何の問題もない。しかし品薄と価格騰貴で民衆には食糧が手に入りにくくなっている時に、自分たちの手元にある穀物がどこへとも知れぬ所へ運び出されることは、「アリストクラートの陰謀」への恐れも加わって、民衆の不満をかきたてた。三月二日、エタンプ近郊のシャマランド村で住民集会が開かれ、エタンプへ穀物価格の引き下げを交渉しに行くことが決定された上で、近隣の村にも同調を呼びかける手紙が送られた。村長たちも、みずからが参加することに同意した。

こうして翌三日、近隣の住民五〇〇～六〇〇名が、銃やこん棒で武装し、村長たちを先頭に立てて、エタンプに向かったのである。武装したのは、治安維持のためにエタンプに出動する騎兵隊を住民の一部が野盗と勘違いし、自衛の必要を感じたからだった。エタンプ市当局は、市長のシモノーを先頭に、国民衛兵、憲兵、騎兵隊とともに市の入り口に待機していた。到着した集団の先頭にいた村長の一人が、自分たちは平和的に穀物の価格統制を要求するために来たと告げたが、市当局は治安維持のため、彼らの入市を拒もうとした。しかし集団は迂回路を探しながら、なし崩し的に市内に入り込んでしまった。そこに、顔を血まみれにした六〇歳ほどの男性が現れ、自分はこの集団から暴行を受けたと市当局に告げた。それを聞いて冷静さを失った市長は、市内のサン＝ジャック門の所で騎兵隊に発砲を命じたが、隊長が冷静さを保って命令を無視したため、この場では混乱を生じなかった。集団と市当局はさらにサン＝ジル広場に移動し、ここで人々が口々に価格統制を訴えたが、市長は頑として受け入れず、「いささかでも法律が侵害されるのを見るくらいなら、死んだ方がましだ」と断言した。この言葉を聞き、またサン＝ジャック門での発砲命令を思い出した集団は暴徒化し、その一人がサーベルで市長シモノーの頭を打った。さらに別の一人が小銃を撃ち込んで、市長を絶命させた。集団は、整然と到着した時とは打って変わって、散り散りになって引きあげた。これがエタンプ一揆である。

翌日の三月四日、エタンプに近いモーシャン村の司祭ドリヴィエは、九人の村民とともに、この一揆に関する請願書を執筆し、立法議会に提出した。同月九日に議会の請願委員会で受理され、同一九日に一二人委員会に回送されたが、その中でドリヴィエは「取引の自由が、生活するのに不可欠な食糧の価格を無限に吊り上げるためにのみ援用される時、その自由はまさに殺人的である。……我々は、穀物がその価値以下で販売されるのを求めているのではなく、我々が穀物を食する権利が満たされる価格を超えないことのみを求めているのである」と述べていた。彼自身の言葉では「飢えない権利」の主張である。ロベスピエールは自由を信じていたが、ドリヴィエの請願書を読んで次第に考えを改め、生存権が自由権より優先すべきことを主張するようになる。ジャック・ルーはこの頃からサン゠キュロット運動の指導者として現れ、翌九三年春には過激派《アンラジエ》と呼ばれるようになるが、彼のような民衆運動のリーダー層にも生存権の思想は受け入れられた。アンシァン・レジーム末期にネケールは、テュルゴやコンドルセの自由放任論を批判し、ポリスによる取引の規制を主張していたが、それは秩序と民衆の平穏とを維持するための統治技術という為政者の視点からのものだった。九二年春には同様の統制政策が、民衆自身の生存権の擁護という視点から主張されるようになったのである。これはまた、ジャコバン・クラブの中にもロベスピエールのように、サン゠キュロットの政治的要求に理解を示し、彼らと連帯する必要を自覚した人々が現れたことを意味する。後にモンターニュ派と位置づけられることになる人々である。

話をエタンプ一揆に戻すと、当時は一般的に、より上位の政治機構に行くほど自由放任の原則にこだわる傾向が強かったが、庶民の日常生活に直接に接する市町村当局は概して彼らの要求に対して同情的だった。そうした中でエタンプ市長シモノーの態度は、同じエタンプ市の職員にも異常と思えるほどのかたくなさだったのである。まさにそれ故に、立法議会においてはシモノーは「法を守って職に殉じた英雄」となる。ここで話が変わるが、前章5節の末尾でシャトーヴュー連隊のスイス兵の反乱に触れた（102頁参照）。この事件で四一名のスイス兵が漕役刑に処せられたが、彼らは九一年憲法発布の際の恩赦においても、外国人であるという理由で釈放されなかった。その是非が立法議会で問題になっていたが、結局コロ・デルボワなどの努力が実って、九二年春に釈放された。四月一五日にパリで、これらの兵士の歓迎祝典が行なわれたが、この祝典は「自由の祭典」と呼ばれて、サン＝キュロットや現れ始めたモンターニュ派など、九一年体制に批判的な人々の革命的高揚を示す事件になった。これに対抗するためフイヤン派を中心とする立法議会は、民衆の高揚を抑制するとともに、九一年憲法に示された法と秩序を顕彰する機会を狙っていたが、シモノーの「殉職」がそのために利用されることになる。五月一二日、「法に対する正当な尊敬のために捧げられた国民的式典を挙行し、もってシモノーの記憶を栄誉あらしめる」ことが議会で決定され、六月三日に「法の祭典」が実行された。

4　反革命と亡命

政治意識《ポリティザシオン》の先鋭化が進んだ結果として、前節で触れたような民衆の騒乱においても、人々は自分たちの主張や反対者への批判を政治レベルに置きなおして政治的言説で語るようになった。それに並行して、「革命」と「反革命」の二分法的な対立で、出来事が位置づけられたり評価されたりするようになる。しかし個々の事件を取り上げてみると、アンシァン・レジーム期から続く有力家系どうしの対抗関係、同様の共同体相互の対立、カトリックとプロテスタントという宗教的対立（特にフランス南部・東南部）など、いろいろな個別的要因がからみ合っていて、その中で対立する一方が他方を強引に「反革命」と決めつけたり、一方がより広域の対立関係の中で「革命」側の陣営と結びついたために、ただそれだけの理由で、他方は「反革命」陣営と結びついたりすることが生じている。第三章5節でも触れたように（99頁参照）、新聞の報道や議会での審議において「革命」「反革命」という色分けがなされたからといって、それが現地での実態を客観的に表しているわけではないのである。また代表制に基づく中央の議会と、直接民主制を唱えるサン＝キュロット運動のどちらを「革命」とみなすかによっても、評価は変わってくる。

とはいえ、明らかな反革命が存在しないわけではない。この時期、カトリック教会は全般的に革命から距離を置くようになってきていた。特にフランス西部（ブルターニュ半島と、その周辺）ではこの傾向が強く、司祭たちは聖職者市民化法に対する反対運動を繰り広げていた。またこの地方の貴族は、そもそも全国三部会の召集に反対して選挙をボイコットしたのだが、八八年以降の改革すべてを拒否しており、聖職者と手を結んで反革命運動を展開した。中央山塊《マッシフ・サントラル》の南部やローヌ渓谷においても、規模や強度はブルターニュほどではないものの、類似の動きが見られた。

立法議会が開催されてから問題になったのが、亡命者《エミグレ》の扱いである。憲法制定国民議会の時期にも、確かに亡命者《エミグレ》は存在した。しかし軍隊に服務している貴族には、宮廷貴族の奢侈の廃絶およびフランスの純化と再生に賛同し、革命を支持する者も少なくなかった。その彼らが九一年秋以降、次々と亡命を始めたのである。軍人である彼らは国王に強い忠誠心を抱いており、国王が宗教的とも言える威厳を失って「国家第一の公僕」におとしめられることに耐えられなかったのだった。軍人貴族は長距離の移動には慣れており、普段から、親類縁者のつながりを頼りにして自由に国境を越えていた。彼らにとっては亡命はそうした日常的慣習の延長に過ぎなかったのだが、居住地に根を下ろしている平民にとっては、とりわけ「反革命」や「陰謀」から祖国と革命を守ることが国民的課題と意識されている時においては、亡命は「国民」に対する裏切りだった。貴族は、身分としてはすでに法律的に廃止されていたが、この頃からは社会的に貴族であるということ自体が反革命容疑者とみなされる要因として、人々に意識されるようになる。

立法議会において、穏和な中間派は居住地の選択に関する私的自由に配慮し、亡命者《エミグレ》に関しても、フランスに対して武器を取らない限りは寛大な扱いを取るよう主張していた。ジロンド派は逆に、国民的一体性を重視するとともに、公安の維持のためには自由は制限され得るとし、亡命自体を犯罪とみなした。一一月九日に採択された法令《デクレ》は両者の妥協の産物で、国境を越えた所に集結するフランス人は祖国への陰謀の容疑者とみなすとともに、九二年一月一日にも集結を続ける場合には有罪とすること、重要人物（＝王弟）および公務員（＝聖職者と役人）に帰国を求め、九二年一月一日までに帰国しない場合には、王弟は王位継承権の喪失、公務員は有罪とすることとした。ルイ一六世は同月一一日、この法令《デクレ》に対して拒否権を行使した。

同月の二九日には、宣誓を拒否する聖職者に対して改めて宣誓を求め、応じない場合には反革命容疑者とみなすことを決める法令《デクレ》が採択された。これも、亡命者《エミグレ》に対するものと基本的な方向は一致していた。すなわち単一の政治共同体に帰属する者のみを「国民」と認め、その共同体に忠誠を誓わない者にはフランス国民というアイデンティティを認めないという方向である。

5　開　戦

一七九一年の一〇月二〇日、ジロンド派の指導者であるブリソが議会で、亡命者《エミグレ》に関する法案を提出するための演説の中で、ヨーロッパ列強に対する戦争を示唆した。すなわち彼は中間派の意見を入れて、人には居住地を選ぶ自由があるのだから亡命全般は問題ではないとし、外国において祖国に敵対的な行為をする者に攻撃の的をしぼる。そして、そのような亡命者《エミグレ》と結びつき、彼らを支援する諸外国こそがフランスにとって真の問題なのだと述べたのである。彼は「諸外国は、フランスの新憲法を認めるか、認めずに戦争を仕掛けてくるか、同じく認めずに、武力を背景に干渉してくるかのいずれかだ」とし、どの場合においてもフランスは武力を準備しておかねばならないとする。なぜなら対外的な安全とフランス国民の尊厳は常に守られねばならないからであり、そのためには「攻撃を予防せねばならない。我々自身が攻撃をかけねばならない」とするのである。ブリソにとっては、革命の擁護は必然的に戦争に結びついているのであって、戦争は必ずしも避けようとすれば避けられる状況の産物ではなかった点に、注意を払っておかねばならないだろう。ともあれ、これ以降は開戦が重要な政治的課題になった。ルイ一六世の宮廷が革命をつぶすために企んでいる陰謀を暴き出すのが、その目的である。食糧問題に関心が向きがちな民衆の目を外に向けさせることも意識されていたし、君主国と闘って革命の理念を諸外国に広めようという一種の理想主義もあった。

もっとも、戦争問題は突然に現れたわけではない。すでに述べたように、ジュネーヴ、オランダ、ベルギーの革命運動はいずれも外国の軍事介入によって押しつぶされていたし、二か月前のピルニッツ宣言はフランスもまた軍事介入を受けることを予感させた。ちょうどこの頃にポーランド問題が進行中だったこともつけ加えられるだろう。一七七二年に第一次の分割を経験したポーランドは、八〇年代末、周辺の列強がそれぞれ対外戦争に気を取られている隙をつくようにして国内改革に着手し、九一年五月三日に立憲君主制を樹立する憲法を公布した。しかし国内の反対派はロシアに移って、九二年一月に宣言を発し、その中で「パリの致命的な事例」に倣う「民主主義思想の伝染」を批判するとともに、ロシアに軍事介入を要請した。それを受けるかたちで同年五月にロシアは軍をポーランドに送り、一か月強で改革をつぶしたのである。新大陸では逆に、アメリカ合衆国が独立を達成して新たな共和国の樹立に成功したが、そのためには八年に及ぶイギリスとの戦争を戦い抜かねばならなかった。革命や改革と戦争は表裏一体であることを、当時の人々はいやでも自覚せざるを得なかったのである。

また、第三章3節で触れたように（91頁参照）、革命下のフランスは国土の帰属に関して新しい原則を打ち出していた。すなわち九〇年一〇月に、アルザスがフランスに帰属するのは、その住民がそのように望むからであるという原則を主張し、九一年九月には同じ原則に基づいてアヴィニョンとヴナスク伯爵領をフランスに併合したのである。しかし君主制下のヨーロッパにおいては、国土の帰属は君主相互の、通常は戦争の結果としての、取り決めによって決定されるべきものだった。革命下のフランスが唱えた新たな原則は、こうしたヨーロッパの「常識」を根底からくつがえすものだった。当然ながら、国土・領土に関してフランスと直接に利害関係を持つ周辺諸国は不満を抱く。仮にブリソがこの時期に戦争を唱えなかったとしても、フランス革命がみずからの打ち出した理念に沿って進展する限り、対外戦争は不可避だったと言えるだろう。

開戦に反対したのは、ロベスピエールやマラなどごく少数であり、彼らは二人とも立法議会に議席は持たず、もっぱらジャコバン・クラブを足場に活動していた。もっともロベスピエールは「私も確かに、ブリソ氏と同じくらいに、自由の支配を拡張するために企てられる戦争を好むものである」と述べ、またもし望み通りになるものならば、ベルギーやオランダに援軍を送りたかったと言う。彼は戦争そのものに反対だったのではなく、状況論に基づいて、九一年末〜九二年初めの時点での開戦に反対なのである。その理由は二つある。第一は、現下の最大の敵は諸外国ではなく、国内の反革命勢力なのであり、国王は革命に反対なのだから、その政府に戦争遂行を任せるべきではないということである。「これらの敵のうちでもっとも多く、もっとも危険なのはコブレンツにいるのだろうか？　いや、我々の中にいるのだ。宮廷や内閣にそれらの敵が見つかると思うもっともな理由があるのではないだろうか?」彼は、戦争によってフランス革命の理念を諸外国に広めようというブリソを「武装した宣教団など、誰からも好まれないものだ」と批判し、諸外国に自由をもたらす前に、まずフランス自身の自由を確保しなければ、すべてが共倒れになるとする。オランダやベルギーの革命が諸外国の軍事介入によりつぶされたことを指摘して、それだからこそ、まずフランス国内の敵をつぶすことを優先すべきだと唱えるのである。

第二の理由は、戦争を行なえば兵を率いる将軍に人気が集まり、彼の影響力が増して、軍事独裁の危険が高まることである。「騒乱や徒党の時代には、軍の指揮官がその国の運命を左右する審判者となり、自分が与する党派に有利になるようにさじ加減をするだろう。カエサルやクロムウェルのようなやからであったら、自分で権威を掌握するだろう」「ある将軍、もしくはその将軍への熱狂に酔いしれる戦勝軍が、内閣・穏和派・反民衆の党派の手先となり、その党派の有利をはかるのが簡単にできるようになることを、諸君は恐れないのか?」とロベスピエールは述べた。アメリカ独立戦争を指揮して勝利に導いたワシントンが、その戦功と人気によって合衆国の初代大統領に選ばれたことも、ロベスピエールにとっては懸念のもとだった。

まだ先の話だが九二年一一月に国王裁判が始まると、テュイルリ宮殿の鉄の戸棚から、ルイ一六世が亡命者《エミグレ》や外国政府と連絡を取り、フランス軍の動きや作戦を通報していたことを示す文書が見つかった。すなわち国王はフランスを裏切っていたわけで、ロベスピエールが開戦に反対した第一の理由は根拠があったことが示されたのである。また後のナポレオンの出現を視野に入れるなら、第二の理由として挙げた危惧も的中したと言えるだろう。しかし当面の政治は、ロベスピエールの反対を完全に無視して、戦争へと進んで行く。

オーストリア皇帝レオポルド二世には開戦の意思はなかったが、九二年三月一日に急逝した。跡を継いだ息子のフランツ二世（正式な戴冠は同年七月）はフランス革命に激しい敵対意識を抱いていた。同月一〇日にフランスではそれまでのフイヤン派内閣が辞職し、一五日にジロンド派の内閣が召集された。戦争をして敗れることでフランス革命をつぶそうとするルイ一六世と、戦争を通して宮廷の陰謀をあばくとともに、革命の理念を諸外国に広めようとするジロンド派が、「開戦」という思惑で一致したのである。二五日、フランス人亡命者《エミグレ》の送還を強く求める最後通牒がフランツ二世に対して発せられた。そして彼がこの最後通牒に応じなかったため、四月二〇日に立法議会は圧倒的多数で彼に対する宣戦布告を国王に提案し、ルイ一六世はすすんでこの提案を受け入れて即座に実行した。

当時のフランスは、すでに触れたように、指揮官層の亡命によって軍の組織は乱れていた。五月六日には王立ドイツ連隊が、部隊全体として敵側に移るという事件も生じた。またアンシァン・レジーム期以来の友好国を失っており、スペインとスウェーデンの中立をとりつけるのがやっとだった（フランス革命に敵対的だったスウェーデン国王グスタフ三世は、この年の三月一六日に暗殺されていた）。逆にプロイセンは、同年二月二〇日に調印した同盟条約に基づき、オーストリア側についた。客観的に見ればかなり不利な状況で、フランスは戦争に突入したのである。当面はフランスの敗戦と退却が続いた。

6　一七九二年　春から夏

シャトーヴュー連隊のスイス兵の釈放を祝う「自由の祭典」（一七九二年四月一五日）とエタンプ一揆で殺害された市長シモノーを顕彰する「法の祭典」（同年六月三日）は、この時期における革命陣営の分裂を象徴的に示していた。また前年の一〇月一六日にはアヴィニョンで、革命派とされる人物一名が殺害された事件への報復として、反革命派とされる六〇名ほどが教皇庁舎のグラシエールの塔で虐殺される事件が起きていたが、この事件も議会と世論の双方に分裂をもたらしていた。対外戦争が始まった時のフランスは一種の無秩序状態で、政治は特定勢力の確たるリーダーシップによるのではなく、その時々の状況に応じて揺れ動く状態だったのである。しかし同時に、開戦は「国民」としての一体感の高揚をもたらした。革命を守ることと祖国を守ることは同一視され、数ある民衆協会も、基本的には、ジロンド派の戦争政策を支持したのだった。

四月二九日、前夜にベルギーに侵攻したフランス軍はオーストリア軍の反撃に遭い、再び国境を越えて退却した。指揮官のテオバルド・ディロン将軍は裏切りのかどで兵士から非難され、殺害された。貴族＝反革命＝裏切り者という等式が平民の兵士の中では成り立っていたのである。

五月二七日に議会は、小郡で能動的市民二〇名の要請があれば非宣誓聖職者を国外追放にできるという趣旨の法令《デクレ》を採択した。戦争政策の一環として、国内の騒乱要因を取り除こうとしたのである。また六月八日には、全国から二万名の連盟兵《フェデレ》(36)を徴募して、パリに駐屯させる旨の法令《デクレ》が採択された。連盟兵《フェデレ》を用いて宮廷を含む反革命勢力から首都と議会を守ろうとしたのだった。またこれにより、パリに配備されていた軍隊およびパリに集まっていた志願兵を前線に送ることが可能となる。同時に、かくれた意図としては、民衆層からの参加者が多い志願兵を前線に送って、首都から遠ざけようという目的もあった。

ルイ一六世は六月一一日、これら二つの法令《デクレ》に対して拒否権を行使した。内務大臣のロランはこれに抗議したが、国王は翌日にロランをはじめとするジロンド派大臣を罷免し、一三日にフイヤン派の人物を大臣に任命した。国王のこれら一連の措置を不満とするパリのサン＝キュロットは同月二〇日に蜂起し、立法議会の議場を行進した上でテュイルリ宮殿に押し寄せ、ルイ一六世に拒否権行使の撤回とジロンド派大臣の呼び戻しを要求した。民衆は午後二時から一〇時まで国王の居室にとどまった。王は民衆の要求に従って赤いフリージア帽(37)をかぶり、ワインで乾杯したが、政治的な譲歩はいっさい拒否した。結局、民衆はなんの成果も得られずに引き上げたのだが、もはや議会にも国王にも民衆運動を抑制する力はないことを示した点で、この後の事態の展開に対する影響があったと言えよう。

ラファイエットは開戦とともに、中部方面軍の指揮官として前線に出動していたが、六月一六日には議会に手紙を送り、軍隊の無規律・行政の無秩序・ジロンド派の陰謀を非難した。さらに同月二七日には中部方面軍を離れてパリに帰還した。国王一家を救出するとともに、自分に忠実なはずの国民衛兵を用いてクーデタを行なう計画だった。しかし王妃マリ＝アントワネットはラファイエットを嫌っていたので、そのクーデタ計画をパリ市長のペティヨンに通報、市長はラファイエットによる国民衛兵の閲兵式を中止させた。結局ラファイエットは何もできず、同月三〇日に部隊に戻った。

そうした合間にも、フランス軍の敗北は続いた。オーストリア軍・プロイセン軍の攻勢の知らせを受けて、議会は七月一一日、「祖国は危機にあり」宣言を発した。志願兵を新規に大量に募集すること、地方行政当局に防衛体制を整えさせることが目的だった。同月一四日、三回目の全国連盟祭が開かれた。全国から集まっていた連盟兵《フエデレ》たちはこの祭典に参加した後にもパリにとどまったし、さらに遅れてパリに到着する連盟兵《フエデレ》も多かった。その中でも重要だったのが、マルセイユからの連盟兵《フエデレ》である。この地のジャコバン派は戦争に積極的で、みずからが武装して、コルシカの穏和派や各地の反革命と闘うことを求めていた。彼らは、「集合した人民《プーブル・アサンブレ》」のみが決定権を持つべきだという考えから、パリのサン＝キュロットの突出には批判的だった。人民主権に基づく直接民主制という点では一致していても、人民とは文字通りに国民全体であって、パリだけがより強い影響力を持つべきではないと考えたのである。いわゆる「ジャコバン的連邦主義」の立場である。

マルセイユの連盟兵《フェデレ》は七月三〇日にパリに到着したが、道中で彼らが歌って有名にしたのが、現在フランス国歌になっている「ラ・マルセイエーズ」である。これは、もともとは同年四月末にストラスブール

図10　ラ・マルセイエーズ

でルージェ・ド・リールが作り、市長のディートリシュの家で発表した「ライン方面軍のための軍歌」だった。マルセイユでは六月二二日に開かれた革命宴会で披露され、市民の間に広まったらしい。ともあれマルセイユ連盟兵《フェデレ》が歌って広めたところから、タイトルもラ・マルセイエーズ（マルセイユ娘）となった。彼らが到着した頃から、パリに王政転覆をめざす蜂起委員会、すなわち地方から上京した連盟兵《フェデレ》とパリの革命派からなる秘密の会合が組織されたようである。

プロイセン軍の司令官ブラウンシュヴァイクの名前で七月二五日にコブレンツで出された声明は、二八日にルイ一六世に、八月三日にパリ住民に伝わった。それは「パリ住民が即座に、かつ無条件で国王に服従しない場合」には、パリを徹底的に弾圧することを示唆していたが、民衆を委縮させるよりも、むしろその怒りに火をそそぐ結果となり、「外国軍に保護された国王」であるルイ一六世に批判が向かった。この声明は、フイヤン派からジャコバン派まですべての革命派の反発を買うとともに、反革命を企てる「オーストリア委員会」の実在を確信させた。八月三日、国王はブラウンシュヴァイクを批判し、国民と憲法への忠誠を議会で明言したが、無駄だった。同じ三日、パリ市長のペティヨンは議会に赴き、パリの四八のセクションのうちの四七の名において国王の廃位を要求した。この請願は同月九日に審議されることになったのだが、その日になると議会はこの請願を取り上げることなく散会した。その日の深夜に警鐘が鳴らされ、主にフォブール・サン＝タントワーヌとフォブール・サン＝マルセルのサン＝キュロット、およびマルセイユとブレスト（ブルターニュ地方の都市）から来た連盟兵《フェデレ》を中心として、人々が動員された。これに先立ち、ダントンが議長を務めていたテアトル・フランセ・セクションの集会は受動的市民と能動的市民の区別を廃し、すべての住民が「敵」と戦うべき時だと定めた。個々の法律の規定よりも、より上位の正統性、すなわち人民の主権の方が優越するという意識が芽ばえていたのである。

図11　８月10日事件　1792.8.10

翌一〇日、朝五時頃から蜂起が始まり、六時頃には市庁舎に蜂起コミューンが組織された。このコミューン（市の自治組織）はジャコバン派が中心になっていて、九四年七月二九日まで続き、影響力の大きな政治組織として、パリ市のみならずフランス全国の政治をも左右することになる。一〇時頃、ルイ一六世はテュイルリ宮殿は安全でないと見て、立法議会の議場に避難した。その頃から蜂起した民衆と宮殿を警護するスイス人部隊の間に銃撃戦が起こり、昼頃には宮殿は陥落した。午後一時、議会は国王の監禁とその権限の一時的停止、および男子市民の普通選挙制によって選挙される国民公会の召集を布告した。こうして、九八七年にユーグ・カペが戴冠して以来、八〇五年続いたカペ家とその分家（ヴァロワ家およびブルボン家）の王朝は、一八一四年の王政復古まで二二年間、中断することになったのである。

7　九月虐殺

蜂起の翌日、八月一一日、議会は六名の大臣からなる執行評議会を選出した。司法大臣にはダントンが、内務大臣にはロランが選ばれた。翌一二日、パリのコミューンは祖国愛をかきたてるため、各県に代表委員を派遣することを決定した。首都とはいえ単なる一都市の当局に過ぎないコミューンが、フランス全国を視野に入れた活動に踏み切ったのである。さらに一夜明けた一三日、議会が国王一家をリュクサンブール宮殿に住まわせようとしたのに対して、パリのコミューンは監視つきでタンプル塔に監禁することを要求し、これが実現された。ルイ一六世はタンプル塔の中でモンテスキューの『法の精神』を読み返したり、みずから子供に読み書きを教えたりして、皮肉なことに、国王としての権限を剝奪されたことによって初めて穏やかな日々を過ごすことになる。同月二五日には領主制の条件付きでの無償廃止が定められた。領主側が地代徴収の正当性を示す文書を示した場合には廃止を免れるという条項がついているのだが、八九年以来の農民一揆で領主の館にあった封建地代に関する証書は燃やされてしまったところが多く、またこの時期に領主が当該文書を出したら農民一揆が起きるのはほぼ明らかだから、実質的には無条件での無償廃止と言える。

革命の進展に反対する動きもある。ラファイエットは北部方面軍の司令官になっていたが、国王の権限を回復するため、八月一四日に軍をパリに差し向けようとした。しかし部下の反対にあって失敗し、同月一九日、司令部の二二名の士官とともにオーストリア軍に投降し、捕虜となった。同月一五日、ブルターニュ半島のつけ根にあるマイエンヌ県で「志願兵」を抽選で選ぶ際、ジャン・コトロ、通称ジャン・シュアンが国王への敬愛の念を表明し、憲兵に暴行して、森に逃げ込んだ。シュアンの反乱の発端である。同月二二日には、マイエンヌの南にあたるヴァンデー、ブルターニュ地方、ドーフィネ地方でも、パリでの革命に反対する反乱の動きが現れた。

敗戦も続いていた。ロレーヌ地方のロンウィは八月二〇日にプロイセン軍に包囲され、二三日に陥落した。同月三〇日にプロイセン軍はヴェルダンを攻略し、そのニュースが伝わるとパリ住民の恐怖は増した。ヴェルダンが落ちれば、あとはパリまで敵軍をさえぎる要塞はないのである。パリのコミューンは新たに六〇〇名の反革命容疑者の逮捕を命じた。内務大臣ロランは議会でパリのコミューンは非合法であると言明し、議会はその解散を布告した。しかしコミューンは三一日に解散を拒否した。代表制議会主義の原則から言えばパリのコミューンが全国の政治に介入する権限はないはずだが、事実上はコミューンは議会を無視できるだけの力を得ていたのである。パリ市内においては、住民はコミューンに対して自由と平等を守る意思を宣誓し、コミューンから公民証明書《セルティフィカ・ド・シヴィズム》を発行してもらうことになった。

九月に入ると、オーストリア軍・プロイセン軍がパリに入れば、逮捕されている反革命容疑者が革命派の殺害にのり出すという噂が広まり、住民の不安と恐怖はさらに増した。二日には、武装した群衆が監獄に押し寄せ、形だけの裁判をして、死刑判決をくだした者をその場で殺害し始めた。「九月虐殺」の開始である。同日、ヴェルダンが陥落した。虐殺は五日まで続き、およそ一三〇〇名が殺害された。投獄されていた者の約半数である。虐殺はパリ以外でも行なわれたが、そこでの犠牲者は総計して二五〇〇名弱と見積もられている。この事件は結果的に、ジロンド派とジャコバン派、パリと地方の対立を激化させることになった。なお、監獄を「粛清」してパリ市内の反革命の不安を取り除いた住民は、武器をとって志願兵となり、前線に駆けつけて行く。

「虐殺」と呼ばれているが、形式上は裁判と処刑という体裁をとったことに注意しておかなければならない。民衆にとっては、これまでに何度か触れた「裁判＝正義《ジュスティス》の代執行」だったのであり、またサン＝キュロットの主張する直接民主制のもとで主権者たる人民がみずからの手で主権を行使するという行動でもあった。「九月虐殺」に関して、司法大臣ダントンの無作為が、主としてジロンド派から非難された。

大臣として事件に介入して虐殺を止めることができ、またそうすべきであったのに、何もしなかったというのである(38)。政治的にはその通りで、コルドリエ・クラブのリーダーの一人だったダントンなら、ある程度は有効に介入し得たはずであろう。しかし「正統性」という観点から見たら、どうであろうか。九一年憲法は立憲君主制をとっていたが、国王の権限が停止されることによって、実質的には成り立たなくなっていた。従って、九一年憲法に基づいて召集された立法議会そのものの正統性が危うくなっている。さらに憲法によれば執行府の大臣を決める権限は国王にのみ存する。本来は議会には執行評議会を選出する権限はないのである。とすれば、ダントンの司法大臣としての正統性は実はかなり乏しいと言わねばならない。そうであるならダントンが「代表制が成り立たなくなったので、主権をみずからの手に取り戻した人民の直接的行動」に介入するのをためらったからといって、批判はできないのではないだろうか。実際、立法議会には、前年一〇月にアヴィニョンで起きたグラシエール塔の虐殺を事後的に容認したという前例があったし、今回もダントンのみならず、立法議会も執行評議会も、またパリのコミューンも、虐殺に手をこまねいて抑止策をとらなかったのである。真の問題は、虐殺という不祥事の責任よりもむしろ、国民主権＝代表制と人民主権＝直接民主制という二つの原理が並立している現実そのものの矛盾なのである。

八月一〇日以降、正統性のバランスはパリのコミューンとその背後にいるセクション活動家の方に傾いていたが、立法議会は戦争に人々の目を向けさせることで、バランスを回復しようと試みた。プロイセン軍に包囲されたヴェルダンは九月二日に降伏したが、この日、要塞司令官のボルペールが自室で頭にピストルの弾を受けて死んでいるのが見つかった。事故か自殺かは不明だったが、このニュースがパリに伝わると、議会は司令官が降伏を容認せずに自殺したと発表した。「自由に生きるか、しからずんば死」というモットーを体現した、祖国防衛のヒーローに仕立てたのである。

プロイセン軍は一四日にアルゴンヌ丘陵を越え、同月二〇日にヴァルミでフランス軍との会戦に臨んだ。砲撃戦が中心で、フランス軍には三〇〇名、プロイセン軍には一八四名の死者が出たが、フランス軍は退却しなかった。そして、退却しなかったという事実がパリに伝わって、大きな意味を持った。両軍とも悪天候の中での野営を続けていて兵士の間には赤痢がはやっており、歩兵での戦いは避けた。戦線はこう着し、慣習に従って交渉が行なわれ、その結果として同月三〇日にブラウンシュヴァイクは自軍に退却を命じた。軍事的には、本当にフランス軍の勝利と言えるかどうかは疑わしい。それでもフランスの議会はこの会戦の結果を「ヴァルミにおけるフランス軍の勝利」として大きく喧伝した。九月虐殺の後にパリから駆けつけた志願兵は、実際には戦闘準備が整わずに会戦には参加していなかったのだが、議会のプロパガンダにおいては「祖国防衛の意思に燃えた志願兵を前にして、プロイセン軍は退却した」ことになった。そして、このような勝利をもたらした議会は、パリのコミューンの影響力を押し戻して、ある程度の正統性を回復したのである。会戦と同じ二〇日にパリでは立法議会が、戸籍の世俗化と離婚の自由を承認し、最後まで国民と革命のために仕事をするという姿勢を示した上で、解散した。

なお、九月二日にヴェルダンを陥落させてから九月二〇日のヴァルミの会戦まで一八日あり、フランス軍の要塞はないのだから、プロイセン軍はパリ城下に達していてもおかしくないのに、実際には直線距離だと五〇キロ弱しか進軍していない。これは、すでに述べたように、プロイセンやオーストリアにとって対仏戦は望まなかった戦争であり、明確な目標は定まっていなかったことによる。フランスに勝利しても戦後処理の方針はたっておらず、下手をすれば内輪もめにもなりかねなかったから、ブラウンシュヴァイクとしてもうっかり軍を進めるわけにはいかなかったのである。

第五章　共和国の成立

1　国民公会の召集

まず、国民公会（Convention nationale）という名前から話を始めよう。イギリスでは、ピューリタン革命終了時の一六六〇年と名誉革命の際の一六八九年にConvention（仮議会）が開かれている。いずれも、国王の正式の召集によらずに開かれた議会で、国制のあり方を審議するためのものであった。アメリカ合衆国では、一七八七年に憲法制定のためのPhiladelphia Convention（フィラデルフィア憲法制定会議）が開催された。「国民公会」の名はこれらを踏まえて、国制（＝憲法）を定めるために、国王の召集によらずに開かれる議会という意味合いでつけられたが、新語であって、明確な定義があったわけではない。ちなみにアカデミー・フランセーズの辞典では、一七九八年の第五版ではconventionに議会という意味は示されておらず、一八三五年の第六版になって初めて収録されている。

この新たな議会の議員は全部で七四九名だった。前章の1節で記したように、立法議会期にはジロンド派と称することができるようなグループが存在したことは確かであるが、国民公会が成立すると、それがモンターニュ派と相対立するものとして可視的になった。そのどちらにも属さないのが平原派（または沼沢派）と呼ばれる。国民公会ではジロンド派とモンターニュ派が対立し、平原派の支持を得た方が支配権を握るのであって、当初はジロンド派が優位に立っていた。もっともジロンド派もモンターニュ派も核になる人物以外は流動的で、両者の区別は厳密なものではない。およその見積もりとしては、ジロンド派が全体の五分の一、モンターニュ派が三分の一である。これら二つのグループはともに、独裁と直接民主制を嫌い、代表議会制を支持し、取引の自由と所有権の尊重を唱えていた。ただしジロンド派は経済を政治から自立したものとして、取引の自由を絶対視する傾向があったのに対して、モンターニュ派は政治の論理を優先して、必要なら経済統制も辞さなかったという相違はある。

一七九二年九月二一日、新たに召集された国民公会は、その最初の会合で「王政はフランスにおいて廃止される」と宣言した。ルイ一六世の権利停止だけなら、王子なりオルレアン公なりを次の国王に指名して、王政の存続をはかるという選択肢もあり得たのだが、議会は初日にすぐ、その可能性を否定したのであり、翌二二日には、ビヨ＝ヴァレンヌの提案に基づいて、「これ以後、公文書には「フランス共和国元年」として日付が記載されること」が決められた。「我々は八九年に自由になったのだから、「自由の第四年」というこれまでの記述を維持すべきだ」という反対意見が出たが、「(九一年) 憲法のもとで人民は自由でなかった」「君主制のもとでは自由であり得ない」という声にあっさりかき消された。すなわち、君主制との断絶は明確に意識されていたものの、フランスの国制を共和制とするという根本原則が明白には定められないうちに、公文書の日付の書き方という枝葉の部分から「共和制」が既成事実化されたのである。

実は、国民公会の全議員七四九名のうち、九月にパリに到着して議会に出席していたのは三八七名、すなわち半分強に過ぎなかった。全議員の内訳で見ると、憲法制定国民議会議員だった者は八四名、立法議会議員だった者は一九五名、新人は四七〇名なのだが、九月に出席していた三八七名について見ると、それぞれ三六名、一五九名、一九二名となる。出席していた議員の四割は、立法議会から引き続き議席を得た者だったのであり、彼らがこの時期の議論をリードしていた。彼らは、直近の一年間の激動を議員としてつぶさに見ており、その流れからすればフランスには共和制しかあり得ないと判断したのであろう。

同じ頃に、政治的権利の平等や共和国の一体性との関連で、パリの位置づけが問題になり、ジロンド派とモンターニュ派が対立したが、その際に問題になったのが「連邦主義《フェデラリスム》」だった。ジロンド派は、首都とはいえただの一都市に過ぎないパリが、それ以外の地域よりも強い政治的影響力を持つことは不平等であり、一体性を乱すものと考え、パリおよびパリ選出の議員、とりわけロベスピエールとマラを敵視した。すなわち、ジロンド派はパリの特殊性を認めることがフランスの分裂をもたらす連邦主義《フェデラリスム》であると考えるのに対して、モンターニュ派は、パリの影響力をフランス全体の八三分の一（フランスは八三の県に分かれており、パリはそれ自体で一つの県をなす）にしようという主張こそが首都のリーダーシップのもとでのフランスの一体性を否定する連邦主義《フェデラリスム》であると考えたのである。この時期には連邦主義《フェデラリスム》の語は「革命遂行に必要な一致団結を乱すもの」というマイナスのレッテルとして用いられているのであって、その本来の字義通りに解釈してはならない。この時期の国民公会は立法議会期にもパリにいた議員が中心だったので、開戦問題をめぐるブリソとロベスピエールの対立、八月一〇日の事件や九月虐殺の問題が尾を引いていて、それらに起因する対抗意識がパリの位置づけをめぐる議論として顕在化したと言うべきだろう。ともあれ、この議論の流れから九月二五日に連邦主義《フェデラリスム》の否定が問題になり、「フランス共和国は一にして不可分である」という宣言が正式に採択された。連邦制は取らないという趣旨である。

だが改めて、そもそも共和制とは何だろうか。共和国（république）の語源はラテン語の「公共の物事（res publica）」である。国民が私生活に閉じこもることなく、程度の差はあっても公事に関わりを持つのが、共和制の基本なのである。そこから、まず「君主一人だけが政治を行なうのは共和制ではない」と考えられる。共和制は君主制の反対語なのである。この点に関しては、当時のフランスに意見の一致があった。だが、それだけではない。すべての人が政治に関わりを持つのであるから、等しく参政権を持たなければならないと考える人もいる。これまでの君主制においては、八九年の人権宣言に見られるように、君主の（時として過剰な）権力からの干渉を受けないという意味での自由が重視されたが、共和制においては、自由であるのは自明のこととして、さらに平等が重要視されることになる。また、人々の自治の結果として形成されるはずの、新たな社会秩序を視野に入れる人もいる。九二年秋のフランスで共和制は、基本的な点では合意はあったものの、細部は人によって捉え方が異なる大まかな理念であり、一種のユートピアだったのである。

だが、議員たちにとって都合の悪いことがあった。モンテスキューとルソーは一八世紀に大きな影響力を持った政治思想家であり、彼らの思想は議員たちにとっては一種の常識だったのだが、それによれば、すでに第三章7節（108頁参照）で指摘したように、共和制は基本的には古典古代に存在した過去のものであり、都市国家のように領土の小さな所にしか適さなかった。フランスのような大きさの国には君主制がふさわしいのであるが、もしあえて共和制を施行するなら、国土をいくつかの小さな国に分けて、連邦制（モンテスキューの言葉では「連邦共和国《レピュブリック・フェデラル》」）を取らなければならないはずだった。現に、新大陸に新たに出現したアメリカ合衆国は、各州がそれぞれの憲法とかなりの自律性を持つ連邦制を採択したのである。だが国民公会は、始まって一週間も経たないうちに、共和制に関する本質論的・理論的議論とはまったく無縁の流れから「一にして不可分の（＝連邦制をとらない）共和制」という、当時の常識からは完全にはずれた政体を、肝心な共和制の内実にはいっさい触れないまま、急ぎ足で決めてしまったのだった。以後は革命の全期間を通じて、このフランス独自の共和制のあり方を、試行錯誤しながら模索していくことになる。

国民公会の初期において、もう一つ、見逃すことができない議論があった。九一年憲法は、国民主権を謳いながら、国王と議会の双方が国民の代表であると規定していた。一方の代表である国王は、事実上は八月一〇日の事件によって、名目上は九月二一日の国民公会の宣言によって、その地位を失った。すると議会のみが国民の代表になるのだろうか。これまでは議会と国王が牽制しあうことで一方の独裁化が妨げられたのだが、これからは何が（あるいは誰が）議会を牽制するのだろうか。答えは国民自身とされた。すなわち、憲法の制定などの重要な決定は議会単独ではなし得ず、議会で通過した案が国民投票で承認されることで、正式な決定にあると定められたのであり、それに従って九三年夏には新たな憲法（＝九三年憲法）が国民投票にかけられ、批准されている。言い換えると、国民公会は民衆の主張する直接民主制を嫌い、代表制議会主義を支持しながらも、国民投票の導入によって議会と民衆（もしくは国民）の重さを釣り合わせようとしたのだった。後にナポレオン・ボナパルトは、一八〇二年に終身統領になる際も一八〇四年に皇帝になる際も国民投票を行ない、国民の圧倒的多数の支持を得たことを大義名分として独裁者となった。このような悪用された国民投票はフランス語ではプレビシットと呼ばれ、本来の国民投票（レフェランダム）とは区別されるが、フランス共和国はその出発の時点で、恐らくはそれと自覚しないまま、独裁権力の正当化にも使われ得る制度を取り込んでしまったのである。

2　国王裁判

フランスにおいて王政を廃止したのであるから、前国王ルイ一六世の扱いが必然的に問題になる。そもそも八月一〇日の事件が正当であったとすれば、すなわち国民は国王の権限を停止せざるを得ない必然性があったとすれば、そうした事態を招いた国王の責任が問われなければならない。また共和制の原理からすれば前国王は潜在的な敵対者であるし、より現実的な問題としても、「国王の地位と権威の回復」の主張が、革命に反対する諸勢力を糾合する大義名分になり得る危険性があった。放置しておくわけにはいかない。また八月一〇日に国王と武力で対決したパリの民衆層にはルイ一六世に対する感情的な反発が強かったし、地方のジャコバン・クラブからも国王批判が寄せられていた。九一年六月のヴァレンヌ逃亡事件以来、国王の人気は地に落ちていたのである。政治的には、国王の裁判はほとんど不可避だった。ロベスピエールは一二月三日に「祖国は生き延びなければならないのだから、ルイは死なねばならない」と発言したが、これは、ここまではっきりと言い切るか否かは別として、多くの議員が当初から漠然と感じ取っていたことであろう。ただし実際に裁判にかけるとすれば、具体的な容疑がなければならない。この点については、八月一〇日の事件の折に王室費の出納帳簿やその他の関係書類が議会によって封印されたのだが、それらの書類をチェックした結果、同月一五日には国王が敵方と通謀していた証拠が見つかった。また議会は八月一二日から、国王の逮捕と投獄を正当化するため、王が反革命にまわっていたことを示す証言を募集し始めており、相次いで寄せられる証言は全国に公表された。

しかし国王を処刑するのは、君主制と完全に絶縁することを意味する。言い換えると、革命の過激化をおさえるために保守的勢力と妥協し、九一年憲法のような立憲君主制に戻って革命を終結させることができなくなる。千数百年にわたって慣れ親しんだ君主制を断念して、未知の共和制に祖国を賭けることになるのである。パリの民衆運動に対する警戒心が強いジロンド派には、こうしたためらいが働いた。また多くの議員が国王裁判の適法性を重要視していた。九一年憲法において地位の神聖と不可侵性を保証された国王を、はたして裁判し得るのか、裁判し得るとしても、誰が国王を裁判する権限を持つのか、といった問題である。

確かにフランス各地から国王批判が寄せられていたが、八月一〇日の事件以降は、国王を犠牲者、さらには一種の殉教者として擁護する声も寄せられるようになった。国民の分裂が決定的になる前に、国王裁判の問題を片づける必要があった。裁判の適法性の問題は立法委員会に検討が委ねられたが、一一月七日に委員のマーユが委員会の検討結果を報告し、国王は国民公会が裁判し得るとした。それでも、ジロンド派を中心に、裁判を中止させようとする議員がいたが、同月二〇日にテュイルリ宮殿の秘密の鉄戸棚が見つかり、その中から宮廷が亡命者《エミグレ》と連絡を取りあったり、ミラボーを買収したりしていたことを示す書類が押収された。国王の有罪性は決定的になり、裁判は不可避となった。またこの頃には、国王を告発することが革命の理念を擁護することと重ね合わせられるようになり、国王裁判は革命の推進をめぐる政治闘争という色彩を帯びるようになった。一二月一一日に裁判が始まり、ルイ一六世は国民公会で議員バレールの尋問を受けた。約一か月後の九三年一月七日に結審し、同月一五日から判決が評議された。票決はすべて、議員が一人ずつ登壇して賛否を（時には理由説明も加えて）口で言うことになっていたので、採決には時間がかかった。まず「ルイは公的自由に対する陰謀を企てた点で有罪か」の問いは、有罪が六九一票、反対はゼロ、その他（欠席を含む）が五八で有罪、「判決は人民の批准にかけられるべきか」は賛成が二八六、反対が四二五、棄権と欠席が三八で、批准にはかけられないことに決定した。ルイに課すべき刑についての票決には一六日から一八日までの三日を要したが、死刑を要求するのが三八七名、その他の刑

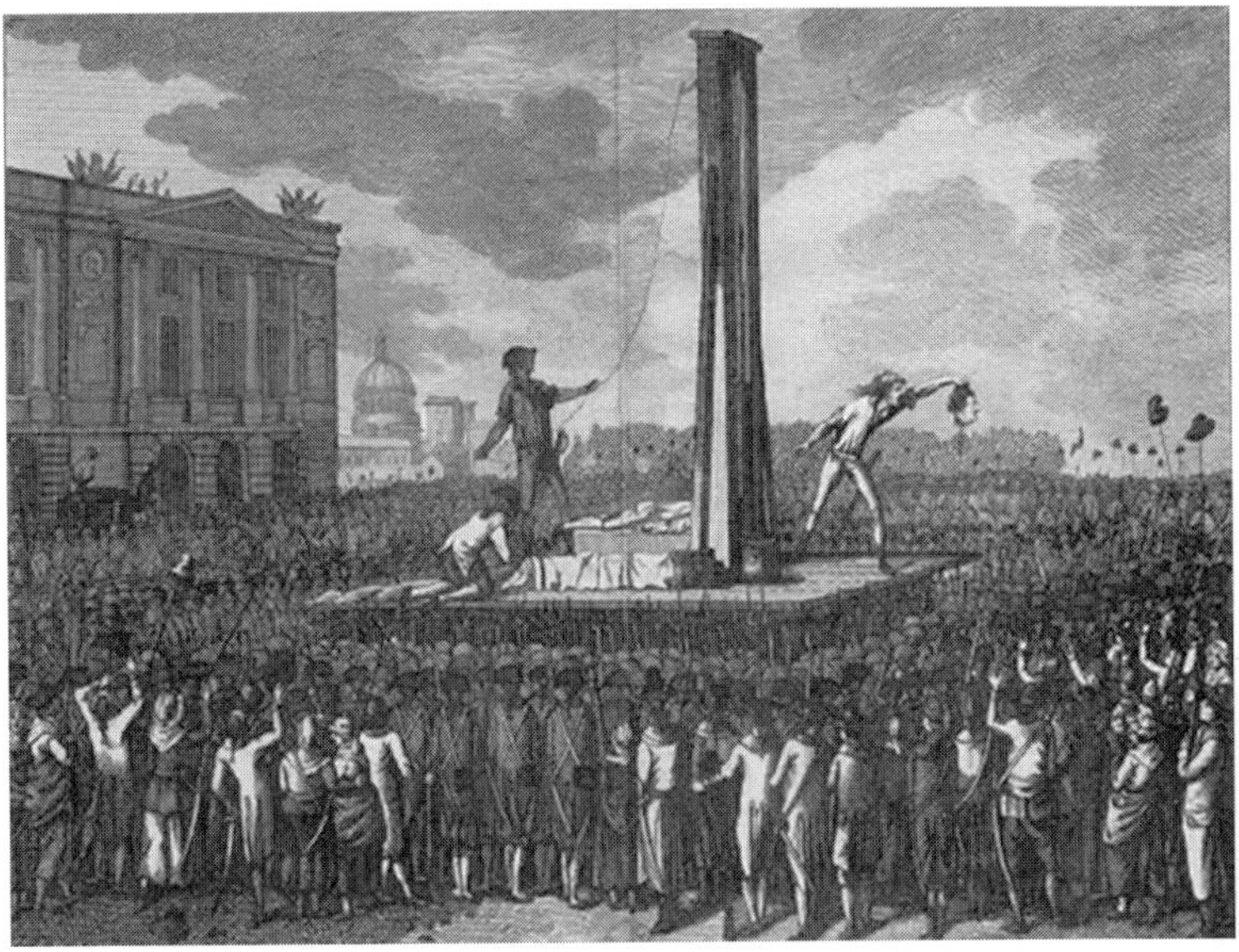

図12　国王処刑　1793.1.21

が三三四名、棄権・欠席が二八名で、結論は死刑、さらに一九日と二〇日に「死刑に執行猶予をつけるか」が問われたが、賛成三一〇票に対して反対は三八〇票で、執行猶予はつけないこととされた(39)。判決結果は二〇日の午後二時頃に国王に伝えられた。同日の午後五時頃、死刑に賛成した議員のルペルチエ・ド・サン＝ファルジョが元近衛兵のパリによって暗殺された。翌二一日の午前一〇時過ぎ、ルイ一六世は革命広場（元のルイ一五世広場で、現在のコンコルド広場）でギロチンにかけられた。

国王の処刑は、共和国が君主制と明確に断絶したことを示す事件だった。しかし、これによって政治制度が安定したわけではない。むしろ革命が続く間ずっと共和国のあるべき姿を模索し続けることになるのである。人々が抱く王政の理念は、ルイ一六世という個人の死によっては消滅しなかった。彼の死とともに、彼個人の政治的失敗や一七七〇年代以降に悪化した国王のイメージは忘れられ、彼はむしろ犠牲者・殉教者のイメージをまとうことになった。現実の国王が消滅して、そのマイナス面に悩まされることがなくなったために、君主制は一種の美しい夢、もしくはなつかしい思い出になったのである。それは、様々な立場から革命に反対する人々を一つにまとめるための核として作用することにもなる。諸外国は国王処刑をフランスの野蛮さと捉え、フランスに対する戦争を道徳的に正当化する根拠とした。ジロンド派は国王の処刑を止めることができず、政治的な敗者だったが、当面は政権を維持することができた。モンターニュ派は一月二四日にルペルチエを革命の殉教者とする祭典を行ない、立場を強化した。

3　戦争の進展

ヴァルミの勝利は実質的というよりは象徴的なものであったが、フランス軍の攻勢はその後も各方面で続き、一七九二年一〇月一九日にはすべての戦線を国境の外に出すことに成功した。同月二七日にはデュムーリエの軍がベルギーに侵入し、一一月六日にジェマップでオーストリア軍を破った。この勝利は実質的なもので、オーストリア軍はベルギーから撤退した。同月一九日に公会は新たな法令《デクレ》を出した。「国民公会はフランス国民の名において、自由を回復しようと望むすべての国民に対する友愛と扶助に同意することを宣言する。そして、これらの国民に扶助を与えるため、また自由の大義のために迫害されたり、迫害される可能性があったりする市民を擁護するために必要な措置を将軍たちに命じるよう、執行府に要請する」というものである。戦争を通した革命の輸出もしくは拡張主義を、明確に宣言したのである。ジロンド派的な革命の理念を示す法令《デクレ》ではあったが、まだ開戦していない諸国にまで警戒心を起こさせたという点で、戦略的には勇み足とも言えるものであった。例えばイギリスは革命フランスへの警戒を強め、イギリス国内ではフランス人亡命者《エミグレ》の部隊の組織ないし再整備が黙認された。実はブリソは立法議会の始めから開戦論をリードし、この一一月一九日の法令に関しても議会で発言していたが、彼自身は現実主義的で、革命の理念は理念として掲げる一方で、実際の戦争・外交の政策に関しては実態に即して妥協や迂回を考えようとしていたのである。しかし国王政府を倒した後、それに替わる行政の主体が確定していない状態では、必要な機密は守ったり、本音と建前を使い分けながら交渉に臨んだりする「外交」を展開する能力は、フランスにはなかった。それができるようになるには、九三年四月の公安委員会の設置を待たなければならない。一一月一九日の法令《デクレ》は、ヨーロッパの君主たちには脅威となったが、各国の革命派《パトリオット》には希望を与えることになった。一二月一五日にはさらに、フランス軍指揮官が占領地でとるべき施策を示した一二条の法令《デクレ》と、フランスは進出した土地で暴君を追放するとともに身分制や封建的諸制度を廃止することを諸国民に訴える宣言とを採択した。革命の理念を武力で実現しようとするものだが、被占領地の民衆から見れば、フランス軍による占領は「解放」か、それとも「圧政」ないし「独裁」かは紙一重である。事実ベルギーでの教会財産の没収は一部の人々の反発を買い、フランスからの離反を招くことになる。

一一月二七日に国民公会はサヴォワのフランス共和国への併合を決定した。九三年の一月三一日にはニース伯爵領を併合したが、同日にダントンは、自然的国境説（フランスは大西洋、ピレネー山脈、地中海、アルプス山脈、ライン川を国境とすべきだという考え）に基づいて、ベルギーとライン川左岸をフランスに併合すべきことを要求した。「革命期には「自然的」とは何を意味したか」という厄介な問題があるので、「祖国防衛」に加えて「領土の拡大」という侵略主義的な要因が対外戦争に加わったと断言するのははばかられるにしても、少なくとも容易に侵略主義的になり得るものになったと言えるだろう。翌二月一日にはイギリスとオランダに宣戦布告し、三月七日にはスペインとも開戦した。二月一四日にはモナコ公国を、三月二二日にはバーゼル司教領を、それぞれ併合する。また二月一五日にはフランスに亡命していたオランダの革命派《パトリオット》が新聞『バタヴィア』を発刊し、その中でフランスがオランダを解放して民主主義的な共和国を樹立するよう求めたが、それに応じるように、同月一七日にはデュムーリエ麾下のフランス軍がオランダに侵入した。

このように見ると、ジロンド派の戦争政策は順調だったように思われるかもしれない。だがこの時期、二つの点で対外戦争は行き詰まりを見せていた。一つは、戦争の目標が不明確になったことである。フランスの国土が敵軍の侵入を受け、革命そのものが潰されるかもしれない危機にあった時には、「祖国を守る」という目標は明白であり、志願兵も勇んで前線に駆けつけた。しかしそのような危機が去り、国境の外で戦争が行なわれるようになると、何のために命をかけて戦うのかがわかりづらくなった。「革命の理念の伝播」というあいまいな理想論だけでは、具体的な戦闘目標を設定できない。フランスの各軍の動きは統一と提携を欠くようになった。第二は志願兵の帰郷である。祖国と革命の防衛のために自発的に前線に駆けつけた志願兵は、故郷に仕事を持つ人々であり、軍に長期間とどまる意思は最初からなかった。彼らは一回だけ戦闘に参加すると、すぐに軍を離れて帰郷してしまうことが多く、指揮官としては次の戦いを計画しようにも、必要な人員が残っているかどうか不明だったのである。これら二点は、ある程度は相互に関連していた。

右の第二の問題を解消するため、国民公会は二月下旬に二つの措置を講じた。第一が二一日のアマルガム（融合）法である。これまでは正規軍と志願兵は別の部隊を構成していたが、それら二種類の兵、さらに国民衛兵と徴兵制に基づく兵をすべて融合して、一種類だけの部隊にまとめようというのが、その趣旨であり、正規軍の規律と統率を全部の兵士にいきわたらせるのが目的だった。それと併せて、士官の任命は兵による選挙と現士官による後任の指名の双方によることにした。平民出身者や下層の士官にも昇進のチャンスを広げるとともに、上層の指揮官に対する政府のコントロールを強化するのが狙いだった。しかし実際には、部隊ごとに異なる政治的イデオロギーや規律の無視が軍のネックであり続けた。第二は二四日の三〇万人動員令である。一八歳から四〇歳までの独身男性もしくは寡夫から、全国で三〇万人を徴兵しようというものであり、各市町村に割り当てられた人数の兵を選挙によって任命するよう、市町村議会に命じた。これら二点の対策は、長い目で見れば一定の効果があったが、すぐに成果が目に見える即効薬ではなかった。三〇万人動員令について見れば、徴兵の進展度は地域によって異なったが、半年後の九三年夏になっても全国から集められたのは一〇万人程度だったのである。

三月に入るとすぐに、オーストリア軍がベルギーで反撃を開始し、フランス軍を圧迫した。オランダに攻め込んでいたデュムーリエ軍はベルギーに戻ったが、同月一八日にネールヴィンデンで大敗をきっし、三日後のルーヴァンでも再び敗れた。戦況は逆転したのだった。イギリスはフランスとの交戦国すべてと一連の同盟条約を結び、三月から半年ほどをかけて、第一次の対仏同盟を形成していった。

4　一七九三年春の危機

三〇万人動員令は、まったく予想しなかった事態をもたらした。内乱の発生である。フランス全国の農民は一般的に、牧歌的で平和なユートピアとしてイメージされた農村共同体への回帰を革命に期待していたのだが、現実の革命は、すでに述べたように、彼らの期待を裏切るものだった。そこに、アンシァン・レジーム期に悪評が高かった民兵制《ミリス》を思い出させるような徴兵制が導入され、ちょうど春先でこれから農作業に取りかからなければならない時期に、遠く離れた外国での、自分たちに直接関係のない戦争、しかも自分たちに恩恵をもたらさなかった革命を守るための戦争に、重要な労働力である若者を出さなければならなくなったのである。しかも国民衛兵と行政担当者、すなわち革命に好意的な人々は徴兵の対象から外れていたし、革命を守る意欲がある若者はすでに志願兵になっていた。徴兵の対象になったのは革命に敵対的な人々なのであり、彼らは徴兵候補者のリスト作成のために召集されて、互いに出会って不満をぶつけあう機会を得た。また復活祭が近づいてきて、宗教的言説による蜂起の呼びかけも増えた。三月の上旬から中旬にかけて、ブルターニュ地方、中央山塊、スイスに近いフランシュ＝コンテ、南東部のニース周辺など、各地で反乱が発生した。ブルターニュ半島のすぐ南にあるヴァンデー地方で起こった反乱も、その一つである。しかしこの反乱は、その規模とその後の経過・展開のために、また国民公会によって「典型的な反革命」という象徴的な意味合いを付与されたために、他の反乱とはまったく異なる重要性を帯びることになる。

ヴァンデー地方では数か所で反乱が起こったのだが、始まりは三月一一日の、ナントの南西三〇キロほどのマシュクールで共和派が虐殺された事件だった。同月一四日にはショレがヴァンデー軍の手に落ちた。さらに一九日にはラ・ロッシェルから派遣された共和国軍がヴァンデー軍に敗れた。これは共和国軍が相手を「農民が寄せ集まった烏合の衆」と軽んじた上、指揮官の作戦もまずかったために、反乱軍が番狂わせ的な勝利をおさめたのだが、このニュースがパリに届いたのは、同月一八日のデュムーリエのネールヴィンデンでの敗北、同じく二一日のルーヴァンでの敗北のニュースとほぼ同時だったために、議会は一種のパニックに陥った。数週間でフランス全国が動員され、ヴァンデーに部隊が派遣されたが、これらの部隊は訓練が不十分でイデオロギー的にも信念がなく、略奪や凌辱にふけったため、敗北が続いた。同じ頃に他の地方で起こった農民反乱はいずれも短期間で制圧されただけに、ヴァンデー地方の反乱のしぶとさは議会にとっても謎であり、最大の反革命ないしは組織され統合された反革命のシンボルと位置づけられることになった。他の地域の反乱は特に名前はつけられなかったのに「ヴァンデー反乱」は固有名詞となり、三月二五日以降は国民公会は毎日正午にヴァンデーについての報告を聞くことになった。「イギリス首相ピットの資金援助」「亡命者《エミグレ》とのつながり」「宣誓拒否聖職者の秘密の指導」など、反革命全般に付せられるイメージがヴァンデー反乱にも付与された。パリの為政者の想像の中で、反乱は実態以上にふくれ上がったのである。大々的な鎮圧軍が組織されたが、部隊関係者がジロンド派かモンターニュ派かサン＝キュロットかによって分かれて、統合された動きができずにいた。しかし反乱側もまた、いくつかの部隊に分かれていて連帯が十分ではないこと、農民中心の部隊は都市を攻略してもすぐに放棄して故郷の農村に戻ってしまうため、勝利を次につなげられないことなどの弱点があり、双方ともにしばらくは決定的な優位には立てなかったのである。

九二年に農作物は決して不作ではなかった。しかし流通が滞ったために、食糧不足が生じた。革命の混乱と先行き不安からアシニア紙幣が信用を得られず、その市場での価値は額面価格の半分ほどになっていたので、農民はそのような紙幣と引き換えに収穫物を市場で売るのをためらったのである。またサン＝ドマング島での黒人奴隷の反乱にともない、同島との交易が実質的に途絶えたため、本国ではコーヒーや砂糖が出回らなくなった。九三年の二月から三月にかけて、フランス各地で食糧暴動が発生し、パリでは民衆の女性が商店を襲って、砂糖やせっけんを略奪する事件も生じた。こうした不穏な状況の中で、パリにジャック・ルー、ヴァルレなどの過激派《アンラジェ》が出現し、食糧価格の公定、貨幣への投機の禁止、食糧買占め人の処刑などを要求した。彼らは民衆運動のリーダーとして、サン＝キュロットに一定の影響力を持った。

ジロンド派は、パリの民衆層と議会内の平原派双方の支持を失った。自分たちだけの利益のために経済自由主義に固執していて、革命全体を指導する力を失っているとみなされたのである。この頃に、国王裁判の際に判決を人民の批准にかけるべきことを主張した議員（主としてジロンド派）が改めて問題になり、彼らは反革命であるとされた。人民による批准の主張が、ジロンド派が支持を失う原因とも解釈できるし、彼らが支持を失った結果として批准の主張が反革命とみなされたとも考えうる。もっとも食糧問題に関する民衆層の動きに関して、モンターニュ派の態度がジロンド派と大きく違っていたわけではない。例えばロベスピエールは二月二五日に「民衆が立ち上がる時には、取るに足りない商品を手に入れようとするよりも、彼らにふさわしい目的を持つべきであろう」と発言していた。彼にとっては食糧やせっけんは「取るに足りない」ものなのであり、革命の大義よりも日用品にとらわれる民衆は嘆かわしい存在に過ぎなかったのである。そしてこの時点では、モンターニュ派は過激派《アンラジェ》の要求はすべて反革命であるとして退け、交渉に応じなかった。それにもかかわらず、モンターニュ派は革命の原理を一貫して守り続けている存在として平原派から支持され、パリ市当局や地方の県当局、サン＝キュロットのリーダーなど、種々のレベルの媒介者層と連帯し、民衆からも一定の支持を得ながら、フランスの政治を主導することになる。モンターニュ派が、経済的利害をあとまわしにしてでも「国民」の防衛を常に最優先する姿勢を示していたことが、この時期に平原派や民衆の共感を得たと言えるだろう。

この時期に、半年ほど後の「革命政府」の時期になってから重要な意味を持つことになる政策がいくつか取られている。三月九日には、三〇万人動員令の施行を監督するため、全国の県に派遣議員が送られることになり、八二名の議員が派遣された。翌一〇日には、ベルギーでの戦況が反転したとのニュースを受け、ジロンド派の反対を押し切って特別刑事裁判所がパリに設置されている。後に革命裁判所と呼ばれるようになるもので、革命に対して陰謀をたくらむ者を裁くのが目的だった。この議案に関するダントンの発言を見ておこう。彼は「あらゆる善良な市民が嘆いたあの流血の日々（＝九二年の九月虐殺）の思い出がこの議会で語られたからには、私はこう言いたい。もし当時において裁判所が存在していたら、あの日々に関してしばしば手ひどく批判される民衆といえども流血を引き起こさなかっただろうと。（中略）先人の失敗から学ぼう。立法議会がしなかったことをしよう。民衆が恐ろしいものにならないよう、我々が恐ろしいものになろうではないか（傍点筆者）」と述べたのである。この頃から九四年夏までのモンターニュ派の政策の基本精神を的確に表現した演説である。さらに同月二一日には、ネールヴィンデンの敗北に対応して、全国の市町村に監視委員会を設置することが決められた。それぞれの地区で反革命の動きを監視し、取り締まるのが目的であり、ついで反革命容疑者リストの作成と、保持者が革命支持派であることを示す公民証の発行も担当するようになり、地方のサン＝キュロットに大きな権限を与えることになった。戦争への危機感が議会により過激な政策を採らせたのであり、これは次節で触れる公安委員会の設置にも共通している。しかし議会は同時に三月一八日には、土地均分法《ロワ・アグレール》の提案など所有権の転覆を企てる者を死刑に処するとする法令《デクレ》を出して、所有権の神聖という原則に変更はないことを示した。翌一九日には武器を持ったり白い徽章をつけたりしている者は逮捕し、二四時間以内に死刑に処すると決められたが、これはブルターニュやヴァンデーの反乱参加者を狙ったものだった。

5　ジロンド派の追放

三月に入ると、各前線でフランス軍の敗退が続いた。この時期にフランスが崩壊しなかったのは、諸外国が互いに張り合い、牽制しあったおかげである。イギリスはフランスが立憲君主制もしくは穏和な共和制になることを望んでおり、絶対王政の復活を恐れてブルターニュ地方の反乱への援助を手控えた。またフランス本国への進出よりも、フランス海軍の弱体化、コルシカの占領、植民地の奪取をめざす方を優先した。スペインはカトリック勢力の支援をめざした。ロシアとプロイセンは一月二三日に第二次ポーランド分割を行なったが、オーストリアはここから締め出されて、その代償を求めており、いずれもフランスに強い関心はなかった。

デュムーリエはネールヴィンデンとルーヴァンで敗れた後、三月二七日に指揮下の軍隊をパリに向かわせ、国民公会を解散させようとした。この知らせをつかんだ国民公会は陸軍大臣のブルノンヴィルを四人の委員とともにデュムーリエの逮捕に向かわせたが、四月一日、デュムーリエは逆に彼らを逮捕し、オーストリア軍に引き渡した。ブショットが後任の陸軍大臣になったが、そのもとでロンサン、ヴァンサン、サンテール、ロシニョルなどのサン＝キュロットが重用された。ロンサンとロシニョルはサン＝キュロット主体の軍を率いてヴァンデーに向かい、正規軍や志願兵軍と対抗しながら、反乱の鎮圧にあたることになる。

四月四日、デュムーリエは部下の軍隊にパリへの進軍を命じたが、部隊の大部分は出発せず、ヨンヌ県志願兵部隊のダヴー中佐はデュムーリエに銃撃を浴びせた。デュムーリエは幕僚とともに逃亡し、オーストリア軍に投降した。オルレアン公の息子で、一八三〇年の七月革命で国王になるルイ＝フィリップも一緒だった。この裏切りのニュースは翌五日にパリに届いた。デュムーリエはジロンド派に近い存在と見られていたので、彼の裏切りはジロンド派には不利となった。パリのジャコバン・クラブはその日のうちに、国王裁判の際に人民の批准を求めた議員の資格を剝奪することを要求した。ジロンド派は裏切り者とされたのである。同月六日に、デュムーリエの裏切りによる危機とヴァンデー反乱の拡大を踏まえて、公安委員会が組織された。実は一月一日に、ジロンド派議員が中心になって総防衛委員会が組織されていたのだが、十分に機能していなかったので、公安委員会に改組したのだった。ダントンとバレールがこの新しい委員会の指導的メンバーであり、この委員会のもとで軍事と外交が一括され、統一的な政策が打ち出されるようになった。また四月九日には、デュムーリエの裏切りに対応して、軍隊への派遣議員制度が作られ、軍の規律を維持するために無制限とも言えるほど大きな権限を与えられた六三名の議員が一一の部隊に送られた。

軍事上の危機に直面して民衆層の動揺も増したので、それに対処する必要が生じた。四月一一日にはアシニア紙幣の強制流通が決められ、五月四日には、パリの民衆の要求を入れて、穀物最高価格法が作られた。さらに同月二〇日には富裕な市民に対して総額一〇億リーヴルの公債の強制割り当ても決定された。

不利な立場におちいったジロンド派は、ライバルへの攻撃に活路を見出そうとした。四月五日にモンターニュ派のマラがジャコバン・クラブでジロンド派大臣の罷免を要求したのを受けて、ジロンド派のガデは逆に、同月一二日に国民公会でマラの逮捕を要求した。マラはすぐに地下に潜伏した。翌一三日、国民公会はジロンド派を中心とする議員の賛成で、マラを告発した。モンターニュ派の議員は地方に派遣された者が多く、それ以外にもかなりの議員が議会を欠席していたのである。一五日にパリの三五のセクションがジロンド派議員二二名の資格停止を要求したが、国民公会は拒否した。マラは二三日に自首したが、翌二四日に革命裁判所は彼を無罪放免にし、彼は大勢のサン＝キュロットにともなわれて、凱旋将軍のように意気揚々と国民公会に復帰した。この頃、パリのコミューンはジロンド派に対する蜂起を計画したが、その噂が伝わると、ボルドーやマルセイユなどの地方都市はパリの「無政府主義者《アナルシスト》」を批判したし、モンターニュ派議員もジロンド派を犠牲にすることには反対だった。

五月一八日、ガデは再び攻勢に出た。パリのコミューンをつぶし、セクション代表者会議をもってそれに代えること、国民公会をブルジュに移すことを提案したのである。バレールとカンボンは代案として、パリのコミューンの行動を監視するための一二人委員会の設置を提案し、了承された。ジロンド派に一定の満足を与えながら、モンターニュ派との正面衝突は避けさせたのである。二〇日の選挙では委員全員にジロンド派が選ばれ、二四日に彼らはパリのコミューンの役員でサン゠キュロットのリーダーであるエベールとヴァルレを逮捕させた。翌二五日にコミューンは国民公会にエベールの釈放を要求したが、議長でジロンド派のイスナールは拒否した。また二二日にはジロンド派の指導者であるブリソがパリのコミューンの廃止とジャコバン・クラブの閉鎖を訴えるパンフレットを発表していた。二五日の時点では、ジロンド派は勝利者としてトラブルを克服し、議会とパリのコミューンの二重権力を解消し得たかに見えた。

二六日、マラはジャコバン・クラブでジロンド派に対する蜂起を訴え、ロベスピエールも同調した。二七日、国民公会の議場にサン゠キュロットが押しかけて大荒れとなり、ジロンド派議員が退席した折をついて、モンターニュ派は一二人委員会の解散とエベールなどの釈放を決定した。二八日、ジロンド派は議会に復帰し、一二人委員会の再建を決めた。同日、シテ・セクションは他のセクションに対し、蜂起の準備のため司教館《エヴェッシェ》に集まることを呼びかけた。二九日、コミューンが蜂起を準備するための秘密委員会（司教館委員会《エヴェッシェ》とも呼ばれる）が成立し、活動を始めた。三〇日国民公会の定期の議長交代で、イスナールに替わってモンターニュ派のマラルメが議長に選出された。司教館委員会《エヴェッシェ》の準備が進んだ。三一日、蜂起が始まった。司教館委員会《エヴェッシェ》はアンリオを国民衛兵司令官に任命し、彼の指揮下にセクション住民が国民公会を包囲した。彼らは一二人委員会の廃止と主要なジロンド派議員の追放、反革命容疑者の逮捕と行政機構の粛清、革命軍の創設、老人と身体障害者への公共援助、および富者への課税を資金とすることによりパン価格を抑えることを要求した。議場のモンターニュ派議員はそれほど熱心には蜂起を支援せず、国民公会は一二人委員会の廃止を認めただけで、他の要求は拒否した。蜂起した民衆は引き上げた。一日置いた六月二日、アンリオが率いるサン＝キュロットと国民衛兵は再び国民公会に侵入した。議会は懐柔を試みたが、今回はアンリオは断固としていた。マラが議事再開を要求した。国民公会は蜂起民の威圧のもとで、ジロンド派議員二九名と二人の大臣の逮捕を決定した。

6　連邦主義《フェデラリスム》の反乱

六月二日の事件は、一見すると奇妙に思える結果を生んでいる。逮捕されたはずのジロンド派議員に対する監視はゆるく、何人もが逃亡に成功した。ノルマンディなどに逃れた議員は、パリを批判するいわゆる「連邦主義《フェデラリスム》の反乱」を煽動した。モンターニュ派のサン＝ジュストが彼らを告発する演説を国民公会で行なうのは、一か月以上もたった七月八日になってからで、その内容はきわめて穏和なものである。逮捕された議員が裁判にかけられるのは、さらに三か月たった一〇月に入ってからのことで、サン＝キュロットのリーダーであるエベールなどからの圧力を受けてのことだった。また六月二日の事件に抗議した七三名の議員は、逮捕はされたが裁判にはかけられず、事実上ロベスピエールの保護を受け、テルミドール九日のクーデタの後に釈放された。五月三一日～六月二日の事件を「ジロンド派とモンターニュ派の対立と、後者の勝利」と捉えると、これらの点はうまく説明がつかないだろう。ジロンド派と対決したのは、モンターニュ派というよりはパリだったのである。

一口に「パリ」と言っても、その中は四八のセクションに分かれており、セクションどうしの意見の相違や対立もあって、必ずしも一体だったわけではない。また個々のセクションを足場に活動するサン＝

キュロットと、パリ市役所に陣取るコミューンの間にも相違・対立がある。だからパリ全体をひとくくりにはできないのだが、人民主権と直接民主制を自分たちの原理とする点では共通していた。パリは自分たちだけが主権者だと思っていたわけではない。パリのコミューンは人民全体の意志を表明するために、フランス全国に四万四〇〇〇ある市町村と連絡を取り合おうとしたが、国民公会の反対を受けて中止せざるを得なかった。そのためにやむを得ず、パリ住民の意志だけで行動したのである。

しかしパリ内部の事情がどうであれ、地方から見ればパリという単なる一都市が国民の代表である国民公会に自分たちの意志を押し付け、議員の一部を逮捕・追放させたのは正統性を持たない行為であり、「無政府主義《アナルシスム》」だった。一般的に言って地方の諸都市は国民公会が国民の代表であるとして、正統性を認めていた。ただし正統性を持つのはあくまで、ジロンド派を含めて国民から選出された議員全員からなる国民公会なのであって、それ故に六月二日の事件は国民公会の正統性に傷をつけるものであったし、パリの「無政府主義者《アナルシスト》」の要求に屈したモンターニュ派も疑わしい存在となった。そのために地方の諸都市が、国民公会が本来持つべき正統性の回復を要求してパリに敵対的な行動をとったのが、九三年夏の「連邦主義《フェデラリスム》の反乱」と呼ばれる一連の動きなのであり、各地方に逃亡したジロンド派議員がこの反乱を積極的にあおったのだった。あくまでフランス国民の一体性と国民の代表である国民公会の正統性を前提としているのであって、「連邦主義《フェデラリスム》」の語から連想されるような、地域の自律や中央政府の否定を主張したものではないのである。

パリでは中央のコミューンよりもセクションの方が過激なことが多かったが、地方では、それとは逆に、市当局がジャコバン派で、各セクションが穏和派である場合が見られた。マルセイユ市当局は、三月七日には国王裁判の際に人民の批准を要求したバルバルーの裁判を要求したが、その後は穏和派のセクションが市当局を支配するようになり、五月一六日にジャコバン派の一部が処刑され、残った者はパリに逃亡した。六月一三日に連邦主義《フェデラリスム》の反乱が発生している。リヨンも同様で、九三年三月にジャコバンのシャリエ派が市政を握ったが、五月二九日に穏和派が支配するセクションが反乱を起こして市政を奪回し、七月一七日にシャリエ派を処刑した。「連邦主義《フェデラリスム》」か反革命か、すなわち革命の原理を支持しつつ（もしくは革命の原理を支持するが故に）パリの行き過ぎに反対しているのか（＝「連邦主義《フェデラリスム》」）、革命の原理そのものに反対なのか（＝反革命）は、原理的には区別できても、実際の運動においては相違は微妙である。また「敵の敵は味方」という戦術論から連邦主義者と反革命勢力が実際の運動で手を結ぶこともある。リヨンの連邦主義《フェデラリスム》の動きは反革命に近づいたし、トゥーロンはどちらかと言えば反革命だった。

このようにフランス南東部では連邦主義《フェデラリスム》とジロンド派を支持する勢力が市当局を支配して中央と軍事的に対立するケースが見られたが、全国がそうだったわけではない。ブルターニュとその周辺の諸都市は、政治的な立場としては連邦主義《フェデラリスム》を支持し、パリの動きに批判的だったが、農村部にヴァンデーの反乱を抱えて危機的な状況だったため、国民の一体性を守ることを優先して、中央に敵対する動きは見せなかった。北部・北東部の、対外戦争の前線になっていた地域でも反乱は起きていない。この頃、フランス全体で八三の県のうちでパリに敵対的だったのは約五〇であり、なんらかの形ではっきりと抵抗していたのは一二ほどであった。主な地域は南西部のアキテーヌ地方、リヨン・マルセイユ・トゥーロンなどの都市がある南東部、およびヴァンデーなどの農民反乱が起こったブルターニュとノルマンディ地方である。

フランス国民は一七八九年以降、それ以前には想像もできなかったほどの激しい政治的・社会的変化を経験し、その変化に適応するだけでもかなりの緊張と苦労を強いられた。九二年からは対外戦争と国家存亡の危機、君主制から共和制への移行、国王の裁判と処刑、さらには内戦の発生を経験し、しかも反革命は、ヴァンデーの反乱で見たように、人々の想像力の中で実態以上の脅威を与える悪魔的なものとして意識された。このような不安、恐怖、緊張の中で、人々はこのような状況が生じた原因と経緯をわかりやすく明快に説明し、それを克服する道を指し示すような言説を求める。人々のこのような欲求に応えることで影響力を持つようになったのが、ロベスピエールとマラである。例えばロベスピエールは、「絶えず人々をあざむき、悪と滅亡に向かわせようとする敵」「善良さへの意志と志向を持ちながらも「敵」にあざむかれやすい民衆」「正しい道を示して民衆を導く議会」の三者の相互関係として、革命発生以来のその時々の状況を説明し、みずからは「議会」を体現するものとして、民衆に深い同情と共感を寄せながらも、民衆より一段高い立場から政治をリードしようとする点において、革命の始めから一貫していた。そのわかりやすい図式とぶれない態度によって、ロベスピエールは民衆の信頼を得たのであり、議会内の駆け引きや党派抗争によってではなく、議会の外にいる民衆に訴えかける言説によって、彼は指導的立場についたのである(40)。

7　九三年憲法の制定

六月のフランスは、危機的な状況にあると意識されていた。北欧を除くヨーロッパの主要な国のほとんどと交戦状態にあり、しかもオーストリアと対峙するベルギー国境、プロイセンと闘うライン地方、スペインと接するピレネー地方、ピエモンテと相対するアルプス地方のすべての前線で後退していた。西インドのサン＝ドマングでは武装勢力が力を強め、イギリスとスペインも狙っていた。連邦主義《フェデラリスム》の動きは全国にあり、ヴァンデーの反乱は六月九日にはソミュールを、一八日にはアンジェを奪取して、ナントに迫っていた。

もっとも実態を見るとやや異なった様子が浮かび上がる。外国軍は対フランス戦争の目的が不明確のために動きが鈍く、他国に出し抜かれるのを警戒して、相互の協力・連携もうまくいっていなかった。連邦主義《フェデラリスム》の動きは、もともと国民公会そのものに対する敵対ではないので、六月二日の事件に対する憤りと興奮がさめると目標を失った。反革命勢力が共闘を求めて入り込むと、革命の理念自体には反対でない人々は独自の運動を展開する余地をなくしたのである。ヴァンデーの反乱も、共和国軍の対応が整わないうちは優勢だったが、六月二九日にナントの攻略に失敗すると優劣が変化し、七月一三日には最高指揮官に選ばれていたカトリノーが戦死する。相変わらず反乱の規模は大きく、危険であることに変わりはないが、フランスの運命を左右するほどのものではなくなったのである。

しかし、これは後世の歴史家が状況を整理してみてわかることで、当時の人々が危機感をつのらせていたことに変わりはない。九三年半ばからは、各県に派遣された議員がその地の監視委員会と協力しあいながら、県内部の紛争に介入するようになった。議員は派遣先に着くと、その地の状況に関して国民公会に報告書を出した。地方では、第四章の4節でも触れたように（126頁参照）、紛争は革命の理念や方向をめぐるよりは、むしろ地域的な要因、例えばアンシァン・レジーム期から続く家族どうし、村どうしのライバル関係やその意趣返しなどによる場合が多かったのだが、議員の報告書ではそうした特殊事情は抜け落ち、革命と反革命の二分論で整理・説明されるのが普通だった。遺恨の報復や単なる不満の暴発が、「貴族」「外国の敵」時には「ヴァンデーの反乱者」を排除するための革命側の戦いとされたのである。また、しばしば状況を誇張し、地方当局が穏和だった場合には彼らを反革命の共犯者として告発した。見方を変えると、派遣議員によって中央の「革命的政治文化」が全国に拡散されて、地方の人々自身も自分たちの局地的な紛争を「革命と反革命」という枠組みで整理し、表現するようになった面がある。こうした言説が充満したため国民公会は、フランス全国で反革命の陰謀がうずまいているかのような疑心暗鬼の状態になっていたのだった。

モンターニュ派はこうした状況に対応するため、国民の一体性を維持することに努めた。すなわち、パリの民衆とも妥協して彼らを敵にまわさないように気をつける一方で、ジロンド派とモンターニュ派の中間に位置する平原派の議員や、彼らと類似の立場にある地方の人々を連邦主義《フェデラリスム》の側に行かせないように配慮し、同時に自分たちが主導する国民公会の正統性を全国に認めさせようとしたのである。そのための切り札になるのが、憲法の制定だった。そもそも国民公会は九一年憲法に替わる新たな憲法の制定のために召集されたのだから、憲法制定を主導する者が、半ば必然的に、正統性を持つことになるのである。

国民公会は始まってすぐの九二年九月二九日に、九名のメンバーからなる憲法委員会を設置していた(41)。委員のほとんどがジロンド派であり、コンドルセが主導的な立場にあった。しかし国王裁判は緊急の課題だったので、「すべての叡智を結集するため」という名目で、委員会は憲法草案の公募を決め、二か月間は活動を停止した。全国から三〇〇点以上の憲法草案が寄せられたが、委員会はこれらの草案を検討することなく、九三年二月一五日にコンドルセの私案を委員会案として国民公会に提出した。三三ヵ条の人権宣言案と三七〇ヵ条の憲法案からなる長大なもので、コンドルセは疲労のため最後まで朗読できず、途中でバレールと交代した。三月は内外の戦争や経済の混乱による危機への対応に議会は忙殺されたが、四月一九日から二二日に人権宣言案を審議し、二四日から憲法草案の審議に入った。しかしジロンド派とモンターニュ派ないしはパリの民衆やコミューンとの紛争の影響で審議が難航しているうちに、六月二日の事件でジロンド派議員が追放されてしまったのである。

この事件の直前の五月二九日に、公安委員会を代表するバレールによって憲法に関する演説が行なわれ、すでに審議が済んでいた人権宣言案が採択された。翌三〇日に新たな憲法草案の作成のため、公安委員会に五名の委員が補充され、六月一〇日には委員のエロー・ド・セシェルによって憲法案が国民公会に提出された。議会での審議は順調に進み、同月二四日には採択された。全部で一二四条から成り、コンドルセ案よりは簡潔で明瞭になったが、憲法原理の本質的な部分は受け継いでいる。すなわち九三年憲法の民主主義的・急進的な性格はジロンド派のコンドルセ案によって作られていたのである。人権宣言は六月二三日にエロー・ド・セシェルが「表現上の不備を改める」という理由で新たな案を突然に提出し、ほとんど審議されないままに可決された。新憲法は、九三年九月二日の法令《デクレ》に従って、人民投票にかけられた。九三年六月二七日の法令《デクレ》によって全国の小郡で第一次集会が招集され、この集会でフランス最初の人民投票が行なわれたのである。ヴァンデー地方など混乱が生じていた地域では秋まで待たねばならなかったが、フランスのほとんどの地域で八月半ばまでには人民投票が終了した。最終的な投票者総数は一八〇万人強で、有権者総数を六〇〇万人とすると、投票率は約三〇パーセントである。圧倒的な賛成多数で、反対は一万人強に過ぎなかった。「国民自身によって支持され可決された憲法」という体裁は整ったのである。

九三年憲法には、確かに新しい面があった。自由よりも平等が強調され、自然権のみならず社会権的な諸権利も初めて宣言された。また人権宣言の第一条では社会の目的が「共同の幸福」にあることが明示されているが、これは一七八九年の人権宣言はもとより、コンドルセの人権宣言案にもなかった規定である。しかし、こうした変化の面を強調し過ぎてはならないだろう。九三年憲法においても所有権は絶対であり、憲法制定国民議会で作られたル＝シャプリエ法は有効なままで、結社の自由は認められなかった。コンドルセ案や、さらには経済・社会に関する規定に限れば九一年憲法との類似性の方が、ずっと強く目につくのである。人権宣言を含む憲法の条項をもとにしてモンターニュ派の政治的立場や、その支持者の経済社会階層を論じることには、さほどの意味はない。フランス革命の現実との関連で考えるならば、憲法の内実よりも、むしろ一〇日程度で原案が作られ、二週間程度の審議で採択されたという制定過程の方に注目すべきであろう。この点に関して、フランスの憲法学者であるモーリス・デュヴェルジェが興味深い指摘をしている。「（コンドルセ案では）大都市の権力は、細分化された市町村から成る複雑な地方自治制度によって打破される。ここにジロンド派の本音が表れていた。狙われていたのはパリだったのである。……勝者であるジャコバン派は、それから一か月足らずで、一七九三年六月二四日憲法の起草を片づけた。実際には、この憲法はジロンド派憲法の本質的な思想を採り入れていた。ただし市町村の細分化を除いてである。というのは、ジャコバン派の勝利は何よりもパリの勝利だからである」(42)というのである。この憲法が持った時局的な意味合いが明瞭に示されていると言えよう。

だが国民公会はこの憲法を実際に施行するつもりだったのだろうか。現実には、人民投票の結果が正式に発表された後も施行に向けた準備はなされず、一〇月一〇日にはサン＝ジュストの提案により革命政府が宣言されて、九三年憲法は平和の到来まで施行が延期される。これは、結果的にそうなったというよりは、最初から予定されていたプロセスではないだろうか。人民投票が成立し、フランス国民が新たな憲法を承諾し、受け入れたことで、モンターニュ派主導の国民公会は正統性とリーダーシップを確立ないし回復し、連邦主義《フェデラリスム》は主張の根拠を奪われた。その時点で九三年憲法は、当座の役割をひとまず果たし終えたのではないだろうか。

問題になるのは抵抗権と蜂起権である。八九年の人権宣言でも第二条で「圧制への抵抗」が「絶対に取り消し不可能な自然権」として認められていた。コンドルセの人権宣言案でも第一条に類似の規定があり、さらに第三二条で圧制とはいかなる状態かを具体的に列挙した上で、「すべての自由な統治のもとでは、この各種の圧制に対する抵抗の形態は、憲法で規定されなければならない」とされていた。正式に採択された九三年憲法の人権宣言は、第三三条で「圧制に対する抵抗は、他の人権の帰結である」、第三五条で「政府が人民の諸権利を侵害するとき、蜂起は、人民および人民の各部分にとって最も神聖な権利であり、最も不可欠な義務である」と規定している。アンシァン・レジーム期の絶対王政のもとでは、人民は王権への無条件の服従のみが求められていたのであって、抵抗はすなわち君主への反逆でしかなかった。革命が実際に始まり、一定の進展をみたところで、議会はいわば事後的に「抵抗権」を主張したのであるが、この権利を認めなかったら八七年以来の革命全体が、その正統性と適法性を失ってしまう。だから憲法を作成する以上は抵抗権を認めざるを得ないのであり、九三年憲法では漠然とした「抵抗」一般ではなく具体的な「蜂起」をも国民の権利および義務としたのだった。

しかし九三年の春以降、ヴァンデーの反乱が続いており、それへの対処は国民公会の最大の課題の一つになっている。ここで蜂起を「国民の権利と義務」と規定する人権宣言を正式に施行したら、反乱の鎮圧は正当化できなくなるのではないだろうか。反乱に対処しなければならないことは、政治的には明白であるが、法律的な原理原則に照らした場合、八九年七月のバスティーユの攻撃や九二年八月のテュイルリ宮殿の攻撃は正当な「抵抗」であったが、ヴァンデーの農民が武器を取るのは不法な「反乱」であると区別できるだろうか。所詮は「勝てば官軍」と言わざるを得ないであろうが、対外戦争も続いている中でフランスの独立とフランス国民の自由を守り抜こうとするのだったら、ヴァンデーの反乱に譲歩することはできない。当面は革命政府、すなわち憲法に基づかずに必要な措置を講じ得る政府を作らざるを得ないのは、いわば自明の理だったのである。

第六章　革命政府

1　一七九三年の夏

ジロンド派議員の追放の翌日、六月三日に、第二次起源の国有財産の売却は小地片ごとに行なうことを定めた法令《デクレ》が出された。比較的に貧しい農民でも購入できる価格になるように配慮したのである。同月一〇日には、住民が望むならば村の共有地を頭数で分割できることを認める法令《デクレ》が、七月一七日には封建制の無償廃止を認める法令《デクレ》が出された。もっとも、いくら小地片ごとに分けても、競売制が維持される限りは資金が豊かな者が有利であることに変わりはなかったし、封建制は実質的には前年の八月二五日に無償で廃止されていた。つまりはリップサービス的な要素が強かったのだが、ともあれ、議会の指導力を握ったモンターニュ派は、ジロンド派議員の追放がもたらした混乱をできるだけ抑えるため、農民に譲歩する姿勢を示したのだった。

七月一〇日、公安委員会の委員が改選された。四月に創設されたこの委員会は、原則としては毎月改選されることになっていたが、実際には問題がなければ全員留任になっていたのである。それが七月には改選され、もっとも重要な変化として、これまで同委員会を実質的に主導してきたダントンが落選した。彼はオーストリア、プロイセン、イギリスとの和平を密かに試みていたが、進展は見られなかった。彼がはずされたのは、国民公会が戦争の徹底的な遂行を決断したことを意味する。

七月一三日、モンターニュ派の指導者の一人であるマラがパリの自宅で暗殺された。下手人はシャルロット・コルデというノルマンディ地方出身の小貴族の女性で、パリから逃れてきたジロンド派議員の話に共感し、連邦主義《フェデラリスム》の反乱を支持して、マラの暗殺を決意したのだった。マラは議員ではあるが政治的な主張は過激で、パリのサン＝キュロットからも支持と共感を得ていた。いわば議会と民衆運動の接点に立っていたのだが、そのマラが亡くなったことで政治的な位置関係が少し変わった。コルデは、過激な暴力に酔っているパリの目をさまさせ、革命を正しい道に連れ戻そうとしたのだが、人々はむしろ革命が脅かされていると受け止め、モンターニュ派が指導する議会を守って団結しようとした。折からヴァランシエンヌやマインツが攻撃され、戦況が悪化（ヴァランシエンヌは七月二八日に降伏）したことも、人々の危機感をあ

図13　マラの暗殺　1793. 7. 13

おった。この「祖国と革命が脅かされている」という不安と危機感が、革命政府の形成と恐怖政治《テルール》の遠因になる。コルデによる暗殺は、彼女自身の意図とは正反対に、ジロンド派の議会からの追放を正当化し、国民公会とサン＝キュロットを危機に対して一致団結させ、さらには貴族・ジロンド派・女性への抑圧全般をも正当とみなす雰囲気を作り出したのである。マラは暗殺されたことでオーラが増したので、民衆運動の指導者たちは「マラの後継者」と認められることをめざしたが、それに成功したのは、コミューンを足場にして活動しているエベールだった。またマラと同じように議会と民衆の接点に位置していたロベスピエールの人気も高まり、彼は、辞任するガスパランの後任として、七月二七日に公安委員会のメンバーに選出された。

この頃、新憲法に関する人民投票に参加しないのは共和国の敵だとみなす雰囲気が産み出されたので、国民公会への抵抗を唱える連邦主義《フェデラリスム》は主張の根拠がかなり薄弱になった。国民公会と公安委員会の権威は高まったのである。しかし統治権の正統性を要求できるのが議会だけでない状況は変わっていない。民衆運動家たちも、人民主権論と直接民主制を大義名分として、九二年八月以来ずっと、自分たちの政治活動の正統性を主張している。しかも彼らはみずからが国民公会の議員たちと対等だと意識するようになっていた。すでに記したように、サン＝キュロットの特徴は肉体労働者の作業着である長ズボンをはいていること、「お前呼ばわり《チュトワモン》」によるざっくばらんな会話や物言いをすることであったが、それはとりもなおさず、人間はすべて平等であり、職業に貴賤はないのだから、自分たちの作業着を恥じて卑下する必要などなく、対等な相手に対して「あなた《ヴー》」という呼び方は不要であると意識していることを意味する。この頃には、日本語の「様」にあたる敬称として「旦那《ムシュー》」や「奥さん《マダム》」ではなく「市民《シトワイアン》」「女市民《シトワイエンヌ》」が用いられるようになるが、これも同じ趣旨である。九一年憲法の段階では能動的市民と受動的市民の区別が認めれたが、九三年夏の民衆は「すでに文明化されたエリートとこれから文明化されるべき民衆」という区別を拒否しているのである。もっとも同じパリ市内でも比較的穏和なセクション（主に西側）と過激なセクション（主に東側）があり、またセクションに拠る民衆運動とパリのコミューンとの間にも温度差があって、それらは相互に協力することもあれば敵対する時もある。そして国民公会は、対外戦争と内戦に対処するために、一方では民衆運動に協力もしくは妥協しながらも、それに枠をはめて統制し、みずからが政治のリーダーシップを握ろうとする。前年の九月虐殺は、三月一〇日のダントンの演説で見たように、議員たちにはトラウマになっており、民衆による政治への暴力的な介入は二度と起こさせてはならないものだったのである。そうしたいくつかの動きが互いに重なり合う複雑で微妙な関係とプロセスが、九三年夏から約一年続くことになる。

この頃に食糧不足が生じており、サン＝キュロット層からは食糧の価格公定や一般最高価格法の要求が出ていた。これを受けて国民公会は八月九日に公共穀庫の設立を定めている。すなわち民衆層の要求にはそれなりに対応するが、自由放任経済の原則には抵触しない施策をとることを示したのである。また翌八月一〇日に、王政転覆の一周年と新憲法の承認を祝う祭典がパリで開かれた際、ノートルダム寺院の外壁を飾っていた国王像などがアンシァン・レジームの象徴とみなされて破壊された。いわゆるヴァンダリスム（文化財破壊）であるが、これは九二年夏に王権が停止されると現れ始めた現象であり、この日には地方のいくつかの都市でも文化財の破壊が生じたのだった。議会はこれを黙認したが、同じ日に祭典の一環としてルーヴル宮殿を美術館として開館し、文化財を保護する方針を示した。民衆の一時的な感情の爆発に譲歩しつつも、長期的な視点での文化財の積極的評価も行なうのである。議会は妥協や譲歩と統制を組み合わせて、微妙な均衡をとりながらみずからの政策を進めていたのである。またヴァンデーの反乱はすでに述べたように、実態以上に誇張されて反革命のシンボルとなっていたが、八月一日に国民公会で「最大の敵」とされ、事態に対処するために軍と派遣議員は独自の判断で行動する余地が認められた。その結果、兵による略奪を派遣議員が放任する事態が生じたり、器物の破損・凌辱・種々の暴力が増加したりした。また新兵の中にはサン＝キュロットの影響で、上官の命令や公安委員会に反抗する者もいた。九月八日にアンジェに集まった派遣議員は、反乱参加者の隠れ家を破壊する決定は将軍のみがなし得ることを決めた。この背後には公安委員会がいて、八月一日の方針を修正し、国民公会と公安委員会が軍を統制する方向を打ち出したのである。ここでもまた、試行錯誤の中で、民衆の自発性を生かすことと枠をはめることのバランスが模索されたのだった。

　この時期の国民公会と公安委員会の最大の課題は対外戦争と内戦への対処であるが、八月一四日にラザール・カルノとプリュール・ド・ラ・コート＝ドールという二人の軍事専門家が公安委員会に加わった。彼らとロベール・ランデの三人が公安委員会で、軍事作戦の立案や兵員と軍需物資の輸送計画を主に担当することになる。八月二三日、議会で総動員令が採択された。一八歳から二五歳までの独身の男性もしくは子供のいない寡夫は全員が軍に召集され、ただちに入営することになったのである。同時に、翌二四日には公共借入金台帳が作られて、すべての債権者が登録され、利子の支払いが保障された。比較的に裕福な階層にも一応の安心を与え、彼らを敵にまわさないように配慮したのである。総動員令についてつけ加えれば、徴兵の実施には時間がかかるし、集めた兵には訓練が必要だから、すぐに役立つわけではないものの、長期的に戦争に対処する準備にはなった。また各地から集まった男性が都市民も農民も一緒になることで、革命への意欲が全国的に共有されるという結果も生じた。軍隊はある意味で「第二の学校」となり、「市民的兵士」もしくは「兵士的市民」の養成の場となったのである。従来、軍の指揮官は貴族であり、その中にはラファイエットやデュムーリエのように革命を裏切って寝返る者も見られたのだから、兵士層の意識改革は軍、さらには革命全体にとっても大きな意味を持った。また議会は効率を重視して実用主義的であり、熟練工は兵として前線に向かわせずに軍需工場に派遣するなどの措置がとられた。軍事に関わる工業技術の革新にも積極的であり、八月四日にはパリ―リール間にシャップ式の腕木通信機(43)を設置することが決まった。

フランス南東部の軍港トゥーロンでは七月一二日に連邦主義《フェデラリスム》の反乱が起きていたが、じきに王党派の影響下に入り、八月の二七日から翌日にかけて港をイギリスとスペインの艦隊に引き渡した。公安委員会はさしあたり、この事態を秘密にして、国民公会に報告しなかった。九月二日、エベール派のビヨ＝ヴァレンヌはこの件で公安委員会を非難した。折からの食糧危機もあいまって、パリのセクションの中には食糧や生活必需品、賃金などの価格公定や財産の上限の設定などを要求するところも出てきた。そして同月五日、エベール派のコミューン指導者に率いられたサン＝キュロットが国民公会に押し寄せた。国民公会は穏やかに対処して、エベール派の議員であるビヨ＝ヴァレンヌとコロ・デルボワを公安委員会の委員に迎えるとともに、サン＝キュロットのもう一方のリーダーである過激派《アンラジェ》のジャック・ルーを逮捕することで、その場をしのいだ。ここでもやはり、譲歩と統制の組み合わせが見られる。

2　革命政府の成立

一七九三年九月五日に国民公会に押しかけたサン＝キュロットが「恐怖政治《テルール》を通常事態に」と要求し、これがシンボル的には恐怖政治《テルール》の開始を告げるとされることがある（ただし国民公会自身は「恐怖政治《テルール》を通常事態に」とは宣言しなかった）。だがいわゆる恐怖政治《テルール》的な動きは、八九年七月後半のフーロンとベルチエ・

ド・ソヴィニの虐殺、九一年六月の国王逃亡事件から七月のシャン＝ド＝マルスの虐殺にかけての議会の動き、九二年八月一〇日の蜂起から九月虐殺に至る経過などにも見られるし、いわゆる恐怖政治《テルール》期に重要な役割を果たす派遣議員や革命裁判所、地方ごとの監視委員会などは九三年三月に作られた制度だった。九三年夏からの一年間だけを別扱いして、「恐怖政治《テルール》という政治が行なわれた特別な時期」とする理由は特にないのである。恐怖政治《テルール》の語は、同時代においても、また一九世紀以降の歴史家においても、様々な意味で用いられてきたが、大きく分ければ二つの意味で捉えられるだろう。すなわち「非常事態にあたって取られる、臨時で例外的な（しばしば強権をともなう）緊急措置」という意味と、「（なんらかの意味で）敵とみなされる人物の苛酷な弾圧・処刑」という意味である。後者に関連して、ギロチンが恐怖政治《テルール》のシンボルとされることも多い。本書もこれら二つの意味でこの語を用いる。

九月五日にパリのサン＝キュロットから出された要求を受け入れるかたちで、国民公会はいくつかの措置をとっている。まず同じ日のうちに革命軍が設立された。兵士六〇〇〇名と砲兵一二〇〇名からなり、エベール派のロンサンが指揮官である。通常の軍隊ではなく、食糧の徴発を中心に国内の治安維持にあたるのが任務で、反乱を起こしたリヨンやヴァンデーなどにも派遣された。また食糧問題ないしは経済全般に関わる問題では、七日に外国人銀行家の資産が没収され、一一日には穀物の最高価格法（五月四日に出されているが、設定価格を全国一律に改定）、二九日には一般最高価格法が制定された。治安維持もしくは反革命への対策としては、同月一七日に反革命容疑者法が制定された。もっとも、これらを単にサン＝キュロットの要求に一方的に屈して譲歩したものと見てはならないだろう。確かに食糧問題については、一か月前には公共穀庫の設置でしのごうとしたのが、それでは足らず、最高価格法の制定に追い込まれたという面はある。しかし議会も軍への食糧供給の問題を抱えており、穀物価格に一定の限度を設けるのは財政面で役に立ったのである。また反革命容疑者法は、形式的には民衆層の要求に従ったものであり、各地の民衆層が参加している監視委員会に公民証のコントロールを委ねたが、法そのものは八月半ばから準備されていたもので、その趣旨はむしろ、民衆層が独断で恣意的な抑圧を行なうのを防ぐために法律で明確な規定を設け、枠をはめようというものだった。また九月五日には、それまで常時開催だったパリのセクション集会が会合を週二回に制限され、出席者には手当てが払われることになった。議会のコントロール下に置かれることになったのである。これを人民主権への侵害であるとして抗議した過激派《アンラジェ》のヴァルレとルクレールは逮捕・投獄された。もっともサン＝キュロットの側は、窮屈になったセクション集会のかわりに新たに民衆協会を設立することで規制を逃れようとしたのであるが。なお、春に創設された革命裁判所は九月五日に拡充され、四つのセクションがそれぞれ別の裁判を同時に進められるようになった。

地方について見ると、まず革命裁判所に当たる組織は三種類ある。第一はロシュフォール、ブレスト、トゥーロン、ナンシ、ストラスブールなどの都市に、文字通り「県革命裁判所」として設置されたもので、派遣議員のイニシアティブによるものが多い。またこれとは多少異なるが、九四年一月一一日には、亡命者《エミグレ》・非宣誓聖職者・不正に帰国した流刑者などが被告の場合には通常の刑事裁判所が「革命的」に裁判することを許可する権限が派遣議員に認められた。トゥルーズ、アラス、カンブレなどで実施されている。第二は「革命委員会」と呼ばれ、武装反乱を起こした地域に派遣される議員によって設置される臨時の裁判所であり、リヨン、マルセイユ、ニームなど、全国に一二ほど作られた。第三は「軍事委員会」で、蜂起の指導者、スパイ、武装した聖職者などを取り締まるために軍隊内に作られる裁判所であり、全国に六〇ほど設置された。次に監視委員会は九三年春に全国に作られ、それぞれに地区で反革命容疑者の監視と取り締まりにあたったが、六月二日以降、議会を主導することになったモンタニャール派は地方の反発を恐れて、監視委員会の活動を抑制し、いくつかの地方では委員会が消滅した。九月五日以降に再び活動が活発になるとともに、なくなったところでも再生するが、同時に公安委員会・保安委員会の連絡機関となった。中央の委員会の出先機関という位置づけになったのである。革命軍はパリで作られるとじきに、地方のジャコバン・クラブや民衆協会、派遣議員などのイニシアティブで、約三分の二の県で合計五六の地方の革命軍が組織された。一つの革命軍の兵員数は三二〇〇名から六〇名までまちまちだった。

以上のような措置や組織が、中央と地方において、九三年夏から九四年夏まで、重要な役割を演じることになるのだが、二点の補足をつけ加えておこう。第一は、都市と農村の差である。食糧品の最高価格の制定や革命軍による食糧の徴発は、都市の民衆への食糧供給を安定的にするための措置だった。農民から見れば、自分たちが作った農産物の販売価格が制約されるうえ、強制的な徴発にもさらされることになる。九三年から九四年にかけての秋と冬にかなりの農村が、連邦主義《フェデラリスム》の動きには反発しつつも、都市のサン＝キュロットの運動も拒否して独自の動きを示すことになる。第二は地域ごとの格差である。なんらかの意味での「革命の敵」に対する弾圧や処刑が多かったのは、主に反革命や連邦主義《フェデラリスム》の運動が強かった地域、具体的には西部のロワール地方、ポワトゥー＝シャラントおよびアキテーヌと東南部のプロヴァンスとロワール渓谷など、および前線地帯であるフランドルとアルザスである。それ以外では処刑は少なく、ほとんど行なわれなかった県もある。ただし処刑はわずかしか行なわれなくても戦争の遂行に必要な措置はとられており、また非キリスト教化運動のような文化的な政策に関しては消極的でも食糧供給と戦争遂行のための措置には積極的な場合も見られる。いわゆる恐怖政治《テルール》は中央からの指示に従って一律に行なわれたのではなく、各地域があるていど主体的に、自分たちに必要な政策を選んでいたのである。

九三年夏から秋のフランスの状態を見よう。まず連邦主義《フェデラリスム》の反乱であるが、六月一三日に反乱を起こしたマルセイユの連邦主義者は七月に入るとアヴィニョンに進出し、三週間ほど占領した。しかしマルセイユ市内でセクションに拠る民衆と王党派が対立し、共和国軍はこれに乗じて、八月二五日にマルセイユを奪還した。ボルドーでは九月一八日に市内のサン＝キュロットが反乱を起こして、連邦主義者が担っていた市政を転覆した。穏和派が反乱を起こしたリヨンは、反乱前に市政を担っていたジャコバン派のシャリエを七月一七日に処刑したが、同月末には新憲法を住民投票で受け入れている。それでも八月上旬からケレルマンの率いる共和国軍との戦いが始まり、一〇月九日に降伏した。ヴァンデーの反乱は七月に入ってから勢いがおとろえており、一〇月一七日にショレで共和国軍に敗れると迷走状態になる。つまり九三年夏以降はそれほど大きな脅威ではなくなっていた。

対外戦争を見ると、イギリスはドーヴァー海峡に面したダンケルクを窺っており、オーストリア軍は北部のフランドル地方を、プロイセン軍は東部のアルザス地方を脅かしていた。ピエモンテはサヴォワ地方やニース伯爵領に侵入し、スペインは九月下旬にピレネーを越えてフランス領に侵入した。フランス軍は逆に、九月八日にはダンケルク近郊のオントスコートでイギリス軍を破り、一〇月一六日には北部のワッチニーでオーストリア軍に勝利したが、いずれも決定的な戦局の転換とはならず、一進一退が続いていた。ただし北部と東部の戦場は主に国境の外であり、南東部のピエモンテ、南西部のスペインも国境をわずかに越えたに過ぎない。他方、コルシカではフランスからの分離をめざすパオリが五月二六日にフランスに対する反乱を起こしており、九四年一月一九日にはイギリスをコルシカに導き入れた。同年六月二一日にはイギリス国王をコルシカ王として認めることになる。植民地のサン＝ドマングでは、スペインと組んだ黒人奴隷の反乱軍、イギリスの支持を受けた入植者、共和派の有色自由民の三つどもえの争いになっていた。国民公会から派遣されたソントナクスとポルヴェレルは、新総督のガルボーと対立しつつ、九三年八月二九日・三一日に自分たちのイニシアティブで奴隷制を廃止した。公会議員の選挙が組織され、黒人のベレ、混血のミル、白人のデュファイの三人が選出された。彼らは九四年二月に国民公会に出席し、正式の議員と認められる。国民公会自体が奴隷制の廃止を決めるのは九四年二月四日である。この日、議員のテュリオは「奴隷制は人道に反する罪《クリム・ド・レーズ＝ユマニテ》である」と発言した。もっとも奴隷制廃止は原則の表明であって、ただちにすべての植民地に適用されたわけではない。サン＝ドマングでは廃止されたが、奴隷制が維持された植民地も少なくなかった。

総じて、九三年の夏と秋には、国内の反乱も対外戦争も、また人民主権と直接民主制に拠る民衆運動および国民主権と代表制に拠る国民公会の二重の正統性の問題も、片づいてはいなかった。しかし国民公会と公安委員会の努力は少しずつ効果を現しており、すべての局面において議会が主導権を握るようになってきていたのである。そうした状況を象徴的に表すとともに、一歩おし進めたのが、一〇月一〇日の「革命政府の宣言」である。サン＝ジュストの提案に基づいて、フランス政府は平和の到来まで革命的であることを国民公会が宣言したのである。すなわち憲法を施行しないことを明確に宣言し、市民が政治をチェックするという憲法で保障された権利を排除するとともに、直接民主制を否定して、国民代表＝議会が立法権と執行権の双方を担うことが宣言された。また同月二二日には食糧委員会が作られ、公安委員会の管轄下に置かれた。民衆が敏感に反応する食糧問題は公安委員会が直接に管理する体制を整えたのである。折からパリのコミューンはみずからの政治的影響力を強化しようとしていたが、国民公会と公安委員会はその機先を制して、みずからの主導権を確保したのだった。

3　非キリスト教化運動

一〇月一六日に元王妃のマリ＝アントワネットが、同月三一日には二一名のジロンド派議員が、いずれも革命裁判所の判決に従って処刑された。どちらも民衆運動の要求に応じたものであり、またそれなりの大義名分に基づいていた。しかし政治状況との関連で言えば、処刑そのものがこの時点で不可欠だったというよりは、民衆への譲歩として意味を持つものだった。すでに見てきたように、この頃に民衆運動は次第に公安委員会からの規制・束縛を陰に陽に受けるようになり、ある種の息苦しさが感じられるようになっていた。ぜいたくな生活をしてきた元王妃およびパリの民衆運動に敵対した議員たちの処刑は、あえて言えば民衆のうっぷん晴らし、もしくはいわゆる「ガス抜き」だった。一〇日の革命政府の宣言と対になっていて、民衆の不満を議会からそらすものだったのである。ただしジロンド派議員は、六月二日に議会から追放された時には監視もゆるく、地方への逃亡も可能だったのに、夏になって追及が厳しくなり、一〇月には「敵」として処刑された点に、マラの暗殺以降の人々の危機意識の高まりと、その裏返しとしての処罰への意思の強化を見て取ることができるだろう。

図14　処刑台に運ばれるマリ＝アントワネット
画家ダヴィドのデッサン　1793. 10. 16

この頃に民衆が力をそそぎ始めたの

が、非キリスト教化運動だった。民衆層、とりわけパリの民衆は、本来の政治活動を制約されるようになったので、キリスト教批判という文化面での活動にエネルギーを向けたのである。もっとも非キリスト教化運動の原因をこの一点のみに限ることはできない。そもそもフランス人の信仰心の希薄化は一八世紀半ばから一九世紀に入るまでの数十年にわたる長期的なすう勢なのであり、非キリスト教化運動も革命期の前後を含む長いタイムスパンで考察されるべき現象である。話を革命期に限っても、第三章4節に記したように（93頁参照）、一七八九年から教会改革の動きは始まっている。翌九〇年には、財政上の必要から教会にある貴金属製の祭具の供出が求められるようになった。聖職者市民化法が制定され、その遵守を誓うことが聖職者に求められると、かなりの数の宣誓拒否聖職者が出現した。彼らは王党派などによる反革命の反乱に結びつくことが多かったので、取り締まりの対象となった。九二年夏の政治的・軍事的な危機の中で反革命的な聖職者は脅威とされ、立法議会は同年九月二〇日、解散直前の最後の審議において戸籍を教会から切り離し、市町村の役場が扱うべきものと決めた。宣誓聖職者は革命に協力的で、比較的に自由な活動を許されていたが、ジロンド派と結びついていた者が多く、九三年半ばに連邦主義《フェデラリスム》の反乱が生じると、それを支持する宣誓聖職者も多かった。言い換えると革命政府が成立する頃には、聖職者全体が潜在的な反革命勢力と見なされる状況が生じていたのであり、そうした中で九三年八月一二日には司祭の結婚に反対する司教は流刑に処され得ることが決められ、九月一八日には副司教の地位が廃止された。

同年九月二〇日、議員のジルベール・ロムが公教育委員会の名で共和暦を議会に提案した。フランスが共和制に入った九二年九月二二日を元年元日とし、三〇日（一〇日ごとの三つの旬）を一か月として、一年は一二か月と五日の閏日からなる暦である。キリストの生誕ではなく共和国の生誕を基盤年とすること、創世記に基づく七日の週を廃して一〇日の旬を一つのサイクルとすることの二点で、キリスト教の影響を

表1　共和暦とグレゴリオ暦の対照

ヴァンデミエール（vendémiaire ブドウ月）：９月22日～10月21日
ブリュメール（brumaire 霧月）：10月22日～11月20日
フリメール（frimaire 霜月）：11月21日～12月20日

ニヴォーズ（nivôse 雪月）：12月21日～１月19日
プリュヴィオーズ（pluviôse 雨月）：１月20日～２月18日
ヴァントーズ（ventôse 風月）：２月19日～３月20日

ジェルミナル（germinal 芽月）：３月21日～４月19日
フロレアル（floréal 花月）：４月20日～５月19日
プレリアル（prairial 牧月）：５月20日～６月18日

メッシドール（messidor 収穫月）：６月19日～７月18日
テルミドール（thermidor 熱月）：７月19日～８月17日
フリュクチドール（fructidor 実月）：８月18日～９月16日

サンキュロティド（sans-culottides 閏日）９月17日～21日（５日間）

＊ただし共和暦とグレゴリオ暦では４年に１度の閏年の処理の仕方が異なるため，上記の対照は年によって１日ずれることがある。閏年には共和暦のサンキュロティド５日間が６日間になる
＊1792年９月22日が共和暦元年元日。1793年10月５日採択。1805年12月31日まで用いられ，翌日1806年１月１日からグレゴリオ暦復活

排除しようとしたものだった。各月の名前は詩人のファーブル＝デグランチーヌが考案した。一〇月五日に議会で採択され、翌一〇月六日が「共和暦二年ヴァンデミエール一五日」となって、共和暦の使用が始まった。なお本書では便宜上、共和暦が用いられるようになってからの日付もグレゴリオ暦で記し、必要に応じて共和暦での日付を添えることにしたい。

共和暦は暦の非キリスト教化だったが、一般に「非キリスト教化運動」と呼ばれているのは、それ以外に、教会の閉鎖、教会が持つ貴金属の供出、十字架やミサの道具を含む「偶像」の破壊・焼却、キリスト教にちなむ地名・人名の変更、聖職者の聖職放棄や結婚（およびそれらの強制）、理性や最高存在の祭典、革命の犠牲者の崇敬などがある。また運動の進め方に関しては、①民衆層の「下から」の動きか、派遣議員など「上から」のイニシアティブによるものか、②無神論的か、理神論的か、③キリスト教に対して寛容か、不寛容か、が区別できる。いつ、どこで、どのような動きが、どのような進め方でなされたかは実に多様であって、一般論的な記述は不可

図15　自由と理性の祭典　1793.11.10

能である。革命政府が宣言された一〇月一〇日、派遣議員のフーシェは任地のヌヴェールの墓地の門扉に「死は永遠の眠りである」と刻ませたが、これは無神論的で不寛容な、上からの非キリスト教化運動と言えるだろう。ロベスピエールは理神論で、キリスト教信仰にも寛大な立場をとったが、彼の場合は、以下に記す事情により、「非キリスト教化運動に反対した」と評価されるのが普通である。

このような非キリスト教化運動が九三年の秋に政治問題となったのは、それが、とりわけパリにおいて、暴力をともなうかなり激しい動きとなり、革命全体の進展に影響を及ぼしかねない状況に至ったからである。パリ市内でも様々な出来事が生じたが、政治的に見ると、パリのコミューンを拠点にして、非キリスト教化運動をてこにして政治的影響力を回復しようとするエベール派が、動きの背後に見え隠れした。シンボル的な意味で重要なのは、一一月七日に立憲派のパリ大司教であるゴベルがサン＝キュロットの圧力のもとに国民公会に出頭し、聖職の放棄を宣言した事件だった。同月一〇日にはパリのコミューンがノートルダム寺院を占拠して、そこで「自由と理性の祭典」を挙行した。このあたりが、パリにおけるサン＝キュロットの「下から」の非キリスト教化運動の頂点となっている。ただしノートルダム寺院での祭典に「理性の女神」を表す女性が登場したという説は正しくない。登場した女性は自由のシンボルであり、祭典は非宗教的・合理主義的だったのであって、「女神」を崇拝するような宗教的要素はなかった。国民公会はコミューンの招きに応じてこの祭典に参加し、ノートルダム寺院を理性の神殿とした。この祭典を機にフランス全国で多くの教会が閉鎖された。国民公会はまた、ある程度はサン＝キュロットの要求を考慮するかたちで、一〇月二一日には六人の市民から「非公民性《アンシヴィスム》」で告発された立憲派聖職者は流刑にすることを、同月二八日には聖職者・修道女は学校の教師になり得ないことを決めた。また一一月五日にはマラの胸像を議場に安置することが決められた。マラは、国王処刑の日に暗殺されたルペルチエ、リヨンのジャコバン派で穏和派に処刑されたシャリエとともに、「自由の殉教者」として民衆に人気があったのである。一方ではそうした措置をとりながらも、一〇月二四日には書物、絵画、彫像、浮き彫りの破壊を「いかなる口実によってであれ」禁止し、同月二七日には公安委員会はソンム県に派遣されていた議員のアンドレ・デュモンを、その反キリスト教的な措置の故に叱責している。議会の基本的な姿勢が暗示されたのであるが、それが明確になるのは一一月二一日、ジャコバン・クラブにおけるロベスピエールの演説においてだった。彼は、①理神論で、キリスト教にも寛容な自己の宗教思想、②サン＝キュロットとその背後にいるエベール派を規制する政治的必要、③地方の農民は、革命支持であってもカトリックの伝統には愛着があり、過激な非キリスト教化運動は農民を革命から離反させる恐れがあることなどから、カトリックには反対しながらも礼拝の自由は尊重すべきことを説いた。また過激な動きの背後に無神論があることを批判して、「無神論はアリストクラート的である。無実でありながら抑圧されている者を見守り、犯罪が勝ち誇るのを罰する偉大な存在という思想こそが真に民衆的なのである」とも述べた。エベール派主導の非キリスト教化運動に水を浴びせたのである。一二月六日、国民公会は「礼拝の自由に反するあらゆる暴力や措置」を禁止する法令《デクレ》を採択した。この頃から、政治状況全般が変化していく中で、非キリスト教化運動はしだいに下火になっていく。

4　「外国人の陰謀」と革命政府の原理の確立

一一月二一日のロベスピエールの演説は、宗教とは別の政治的な観点からも、エベール派を意識したものだった。一〇月半ばから政治問題になり始めた「外国人の陰謀」と呼ばれる汚職事件である。アンシァン・レジーム期の特権会社で革命期に廃止が決まったインド会社の清算に関し、おおがかりな横領や汚職が行なわれた。これが「外国人の陰謀」と呼ばれてはいても(44)、エベール派やダントン派の議員たちも手を染めており、中には保安委員会の委員も含まれていた。当事者のもみ消し工作や粉飾、自己弁護などがあって、事件の全貌は明らかではない。この事件の捜査・解明と関係者の調査・尋問がこの後の政治全体の流れに大きな影響を及ぼし、最終的には九四年三月後半から四月初頭にかけてのエベール派とダントン派の逮捕と処刑につながることになる。

もっとも「政治家と金」の問題はインド会社の清算だけに関わったことではなかった。例えば軍需物資の発注や納入などに関連して多額の裏金が動いており、陸軍省次官のヴァンサン、軍人で革命軍の司令官になったロンサン、同じく軍人で西部方面軍司令官のロシニョルはいずれもエベール派だった。エベール本人の蓄財は突出していたが、他の議員や関係者たちも多かれ少なかれ隠れた収入源を得ていたのであり、財政とまったく関わりを持たずに「清廉の士」のあだ名を得ていたロベスピエールのような存在の方がむしろ例外的だったのである。サン＝ジュストは九三年一〇月一〇日の革命政府に関する演説の冒頭で「かくも多くの法や措置の後で、なぜ諸君の注意を統治全般の混乱や経済と食糧の問題に向けなければならないのか。……法は革命的だが、それを執行する者はそうではない」と述べ、さらに軍への食糧供給に関連して一部の商人と行政当局の間に癒着があることを示唆した上で「諸君が買占め人を追及しても、軍のためを装って購入する者までは追及できない」と述べている。こうした行政のあり方を正すのも、革命政府の目的の一つだったのである。「外国人の陰謀」事件は規模の大きさと事件そのものの展開のために、革命の進行に大きな影響を及ぼすことになったのだった。

ここで議員の不可侵性について触れておこう。一七八九年六月二三日、第二章2節に記したように（46頁参照）、成立して間もない国民議会はミラボーの主導のもとに、議員は不可侵であることを宣言した。国王政府からの攻撃・反抗的な議員の逮捕を恐れたからであるが、この規定はそのまま生き延び、立法議会にも引き継がれた。しかし国民公会になった後の九三年四月一日、ジロンド派は「自由の敵」は議員であっても逮捕され得ることを提案し、採択された。ジロンド派は早速に、その月のうちにマラを告発し、逮捕させたのであるが、六月二日には自分たちが議会から追放され、逮捕されることになった。一一月一〇日、「外国人の陰謀」事件で名前が出ていたシャボが問題提起し、議員の逮捕に関しては一般市民とは異なる厳密な手続きによるべきことを主張し、認められたが、公安委員会の委員であるバレールは翌日、市民と議員は平等であるべきことを主張して、前日の決定を取り消させた。まさにこの時期に「外国人の陰謀」事件に関連して、議員も一般市民と同じように逮捕・裁判されることが改めて確認されたのだった。

一〇月一四日、公安委員会と保安委員会の合同会議の席でダントン派のファーブル・デグランチーヌが、この事件を告発した。一一月一四日、自分たちが脅かされていると感じた同じダントン派のシャボとバジルは公安委員会に対して、事件を告発したファーブル自身がインド会社事件に関わっていると申し立てたが、信用を得られず、一七日にもう一人の議員ドローネーとともに逮捕された。この日には他の議員や実業家にも逮捕状が出たが、彼らは逃亡した。ダントンは一〇月一一日に議会から休暇をとって田舎で静養していたが、嫌疑をかけられた仲間を助けるため、一一月二〇日にパリに戻った。他方でロベスピエールはこの件で名前が挙がったエベール派議員や、彼らと親しい外国人金融業者に着目しており、二一日にジャコバン・クラブで礼拝の自由について演説した時、彼は非キリスト教化運動と外国人の陰謀事件を結びつけ、双方の背後にエベール派がいることを意識していたのである。エベールはこうした状況を理解した上で、パリの民衆に非キリスト教化運動をたきつけ、その圧力のもとにみずからの影響力を回復しようとした。ダントンはロベスピエールや公安委員会に合わせて無神論を批判することで、エベール派を追及しようとした。すねに傷を持つ者どうしが、互いに誹謗しあうことでみずからを有利にしようと争う状況になってきたのである。ファーブル＝デグランチーヌは一二月一六日にエベール派のロンサン、ヴァンサン、マイヤールを逮捕させるのに成功したが、彼自身もエベール派の攻撃を受けて九四年一月一三日に逮捕される。逆にロンサンとヴァンサンは二月二日、マイヤールは同月二七日に釈放された。両派の対立は決定的だった。

一二月四日（フリメール一四日）、国民公会は革命政府の統治原理を示した、いわゆるフリメール一四日法を採択した。この法により、法律は「共和国法律公報」によって全国のしかるべき機関に送付されることになり、これを受け取った機関はすみやかに法律を適用するものとされた。同時に法律の解釈は国民公会のみが行なうものとされ、それ以外の機関もしくは公職者が、法の解釈もしくは補足の名のもとに、独自の布告や命令を出すことは禁止された。統治および公安上の措置は公安委員会(45)、警察業務は保安委員会の担当とされ、派遣議員、大臣、地方の行政機関や監視委員会、軍隊などは直接・間接にこれら両委員会への定期的な報告を義務付けられ、その監督下に置かれた。両委員会は、二つ合わせて政府委員会とも呼ばれる。行政法・民法・刑法などは、「革命の法」と区別されて「通常の法」とされ、大臣からなる執行会議の管轄だったが、この会議は一〇日ごとに政府委員会に活動報告を提出することが義務付けられ、その権威と役割は低下し、結局は九四年四月一日に廃止されることになる。選挙に基づく地方行政官職は廃止され、議会が任命する政府代理官がそれに替わった。ただし政府代理官は原則としてそれまでの行政官が着任するものとされた。先に地方の革命裁判所の第一に挙げた県革命裁判所および革命軍は廃止された。もっとも革命裁判所に関しては、法律の条文が明確でなかったため適用はまちまちで、全部が一律に廃止されたわけではない。また地方の革命軍は即座に廃止されたが、パリのそれは指揮官のロンサンがエベール派として処刑される九四年三月末まで存続した。派遣議員には地方の浄化のためにより強い権限が与えられるとともに、自己の権限を代理人に移譲することは禁止され、公安委員会のより強い監督下に置かれた。要するに国家意思の形成が国民公会に、端的には政府委員会に一元化されるとともに、その意思が全国に一律に伝達され、施行される体制が整ったのである。ようやくに国家機構が出現したと言っても過言ではない。しかし法律の条文の上でそうなったからといって、すぐに国家機構が実質的に機能し始めるわけではない。一〇月一〇日に革命政府が宣言され、一二月四日にフリメール一四日法が制定された頃から翌九四年初頭までの時期は、皮肉なことに、エベール派とダントン派の争いのために一時的に国民公会の統率力が弱まり、全国の混乱はかえって深刻化したのである。

ヴァンデーの反乱は一〇月半ばには迷走状態になっていたが、一二月三日にアンジェで敗れ、同月一二日にはル・マンで壊滅的な打撃を受けた。さらに同月二三日にサヴネで完敗すると反乱は分解し、分散した小規模なゲリラ戦に変わった。しかし鎮圧に向かった共和国軍はヴァンデーの農民が話す方言を理解できず、反乱の意図も不明だったので、わけのわからない不気味さを感じていた。同胞としての一体感・連帯感は感じにくい状況だったのである。また一口に共和国軍と言っても、部隊によって指揮官の政治的傾向には相違があり、またサン＝キュロットからなる革命軍も参加していた。それらは時として競合関係にあり、全体の統制はとれていなかった。さらに兵隊たちは自分たちの気に入る士官を選ぶ傾向があり、士官も兵士に迎合して、略奪や暴力行為を黙認する場合があった。結果的に、暴力がエスカレートしたのである。もちろん、軍の規律を守ることに熱心な指揮官も何人もいたし、同僚が過酷な弾圧をした際にそれを告発することもあった。中央の議会にはジェノサイドなど行なう意図はなく、八月一日にヴァンデー対策が論じられた際も、一〇月一〇日に革命政府が宣言された際も、住民の保護が指示されている。しかし右に述べた事情のため、中央からの指示は混乱した上に、十分に届かなかった。またヴァンデーでは派遣議員の独走も生じた。議員のカリエはナントに派遣され、一〇月二二日に着任していたが、ヴァンデー反乱参加者の弾圧に積極的で、一一月半ばから溺死刑を行なうようになった。容疑者をまとめてボロ船に乗せ、ロワール川に出航したところで意図的に沈没させたのである。通常の斬首刑や銃殺も行なわれた。カリエは現地の複雑なネットワークを統御できず、結果的にいくつかのグループに弾圧を委ね、その過激さを競わせることになった。一二月に過酷さは頂点に達した。ナントのサン＝キュロットがカリエに反対して抗議したので、公安委員会は、軍の職員でロベスピエールから私的に信頼を受けていたマルク＝アントワーヌ・ジュリアンを派遣して、実情を調査・報告させた。それに基づき、カリエは九四年二月に召喚された。九四年一月にはテュロ将軍が鎮圧軍全体の指揮官として派遣されたが、種々の部隊を十分には把握できず、公安委員会からの指令も届かないため、兵の暴力を容認する指揮官の部隊は殺害や凌辱を続けた。テュロ軍は「地獄部隊」と呼ばれた。公安委員会が事態を把握するのは一か月ほどたってからである。九三年夏から九四年早春にかけてのヴァンデーでの死者は、共和国軍の戦死者も含めると二〇万人にのぼるとされている。

連邦主義《フェデラリスム》の反乱は九三年八月から一〇月にほぼ鎮圧されていたが、やはり派遣議員による過酷な弾圧が行なわれた。九月にボルドーに派遣されたタリアンとイザボー、一〇月にマルセイユに派遣されたバラスとフレロン、一一月初めにリヨンに派遣されたフーシェとコロ・デルボワなどである。バラスは一〇月一三日にマルセイユで「恐怖政治《テルール》を通常事態に」することを宣言した。これらの町では血なまぐさい処刑が多く行なわれたのだが、その背景としては、すでに記したように、中央の公安委員会からのコントロールが機能しなかったこと（指示・連絡が届かなかったり不徹底だったりしたこともあれば、派遣議員がみずからの大物ぶりを見せつけるために意図的に指示を無視した場合もある）に加え、派遣議員が現地住民の地域的なトラブル、私的な遺恨と復讐などの動きに巻き込まれ、それらを抑制できなかったこと、さらにある程度は議員自身のサディスト的嗜好も働いていることなどが指摘できる。ただし過酷な弾圧を行なった派遣議員を例外として、他の「正常な」議員とははっきり区別できるわけではなく、「程度の問題」として見なければならない面もある。例えば公安委員会の委員であるサン＝ジュストは、ルバとともに九三年一〇月後半からライン方面軍に派遣されると、一一月一四日にはストラスブールで、野戦病院で用いるために二〇〇〇台のベッドを町の金持ちから没収して翌日までに揃えるよう命じ、その翌日には裸足の兵士にはかせるため、一万足の靴をアリストクラートから没収して翌朝一〇時までに揃えるよう命じた。流血の弾圧ではないにせよ、極端に強引であることに変わりはない。このような命令も「例外的措置」、すなわち当時の用語では「恐怖政治《テルール》」だったのであり、派遣議員は多かれ少なかれ、自己の裁量で「恐怖政治《テルール》」を行なっていたのである。

5　徳と恐怖

カミユ・デムーランはロベスピエールとは学生時代からの友人であり、政治的にはダントンに近い立場のジャーナリストだったが、一二月五日に『ヴュ・コルドリエ』紙の創刊号を発行した。ロベスピエールの政治的努力を評価・称讃するとともに、エベール派をイギリス首相ピットの手先として批判し、ロベスピエールとダントンが協力して革命を正しい道で進めることを唱えたものだった。同月一〇日の第二号もほぼ同様で、アナカルシス・クローツとその無神論的な非キリスト教化運動に批判が向けられた。しかし同月一五日発行の第三号で調子が変わる。帝政ローマの血塗られた歴史にことよせながら、血なまぐさい処刑をともなう「恐怖政治《テルール》」全体を批判した。言い換えると革命政府そのものが批判の対象になったのである。さらに同月二〇日の第四号では、ブショットやロンサンなど陸軍省に拠るエベール派をこれまで通りに批判し、「親愛なるロベスピエール」を称讃しながらも、牢獄の開放を主張した。「諸君が反革命容疑者と呼ぶ二〇万人の市民を牢獄から解放せよ」「これらの女性、老人、虚弱者、エゴイスト、革命からの落伍者が危険だと、諸君は信じるのか」「こわもては亡命した。さもなければリヨンやヴァンデーで滅亡した。残っているのは、諸君の怒りに値しない者ばかりだ……」。

確かにヴァンデーの反乱は下火になった。トゥーロンは九三年八月末にイギリス海軍に引き渡されていたが、一二月一九日、まだ無名の砲兵大尉ナポレオン・ボナパルトの活躍でフランス共和国軍が奪回した。同月二六日に東部戦線ではゲスベールで勝利して、アルザスは解放される。つまり内乱も対外戦争も一息つける状況にはなってきたが、まだ完全に決着がついたわけではない。デムーランは、単にダントン派が革命裁判所に送られないようにするという党派抗争的な配慮から新聞を出したわけではないだろう。自由と平等の理想郷を求めたはずの革命の中で、人々が私的利害や復讐心などから告発しあい、皆が革命裁判の被告になることを恐れて不安な生活を送っている状況そのものを問題にしたかったのである。しかし危機に対処するための臨時の緊急措置＝革命政府はまだ必要であると考える公安委員会から見れば、デムーランの主張の変化は裏切りに等しかった。

一二月二五日、ロベスピエールは公安委員会を代表して「革命政府の諸原則に関する報告」を国民公会で行なった。彼はまず、立憲政府と革命政府の違いを指摘する。「立憲政府の目的は共和国を保持することである。革命政府のそれは共和国を基礎づけることである」。この相違は戦争に、すなわち生まれたばかりの共和国を諸外国の軍事的な攻撃から守らなければならないという事情に由来するのだが、続けて「立憲体制のもとでは、公権力の混乱から各個人を守ればほぼ足りる。革命体制のもとでは、公権力自体があらゆる徒党の攻撃からみずからを守ることを余儀なくされる」と述べる。主たる阻害要因は敵国の軍隊だが、そこに副次的に国内の徒党が加わるという位置づけである。その上で「弱さと無鉄砲さ、穏和主義と過激さという二つの暗礁の間を漕ぎ進まなければならない」とする。すなわち「弱さ＝穏和主義＝ダントン派」と「無鉄砲さ＝過激さ＝エベール派」の双方を問題としてえぐり出して見せるのだが、重要なのはあくまで外国との戦いであるとし、「恐怖《テルール》をもたらさなければならないのは、愛国者や不幸な者たちの心にではない。外国のならず者たちの巣窟に対してであって、そこで彼らは略奪品を分けあい、フランス人民の血をすすっているのである」と主張する。そして「祖国愛」と「真実」の大切さを説き、「徳」

＝自己犠牲の精神を称揚した上で、愛国者への報償の必要性を強調して、①共和国に背いた将軍の裁判、②革命裁判所の改革・強化、③戦争犠牲者への補償の増額、④この補償問題を審議するための委員会の設置からなる法令案《デクレ》を提出している。すなわち公安委員会は妥協と和解を求めたのだ。ダントン派とエベール派の双方を問題として意識しており、どちらか一方に加担する意図はないことを明示して、一種の警告を与えた上で、大切なのは外国の敵と戦うために愛国心を持って一体化することであるから、そのために自己犠牲の精神を発揮することを双方にうながしたのである。だが、この呼びかけは効果がなかった。この後も国民公会やジャコバン・クラブで両者の小競り合いが続き、告発合戦のようになった。一二月三〇日にはエベール派のアナカルシス・クローツが逮捕された。翌年一月一〇日にはカミユ・デムーランがジャコバン・クラブから追放されたが、この時にはロベスピエールが即座に介入して、デムーランを復帰させた。

そのデムーランは同月五日に『ヴュ・コルドリエ』の第五号を発行し、これまでの主張を繰り返した。七日にジャコバン・クラブでロベスピエールは、この号に関してデムーランを批判しつつも、事を穏便に収めようとして和解の手を差し伸べたが、両者のわだかまりは解消しなかった。同月二五日の第六号では、デムーランは新たに言論の自由と「間違える権利」を要求した。ついうっかり誤ったことを言うと逮捕される危惧があるのでは、人々は安心して発言できない。すなわち言論の自由が確保されるためには間違えにも寛容でなければならないと言うのである。デムーランの主張は、抽象的な自由論としてはまさにその通りであろう。しかしフランス革命の現実においてそのような自由を認めることは、反革命や王党派の言論も自由にやらせて取り締まらないことを意味する。国家を維持するためにはそのような措置は認められないからこそ、憲法の施行を停止して「革命政府」を樹立したのであり、この臨時措置はまだ続ける必要があると公安委員会は判断していたのである。それ故にダントン派とエベール派を和解させて穏便に対立を解消させせようとする政策は放棄された。二月五日、ロベスピエールは再び公安委員会を代表して、「共和国の内政において国民公会を導くべき政治道徳の諸原理について」と題する演説を行なう。

この演説の主旨は三点ある。第一は、革命によって共和制を確立したフランスの精神的・道徳的な優位を示すことである。第二は、対外戦争が起きる必然性と、それに対処するために革命政府を作る必要性を、第一の論点と同じ論理の流れで説明することである。そして第三は、ダントン派もしくはカミユ・デムーランとエベール派の双方を批判することである。そして第一と第二の論点に関しては、ロベスピエールはモンテスキューの理論的な枠組みもしくは道具立てを、若干の修正を加えつつも、用いているのである。

まずモンテスキューの政体論を改めて見ておこう。古代ギリシアの政治論においては、政治的決定に参与する人の数に応じて、政体を民主制・貴族制・君主制に分けるのが一般的だったが、モンテスキューは民主制と貴族制を一括して共和制とし、かわりに君主制を国家の基本法（＝憲法）に基づく（本来の）君主制と恣意的な支配が行なわれる専制《デスポティスム》に分けて、共和制・君主制・専制の三分法を採用した。そして共和制の原理（政体を機能させるために国民が持つべき心性）を徳、君主制のそれを名誉、専制のそれを恐怖とした。ロベスピエールは演説において、我々の目標は自由と平等の平穏な享受・永遠の正義の支配であるとし、これを実現できる政体は民主制もしくは共和制であって、これら二語は同義であるとする。彼によれば「貴族制は共和制というよりも君主制」なのである。ただし、古代ギリシアにおいてもモンテスキューにおいても民主制とは直接民主制だったのに対して、ロベスピエールは「民主制とは主権者人民が、自分でできることは自分で、自分でできないことは代表によって行なう国家」であると修正している。民主制

＝共和制の原理は徳、すなわち「祖国と法への愛」である。この定義は『法の精神』第四篇第五章におけるモンテスキューの定義をそのまま用いたものである。ロベスピエールは「徳とは公共の利害をあらゆる個別利害よりも優先すること」すなわち公共のための自己犠牲の精神とも言い換えている。フランスはすべての人《オム》（＝男《オム》）に平等と完全な市民権を認めることにより、真の民主主義を初めて確立したのである。

しかし（ここから第二の論点に移るが）まさにそれ故にあらゆる暴君《ティラン》は同盟を結び、共和国に対立した。フランス革命は、その基盤が純粋であり、その目標が崇高であるが故に、悪徳漢が目をつけて寄ってくる面があり、フランスは外部を暴君たちに囲まれるとともに、内部では暴君の仲間が陰謀を企んでいる。平時における民衆政府の動因は徳であるが、戦時におけるそれは徳と恐怖である。「徳なき恐怖は悲惨であり、恐怖なき徳は無力である」。しかし恐怖とは専制の動因ではなかったか。然り。「自由の闘士の手にある剣が暴君政《ティラニ》の取り巻きの手にある剣に似ているように、革命政府は専制に似ている」。「革命の政府とは暴君政に対する自由の専制なのである」。二月五日の演説では、国外の敵と戦うために国内の和解が求められた。二月五日には、国内で公安委員会に対立する勢力は外国と一体になった敵と位置づけられているのである。

ここから、第三の論点であるダントン派・エベール派双方への批判が出てくる。ロベスピエールは「誰であれ、犯罪を憎まない者は徳を愛することはできない。……王党派への寛大な処置を、と叫ぶ者がいる。極悪人に慈悲だと！　とんでもない。慈悲は無実の者、弱い者、不幸な者、人間性《ユマニテ》に与えられるべきものだ」と述べてカミユ・デムーランの主張を明確に否定するとともに、クローツと無神論的非キリスト教化運動に代表されるエベール派の動きをも批判する。ロベスピエールによれば国内の敵は二つの徒党に分かれており、一方の穏和派は弱さへ、他方のウルトラ革命派は過剰さへと革命を押しやることで、ともに暴君政《ティラニ》の勝利をめざしているのである。演説の後半では両者をひとまとめにして、激しい批判と呪詛の言葉を浴びせている。

演説の第一の論点においては、徳と恐怖はモンテスキュー的な政体論のカテゴリーであり、徳と恐怖はいわば共和制と専制の換喩だったが、第三の論点においては穏和派＝ダントン派は「恐怖なき徳」、ウルトラ革命派＝エベール派は「徳なき恐怖」を主張する勢力となっている。ロベスピエールは、理論的な政治思想家と時局を見すえた政治家という二つのレベルにおいて、「徳と恐怖」の意味と重要性を語ったのである。共和制と専制の並存もしくは一体化は奇異に思われるかもしれないが、古代ローマ共和国の独裁官《ディクタトル》制を想起しよう。共和制のローマでは、国家の非常時には一人の独裁官《ディクタトル》が期限を区切って（通常は六か月）任命された。軍の指揮権を含む強大な権限が認められ、公職者はすべてその指揮下に入り、その決定は護民官の拒否権でもくつがえし得ないものとされた。すなわち暴君政《ティラニ》はアプリオリに悪であるが、専制《デスポティスム》は特定の状況下では共和制と両立しうるのである。革命政府も平和到来までの臨時措置なのだから、ローマ共和国の前例に倣ったものとみなし得るであろう。独裁官《ディクタトル》制については、モンテスキューは『法の精神』の第二篇第三章や第一一篇第一六章で言及し、ルソーも『社会契約論』の第四編第六章で言及し、一定の評価を与えていた。革命期のフランス人にとっては周知の制度だったのである。

6　一七九四年初頭

この時期の様相を簡単にまとめておこう。フリメール一四日法の原案は一一月一八日にビヨ＝ヴァレンヌによって議会に報告されたが、彼はこの演説で「再生」について語っていた。再生は革命政府によってめざされるべき理念であるが、ある程度まではフランス国民が現実に体験しているものだった。共和制の開始にちなむ新しい暦を採用し、キリスト教に由来する地名を別の名に変更することは、文化的に新たな時代の到来を実感させた。個人のレベルでも、キリスト教の聖人の名を避けて古代ローマのヒーロー・ヒロインなどの名が流行した。生まれた子にそうした名をつけるだけでなく、大人が改名することも少なくなかった。人々はみずからが主権者であることを意識して自発的に政治に発言するようになった。女性も例外ではなく、パリには「革命的・共和主義的女性市民のクラブ」が作られた。九三年五月一〇日に創設され、ジロンド派議員の追放を要求したが、それが実現すると活動が停滞した。しかし八月末になると再び、ポーリーヌ・レオン、クレール・ラコンブなどが中心になって活発に集会を開くようになり、種々の請願を議会に提出し、また女性の武装を求めた。

人々は戦争への対処と食糧の調達に関しては自発的かつ積極的に活動することが多かった。地方の革命軍や監視委員会が、このような動きを集約的に示している。党派抗争に基づく処刑や弾圧が行なわれなかった地域、非キリスト教化運動のように日常生活に直結しない問題には無関心だった地域でも戦争と食糧問題は住民の関心の対象だった。また地域レベルでの革命祭典（「自由の木」の植樹と、そのまわりでのダンスなど）は全国各地で開かれていた。以上はいわば「下から」の動きだった。

中央の議会は民衆の下からの盛り上がりに頼りながらも、それを統制しようとしていたが、その任務は主に、各県や軍隊に派遣された議員によって担われ、彼らによって様々な臨機応変の措置がとられた。またジャコバン・クラブは形式上は民間の政治クラブだが、全国の姉妹クラブと密接な連絡をとり、議会の情報収集、地方の状況の把握に貢献した。すでに述べたように、場合によっては中央の意図に反して派遣議員の逸脱と独走が生じ、過酷な弾圧が行なわれた。しかし当時の通信事情では中央がすべての面にわたって指示を出すことは不可能だったのであり、現地の判断に任せなければならない部分も多かった。全

図16　自由の木のまわりのダンス　左端の男性は典型的なサン＝キュロットの服装をしている

体としては、派遣議員制度は有効に機能したと言えるだろう。例えば軍に派遣された議員は命令不服従や敵前逃亡などを厳しく取り締まり、士官や将軍の処刑も辞さなかった。北部方面軍・ライン方面軍に派遣されたサン＝ジュストとルバがこの点で有名だが、ピレネー東部軍を建てなおしたミヨーとスブラニも評価されている。九四年六月にフランスがいくつかの勝利をおさめた時に、多くのフランス人が「戦争の危機は去った」と感じた背景には、こうした「軍への恐怖政治《テルール》」の成果がある。また軍隊に対するシヴィリアン・コントロールの確立にも成功し、九二年六月と八月のラファイエット、九三年四月のデュムーリエのような、軍の指揮官によるクーデタの試みは、九三年夏から九四年夏の間には生じなかったのである。

　下からの盛り上がりと上からの対応は同時に出現し、パリの民衆運動は規制された。その詳細は繰り返さないが、「革命的・共和主義的女

図17　革命の殉教者たちの肖像　上から時計まわりにマラ，シャリエ，バラとヴィアラ，ルペルチエ

性市民のクラブ」は、九月初めに弾圧された過激派《アンラジェ》に近かったこともあって、同月半ばにジャコバン・クラブで批判され、政治問題への関与を弱めて食糧問題に活動を集中させたが、一〇月三〇日に解散させられた。革命初期から政治的権利に関する男女平等を主張していたオランプ・ド・グージュも、ジロンド派に近かったために連邦《フェデラ》主義《リスム》の反乱とのつながりを疑われて七月二〇日に逮捕され、一一月二日に死刑判決を受けて、翌日に処刑された。

しかし、革命政府は目先の状況のみにとらわれて小手先の対応に追われていたわけではない。まず、独自の権威の確立に努めた。九三年の一二月八日、一四歳の少年ジョゼフ・バラがヴァンデーの反乱軍に捕まり、「国王万歳」を叫ぶように強要されたのに「共和国万歳」と叫んだために絞め殺されるという事件が起きた。ニュースがパリに伝わると、公安委員会のバレールとロベスピエールはバラを自由の殉教者として賞讃し、同月二八日に彼をパンテオンに葬ることを国民公会に提案し了承された。マラ、ルペルチエ、シャリエの三人もすでに同じように自由の殉教者とされていたが、エベール派に一種のオーラとして利用されることが多かったし、「外国人の陰謀」事件にエベール派の人物の名が出るとこれら三人の威光にも陰りが生じた。バレールとロベスピエールはバラを公安委員会独自の「革命の英雄」とすることで、みずからに箔をつけたのである。実は九三年七月にアヴィニョンの近くで一三歳の少年ジョゼフ・アグリコル・ヴィアラが、渡河しようとした王党派を阻止するため、船のロープを切ったので殺害された。こちらは一般に伝わるのが遅れたが、九四年二月に新聞で報じられてパリでも知られるようになると、バラと同じように「公安委員会公認の英雄」となった。一三歳か一四歳の少年ならば、金銭上の清潔さで疑いが生じる心配もなかったのである。清廉さと純粋さを保つ「革命の英雄」をみずからのものとすることで、公安委員会は「徒党の争い」において道義的に優位に立つことができた。

九四年一月一〇日、立憲派司教のグレゴワールが国民公会で「公共記念物の刻銘に関するフランス語使用についての報告」を行なった。記念建造物の刻銘にはラテン語でなくフランス語を用いることを提案したもので、国民の文化的統合を視野に入れている。またこの演説でグレゴワールは「ヴァンダリスム」の語を初めて用いた。種々の文化財の破壊は、すでに述べたように、九二年夏から始まっており、九三年秋の非キリスト教化運動で加速された。それへの対策も個別に打ち出されていたが、破壊活動をヴァンダリスムとして一括して捉えることにより、それに対する文化政策を一貫したものにする方向がめざされたのだった。同月二七日には公安委員会委員のバレールがフランス語教育論を展開した。当時のフランスにおいてフランス語が通用したのはパリを中心とする比較的狭い地域だけであり、地方には様々な方言があった。しかし国民の一体化は言語の一体化なしには達成できない。フランス語教育が必要になる所以である。グレゴワールやバレールの提案は、いわば基本的な姿勢や進むべき方向を示しただけだった。フランスが実際に言語的に一体化するのは一九世紀後半である。しかしここでは、そうした長期的未来を見据えた政策が提案されたことが重要なのである。さらに同月二三日にはトゥーロンで過酷な弾圧を行なった派遣議員のバラスとフレロンが呼び戻された。公安委員会の指示に従わない派遣議員に対する取り締まりの始まりである。二月一二日には、派遣議員が事前に公安委員会の了承を得ることなしに徴用・徴発を行なうことが禁止された。革命政府は単に戦争と内乱への対処のみに追われていたわけではなく、「一にして不可分の共和国」を基礎づけ、確立する作業に取り組み始めていたのだった。

7　ジェルミナルのドラマ

二月には食糧問題をめぐってパリのサン＝キュロットの間に不穏な動きが広がっていたが、同月半ばになると、サン＝キュロットが中心のコルドリエ・クラブでは、財産にも上限を設ける要求が出されたり、直接民主制の実施の要求が出されたりするようになった。ちなみに折から商品価格の上限の見直しが進んでおり、同月二一日にはバレールが国民公会に新たな最高価格表を提出する。一二日にはエベール派のモモロがロベスピエールを穏和的すぎると批判した。二二日にコルドリエ・クラブは、買占め人の取り締まりのために革命軍を拡充することを要求したが、同じ日にエベール自身がコルドリエ・クラブで演説して、ダントン派を「新たなジロンド派」として糾弾するとともに、ロベスピエールを「嗜眠派《アンドルムール》」と呼んで批判した。サン＝キュロットの動きに棹をさして、エベール派が攻勢を強めたのである。ただしコルドリエ・クラブもしくはサン＝キュロットとエベール派は別のものとして区別しておくべきである。この時期、両者は重なり合う部分もあるが、一体ではない。

サン＝ジュストは公安委員会を代表して同月二六日（ヴァントーズ八日）に演説した。彼は「自由を悪用して蓄財したならず者が多くの役職を占めており、正義に戦いを仕向ける者が財務を担当している」として「外国人の陰謀」事件を批判し、「正義とは慈悲ではなく厳格さである」「犯罪に手心を加える者は誰であれ、君主制を再建し自由を損なうことを望んでいるのだ」としてダントン派を批判する。同時に「恐怖《テル》政治《ール》は留置場を満たしたが、有罪者を罰しなかった。恐怖政治《テルール》は嵐のように通り過ぎた」として、過激な措置を要求するエベール派をも俎上に載せる。そして恐怖政治《テルール》の替わりに永続的な制度によって恒常的に共和国を保護し、維持し続けることを主張するのである。また「祖国の解放に協力した者だけが祖国において権利を持つ」「愛国者の所有は神聖だが、陰謀家の財産はあらゆる不幸な者たちのためにある」とも述べて、所有の再分配を提案する。最後に二条のみの法案を提案し採択されるのだが、その第一は保安委員会は拘禁されている愛国者を釈放する権利を持つというものである。演説では厳格な裁判《ジュスティス》＝正義を主張したが、法令ではむしろ恐怖政治《テルール》の行き過ぎを議会の手で改めることを求めているのである。第二条は革命の敵と認定された者は、その財産を共和国に役立てるために没収するとともに、平和の到来まで拘禁し、その後には永久追放処分に処すというものである。死刑でなくなっている点に、恐怖政治《テルール》からの脱却をめざす意思が窺われる。この第二条に関してはサン＝ジュストが三月三日（ヴァントーズ一三日）に細則を提案し採択された。その趣旨は、①革命の敵の財産を没収して貧困者に配分する、②全国に六つの委員会を作り、監視委員会の協力を得てそれぞれの地域の貧困者を調査する、③その調査結果に応じて、没収した財産の具体的な配分案を作成するというものである。これら二つの法令《デクレ》を一括して、ヴァントーズ法と呼んでいる。

この法令《デクレ》は「革命の敵」や「貧困者」の概念が不明確であるから実施は困難で、六つの委員会の設置や貧困者の調査がほとんど進まないうちにテルミドールのクーデタでロベスピエール派が倒され、それとともに法令《デクレ》そのものが廃止された。だが、そもそも本気で実施が求められていたのだろうか。むしろ当時の政争において政府委員会が主導権を握るための駆け引きと捉えるべきであろう。すでに述べたように、相争う「徒党」はともに清潔さという点でイメージを損ねており、清廉さのイメージをまとうのに成功した政府委員会の権威は相対的に高まっていた。その政府委員会が今後の政治の動きをみずからの手に握ること、自分たちの主導下に永続的な制度を作ることを宣言し、しかも政府委員会に協力すれば経済的な恩恵が得られる可能性が示唆されたのである。「貧困者」の概念はあいまいだったからこそ、すべての人に希望を与えることができたのであり、パリにおいても公安委員会と国民公会に期待をかける民衆が増えた。その分だけエベール派に対するサン゠キュロットの支持は弱まったのである。

三月二日、エベール派のロンサンはコルドリエ・クラブで蜂起を呼びかけた。四日にもモモロとヴァンサンがエベールの弱腰を批判し、それを受けてエベールは穏和派と嗜眠派《アンドルムール》の共謀関係を非難するとともに、蜂起を唱えた。しかし、民衆は結局のところ動かなかった。翌五日、パリのコミューンはコルドリエ・クラブに従うことを拒否し、国民衛兵司令官のアンリオも蜂起に反対した。六日に公安委員会のバレールが国民公会で穏和派と「自称蜂起派」の双方を非難する演説を行なったのに続いて、一三日にはサン゠ジュストが「外国人の徒党について」と題する演説を行なった。やはりダントン派とエベール派の双方を批判していたが、「マラは一人しかいない。彼の後継者たちは、彼を赤面させる偽善者だ」と述べており、エベールが主たる対象になっているのは明らかだった。その日の晩、ロンサン、ヴァンサン、モモロ、マズュエル、デュクロケおよびエベール本人など、エベール派の指導者が逮捕された。彼らは同月二一日（ジェルミナル一日）に裁判にかけられたが、そこでの被告には外国人の銀行家・実業家、すなわちコック、プロリ、デフィユー、ペレイラ、デュビュイソンなども含まれていた。彼らは、エベール派という政治党派としてよりも、インド会社の清算に関する汚職事件に関わった「腐敗分子」として裁かれたのである。ほぼ全員が二四日に有罪判決を受け、その日のうちに処刑された。パリのサン＝キュロットはほとんどまったく動かなかった。

従来の定説においては、「エベール（派）はパリのサン＝キュロットのリーダーだったが、ロベスピエールに代表される公安委員会は、政治路線をめぐる対立から、エベール派を処刑した。指導者を奪われたサン＝キュロットは茫然自失して革命の情熱を失い、ロベスピエールから距離をおくようになった。それで四か月後のテルミドール九日のクーデタの際に、国民公会から追放されたロベスピエール派はサン＝キュロットの支持と援護を得られず、議会に反撃ができないまま、滅亡することになった」とされていた。しかし最近の研究によると(46)、エベール派が逮捕されるまでは同派への支持と不支持が入り混じっていたが、逮捕されるとすぐに民衆のほとんどがエベール派を見放して国民公会を支持するようになり、革命に害をなす陰謀を議会が取り締まったことを祝福した。そして自分たちは常に議会を信頼し、支持すべきだと語り合うようになったのである。テルミドールのクーデタの際もまったく同様で、国民公会を信頼し、その措置を支持したからこそロベスピエール派を見放したのであって、自分たちの指導者エベールを奪われた恨みをはらしたわけではない。言い換えると、革命政府が国家機構を整備し、自分たちのみが正統性を持つ政治的権威の唯一の担い手たろうとした努力は一定の成果を示しており、民衆は私的なリーダーの指示よりも法的・手続き的に正統な権威もしくは機関の決定の方を正当なものとして受け入れる政治文化を身につけるようになってきていたのだった。前年秋からの「外国人の陰謀」事件の結果として、エベール派の清潔さに疑いが持たれていたことがその背景にあるのは、言うまでもない。

エベール派が逮捕されたのを見て、ダントン派は自分たちが勝利をおさめたと信じた。カミユ・デムー

図18　処刑台に運ばれるダントン
1794. 4. 5

ランは一四日に『ヴュ・コルドリエ』紙の第七号を印刷し、その中で交戦国であるイギリスを称讃し、即刻に和平を結ぶことを主張した。しかし公安委員会は、ダントン派とエベール派はともに「外国人の陰謀」事件の加担者で、同じ穴のムジナと見ていた。その一方だけを逮捕して他方を見逃す意思はなかったのであって、『ヴュ・コルドリエ』紙を印刷した業者を逮捕するとともに、同紙を発行前に差し押さえた。三月二九日（ジェルミナル九日）、公安・保安の両委員会は合同会議で穏和派の逮捕を決定し、翌日ダントン、デムーラン、ドラクロワ、フィリポーが逮捕された。彼らダントン派の裁判は四月二日に始まる。エベール派の場合と同様に、ファーブル＝デグランチーヌ、シャボ、バジルなどインド会社の清算に関わる汚職事件に連座していた人々が被告につけ加えられた。五日（ジェルミナル一六日）に死刑判決が下り、即日に処刑された。

これら二つの「徒党」の逮捕と処刑が「ジェルミナルのドラマ」である。これによって半年近く続いた「外国人の陰謀」事件は決着し、腐敗分子の粛清に成功した政府委員会の権威が高まった。そのリーダーシップのもとにフランス国内に安定的な政治的秩序が形成されるとともに、対外戦争と内乱の双方が勝利に導かれることが期待されたのである。同時に、このドラマと相前後していわゆる「恐怖政治《テルール》」＝革命裁判所での裁判を通した弾圧・処刑に一定の変化が見られた。九三年の夏から秋にかけては、国民公会は、地方に派遣される議員も含めて、革命を推進する勢力であり、議会と議員に敵対する者が反革命容疑者として弾圧の対象になった。ジロンド派議員もいったん議会から追放された後、連邦主義《フェデラリスム》の反乱という「反革命」に参加したから一〇月に裁判・処刑されたのだった。しかしジェルミナルのドラマでは現職の議員が裁判され、処刑されている。議会が外側の社会を取り締まるのではなく、議会自身の内部が猜疑の対象になったのである。そのため、「議会」と「議員」が切り離され、政治的に正統な権威を担うのは国民公会というやや抽象化された組織であって、生身の議員ではなくなった。エベール派が逮捕された時のパリの民衆の態度が、この変化を示している。そして生身の議員は、一方では議会を構成するメンバーでありながら、同時に「いつ自分に疑惑と容疑が向けられるか」という不安を抱かざるを得ない存在になった。この不安が結局はテルミドールのクーデタを生み出すことになる。

8　政治と革命の再編

四月一日、政府にあたる執行会議が廃止され、一二の執行委員会が作られた。事実上は政府委員会が統治の中心であり、執行委員会は文字通り、政府委員会の決定を執行する機関となった。同じ日に公安委員会の中に警察局が設置された。統治の効率化・一元化をめざしたものであるが、警察は保安委員会の管轄だったから、その権限を侵食することになった。さらに同月一五日、サン＝ジュストが治安全般に関する演説を行ない、それに基づいて新たな法令《デクレ》が採択された。これにより、まずに政府委員会にかなりの権限が集中した。特に公安委員会は単独で各種当局と役人を監視し、不正を行なった役人を処罰する。また食糧委員会と軍への派遣議員は、公安委員会に事前に許可を得なければ徴発を行なえず、陰謀の被疑者はすべてパリの革命裁判所に送られることになった。さらに、元貴族およびフランスの交戦国の人間はパリ、要塞のある町、港町には滞在できないことも決まった。六〇歳以上でも障害者でもない者が革命について不平を言ったり、無為に過ごしたりしている場合には、ギアナに流刑にするという規定もある。

もっとも法令《デクレ》には別の側面もあった。フランス人と結婚した外国人、平民と結婚した元貴族は右の規定の適用外であるし、パリの軍需工場で働いている外国人、職人や商人としてすでに働いている者も同様である。また共和国に役立つ能力を持つと認められた場合には、公安委員会は「特別徴集」という名目で登用することができる。さらに公安委員会は種々の奨励金や補償金で製造業・鉱山開発・マニュファクチュア・沼沢の干拓を援助するとともに、物資の生産と流通全般を保護することも定められた。掛け声は勇ましいが、実用主義的で柔軟でもあるのだ。事実、この頃から経済の自由化が少しずつ進んだり、公安委員会が銀行家を保護したりすることも生じている。誰が「元貴族」かの認定もかなり緩やかに行なわれた。この法令《デクレ》は、ジェルミナルのドラマを乗り切った公安委員会の勝利宣言であり、革命の今後は政府委員会の統率のもとに秩序立てて進められることが明らかにされた。一時的な臨時手段（＝「恐怖政治《テルール》」）ではない永続的な制度の確立がめざされたのである。

派遣議員の中で、派遣先で過酷な弾圧を行なった者や無神論的な非キリスト教化運動を主導した者のうち、マルセイユとトゥーロンに派遣されていたバラスとフレロンは一月二三日に呼び戻されており、ナントのカリエも二月後半にパリに召喚されたが、四月一九日には一挙に二一名の議員が呼び戻された。入れ替わりに地方に送られるのは、公安委員会とりわけロベスピエールとサン＝ジュストに近い、従順な議員だった。五月八日には、公安委員会が、県革命裁判所の廃止を再確認するとともに、地方の革命委員会（＝革命裁判所に相当）を原則として廃止した。いくつかは例外的に存続が認められたが、それまで地方が担当していた裁判のほとんどがパリ革命裁判所の管轄となった。公安委員会ないしはパリへの権限集中がめざされたのである。

国民の言語のフランス語への統一とフランス語教育の問題は一月にグレゴワールやバレールによって提起されていたが、二月九日にもフランス語の排他的使用が政治の目標の一つであることが改めて確認され、春になってからもいくつかの動きがあった。四月一四日にアルザスのドイツ人が追放されたのも、その一環である。貧民の救済も重視されるようになり、ヴァントーズ法で取り上げられたが、ロベスピエールも五月七日の議会での演説で言及している。同月一一日にはバレールが乞食の廃絶と貧民への扶助について国民公会で演説し、地方当局による助成金給付が定められた。一七九三年一二月一九日に初等教育に関する法令《デクレ》が定められていた。いわゆる「ブキエ法」で、無料・義務・非宗教的であることを原則とし、愛国的・革命的な道徳教育をめざしていた。年明けからこの法令《デクレ》の実施をめざした準備が各地で始まり、春頃から学校が開かれていった。またこれに合わせてグレゴワールは一月二二日に国民公会で学校教科書のコンクールの開催を提案している。ブキエ法に基づく学校は、結局は一年たらずで失敗・消滅したが、民衆層が関わりを持って革命の精神を養成する教育を行なうという試みが初めてなされたのだった(47)。離婚は九二年九月に原則的に認められるようになっていたが、次第に当事者の意思が尊重される方向で改革が進み、九四年四月二三日には公証人のもとで証書を作るだけまでに手続きが簡素化された。相続に関しては九三年一二月に遺言状の効力が大幅に制限され、本来相続権を持つ者の権利が確保されるようになった。技術的に種々の問題が生じたが、九四年三月一二日に規定の改正がなされた。「できるだけ平等に」というのが、その基本的な精神である。

一見すると、相互に関連のないことを列挙したように思われるかもしれない。しかし、①元貴族と外国人という「非国民」を排除することで「革命の推進のために一致団結するフランス国民」およびその国民によって形成される「一にして不可分のフランス共和国」というアイデンティティを打ち出し、②国民の一致を具現化するために、徳育を中心とする公教育と、唯一の国語たるべきフランス語の教育を計画し、③革命の成果として自由と平等の拡大を日常生活の中で実感できるものにする。これらは、この時期の革命政府がめざした方向の種々の側面だった。公教育は失敗して出直すことになり、国語の統一は一世紀近くかかるプロセスの最初の一歩を踏み出しただけであり、民法上の規定は後のナポレオン法典で後退することになる。そうであるにしても、この時期の革命政府がめざす理念は垣間見えたのである。ただし、同じ理念が別の現れ方をしていることも見逃すわけにはいかない。五月八日、二七名の元徴税請負人が処刑された。その中には、酸素の発見で知られる化学者のラヴォワジェもいた。彼らはアンシァン・レジーム期に果たした政治的役割故に懲罰の対象になった。すなわち、なんらかの意味で革命に敵対的な行動をとった「実行犯」のみならず、「共和国にふさわしくない存在」も糾弾の対象に含まれるようになったのである。

9　最高存在の祭典とプレリアル二二日の法

エベール派の主導による無神論的な非キリスト教化運動がもたらした傷をいやすのも、革命の再編にとって重要な課題だった。ロベスピエールは五月七日に議会で「宗教・道徳思想と共和国の諸原理の関係について、および国民の祭典について」と題する演説を行なった。その冒頭で彼は、フランスの勝利が至る所で語られるようになった今こそ、共和国の安定と至福をもたらすべき諸原理を確固たるものにしなければならないと述べる。戦争と内乱を克服できたことを前提にして、徳と恐怖を原理とする革命政府のあり方を再考したのである。演説の最後に提案され、採択された法令《デクレ》では、フランス国民は最高存在の実在と魂の不滅を認めることが宣言され、最高存在の礼拝とは人類の義務を実践することであるとされる。そ

図19　最高存在の祭典　1794.6.8

の義務として、悪意と暴君政《ティラニ》を嫌悪すること、不幸な者や弱者、抑圧された者を助けることなどが挙げられる。国民公会は人類の大義に奉仕する者を顕彰するものとされる。またフランス共和国で祝われるべき祝日と旬日(48)の祭典が定められるとともに、一か月後の六月八日に最高存在の祭典を開くことも決められた。礼拝の自由が認められることも規定されている。要するに、最高存在を認めることによって無神論を否定するとともに、最高存在への信仰が共和制の原理である徳を産みだすことが期待されたのだった。

この法令《デクレ》に定められたように、六月八日にパリで最高存在の祭典が開かれた。直前の四日にロベスピエールが国民公会の議長（任期二週間）に選出されていたので、彼が議長の資格でこの祭典を主宰した。国民公会が置かれているテュイルリ宮殿の前の広場に集まった人々は、ロベスピエールを先頭に、行列してシャン゠ド゠マルスに赴いた。泉のほとりに「無信仰」「エゴイズム」などを表す像が立っており、ロベスピエールが点火してこれらの像を燃やすと、中から「叡智」の像が現れた（煙で、黒く煤けていた）。またシンボルとして山（＝モンターニュ）が築かれており、人々が登るとラッパが鳴り、讃歌が歌われた。ロベスピエールは祭典の間に何回かに分けて演説をし、最高存在について、基本的には五月七日の演説と同じ趣旨を語った。この祭典は、理神論に好意を抱く人々にも、カトリックの信仰を捨てていない人にもアピールし、革命の完成と新たな時代の到来を予感させた。祭典への祝辞が全国から一二三五通も寄せられたし、王党派に近いジャーナリストで亡命中のマレ＝デュ＝パンは「ロベスピエールが本当に革命の深淵を閉ざそうとしていると思われた」と述べている。

五月七日の演説と六月八日の祭典が「徳」を強調したものだったことは確かだが、もう一方の「恐怖」が忘れられたわけではない。五月の演説でロベスピエールは「犯罪への雷を下す」ことも求めていた。その雷に当たるのが、最高存在の祭典の二日後、六月一〇日（プレリアル二二日）に出された「革命裁判所に関する法令《デクレ》」、いわゆるプレリアル二二日法である。前節で述べた五月八日の決定の結果、パリの革命裁判所の仕事が増えたので、その拡充と裁判の効率化・敏速化が求められたのである。公安委員会の委員でロベスピエールに近いクートンが一人でこの法案を作成し、国民公会に提案した。

その趣旨は、まず革命裁判所の役職者が定められ、ついで革命裁判所が被告とすべき「人民の敵」とはいかなる人物かが定義される。九三年三月一九日の、ヴァンデーの反乱に参加した者は死刑とするという法令《デクレ》、九月一七日の反革命容疑者法など、革命裁判所が裁く対象については複数の法律があって、混乱も生じていたので、改めて統一的な定義を行なったのである。その意味では、政府委員会による集権化および革命の再編の一環だった。特定人物を革命裁判所に告訴する権限は国民公会、公安委員会、保安委員会、議員、国民公会の職員および革命裁判所の検事に限定され、いずれの場合も事前に公安・保安両委員会の承認を得ることが必要になった。これも同じ趣旨である。裁判の敏速化のためには、①尋問は公開で行なわれるものとして、秘密の予備審問は原則として廃止され、②物的な証拠で足りる場合には証人の喚問は行なわれず、③有罪の場合の刑は死刑のみとされた。また「陰謀家」の裁判には弁護士は認められない。クートンの議会での説明によれば、これはダントン派の裁判に対する反省によるものだった。ダントン本人の法廷での雄弁が審理を長びかせ、革命裁判所や公安委員会を悩ませたのである。弁護士が巧妙な詭弁を弄して黒を白と言いくるめるのを避けようとしたのだった。同時に、クートンによると、弁護士が依頼人を恐喝して法外な弁護料を要求することもしばしば生じており、それを避ける必要もあった。「革命裁判所に関する法令《デクレ》」は、政府委員会の監督を強化することで混乱や恣意的な運用を抑制し、恐怖政治《テルール》＝臨時の特別措置という性格を払拭するとともに、民衆の政治的な介入を排除しようとしたのだった。

しかし「外国人の陰謀」事件は、議員が政治活動そのものの中で収賄や横領を行なうという犯罪もあることを明らかにした。反革命は必ずしも、武器をとって共和国政府に逆らうというような、わかりやすい形をとってはいないのである。「人民の敵」の定義は必然的に、本来の意図に反して、あいまいで恣意的な解釈の余地を残すものになった。また裁判手続きの簡素化や弁護士の廃止は、誤審や冤罪にもつながる危険性を孕んでいる。提案を受けた国民公会では、ジェルミナルのドラマを乗り切って力を増した公安委員会の新たな弾圧の手段をこの法案に見いだす議員も多く、議論は紛糾した。審議の継続と採決の延期を求める声も大きかったのだが、議長のロベスピエールはクートンの提案を支持し、かなり強引な議事の運びで、その日のうちに採択した。

プレリアル二二日法は「大恐怖政治」の開始を告げるものだったと言われることがある。さらにはこの大恐怖政治は、ロベスピエール派が独裁をめざして反対派を弾圧したものであり、その血なまぐささに耐えられなくなった国民公会がロベスピエール派を倒すのがテルミドールのクーデタだとも言われる。「ロベスピエール派の独裁」云々は次節以降にまわすとして、「大恐怖政治」説をここで検討しておこう。この説の根拠として挙げられるのが、革命裁判所の死刑判決の数である。パリでは、革命裁判所が設置された九三年三月一〇日から九四年六月一〇日までの一四か月で一二五一名に死刑判決が下された。一日平均三名弱である。六月一〇日から七月二八日（テルミドールのクーデタの日）までの四八日では一三七六名、一日平均二八名強だった。一日あたりの処刑者数は九倍以上になったのであり、これだけを見ると恐怖《テル》政治《ール》が極端に強化されたように見える。しかし処刑は従来パリのみで行なわれていたわけではない。フランス全国で見ると、正規の革命裁判所によるものと略式裁判によるものを合わせて、約四万名の被告が処刑された（ヴァンデーの反乱の犠牲者は除く）。カリエが派遣されていた時のナント、連邦主義《フェデラリスム》の反乱が倒された直後のリヨンやマルセイユなど、特定の時期と場所で集中的に裁判が行なわれているので、平均を出すことはあまり意味がないが、あえて計算すれば一日あたり九四名弱である。プレリアル二二日法以降は実質的にはパリだけで革命裁判が行なわれるようになったから、パリでの処刑者は急増したが、全国を視野に入れるならば処刑は逆に減ったのである。

　それでは、なぜ「大恐怖政治」が語られたのだろう。一つには、言うまでもなく、パリでの処刑の急増である。来る日も来る日も、毎日三〇名近い死刑囚が牢獄から馬車で処刑場に引き出され、首が切られて大量の血が流れるのだから、陰惨で沈鬱な光景だったであろうことは、想像に難くない。二つ目は、議員の不安である。この法が採択された翌日の一一日、国民公会は、公安委員会の委員が出席していない時をねらって、「議員を弾劾し、裁判にかける権利は、国民代表のみに排他的に認められる」という宣言を出し、これを条文として前日の法令《デクレ》につけ加えた。提案したのはダントン派に近かったブールドン・ド・ロワズである。ロベスピエールとは距離がある立場の議員から見れば、革命裁判所に対する公安委員会の監督権限が増し、しかも裁判手続きが簡略化されたのは、ロベスピエールが反対派を排除する手段として革命裁判所を利用しやすくしたように思われたのである。クートンとロベスピエールは、この宣言を公安委員会に対する侮辱であるとして、一二日に取り消させたが、その際のけんかのような討論の中でロベスピエールは、国民公会の中になお、警戒を要する陰謀家がいることを示唆したものの、具体的な名前は挙げなかった。ブールドンのような立場の議員や、地方で過酷な弾圧や無神論的な非キリスト教化運動を推進してパリに召喚された議員の不安は、さらに増大したのであり、「大恐怖政治」説はこうした不安の表明なのである。パリの陰惨で不安な生活が「大恐怖政治」説を生み出したのだった。

10　テルミドールのクーデタ

ロベスピエールは、革命政府を実質的に主導していたとは言い難い。彼は軍事作戦・軍事政策には疎く、この分野は公安委員会の他のメンバー（主に、カルノ、ランデ、プリュール・ド・ラ・コート＝ドール、およびサン＝ジュスト）に任せていた。また財政は公安委員会とは別の財務委員会の担当だったし、ロベスピエール自身も財政への関心は薄かった。戦争を遂行するための臨時の政体である革命政府で、軍事と財政にタッチしないのでは、リーダーたり得ないだろう。しかし彼は、第五章6節で述べたように（164頁参照）、革命の状況を整理して進むべき道を指し示すオピニオンリーダーとしては、憲法制定国民議会の頃から注目されており、民衆の信頼も厚かった。彼は九二年四月二七日にジャコバン・クラブで「私は預言者でも仲介者でもない。……私自身が人民なのだ」と述べている。主権者である人民、その意思が法律になるべき人民そのものであることが自身の言説の正しさを担保していると考えるのであり、その自信が彼の言説に説得力を与えていた。彼は九三年春以降、とりわけ七月にマラが暗殺された後は、政治の場で一番目立つ人物になっていたのであり、彼自身も、本章で見てきたように、革命政府が重い決断を迫られるような場面では必ず重要な演説を行なって、公安委員会の基本方針を示していた。つまり個々の政策を考えるというよりは、それぞれの政策をより大きな理念の中に位置づけ、首尾一貫したものとして説明し、それによって人々を鼓舞するのが彼の役割だったのである。

しかし、このように目立つ位置に立つと、容易に妬みや反発、猜疑や中傷の対象になり得る。ロベスピエールが独裁者もしくは国王をめざしているという噂・中傷は国民公会が始まった頃から出ていたが、九四年春にはかなり一般的になった。保安委員会は、四月一日に公安委員会に警察局が設置されて、みずからの権限を制限されたことでロベスピエールを恨んでいたが、五月一二日にカトリーヌ・テオという女性を逮捕した。彼女は自称預言者で、ロベスピエールは最高存在の代理人であり、神聖な使命を帯びていると述べていた。それ自体は取るに足りない些事なのだが、あえて問題にすることでロベスピエールを戯画化しようとしたのである。同月二三日、アンリ・アドミラという男がロベスピエールの暗殺を狙って待ち伏せたが出会うことができず、替わりにコロ・デルボワに発砲して負傷させた。その翌日にはセシル・ルノーという一六歳の女性が、ナイフを持ってロベスピエールの下宿に押し入ろうとして逮捕された。彼女は「暴君がどのような姿をしているのか見ようとした」と語った。六月八日の最高存在の祭典をロベスピエールが主宰し、行列の先頭を歩いたり、人工の山の頂上から参集者を見下ろして演説したりしたのは、その数日前に国民公会の議長に選ばれていたからなのだが、あたかも彼自身の野心の現れであるかのように中傷された。カトリーヌ・テオの件とのからみでひやかす者もいたし、ロベスピエールに反発する議員は演説中に大声で私語をして妨害した。

公安委員会の委員たちは連日、朝六時から夜一〇時くらいまで仕事をしていた。それだけでも激務で疲れるのに、ジェルミナルのドラマではロベスピエールは、かつての盟友や学生時代からの友人と対決し、彼らを死に追いやることになった。それによる精神的な打撃は大きなものだっただろうが、それを克服して革命の再編にとりかかったとたんに、暴君・独裁者として非難されたり、嫌がらせを受けたりするようになったのである。マクフィーはその著書で、この時期のロベスピエールがこうむっていた肉体的・精神的ダメージを繰り返して強調し、「かつて非常に優れ、個性が反映され、戦略的だった判断力は、彼から消え失せてしまったようだ」と述べている(49)。確かに、議会の反対が強かったプレリアル二二日法を強引に採択したのは、仮に自分自身に対する暗殺未遂事件で危機感にとらわれていたとしても、政治的なバランス感覚に欠けた行為だっただろうし、その二日後に「陰謀家」のさらなる弾圧を示唆したのも、議員の間に無用の不安を増大させただけだった。また最高存在の祭典の主宰者を引き受けて、ことさらに他の議員より一段上に位置するかのような演出に従ったのも、冷静さに欠けていたと言えよう。これ以降も、公安委員会の内部や国民公会において、ロベスピエールと反対派との間の対立が広がるのだが、彼の対応は必ずしも適切とは言えない。もともとひ弱な体質の彼は、九四年に入ると、二月五日に議会で大演説をやった後、翌日から三月三一日まで病気で療養、ダントン派の裁判と処刑の時には公安委員会に出ているが、四月一九日から五月六日まで再び病気療養、七日に大演説をした後、しばらくは元気だが、六月二九日から七月二六日（テルミドールのクーデタの前日）まではまた国民公会と公安委員会を欠席した。つまり政治の現場から距離を置いたところで自分の信念を表明する演説の原稿を準備したり、革命にまつわりつく陰謀について思いをめぐらせたりしていたのである。その間に、彼を倒そうとする計画もひそかに進行していた。

図20　フルーリュスの戦い　1794.6.26

ここで、この頃のフランスの状況を見ておこう。ヴァンデーの反乱は九四年春にはほぼ鎮圧されていた上、四月上旬には反乱側に内輪もめが生じて自滅の度合いを深めた。それで、内乱対策に従事していた軍を適宜、対外戦争に振り向けることができるようになった。共和国軍の苛酷な弾圧を放置したテュロ将軍は五月一三日に罷免された。ちなみに、テュロの後任に任命されたデュマ将軍は、小説家アレクサンドル・デュマの父である。ポーランドではコシューシコの指導のもとに、ロシアとプロイセンの占領軍に対する反乱が三月二四日に起き、戦いを有利に進めて、四月一九日には首都ワルシャワに入城した。そのためプロイセンとオーストリアは、フランスに向けていた軍の一部を引きあげて、ポーランドに向かわせなければならなくなった。五月二九日にはモーゼル方面軍がベルギーのディナンを奪回し、その結果、六月八日にはアルデンヌ方面軍と合流することができた。さらに西のドーヴァー海峡沿いにいるフランドル方面軍を含め、北部ではベルギーを戦場にするようになった。それでベルギーで徴発される財貨がフランスにもたらされ、軍資金として用いられた。

このようないくつかの事情のおかげで、各戦線でフランス軍が有利に戦いを進めるようになっていた。五月二〇日、アルプス方面軍がモン＝スニを奪還したので、サヴォワ全域が解放された。同月二八日にはピレネー東部軍がコリウールとポール＝ヴァンドルを奪還し、ルーシヨン（ピレネー山脈の北の地中海沿岸地域）がフランスに取り戻された。ベルギーでも勝利が続いたが、決定的だったのは六月二五日のシャルルロワ占領に続く、翌日のフルーリュスの勝利である。この戦いでは史上初めて、熱気球が兵器として用いられた。フランス軍は気球を上げて空中から敵の動きを観察し、逐一、地上に報告を送ったのである。「情報戦」の勝利だった。これにより、フランス軍全体の勝利はほぼ確定したと考えられた。七月八日にはブリュッセルに進軍している。同月一三日にはライン方面軍とモーゼル方面軍がカイザースラウテルンを占領し、プロイセン軍をライン川の東に追いやった。またこれらとは別に、六月一日にウェッサン島（ブルターニュ半島西端の沖にある島）沖の海戦で、イギリス海軍と戦った。フランスは軍艦七隻を失ったが、海軍が敵艦を引き寄せている間に一五〇隻の輸送船団はブレストに入港し、アメリカ合衆国からの貴重な小麦を無事に届けた。端境期にちょうどぴったりに届いたので、フランスの飢饉はくい止められたのである。

戦争に関する危機感が薄らぐにつれて、これまでは比較的に一致団結していた革命政府内部での微妙な対立があらわに目につくようになった。保安委員会は、すでに述べた警察局の設置の件で、ロベスピエール派（ロベスピエール、サン＝ジュスト、クートン）を恨んでいた。公安委員会のビヨ＝ヴァレンヌとコロ・デルボワ、保安委員会のヴァディエとアマールは、もともとエベール派に近い立場だったので、ジェルミナルのドラマに関して、やはりロベスピエール派に不快感を持っていた。公安委員会の中で軍事関係の実務を主として担当していたカルノ、ランデ、プリュール・ド・ラ・コート＝ドールは政治的には穏和な立場で、ロベスピエール派の社会政策、特に理神論の唱道には反発を抱いていた。またサン＝ジュストは軍務にも明るく、その方面での業績もあった（例えば六月二六日のフルーリュスの勝利には、派遣議員として立ち会ったサン＝ジュストの活躍も貢献していた）ので、軍事作戦全般を指揮するカルノとはライバル関係にあった。さらに政府委員会の中でプレリアル二二日法を支持したのは実質的にはロベスピエールとクートンのみだった。このような種々の対立が、公安委員会もしくは公安・保安両委員会の合同会議などの席上で、ロベスピエール派とそれ以外のメンバーの間の口論などのかたちで、表に現れるようになった。六月一五日、ヴァディエは一か月前に逮捕されていたカトリーヌ・テオについて改めて国民公会で報告をし、ロベスピエールをかなり露骨に揶揄した。

国民公会では、テュリオ、ルコワントル、ルジャンドルなど、前節末尾で触れたブールドンと近い立場の議員、フーシェ、タリアン、カリエ、フレロンなど召喚された派遣議員が不安に怯えていたが、彼らの間で「倒される前に倒す」、すなわち自分たちではなくロベスピエール派を、エベール派・ダントン派につぐ第三の「打ち倒されるべき陰謀家」に仕立てる計画が立てられていった。個人的には不安を感じる必要のない議員であっても、戦争の危機が遠のいて、そろそろ革命政府を終わらせて本来あるべき立憲制に復帰できるかもしれないという希望が見え始めた時期に、なお「陰謀家」への弾圧を訴えて「恐怖政治《テルール》」に固執するロベスピエールの姿は、パリで打ち続くギロチンでの処刑の陰惨さとあいまって、異様に思えたのである。

六月二九日、公安委員会でロベスピエールがカトリーヌ・テオの追及をやめさせようとし、そのために革命裁判所検事のフーキエ＝タンヴィルの辞任を要求したことから口論が生じ、ビヨ＝ヴァレンヌ、コロ・デルボワ、カルノがロベスピエールとサン＝ジュストを独裁者となじった。ロベスピエールはサン＝ジュストを連れて退出した。サン＝ジュストの方はその後も公安委員会に出席するが、ロベスピエールはこれきり公安委員会にも国民公会にも顔を出さなくなった。とはいえジャコバン・クラブでは七月一日と九日に演説し、「陰謀家」を批判している。すでに述べたように、彼はいつでも「常に悪そのものである敵」「善意だが、だまされやすい民衆」「民衆に正しい道を示して革命を導く議会」の三分法で状況を整理し、説明してきた。「敵」は常にただ打ち倒すべき存在であって、交渉や妥協の余地はあり得なかった。その図式はまったく変わっていなかったが、国民公会や政府委員会の中にまで「陰謀家」が見出されるようになった現在、革命を正しく導けるのは議会全体ではなく、自分自身と自分を中心とするごく一部の人物のみになってしまったようである。七月一日の演説では、「陰謀があまりにも拡大していて、自分にできるのはその概要を描くのに手をつける程度だ」とすら述べた。

公安委員会のバレールは七月二〇日頃、ロベスピエールと政府委員会の他のメンバーとの和解をめざして努力しており、ロベスピエール派のサン＝ジュストもその点ではバレールに近い立場をとったが、肝心のロベスピエールがかたくなだったため、失敗に終わった。同月二六日、ロベスピエールは久しぶりに国民公会に出席して演説し、「犯罪的な陰謀が存在する」ことを繰り返して強調した。そして、具体的には何も語らないまま、この陰謀が国民公会や政府委員会の内部にまで及んでいることを示唆したが、陰謀家の名前は挙げなかった。議会が終わるとジャコバン・クラブに出席し、同じ演説を繰り返した。これが決定的な破局だった。バレールは、ロベスピエールと公安委員会の他のメンバーとの和解を最後までめざしていたが、とうとうあきらめて反ロベスピエール側に立つことを決めた。

図21　ロベスピエールの逮捕　1794.7.27

翌二七日（テルミドール九日）、国民公会は朝一一時頃に開会した。正午過ぎにサン＝ジュストが演壇に上り、ロベスピエールを擁護する発言を始めたが、タリアンにさえぎられた。後は混乱だった。ロベスピエールも演壇に上がろうとしたが、「暴君を倒せ」の声にやじり倒された。怒号が飛び交う中で、午後四時か五時頃、兄マクシミリアンと弟オギュスタンのロベスピエール兄弟、サン＝ジュスト、クートンおよびルバの逮捕が決定された。パリのコミューンはロベスピエールを支持していたので、逮捕された議員は牢獄に向かう途中でコミューン関係者によって解放され、市役所に入った。パリの町を構成する四八のセクションは事件のニュースを聞いて集会を開いた。コミューンからの蜂起の呼びかけに応えて市役所に代表を送ったセクションもあるが、多くは情報収集に努め、ロベスピエール派の逮捕が国民公会の正式な決定であることを知ると、コミューンの指示を無視して市役所を離れた。またロベスピエール自身は元から「議会の人」であり、国民公会への反抗を民衆に呼びかけるような動きはしなかった。コミューンはほとんど何もしないまま、夜がふけた。国民公会はバラスに軍を委ねて、ロベスピエール派の逮捕に向かわせた。彼は深夜二時頃に市役所に入って、ほとんど無抵抗のロベスピエール派議員を逮捕した。兄ロベスピエールはあごを拳銃で打ち砕かれた姿で捕まった。自殺に失敗したのか、国民公会側の兵に至近距離から撃たれたのかは明らかでない。ルバは自殺した。弟ロベスピエールも市役所の二階から身を投げたが、死ななかった。国民公会は逮捕を命じたロベスピエール派議員を「法の外に置く」、すなわち法的権利をいっさい奪うことを決めていたので、彼らは裁判を受けることなく、二八日の午後八時頃、ギロチンで処刑された。

第七章　テルミドール派公会

1　一七九四年の夏

七月二七日のクーデタで中心になった人々がテルミドール派と呼ばれる。ただし、そもそもクーデタ自体がある意味では突発的な事件であって、当事者が一致した目的なり事件後の展望なりを持たないまま、出来事だけが先行してしまったのであり、テルミドール派が共有していたのは、ロベスピエール派への反発だけだった。中心になったのは、タリアンやフレロンなど、派遣議員として地方で過酷な弾圧を行なったために召還された議員だった。彼らが派遣先で恐怖政治《テルール》を行なったのは時流に乗っただけのことで、みずからの信念や主義主張に基づいてのことではなかった。召還され、恐怖政治《テルール》の責任を問われそうになったので、保身のためにロベスピエールを倒そうとしたのである。これを仮に第一グループと呼ぼう。このグループに引きずられてクーデタに加わったのが、政府委員会のメンバーでロベスピエールと不和になったバレールやカルノ（ともに公安委員会）、ヴァディエ（保安委員会）などで、こちらを第二グループと呼んでおく。これら二つのグループが、いわばクーデタの実行部隊だった。彼らを背後から支持したのが平原派、すなわち革命政府を一種の必要悪として受け入れはしたが、みずからは穏和で自由主義的な公会議員だった。モンターニュ派でもダントンに近かったブールドンやテュリオなどをここに含めることもできよう。要するに、テルミドールのクーデタとはモンターニュ派の内部分裂だったのであり、血なまぐさい弾圧や統制経済などの「恐怖政治《テルール》」にうんざりしていた平原派議員がそれを受け入れたのである。

テルミドール派、特に第一グループにとってはロベスピエールの影響をそぐのが最優先の課題だったから、ロベスピエール派が処刑された翌日の七月二九日には政府委員会のメンバーは一か月ごとに四分の一ずつ改選されることが再確認され、保安委員会のダヴィッドのようにロベスピエールと近かった委員はすぐに交代させられた。しかし公安委員会の委員である第二グループのバレールにとっては、ロベスピエール派の排除は革命政府の純化だった。その意味ではテルミドールのクーデタはジェルミナルのドラマの再現であり、革命政府の活動を妨害するようになったグループを排除することで、革命政府が本来の活力を取り戻すべきものだったのである。確かに彼も恐怖政治《テルール》の行き過ぎを認め、その責任をロベスピエールとプレリアル二二日法に求めた。その結果として、プレリアル二二日法は八月一日に廃止された。しかしそれは革命委員会と革命裁判所の存続を求めるための方便だったに過ぎない。ところが国民公会の過半数を占める平原派は革命政府そのものの大幅な緩和もしくは解体を望んでいたのであるから、バレールの主張はあまり共感を得られなかった。一か月後の委員会改選でバレール、コロ・デルボワ、ビヨ＝ヴァレンヌが公安委員会からはずれると、彼らの影響力は弱まった。しかしそれに対抗して、パリのジャコバン・クラブはタリアン、フレロン、ルコワントルを除名する。第一グループと第二グループの対立は、国民公会とジャコバン・クラブの対立として現れるのである。

こうした国民公会の雰囲気を理解し、「時代の流れ」とでも言うべきものに巧みに乗ったのが、第一グループのタリアンだった。しかし彼が果たさなければならない役割は微妙で困難なものだった。彼を含む第一グループのメンバーはいずれも、右に述べたように、派遣議員として苛酷な弾圧を行なった前歴を持つ。彼ら自身が「恐怖政治《テルール》」の体現者だったのである。そうしたみずからの過去を正当化し、しかもロベスピエールは批判して、彼を倒したことをも正当と主張するのは、論理的にかなりの無理があるだろう。その無理を乗り越えるために彼が九四年八月二八日に国民公会での演説で主張したのが「恐怖政治《テルール》のシス

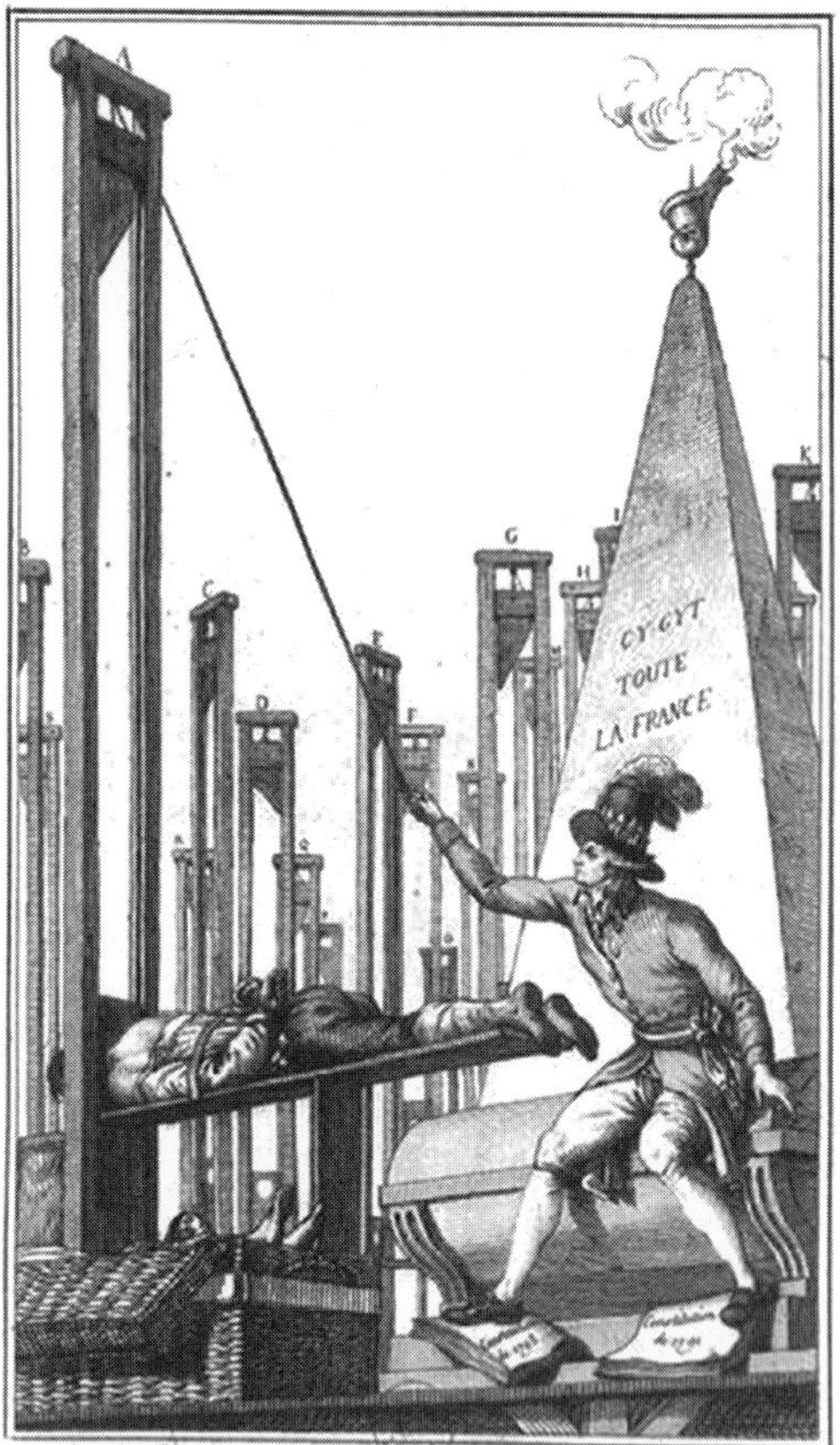

図22　すべてのフランス人を処刑した後，最後に残った死刑執行人を処刑するロベスピエール　テルミドール期に「恐怖政治のシステム」論に基づいて描かれた風刺画

テム」という概念である。すなわち恐怖政治《テルール》は個々バラバラに行なわれていたのではなく、一つのまとまったシステムだったのであって、その頂点にロベスピエールが位置していた。すべてはロベスピエールの指示によって行なわれていたのであって、逆らえば自分が処刑されるから、システムに取り込まれた人間には拒否する自由はなかった。しかし、こうしたあり方に耐えられなくなった人々が力を合わせてロベスピエールとそのシステムを打ち倒したのであり、システムさえ消滅させれば恐怖政治《テルール》は無力であるという主張である。

　議場で演説を聞く議員たちもまた、一か月前までは恐怖政治《テルール》を直接に体験していたのだから、タリアンの説をどこまで本気で受け入れたかはわからない。しかし平原派の議員たちにしても、仮にみずからが積極的に恐怖政治《テルール》に手を染めなかったとしても、周囲の出来事を黙認することで消極的に協力したことは確かである。恐怖政治《テルール》に関して完全に潔白を主張できる議員などいないのだから、「悪かったのはロベスピエールであって、自分たちに責任はない」というタリアンの説は、彼ら自身にとっても都合がよかった。故に第一グループの議員が議会のイニシアティブをとるようになるのだが、ここで注意しておかなければならないのは、第一グループが主導権を握ることができたのは、あくまで時流ないし雰囲気にうまく乗ることができたからであって、彼らが示す理念なり主義主張なりが支持されたからではない点である。支持する側から見ると、公会議員のほとんどが多かれ少なかれ後ろめたさを感じているものの、主流側に身を置いている限りは自分個人の責任を問われずに済むという状況だったのである。つまりは、大切なのは自己の信念を貫くことではなく、その時々の流れを見極めて、とにもかくにも主流に乗ることになった。あえて極言するなら、議員として生きのびるためには「風見鶏」たらざるを得なくなったとも言える。

　テルミドールのクーデタ直後は人々も混乱しており、とられる政策も時として場当たり的で、目的が不明瞭な場合があった。八月の五日から一〇日にかけて投獄の理由がはっきりしない囚人四七八名が解放された。恐怖政治《テルール》の行き過ぎを緩和するというのが名目であるが、反革命に近い穏和派からサン＝キュロットまで、様々な政治的傾向の囚人が無差別に釈放された。また同月の二八日にタリアンが、「恐怖政治《テルール》のシステム」を告発する演説の中で、「恐怖政治《テルール》を通常事態に」というモットーに替えて「正義を通常事態に」と唱えたのに呼応するように、同僚のフレロンは二六日に無制限の出版の自由を唱えた。「恐怖政治《テルール》の実行者」という過去をうやむやにするための小細工と考えられるが、結果的には王党派や反革命にも表現の自由を認めることになった。こうした意図不明とも言える政策の中から、少しずつ新しい政治的な位置関係が形成されてくるのだが、それについては3節で触れる。これ以降は、先に「第一グループ」と呼んだタリアンやフレロン、および彼らが示す路線を支持する平原派など国民公会内部の党派を指して「テルミドール派」と呼ぶことにする。また議会外では八月末からパリに「しゃれ者《ミュスカダン》」もしくは「金ぴか青年団《ジュネス・ドレー》」と呼ばれる若者の集団が現れ、派手な服装で街を練り歩き、サン＝キュロットやジャコバンを襲うようになった。「反革命」とされるが明確な政治的主張があったわけではなく、むしろ共和暦二年（一七九三年九月下旬〜九四年九月中旬）の種々の抑圧に対する感情的な反発から、はめをはずして騒いでいるという要素が強かった。

カリエは、前章4節に記したように（190頁参照）、九三年から九四年にかけてブルターニュのナントに派遣され、ヴァンデーの反乱に対する残虐な弾圧を行なって、ロベスピエールの指示で召還されていた議員である。その意味でタリアンやフレロン、フーシェなどと同じ穴のムジナなのであるが、そのカリエが派遣先に着任してすぐに革命裁判所に告発しておいたナントの貴族に対する裁判が九四年九月八日にパリで始まった。一三二名が投獄されたのだが、そのうちの九四名が生存していたのである。テルミドールのクーデタで世の中の雰囲気がすっかり変わっていたから、裁判は被告が逆に恐怖政治《テルール》を告発する場となり、彼らは一週間後に傍聴人のかっさいの中で釈放された。入れ替わりに、同月二八日にはヴァンデーの鎮圧軍を指揮したテュロ将軍が、一〇月八日にはナントの革命委員会のメンバーが、それぞれ逮捕され、裁判にかけられることになった。カリエも弾圧の責任者として告発された。一〇月三〇日に国民公会は二一名からなる調査委員会を設置し、一一月一一日にカリエの逮捕令を出した。そして公会の圧倒的多数の賛成（賛成四九八票、反対二票）により、同月二三日に革命裁判所への送付が決められた。裁判は同月二七日から一二月一六日まで続き、最終日に死刑判決が出て、即日に処刑された。

カリエは要するに、スケープゴートにされたのである。恐怖政治《テルール》には、なんらかの形で始末をつけなければならない。しかし厳密に責任を問うていったら、テルミドール派の主流はもちろん、平原派の目立たなかった議員であっても「事態を傍観していた」という批判は免れないから、議員の大多数は無罪となるようなところで、「恐怖政治《テルール》の責任者」との間の線を引かなければならない。結果的には、「恐怖政治《テルール》のシステム」論で基本的にはロベスピエール一人に恐怖政治《テルール》の責任を負わせたのと同じやり方で、カリエ一人と自分たちの間に線を引き、彼を一種の代表として処刑台に登らせることで、「その他大勢」は口をぬぐったのだった。カリエの裁判を決める際の票決の賛成票数が、そのあたりの事情を如実に物語っている。ともあれ、「テルミドール後」への明確な展望はなく、恐怖政治《テルール》に関するうしろめたさに悩みながらも、テルミドール派公会はよたよたとスタートしたのだった。

2　ジロンド派の復帰と最高価格法の廃止

共和暦二年の公安委員会において、主に軍事作戦とそれにともなう兵員の配置・軍需物資の補給などを担当していたカルノ、ランデ、プリュール・ド・ラ・コート＝ドールの三委員が、一か月ごとの交代にともなって、九四年一〇月六日に公安委員会を離れた。これで共和暦二年にロベスピエールとともに政治を担っていた政府委員会委員がすべて、その職を離れたことになる。これ自体は単なる象徴的な意味しか持たないが、クーデタ直後の混乱はこの頃から収まり始め、テルミドール派公会の姿が次第に明らかになっていく。

九四年の晩夏から初秋にかけては、まだネオ・ジャコバン(50)もそれなりの勢力を保っていたので、テルミドール派は対抗上、右派に接近した。そこで現実的になったのが、追放されていたジロンド派議員の復帰の問題である。これを認めるのは、九三年五月三一日・六月二日に国民公会が決定したジロンド派議員の追放と逮捕は誤りであったことを認めることになる。テルミドール派議員たちもこの措置には賛成していたから、ことは厄介だった。議会での討論は一〇月に始まり、すぐには結論が出なかったが、カリエの逮捕と裁判にともなって彼とロベスピエールを重ね合わせて、改めて「恐怖政治《テルール》」を批判する機運が生じ、また一一月九日に金ぴか青年団《ジュネス・ドレー》がパリのジャコバン・クラブを襲って乱闘になった事件を契機に同月一二日にジャコバン・クラブが閉鎖される事件もあって、議員たちは次第に右派との妥協に傾き、一二月八日にジロンド派議員の議会復帰が認められた。再び政治の表舞台に戻ったかつてのジロンド派議員は、モンターニュ派主導の国民公会のもとで指導的立場についていた人々への反発と対抗意識を明確に持っていた。彼らの（再）登場によって、議会とその周辺における党派的な位置関係がこれまでよりも明瞭になり、人々も政治状況を正しく認識・判断するようになる。例えばバブーフは基本的にサン＝キュロットに近い立場に立っていたが、テルミドールのクーデタ直後はロベスピエールとカリエを一括して「人民殺し」として批判し、フレロンやタリアンを支持した。しかし一〇月にはフレロンとタリアンの態度に疑問を感じ、みずからの新聞で批判を浴びせた。そのために彼は投獄されるのだが、一二月に釈放されるとそれまでの姿勢を自己批判し、ロベスピエールの社会政策に一定の評価を与えるようになる。こうしたバブーフの変化はそのまま、クーデタ直後におけるテルミドール派の立ち位置のあいまいさと、それが次第に明確になっていくプロセスに呼応しているのである(51)。

最高価格法は、いわゆる恐怖政治《テルール》の基本的な政策の一つである。食糧をはじめとする種々の必需品を都市と軍隊に安定的に供給することが、その基本的な目的だった。しかしこの法律の適用には、革命軍のような実働部隊をともなった徴発が必要だった。農民はもともと強制的に出荷させられ、しかもそれと引き換えには実質価値の下落したアシニア紙幣しか受け取れないのは不満であり、テルミドールのクーデタによって強制的な徴発が事実上は行なわれなくなると、市場への出荷は取りやめ、自宅でみずから定める価格で貴金属貨幣との交換で販売するようになった。国民公会は、テルミドールのクーデタの後、一か月ほどはこの問題に関して沈黙し、ついで九月七日にはこれまでの最高価格を共和暦三年にも延期することを宣言した。しかし強制的な措置をともなわなければ一片の法律に実効はなく、じきに態度の変更を余儀なくされる。一一月九日には、これまでの全国一律の最高価格を廃止して、郡（ディストリクト）ごとの最高価格を設定することにした。農民により有利になるように図ったのだが、議会の足もとを見た農民の反抗はかえって激しくなった。一か月後の一二月九日、ジローが商業・農業・技芸委員会で最高価格法の廃止を提案した。議論はあったが結局はこれが委員会原案となり、同月二三日に国民公会に提出された。ここでも反対の声はあがったが、モンターニュ派に由来する制度への反発から、翌日に最高価格法と経済統制は廃止された。

最高価格法の廃止は、単に農民の経済的利害だけの問題でも、また都市への食糧供給だけの問題でもなかった。社会・経済・倫理の全体に関わるヴィジョンがからんでいたのである。共和暦二年の最高価格法のもとでの経済にはそれなりの問題があった。軍隊への物資の供給はかろうじて満たされていたが、都市ではしばしば食糧不足が生じた。それに統制経済の実施には革命軍や監視委員会といった実働部隊が必要だったが、これらの組織による取り締まりがしばしば恐怖《テルール》政治の行き過ぎを招いたことは、すでに指摘したとおりである。また革命政府は軍需物資の生産のために国営の工場や作業場を設けたが、しばしば割高で、不要品が作られる場合もあった。テルミドール派はこうした点を捉え、また統制経済に関与する役人の腐敗を糾弾して、経済の自由化を主張したのである。しかし食糧の供給や軍需物資の生産を民間に委ねれば、御用商人・御用業者の暗躍が始まる。政府はしばしば支払い手段に不足し、信用買いに頼らざるを得なかったから、御用業者はみずからに有利な貸し付け条件を政府に認めさせ、金融面からも暴利を得た。言い換えると、そもそも共和暦二年の体制は、御用業者の私的利害を一国の政治や経済にからませず、「共和国の国民の一体性」をできる限り実現するために、国家による統制経済の非能率性をあえて甘受する体制だったのであり、テルミドール派はその論理を逆転させたのだと言えよう。

アシニア紙幣の価値の下落もからんでいる。一七九四年の秋には、この紙幣の市場価格は額面の四分の一以下になっていた。しかし国有財産の購入代金の支払いや納税のように国家が受取人になる場合、また民間であっても債務の処理はアシニアの額面価格で支払うことができた。それで商業や金融に関わる業者は、市場価格で安く手に入れたアシニアを用いて、納税を済ませたり、国有財産を購入して転売したりして、大きな利益を上げることができた。また大量の資金を借り入れて事業に乗り出した者が債務を償還するのも有利だった。経済を自由化するというテルミドール派の政策は、この点でも、私的な業者が最大限の利益を上げ得る機会を国家が保障するものだったのである。最高価格という上限がはずされたために食糧価格は高騰したが、それでもテルミドール期に軍や都市への食糧供給がかろうじて達成できたのは、軍事的勝利によって占領地が拡大したおかげで、そこからの徴発に頼ることができたこと、対外貿易が復活したことのおかげである。そのかげにも、貿易に蓄財のチャンスを見いだした商人の暗躍があった。アンシァン・レジーム期のフィナンシエ(52)が、人と職種を入れ替えて復活し始めたとも言える。

結果から言えば、テルミドール期は定額の収入に頼っていた者、具体的には年金生活者《ランティエ》(53)や役人には不利であり、またアンシァン・レジーム期の特権を失った者や亡命・有罪判決で財産を没収された者も没落に向かった。替って軍への納入や種々の投機（アシニア紙幣、外貨、商品、国有財産など）で蓄財に成功した者が上昇し、一九世紀のブルジョワジーに成り上がることになる。彼らは、自分たちが上昇できたのは革命のおかげだから、当然ながら革命と共和国を支持するが、経済的自由の保障と秩序の再建を求めてテルミドール期、およびその後の総裁政府期の中道派を支える基盤となる。九四年の末はまさにこうした方向に進むことがはっきりした時期だったのであり、一方におけるテルミドール派の立ち位置の明確化と経済の自由化、他方における右に述べた「新しいブルジョワジー」の出現は、相互に一方が他方の原因ともなり、結果ともなっているのである。

3　ジェルミナルとプレリアルの蜂起

国民公会に復帰した元ジロンド派議員は、共和暦二年の政府委員会のメンバーをはじめとして、いわゆる「恐怖政治《テルール》」の責任者たちの逮捕と処罰を要求した。すでに述べたようにテルミドール派はカリエ一人をスケープゴートにして事を収めるつもりであり、そのカリエは一二月一六日に処刑された。しかしそれだけでは済まされない状況になり、同月二六日には公安委員会全体の責任が追及された。翌日、国民公会は公安委員会の委員だったバレール、コロ・デルボワ、ビヨ＝ヴァレンヌ、および保安委員会のヴァディエを告発した。彼らは「四人組」と呼ばれ、恐怖政治《テルール》のシンボルのような扱いを受ける。しかし彼ら四人だけに特に責任があるわけでないのはカリエの場合と同様であり、裁判には慎重を要した。告発された「四人組」は、その後の処置が定まらないまま、翌年の春まで政治的な駆け引きの材料に用いられることになる。他方でネオ・ジャコバンは議会主流派に対抗して、「恐怖政治《テルール》の責任者」たちの擁護に努めるのである。

　このようなプロセスを経て、九四年末からの政治的な勢力関係が浮かび上がってくる。左翼に位置するのが、議会外のサン＝キュロットとネオ・ジャコバンであるが、両者の関係は、革命政府の政策の結果として、疎遠になっている。旧モンターニュ派の議員は議会内の左派であるが、議会内での影響力はそれほど強くない。国民公会を主導するのがテルミドール派と元ジロンド派である。ともに共和主義であり、革命の成果を確立するための新しい秩序の形成に努めている。生まれつつある「新しいブルジョワジー」が中道派として期待するのはテルミドール派である。元ジロンド派はネオ・ジャコバンに対して敵対的であり、時として議会内外の右寄りの勢力と親和的である。元ジロンド派の右に位置し、保守派とされるのが立憲君主制支持派である。彼らは九一年憲法に示された立憲君主制、もしくはそれを一部修正した政治体制をめざしている。議会の外で圧力をかけている保守勢力は主に王党派であり、一部は議会内にもいる立憲君主制支持派だが、絶対王政への復帰をめざす勢力（＝復古王政派）も存在する。前者は状況によってはテルミドール派や元ジロンド派に妥協的になる場合もあるが、後者は亡命中の二人の王弟（プロヴァンス伯とアルトワ伯）およびその取り巻きの亡命者《エミグレ》であって、明確な反革命であり、議会の側からしても妥協の余地はない。とはいえ、九五年一月初旬に亡命者《エミグレ》を「反革命派」と「恐怖政治《テルール》を逃れた者」に分け、後者には帰国を許そうという動きが議会に生じると、それに便乗して復古王政派の貴族もかなり帰国して、議会に圧力をかけるようになった。もちろん、当時は明確な政党があったわけではなく、以上の区分はあくまで便宜的なものであって、実際には左から右まで、種々の傾向を持った個人が連続的に並んでいるのである。こうして、中道的な（穏和だが共和主義者の）国民公会議員（主としてテルミドール派）が、左側のネオ・ジャコバンやサン＝キュロットと、右側の王党派・反革命派の双方を警戒しながら、来るべき共和国の姿を模索するという図式ができあがる。また民間の金ぴか青年団《ジュネス・ドレー》は九四年末からいっそう活動的になり、ネオ・ジャコバンとの衝突事件などをあちこちで起こしている。しかし同時に民衆のセクションに入り込み、食糧問題から議会に不満を持つサン＝キュロットと連帯しようとする動きも示している。

地方の様子も一瞥しておこう。テルミドールのクーデタの後、議会の穏和派はジャコバン派勢力の除去に力を注いだので、ヴァンデーやシュアンの反乱への対策はおざなりになり、西部の農民は再び中央への抵抗を強化した。テルミドール派は譲歩と妥協による解決をめざしたが、反乱側はかえって運動を強化した。この地域の平定は結局はナポレオン・ボナパルトに委ねられることになる。とはいえ、西部の反乱は宗教政策には重要な影響を与えた。九四年九月一八日に国民公会は、財政上の必要から聖職者への給与支払いを中止するため、国家と宗教の分離を決めた。この際に聖職者市民化法も併せて廃止された。また議会は反乱側への譲歩の一環として、彼らのカトリックの実践をある程度は容認しようとしたが、一部のフランス人のみを特別扱いするわけにはいかない。九五年二月二一日に国民公会は、ボワシ＝ダングラの提案に基づき、「宗教の実践は容認するが、国家は宗教には一切支出せず、また宗教的表象を一般市民の眼に入る外部に出すことは認めない」という趣旨の法令《デクレ》を定めた。九月一八日の決定と併せて、期せずして政教分離《ライシテ》への重要な一歩を踏み出したのである。

フランスの南東部、すでに共和暦二年に革命政府への抵抗運動が強かった地域では、白色テロが生じた。その地域の恐怖政治《テルール》を担った活動家がリンチに遭うことが多かったが、リヨンでは反革命的な色彩を帯びた。こうした動きは中央にも反映し、二月二三日にメルラン・ド・ドゥエは「テルミドール一〇日以降に解任された公職者（すなわち恐怖政治《テルール》の担当者として罷免された者）はそれ以前に住んでいた町に戻り、トラブルを生じさせ得る者として、市町村当局の監視下に生きる」ことを求める法令《デクレ》を提案した。いわば裏返しの反革命容疑者法である。

パリに話を戻す。最高価格法の廃止によって食糧価格は高騰した。パリは食糧供給に関しては恵まれた立場にあったが、まさにそれ故に周辺の貧民がパンを求めて流入したため、やはり食糧不足が生じていた。九五年の春にはパリの民衆、とりわけ家族の食卓をあずかる女性の間に不穏な雰囲気が高まっていた。三月一七日にはフォブール・サン＝マルセルとフォブール・サン＝ジャックの代表が、同月二一日にはフォブール・サン＝タントワーヌの代表が、それぞれに国民公会に代表を派遣して、パンの不足を訴えた。二七日にはグラヴィリエ・セクションで食糧暴動が生じた。そうした動きに新エベール派のサン＝キュロット活動家が入り込んで、問題を政治化した。九三年憲法は理想的な民主主義の規定だというイメージがサン＝キュロットの間に広まっていたのだが、食糧を求める動きに九三年憲法を求める動きを重ねようとしたのである。三〇日と三一日にはパリのいくつかのセクションが九三年憲法の施行を要求し、旧モンターニュ派の議員もこれに同調した。折から同月二二日には「四人組」の裁判が、二八日には革命裁判所の検事だったフーキエ＝タンヴィルの裁判が、それぞれ始まっていた。

こうした動きや雰囲気が積み重なって、四月一日（ジェルミナル一二日）にパリの民衆は国民公会に押しかけ、議場に乱入した。ジェルミナルの蜂起である。彼らは九三年憲法の実施と飢饉対策、および拘禁されている「革命派《パトリオット》」の釈放を要求した。しかしテルミドール派は蜂起を予想しており、金ぴか青年団《ジュネス・ドレー》やパリ市内でも富裕層が多いセクションの国民衛兵を議会側に動員していた。議員のメルラン・ド・チオンヴィルが率いる国民衛兵が到着し、また旧モンターニュ派を含む議員が説得にあたると、民衆はあっさりと議場を後にした。サン゠キュロット運動の主要な指導者は共和暦二年の間に逮捕・処刑されていたから、九五年春のパリの民衆には経験を積んだリーダーがいなかったのである。それでも翌二日にもパリ市内で騒乱が続いたが、民衆は結局のところ、何の成果も得なかった。

ジェルミナルの蜂起が失敗に終わって、右派の影響力が一時的に高まった。「四人組」は、正規の裁判手続きを省略して南米のギュイアンヌに流刑とすることが一日のうちに決められ、ただちに大西洋岸のオレロン島に護送された。もっともヴァディエはもともと姿をくらましていて逮捕されていなかったし、バレールは護送の途中で逃亡に成功し、南フランスに潜伏したから、実際に南米に送られたのはコロ・デルボワとビヨ゠ヴァレンヌの二人だけである。一〇日には恐怖政治《テルール》の責任者の追及が、改めて決議された。また九三年五月三一日の蜂起事件が見直され、この日以降に法の埒外に置かれた者の市民権が回復されることが決まった。さらに「共和国の敵」を法の埒外に置くことを決めた九三年三月二七日の法も廃止された。これらの措置の結果、例えばリヨンの反乱を指導した王党派のプレシも復権が許されたし、多くの亡命者《エミグレ》が帰国した。しかし一か月ほどたつと、テルミドール派はこうした反動の行き過ぎを警戒するようになる。シェニエは五月一日に亡命者《エミグレ》と非宣誓聖職者の追及を求める法令《デクレ》を議会に認めさせた。中道派と右派の間には溝ができたのである。

食糧不足はその後も続いた。アミアンやルアンでは四月の四日から五日にかけて、中央の政策に失望した民衆が「パンと国王」を求める動きが生じた。議会は外国での購入に頼ったが、量が不足していた。パ

図23　プレリアルの蜂起　1795. 5. 20

りでも五月の一〇日頃から再び民衆の状態が不穏になり、一九日には「パンと九三年憲法、および捕らえられている革命派《パトリオット》の釈放」を求めて、民衆に蜂起を呼びかけるビラが出まわった。左派議員もこうした動きに好意的だったが、みずからは運動の組織や指導には動かなかった。民衆には、またしてもリーダーがいなかったのである。中道派は民衆の蜂起を予想し、対策を講じたが、有効な手段が見当たらないため、結局は軍事力に頼った。四月一七日からパリの国民衛兵の再組織に乗り出したが、五月半ばにはまだ準備が少し進んだだけだった。

こうした状況下で、五月二〇日（プレリアル一日）に再びパリの中央部・東部の民衆が国民公会に「パンと九三年憲法」を求めて押し寄せた。プレリアルの蜂起である。議場で議員のフェローが民衆に殺された。しかし民衆は比較的に少数で、武器を持つ者も少なかったので、民衆が議場に入っている状態のまま議事は進んだ。夜七時頃、ネオ・ジャコバン派の議員の何人かが民衆の要求に理解を示す発言をした。しかし一一時近くになって富裕層が多いパリ西部の国民衛兵が議場に入ると、蜂起民たちは即座に逃亡した。発言をした旧モンターニュ派議員は、その場で逮捕された。翌二一日にも蜂起は続いたが、穏やかに交渉したのみで、ジェルミナルの時と同様、民衆は何も得なかった。さらに一夜明けた二二日、公会側は軍事力で状況を支配し、夕方までにほとんどのセクションを服従させた。民衆側は、それでも、フェロー殺害犯を解放するのには成功した。セクションの集会にはこれまでよりも富裕で社会的地位の高い階層が出席し、リーダーシップをとるようになった。

二三日から二四日にかけて厳しい捜査が行なわれ、武器をとって蜂起した者には銃殺が命じられた。サン＝キュロットは徹底的に抑圧され、動きを封じられる。パリの民衆が再び武器をとって立ち上がるのは、世代が完全に入れ替わった一八三〇年の七月革命の時なのである。二〇日に民衆側に立って発言したために逮捕された旧モンターニュ派議員は、処刑もしくは流刑に処せられた。彼らは「プレリアルの殉教者」と呼ばれる。ネオ・ジャコバンや新エベール派の活動家はこれ以降、バブーフのように地下生活にもぐったり秘密結社を組織したりする者と、アントネルのように新聞や選挙クラブで意見を公表する者に分かれる。いずれにせよ、議会内左翼と民衆運動は完全に分離した。また九三年一〇月に革命政府が成立して以来、女性は次第に公的な政治活動から締め出されるようになっていたが、プレリアル蜂起の後の弾圧は、女性の公共空間からの排除を完成した点でも重要である。

テルミドール派は、共和暦二年の革命政府のように民衆の食糧の要求に譲歩・妥協しながら統制経済の道を探るのではなく、経済の自由を守るためには一歩も譲らないこと、そのためには軍事力の使用も辞さないことを示したのだった。一七八九年七月一四日以来ずっと、軍は民衆蜂起、とりわけ食糧という生活に根ざした問題による蜂起には好意的で、時には支援ないし共闘を辞さなかったが、九五年春になると政権側の手段となって、民衆蜂起の弾圧を助けるようになった。政治を担当する側について見れば、経済・社会の問題の解決を軍事力に頼るのは、安易ではあってもそれなりに効率的である。これ以降、軍事力は政治の一手段としての役割を増していく。

4　キブロン事件

パリにおけるジェルミナル・プレリアルの二度の蜂起は地方にも反響し、特に南東部とローヌ渓谷で激しい白色テロを引き起こした。リヨンでは五月四日、エクス・アン・プロヴァンスでは同月一一日、タラスコンでは同月二五日と六月の二〇日から二一日にかけて、マルセイユでは六月五日から六日にかけて、それぞれ牢獄が襲われ、囚人になっていた旧ジャコバン派活動家が虐殺された。南フランス全体で二〇〇〇名以上が犠牲になったとされる。しかし白色テロとは何だったのかと問うと、その実態はあいまいである。反革命や王政主義といった政治的な立場に立脚するというよりは、家族・一族または徒党の対立による抗争、個人的な恨みや意趣返しという要素が強かった。西部ではヴァンデーやシュアンの反乱があり、王党派のドクトリンが浸透していたが、そこでは白色テロは生じていないのである。また南西部では共和派の行政当局がイニシアティブをとって、復讐の果たし合いを未然に防いだ。中央の議会で「恐怖政治《テルール》の責任者」を追及する議員も、彼ら自身が共和主義者だったから、白色テロを利用したり、それと手を結んだりすることはなかった。

白色テロの実態がどうであれ、名目的には革命もしくは国民公会への反対であるから、王党派にとっては状況が有利になったと言えよう。しかし六月九日にルイ一六世の嫡男（王党派にとってはルイ一七世）の死亡が伝えられると、プロヴァンス伯はイタリアのヴェローナでフランス国王に即位し（ルイ一八世）、同月二四日に、国王大権や三身分制度の復活など、絶対王政の復活の意思を改めて表明した。九一年憲法をモデルと考える立憲君主制支持派が王党派全体をまとめられる希望はあっさりと消えた。王党派は大きなチャンスを逃したのである。

国民公会は白色テロの行き過ぎを憂慮し、六月一八日には元ジロンド派のモルヴォが取り締まりの強化と、殺人罪は死刑とすることを提案した。白色テロや王党派の動きも不安だったが、そうした保守ないし反動の動きがサン＝キュロット層やネオ・ジャコバンを刺激して、再び恐怖政治《テルール》を求める動きが生じることも避けねばならなかった。できるだけ早く憲法を確立し、革命の終了と秩序の回復・安定化をはかる必要が、改めて認識された。四月半ばまでは、議員たちは皆、憲法と言えば九三年憲法のことであって、自分たちの使命はこの憲法を実施し得る政治的・社会的な条件を整えることだと考えていた。しかしジェルミナルの蜂起の際にサン＝キュロットが九三年憲法を求めたことから、この憲法が民衆の要求する直接民主制のシンボルであることが示された。四月三〇日には議員のランジュイネが二院制の必要を説き、五月一四日にはパリのレピュブリック・セクションが「九三年憲法は恐怖政治《テルール》のもとで作られた」と批判した。プレリアルの蜂起が再び「パンと九三年憲法」を要求したことで、こうした印象はさらに深まった。新憲法作成のための一一人委員会は五月六日に設置されており、この委員会で新たな憲法の起草が始まった。

対外戦争は順調だった。最高価格法の廃止によって物価が上昇したため、軍への納入を請け負った商人にとっても食糧やまぐさの調達が困難であり、軍需物資の補給に関しては共和暦三年にはそれまで同様、もしくはそれまで以上に問題が生じていた。それでもフランス軍が勝利を続けることができたのは、一つには対仏同盟が十分に機能しなくなったことによる。同盟諸国はそれぞれに、自国の部隊の反乱や暴動、フランス革命のプロパガンダの浸透への対処が必要になっていた。スペインは、フランス領サン＝ドマング（＝ハイチ）の反乱が続く中、自国の中南米植民地の情勢に気を遣わねばならなくなっていた。プロイセンは、九四年春にポーランドでコシューシコの反乱が起こって以来、ポーランド情勢が気になっており、新たなポーランド分割をもくろんでいた。これは九五年一〇月二四日に第三次ポーランド分割として実現する。九三年一月の第二次ポーランド分割に加わりそこなったオーストリアにとっても、事情は同じだった。イタリアのトスカナ大公国では厭戦気分が広がっていた。

すでに九四年六月にベルギーを占領していたが、その状態はそのまま続いていた。九五年一〇月一日にはフランスに併合する。九四年一二月には河川の氷結に乗じてムーズ川を越えてオランダに入り、身動きがとれなくなっていたオランダ艦隊を捕獲した。八七年のオランダ革命が失敗した際にフランスに亡命していたオランダ人革命派《パトリオット》は、この時にフランス軍とともにオランダに戻り、九五年一月三日にバタヴィア共和国を建設する。フランスにとって最初の姉妹共和国である。和平条約も、九五年二月九日にはトスカナ大公国と、四月五日にはプロイセンおよびヘッセンと、七月二二日にはスペインと、それぞれ結ばれた。ジェノヴァとヴェネツィアは中立であり、九五年夏にフランスと交戦状態にあるのはイギリスとオーストリア、およびポルトガル、ピエモンテ、ナポリ、ドイツの一部となった。

フランスの軍事的成功は、その対外政策の転換をもたらした。自然的国境やフランスの偉大さの追求が、フランス国民に戦争目的として受け入れられるようになったのである。「諸国民の君主制からの解放」「自由と平等の実現」という「革命の輸出」政策は背後に退き、フランスによる占領が公然と求められることになった。ベルギーでは、フランスと和平条約を結んだプロイセンの支援が得られなくなったために、種々の徴発は次第に厳しくなり、オランダ（＝バタヴィア共和国）には五月一六日にハーグ条約が押しつけられた。この条約により、オランダの一部はベルギーとされてフランスに併合され、賠償金が課せられ、フランス軍の駐屯費はオランダが負担することになった。オランダは「解放」されたにもかかわらず、永続的な財政危機に悩まされることになったのである。こうしたフランスの変化は議論を呼び、北欧の革命派《パトリオット》はフランスへの失望を明らかにした。しかしヨーロッパ諸国はそれぞれの国家理性《レゾン・デタ》に基づいて自国の利益を追求したのであって、どの国も「反革命十字軍」など求めなかった。流浪のルイ一八世は同情をひいたが、だからといって彼を実質的に支援する国はなかったのである。

フランス内外がこのような状況にある時に、イギリスはフランス上陸作戦を試みた。もっともイギリスは資金と船は提供したが人員は出さず、上陸部隊となったのはイギリスの軍服を着たフランス人亡命者《エミグレ》である。六月二六日にブルターニュ半島南東部にある港町カルナックに上陸した。ブルターニュ半島から南に突き出す、長さ一四キロほどのキブロン岬のつけ根である。またこれに呼応してシャレットが率いるシュアン軍が、カルナックの北東一二キロにあるオレに集結した。しかしブルターニュで王党派の通信員が捕まって、上陸作戦の知らせは国民公会に伝わっていたから、議会は上陸の地点と時期を予想し、対策を立てていた。オッシュが率いるフランス軍は、六月三〇日にオレを奪取してシュアン軍をキブロン岬の方に追い立てるとともに、カルナックの上陸軍も同じ岬に向かわせた。シュアン軍・上陸軍ともに、それほど広からぬキブロン岬に閉じ込められた上、上陸軍の亡命者《エミグレ》はシュアン軍を構成する農民への軽蔑を隠さず、両者の共闘はうまく行かなかった。何度かの戦闘はいずれもフランス軍が有利であり、最終的には七月二一日の戦いでフランス軍がほぼ全面的な勝利を収めた。逃れてイギリス艦隊までたどりついたのは亡命者《エミグレ》の数名のみだった。軍法会議で、上陸軍の亡命者《エミグレ》七四八名に死刑が宣告された。他方シュアン軍は、国民公会の和平政策に基づき、全員が無罪釈放となった。これがキブロン事件である。

5　九五年憲法の制定

九三年憲法に代わる新しい憲法の制定は、ジェルミナルの蜂起によって人々に意識されるようになり、プレリアルの蜂起で確定的になったが、六月二三日にボワシ＝ダングラが一一人委員会を代表して新憲法案を議会で発表した。その数日後にキブロン事件が生じたのである。復古王政派は亡命者軍《エミグレ》のフランス上陸に自分たちの希望を見いだし、恐怖政治《テルール》の復活に関する噂をパリで流して人々の恐怖心をあおり、自分たちの味方につけようと試みた。立憲君主制支持派は亡命者軍《エミグレ》の勝利は信じなかったが、だからといって彼らに反対を表明するのもためらわれ、あいまいな態度をとった。自分たちとしては早く新議会を開き、選挙を通して自分たちの勢力を拡大させることをめざすため、不承不承ながらも中道派に協力して、新憲法の制定を進めることにした。

キブロン事件がもたらした危機感は、共和制を支持する勢力の革命的精神を一時的に高揚させた。七月一四日にはバスティーユの攻撃を記念する祝祭が盛大に開かれ、国立音楽院(54)の楽団がラ・マルセイエーズを演奏した。金ぴか青年団《ジュネス・ドレー》は九五年に入るとこの歌を「吸血人（＝恐怖政治《テルール》に加わった者）の歌」と決めつけ、「（恐怖政治家に対する）民衆の目ざめ」を自分たちのテーマソングとしていた。「ラ・マルセイエーズはジャコバン派やサン＝キュロットの歌」という意識が、当時の人にはあったのである。テルミドール派は革命支持勢力すべての一致団結を求め、サン＝キュロット層はこの呼びかけに応えた。

一方にはそうした動きもあったが、他方では中道派もまた、新たな議会のための選挙で「恐怖政治《テルール》の責任者」は議員でなくなることを期待していたので、憲法の早期制定のため、立憲君主制支持派をあてにした。つまり、自派の勢力拡大のために憲法制定に協力しようとする立憲君主制支持派とは持ちつ持たれつの関係にあり、革命的精神が高揚したからといって、王党派と疎遠になったわけではない。八月八日・九日にフーシェを含む一〇人のネオ・ジャコバン派議員の逮捕令が出たのは、両者の暗黙の妥協の現れである。同月二二日、国民公会で九五年憲法が採択された。

制定されたのは、まさにテルミドール派と立憲君主制支持派の双方の主張を取り入れた内容の憲法である。基本的には、民衆層が要求する直接民主制への道を完全に閉ざすことと、いかなる形の独裁も前もって排除することが、その目的だった。まず直接民主制ないしは民衆の排除について見ると、政治はあらゆるレベルで代表制をとり、選挙権を持つのは市民に限られる。市民とは「満二一歳以上で、公民簿に登録されており、一年以上継続してフランス共和国に居住しており、なんらかの直接税を払っているすべての男性」（第八条）である。九一年憲法のもとでの能動的市民のように、納税額に一定の規定があるわけではない。形式的には普通選挙制ではないが、実質的にはそれに近い(55)。ただし共和暦一二年以降は、読み書きができ、技術的職業を行なうことができることが求められる（第一六条）。また立法府（五百人会と元老院）の議員に求められるのは年齢による規定（五百人会は、共和暦七年までは二五歳以上、それ以降は三〇歳以上、元老院は四〇歳以上）の他は、五百人会の場合は選挙の直前の一〇年間、元老院の場合は同じく一五年間、フランスに居住していること、元老院の場合は既婚者（寡夫を含む）であることのみであって、財産額による制限はない（第七四条、第八三条）。これだけ見ると、九一年憲法よりは制限がずっと緩やかで、「直接民主制への道を閉ざす」という趣旨と整合的ではないように思われるが、実は「選挙人」が問題のカギを握っている。選挙は二段階で、市民は選挙人を選ぶのみで、選ばれた選挙人が議員を選出するのであるが、選挙人の資格は、二五歳以上の男性で、地域に応じて一五〇日分から二〇〇日分の労賃に等しい額の財産の所有者もしくは用益権者であるか、それに準じる者（第三五条）である。この規定を満たすのは、フランス全国で三万人程度である。いくら市民と議員の制限規定が緩やかでも、実質的に議員を選挙する場である選挙人集会で、裕福な市民の意見しか反映しなくなることが保障されているのである。また九五年憲法では人民の蜂起権が否定された（第三六五条、三六六条）。すでに既成事実として存在する共和国を憲法によって確立する段階では、もはや絶対王政を倒すことの正統性を保証する必要はなく、民衆蜂起はむしろ確立すべき秩序を脅かすかく乱要因でしかないことを示している。六月二三日に新憲法案を提出する際の演説で、ボワシ＝ダングラは「私たちは最良の人々、すなわち所有を持つ人々によって統治されねばならない。……彼らは所有を保持するための平穏さに愛着を抱いており、また所有とそれがもたらす裕福さのおかげで、賢明かつ公正に討論を行なうのにふさわしい教養を身につけているのである。……」と述べていた。九五年憲法の規定はまさに、「財産所有者による統治」を保証するような規定になっているのである。財産の種類が不動産に限定されなくなった点も見逃せない。重農主義者の思想的影響が薄れ、商工業者も政治的支配層の中に認められたのである。

第二の「独裁の排除」について見ると、権利もしくは権限の分割の徹底が指摘できる。立法府は五百人会と元老院（定員二五〇名）からなる（第四四条、七三条、八二条）。双方の議員は、右に見たように被選挙権を得られる年齢が異なるのみで、同じ選挙集会で選出され、毎年三分の一ずつ改選される（第五三条）。当時の常識では「二院制」と言えばイギリスの貴族院と庶民院のように議員の選出母体＝身分が異なる議会のことだったから、九五年憲法はその意味では二院制をとっていない。両院の相違は、議員もしくは選出母体の身分ではなく、立法に関して果たす機能にある。五百人会は議案を提出し、審議するが、法案を作るのみで採択はしない（第七六〜八一条）。元老院は五百人会からまわってきた法案を採択もしくは否決するが、みずからは審議はしないし、元老院が自分で法案を作成することもできない（第八六〜九五条）。これはつまり両院はどちらも、単独では法律を制定できないのである。執行権は総裁政府に委ねられる。これは五名の総裁の合議制であり、総裁は毎年一名ずつ改選される。総裁に選ばれるには四〇歳以上であり、共和暦九年以降は立法府議員もしくは大臣を経験した者でなければならない（第一三二～一三七条）。また総裁政府が合議し決定するのは政治の基本方針であって、それに基づく具体的な政策を決め、担当の官庁と直接に連絡を取って政策を執行するのは、総裁政府が任命する六名ないし八名の大臣である。大臣は自己の任務について個別に責任を負い、会議は形成しない（第一四八～一五二条）。執行府においてもまた、各総裁は単独では政府の方針を決められないし、合議によって決定しても執行はできない。大臣は、みずからは政策の方針を決められず、総裁政府の手足となって動くのみである。しかも権限は自己の担当分野のみに限られ、大臣どうしが連帯して総裁政府に対抗するようなことはできないのである。さらに財政は、総裁政府とは別に、それに準じるやり方で選出される五名の国庫委員が担当する。ただし彼らは①立法府の命令、②総裁政府の決定、③担当大臣の署名が揃わなければ、財政を支出できない（第三一五～三一九条）。

要するに、立法権も執行権も、また国庫委員も、特定の機関もしくは個人が強いイニシアティブを発揮して、単独で政治の向かう方向を左右することはできない仕組みだった。また各機関・組織は独立性が高くて、他の機関・組織からの影響を受けにくく、その意味でもどこか特定の機関・組織が実質的に他のところよりも優越した役割を演じることはできなくなっていた。しかも各機関を構成するメンバーも毎年少しずつ入れ替わって、特定の人間がその地位に居座り続けることはできない。九五年憲法は幾重にも神経質なまでに、独裁の芽を摘み取ろうとしていたのである。

一九世紀末から二〇世紀半ばにかけてのフランス憲法学においては、「九五年憲法は各機関の独立性を強化したために、機関相互のチェックや調整の仕組みが存在せず、例えば立法府と執行府の意見が対立した時など、相互に話し合い、歩み寄ることが原理的に不可能だった。そのために対立を解消するにはクーデタという憲法原理の外にある実力行使に頼らざるを得ず、結果的に総裁政府は不安定で、結局は四年しか続かなかった」という説が一般的だったが、最近はそれが見直されている。憲法の規定によれば総裁を決めるのは立法府であって、五百人会が投票によって総裁候補のリストを作り、元老院が同じく選挙によってリストに掲載された候補の中から総裁を選出する（第一三三条）。また五百人会・元老院はいずれも、総裁政府に対して報告や説明を求めることができる（第一六一条）。総裁政府は逆に、五百人会に対してある事項を考慮するように勧告したり、議案を提議したりすることができる（第一六三条）。すなわち九五年憲法が規定する政体は実質的には議院内閣制に近く、立法府の多数派が自分たちの中から総裁を選出することが可能であり、それでも意見の喰い違いが生じた時には互いに相手にみずからの意見を伝えることができるシステムが規定されていたのである。フランスで総裁政府が四年しか続かなかった理由は、憲法の規定そのものよりも当時のフランスの政治・社会の状況に求めるべきであるが、それについては次章で触れる。

細かい点にもいくつか触れておこう。表現と印刷・出版の自由は認められているが、「法律があらかじめ定める場合を除き……」という条件付きである（第三五三条）。それに比べると経済の自由はより強固であり、「この分野の制限法は状況が必要とする場合に制定されるが、本質的に臨時的であり、正式に更新されない限り最大限一年しか効力を持たない」と、制限することに対する制限が憲法に明記されている（第三五五条）。テルミドール以降の政治・経済の変化が、この規定からも窺われる。また一七八九年七月一五日以降に亡命した者は、これまでに定められた例外条項による以外は帰国を許されず、新たな例外条項を作ることは禁止されている。そして亡命者《エミグレ》の財産は国家に没収される（以上、第三七三条）。その一方で国有財産を適法な競売で獲得した者の所有権は憲法で保障されている（第三七四条）。革命の成果、とりわけ所有権の移転は憲法によって守られるべきものであることが、はっきりと意識されているのである。

6　三分の二法令案とヴァンデミエールの蜂起

アシニア紙幣の価値下落による経済の混乱と、それにともなう食糧不足は、相変わらず続いていた。国民はアンシァン・レジームへの復帰は望んでいなかったにしても、日常生活の不便・困窮に関して当局に不満を持っていた。すなわち、社会と経済の現状に関して責任を問われる立場にある議員たちにとっては、選挙に打って出るのは大きな危険をともなった。また、かつて憲法制定国民議会は解散前に「同議会議員は次の立法議会の議員になることはできない」と定めたために、立法議会はすべて新人の議員から成り、経験不足のために政治が混乱したという経験もあった。さらに現状を見ると王党派がかなりの影響力を持っており、次の議会への進出が予想されたが、彼らによって革命の成果が脅かされる事態になることは、絶対に避けねばならなかった。特に、現議員の保身という点からは、九三年一月の国王裁判で死刑に賛成した議員が国王弑逆者として責任を追及されることなど、あってはならなかった。

そのような配慮から、国民公会は八月一八日、一一人委員会を代表してボダンが提案した三分の二法令案を採択した。来たるべき議会の議員は両院併せて七五〇名となるが、その三分の二は現在の国民公会の議員でなければならないという法律である。中道派はこの法律によって、自分たちは次の議会でも議員にとどまるとともに、左派の旧モンターニュ派議員は排除することを狙ったのだった。同月二二日には、テルミドール九日以降に逮捕又は告発された議員（＝実質的には旧モンターニュ派議員）は、たとえ生存していても、次期議会の被選挙権は持たないことが採決された。王党派、特に立憲君主制支持派は来たるべき選挙で、一気に自分たちが優位に立つことを狙っていたから、当然ながらこの法律には強い不満を抱いた。

九五年憲法は採択されると国民投票にかけられ、一か月後の九月二三日にその結果が公表された。新憲法は、賛成が一〇五万七三九〇票、反対が四万九九七八票で可決された。棄権が五〇〇万近くあった。この結果の解釈は難しい。例えば南仏のヴォクルーズ県では国民投票に参加したのはほぼ全員が王党派だったが、彼らは単に国民公会を終わらせるためにのみ、賛成票を投じたのである。三分の二法令は別個に投票されたが、人気はずっと悪かった。賛成は二〇万五九四八票のみで、反対は一〇万七七四九票もあった。一九の県では反対票が賛成票を上まわった。

こうしたニュースが伝わると、翌九月二四日にはパリ市内で三分の二法令に対する不満から騒乱が生じ、次第に地方にも広まった。一〇月三日にはルペルチエ・セクションが蜂起を呼びかけ、翌日に恐怖《テル》政治《ール》に加わった人に対する取り締まりを緩和する法案が採択されたのが引き金になって、五日（共和暦四年ヴァンデミエール一三日）にパリ市内で蜂起が起こった。しかし国民公会の側も不穏な状況は認識しており、バラスを首班として五名から成る臨時委員会を議会防衛のために組織していた。人手不足のために「一七八九年の愛国派《パトリオット》」（本来はバスティーユ攻撃に参加した人々のこと。ここではサン＝キュロット一般を指す）が動員され、一五〇〇名の民衆が三つの部隊に編制されていた。バラスは蜂起の知らせを受けるとすぐ、五日の朝四時半にはナポレオン・ボナパルトなどの軍指揮官とともに出動し、翌六日には蜂起を鎮圧した。双方に二〇〇名から三〇〇名くらいずつの犠牲者が出た。これがヴァンデミエールの蜂起である。パリ市街に大砲を持ち込んで発射するという大胆な作戦で鎮圧を成功させたボナパルトは「ヴァンデミエール将軍」のあだ名を得た。その後の弾圧は穏やかで、死刑判決を受けたのは蜂起のリーダーと煽動したジャーナリストのみだった。それもほとんどは欠席裁判で、特に捜査はせず、実際に処刑されたのは二名

図24　ヴァンデミエールの蜂起　1795. 10. 5

のみだった。

ヴァンデミエールの蜂起の失敗とともに、パリ市の革命的役割は終わった。市の国民衛兵は解散させられ、これ以降は中央政府と国軍がパリの主人となる。蜂起が鎮圧されるとすぐに「一七八九年の愛国派《パトリオット》」の召集も解除されたが、中道派は一時的に左派に近寄った。流刑に向かう途中で脱走したバレールの告発の延期（一二日）など、旧ジャコバン派に好意的な政策がとられた。とはいえ、逮捕された旧モンターニュ派議員の被選挙権をはく奪した八月二二日の法令《デクレ》は維持された。他方で、白色テロに対する取り締まりは強化された。

こうした騒ぎの直後、一〇月一二日に次の議会に向けた議員選挙が始まり、二一日に終了した。国民公会議員は、両院で計五〇〇名が選出されなければならないはずだが、三七九名しか選ばれず、しかもそのほとんどが右寄りだった。タリアン、フレロン、ルジャンドル、ブールドンなど、テルミドール派のリーダーはいずれも落選し、すでに選出された国民公会議員による補欠選挙のおかげで、かろうじて新議会の議員になれた。国民公会議員以外から選ばれる残りの三分の一の議員は、ほとんどが王党派・カトリックだった。

タリアンは反革命を防ぐため、最初の総裁は国民公会が選出することを提案したが、元ジロンド派議員の反対に阻まれた。そのため、総裁の選出は新議会の成立後になる。穏和な共和派はあくまで憲法の規定を順守しようとしたのだが、王党派の進出には同じように危機感を抱いていたので、可能な限り左派に近寄った。その結果、一〇月三一日に元老院が選んだ総裁の中にはバラスが含まれた。シィエスは選ばれたが、彼は執行府＝行政府の強化を求める自分の意見が憲法案に採用されなかったのが不満で、着任を拒否した。他の三人はラ＝レヴェリエール＝レポ、ルベル、ルトゥルヌールである。

テルミドール派国民公会の業績で、ここまで触れなかったものは、教育の拡充である。一七九四年一〇月二二日に公共企業学校が作られ、翌年九月二八日に公共事業中央学校に改組された。現在の理工科学校《ポリテクニーク》の前身である。東洋語学校を含むいくつかの研究教育施設もこの時期に創設された。中等教育施設としては、九五年二月二五日にラカナルの提案に基づいて、中央学校《エコール・サントラル》の設立が決まった。初等教育は九四年一一月一七日の法令で基礎づけがなされた。これらの施設には、テルミドール期以前からの計画を引き継いだものや、短命で終わったものもある。しかしテルミドール派国民公会が、「恐怖」という情念に基づく社会を終わらせるために理性に基づく社会をめざし、その基盤を教育に求めたことは確かである。また九五年四月七日の公教育に関する法令は、度量衡に関し、長さはメートル、体積はリットル、重量はグラムを単位とする一〇進法を採用することを決め、併せて貨幣単位はフランであり、一フラン＝一〇デシーム＝一〇〇サンチームの一〇進法に拠るものとした(56)。

九五年一〇月二五日の議会においても、公教育に関する法令《デクレ》が出されたが、これまでよりも平等への配慮が薄れた。同時に研究・教育施設の頂点に立つものとして学士院《アンスティチュ》の設立が決められた。この日の会合は国民公会の遺言の作成のようなおもむきがあり、これ以外に、亡命者《エミグレ》と宣誓拒否聖職者に対する法令の再確認、新たな国民の祝日の制定などが行なわれた。七月一四日、八月一〇日、国王処刑記念日（一月二一日）、共和国設立記念日（九月二二日）、テルミドール九日が祝日に含められた。また恐怖政治期《テルール》にギロチンが据えられ、数多くの処刑が行なわれた革命広場はコンコルド（＝協和）広場と改名された。

翌二六日、国民公会はフランス革命期に有罪とされた人の特赦を決めて、解散した。ただし亡命者《エミグレ》、流刑者（ビヨ＝ヴァレンヌとコロ・デルボワ）、ヴァンデミエールの蜂起で有罪とされた者、偽アシニア紙幣造りは特赦の対象から省かれた。同じ日、「ヴァンデミエール将軍」ナポレオン・ボナパルトは、国内軍司令官に昇進した。

第八章　総裁政府

1　総裁政府の開始

一七九五年一〇月三一日に選出された総裁政府は一一月三日に活動を開始し、同月五日には、着任を拒否したシィエスの後任として、カルノが五百人会で総裁に選出された。彼ら最初の五人の総裁はすべて、国王処刑に賛成した元国民公会議員だった。ある程度は職掌が分担され、軍事はカルノ、外交はルベル、公教育はラ＝レヴェリエール＝レポが主に担当した。立法府では、五百人会で五〇〇名、元老院で二五〇名の合計七五〇名の議員のうち、五一一名が元国民公会議員で、そのうちの一五八名が国王弑逆者だった。明確な共和主義者は全体の半分弱で、約四分の一はリベラルな王党派、残りの四分の一も憲法と体制の枠組みには従う姿勢を示していて、明確な反体制派は事実上いなかった。ただし、総裁のカルノが共和派から少しずつ立憲君主制支持派に接近していくことに典型的に示されるように、時間とともに右寄りになる議員が少なからず見られる。新しく出発する立法府と執行府は、九五年憲法に基づいて、共和制をフランスに定着させる任務を果たすことになる。だが、これで革命は完成し、終了するのだろうか。すでに一七九一年に、立憲君主制を原理とする、フランス革命で最初の憲法が作られ、国制の変革はなされていた。しかし、そこで革命は終わらなかった。なぜなら国王ルイ一六世に新しい憲法を受け入れる意思がなく、立憲君主制を定着させようとはしなかったからである。はたして立法議会が召集されると半年で対外戦争が起こり、その混乱の中で君主制そのものが消滅した。国民公会は九三年に共和制を原理とする憲法を作ったが、戦争が続く間は施行は不可能とされ、憲法に基づかない革命政府が作られた。九五年憲法は革命政府を終わらせて立憲体制を成立させるために作成され、戦争がまだ完全には片づかないうちに施行されることになった。従って、それまでの二つの憲法がともに失敗した「憲法と戦争の両立」を成し遂げるのが、総裁政府の第一の課題となる。また革命は財政のひっ迫＝国庫破産の危機から生じ、赤字解消のために教会財産を国有化したのが引き金になって、聖職者の反革命化や宣誓拒否聖職者の問題が生じた。また革命が絶対王政を立憲君主制へ、さらには共和制へと変化させたために、政治的な反対者の中から大勢の亡命者《エミグレ》が生まれた。こうした経緯を踏まえるなら、革命を終了させるためには、さらに、財政赤字の解消と国庫収支のバランスの回復、カトリック教会との関係の修復、亡命者《エミグレ》問題の解決が必要になる。総裁政府はこれらの課題にいかに取り組んだかが、本章の主要なテーマとなる。

新政府が発足した時には、まだヴァンデミエールの蜂起の記憶が新しく、また議会には王党派が進出していた。南東部では白色テロが続いていたので、総裁政府はフレロンをプロヴァンス地方に、ルヴェルションをリヨンに派遣して、取り締まった。九六年一月にはヴァンデーの反乱が再開したので、政府はオッシュ将軍に弾圧を白紙委任した。将軍は主として軍事力によって平定し、ヴァンデー軍の指揮官ストフレは二月二五日にアンジェで、別の指揮官シャレットは三月二九日にナントで、それぞれ銃殺された。

しかしその後も、シュアン軍を含むゲリラ的な反乱は散発し、カドゥダルが指揮するシュアン軍が降伏し、フロッテが率いる別のシュアン軍がノルマンディからイギリスに向けて逃亡して、西部の戦争の終了が宣言されるのは六月下旬のことである。

総裁政府は左右のバランスをとるために左派に接近し、一一月一六日にはパンテオン・クラブの名のもとに旧ジャコバン・クラブが復活し、一〇〇〇名近い会員が参加するのを黙認した。クラブは当初は新政府に協調的だったが、会員が増えるにつれて次第に過激になり、バブーフの影響力が強まった。彼は同月三〇日には自身が発行する『護民官』紙に「平民宣言」を発表し、ブルジョワジーとの戦いを宣言した。法令で、九三年憲法の復活を求める者は死刑とされていたので、一二月五日にはバブーフに逮捕令が出され、彼は地下にもぐった。左派のクラブと新聞がこの出来事に関して激しく抗議したため、総裁政府はネオ・ジャコバンと手を切り、九六年二月二七日にはパンテオン・クラブの閉鎖を命じている（翌日にナポレオン・ボナパルトがこの命令を実行した）。

新政府と左派の「蜜月」はあっさり終わったのだが、その背景には食糧問題があった。前章の末尾で述べたように、テルミドール派公会期に新しい貨幣単位が導入されたのだが、総裁政府期には新旧双方の単位がともに用いられている。そのために当時の経済を論じる時には話がややこしくなるのだが、本章では便宜上、一リーヴル＝一フラン（＝一〇〇サンチーム）として、すべて新貨幣単位に換算して論述する。九五年から九六年にかけての冬、アシニア紙幣の実質価値は額面の〇・六パーセント程度にまで下落していた。パリでは九五年一二月に一重量リーヴル（約四五〇グラム）のパンが、アシニア紙幣だと五〇フラン、貴金属貨幣だと三五サンチームだった。一七八九年の飢饉の折にも二〇サンチームを超えることはなかったから、かなりの物価上昇である。総裁政府は取引の自由の原則を部分的に破って、パンと肉に限って配給を行ない、税の現物納付や外国での買い付けで入手した穀物を供給したが、それでもパリの民衆の間には餓死者が出た。パンテオン・クラブでは最高価格法の復活と貴金属貨幣取引の廃止が話し合われ、ネオ・ジャコバンの議員の中には飢饉によって生じる騒乱を政治的に利用しようと計画する者もいた。総裁政府がパンテオン・クラブを閉鎖したのは、ちょうどこうした事態が起こってきた時なのである。

アシニア紙幣を清算し、貴金属貨幣のみを通貨とする経済に復帰しなければならないのは、誰の目にも明らかだった。問題は、その移行措置である。九六年二月一九日、アシニア紙幣の発行が停止され、ヴァンドーム広場で紙幣を印刷するための原板が焼却された。しかし市場にはまだ三九〇億フランのアシニア紙幣が流通していた。流通している貴金属貨幣は三億フランのみ。アシニア紙幣を流通から引き上げるなら、それに代わる貨幣を用意しなければ、経済が成り立たなくなる。発券銀行を設立する案が出されたが、左派議員は反対であり、二月二二日に五百人会はこの案を否決した。替わって出されたのが、国有財産購入の支払いに使える「土地手形」を発行する案である、所詮はアシニア紙幣の焼き直しであるが、総裁政府も介入して妥協が成立し、三月一八日に二四億フランの土地手形が創設された。六億フランはアシニア紙幣の回収に用いられ、残りは国庫に収められた。アシニア紙幣は額面の三〇分の一の価格で土地手形と交換されることになったが、アシニアの実質価値は額面の四〇〇分の一だったから、土地手形はすぐに信用を失い、四月には額面の五分の一でしか流通しなくなり、六月には商人が土地手形での支払いを拒否するようになった。貴金属貨幣への復帰という目標ははっきり定まったが、実現までにはまだ時間が必要だった。

地下にもぐったバブーフは土地の共有と生産物の分配の平等を求める運動をひそかに組織し、みずからが考える理想社会を実現するための蜂起を計画した。三月三〇日には、そのための秘密委員会を作っている。しかしメンバーの一人であるグリゼルが総裁のカルノに買収され、五月四日に蜂起の計画を密告したので、バブーフの一味は同月一〇日に逮捕された。裁判はすぐには始まらなかった。総裁政府は一方では、所有権を脅かしブルジョワジーに不安を与える者は取り締まらなければならなかったが、他方では共和派内部の分裂が白色テロを刺激したり、王党派に有利になったりすることは避けなければならないから、慎重を期したのである。逮捕者は八月二六日になってやっと、ヴァンドームの高等裁判所に引き渡され、翌九七年二月二〇日に裁判開始、五月二六日にバブーフとダルテに死刑判決が下り、翌日に処刑された。九六年五月一〇日にバブーフとともに逮捕された者だけで一五名、逮捕状が出された者は二四七名に及ぶ(57)のだから、死刑判決はきわめて限定的・抑制的だったと言えるだろう。なお、逮捕から裁判までの間の九月九日、パリのグルネル兵営の部隊がバブーフ派を支持して反乱を起こし、政府軍に鎮圧されるという事件が生じている。この事件での死者は二〇名で、一〇月一〇日には三二名が死刑判決を受けた。バブーフの陰謀は、重要な参加メンバーの一人であるフィリップ・ブオナロッティが一八二八年に出版した著作(58)によって後世に伝えられ、私的所有権の廃棄、生産物の分配の平等、前衛党による蜂起計画などが一九世紀の社会主義・共産主義の思想に影響を与えたが、総裁政府期の事件としては、数多い民衆蜂起の計画の一つだった。

2　ボナパルトのイタリア遠征

テルミドール派公会は、積極的な戦争遂行も和平もできない状態だったが、総裁政府はそれを引き継ぐことになった。一七九四年一〇月から九六年一月までにフランス軍の実員は、主として脱走のために、七五万人から四一万人に減少した。しかし敵であるオーストリア軍の実情もかんばしいものではなかったため、フランス軍は占領地にとどまっていた。そもそも九二年春の開戦の際に、ジロンド派は諸国民の暴君からの解放を大義名分として掲げており、また種々の危機が革命的情熱をかきたてるたびにロマンティックな情熱が高まったため、共和派は全般的に戦争支持だった。王党派は逆に、諸外国の君主の支持と援助のもとにフランスに王政を再建することをめざしていたため、戦争に反対だった。当時は自然的国境を確立するか否かが問題になっており、共和派は賛成、王党派は反対の立場だった。総裁政府の内部では、カルノはもともと自然的国境説を支持していたが、立憲君主制支持派に接近するにつれて旧国境説を支持するようになっていた。外交を主として担当するルベルは逆に併合推進派で、他の総裁もルベルを支持していた。しかしフランスがライン川西部を占領・併合したままで和平をするには、オーストリア、プロイセン、イギリスがそれに見合うだけの見返りを手にしなければならないだろうが、そのあてはなかった。またスイスやイタリアの革命派《パトリオット》はフランス軍が自国に進出して、自分たちの革命運動を援助してくれるのを期待していたし、実際に進出したフランス軍は秩序の維持のために現地の革命派《パトリオット》に頼ったが、和平を結ぶのは彼らを敵である君主に引き渡すことを意味した。このようないくつかの事情から、当面は戦争を続けざるを得なかったのである。

九六年三月二日、ナポレオン・ボナパルトはイタリア方面軍の総司令官に任命され、同月一一日に自分の軍が駐屯するニースに向けて、パリを出発した。その直前の九日に、ボアルネ将軍の未亡人で二人の子の母であるジョゼフィーヌと結婚式を挙げた。彼女は当時、総裁のバラスの愛人だった。ボナパルトもそれは承知だったが、彼女を愛していたし、こういう形でバラスとの関係が深まったことは、結局のところ、当時のボナパルトにとっては政治的に有利に働いた。カルノが立てた戦略においては、オーストリア攻略の中心になるのはジュルダン将軍が率いるサンブル＝エ＝ムーズ軍とモロ将軍が率いるラン＝エ＝

モーゼル軍で、双方ともにアルプスの北を東進してウィーンに迫ることになっており、イタリア方面軍は単なるけん制の役目、すなわちフランスに敵対的なイタリア諸国の軍がアルプスに接近してジュルダンとモロの軍を脅かすのを防ぐことしか期待されていなかった。それにボナパルトは、九三年一二月のトゥーロン港のイギリスからの奪回と九五年一〇月のヴァンデミエールの反乱の弾圧で知られてはいたが、大軍を率いて長期間の作戦を指揮したことはなく、その実力は未知数だったのである。

ニースから地中海沿いに東進してピエモンテに入ったボナパルト軍は、四月中旬に四つの戦いで立て続けに勝利をおさめ、ピエモンテ軍をオーストリア軍から切り離した。当地を支配するサヴォイア公爵（＝サルデーニャ国王）のヴィットリオ・アメデーオ三世は、領内の革命派《パトリオット》がフランス軍に呼応して革命を起こすのを恐れ、同月二八日にケラスコ休戦条約に署名した。二週間後の五月一五日にフランスとサヴォイア公国＝サルデーニャ王国の間でパリ条約が結ばれ、サルデーニャはサヴォイア（フランス語ではサヴォワ）とニースをフランスに譲り、三〇〇〇万フランの賠償金を払うとともに、第一次対仏大同盟から離脱した。

ボナパルトはみずからの意思で休戦協定を結んだのだが、これは本来は越権行為だった。協定を結ぶのは派遣委員《コミッセール》の権限によることだったからである。九三〜九四年の革命政府は派遣議員制度によって軍をコントロールしていた。総裁政府もそれに倣って、軍への派遣委員《コミッセール》制度を作ったのだが、かつての派遣議員の権限を裏から支えていた革命裁判所が消滅していたので、派遣委員《コミッセール》は単に監視するのみで、指揮官の決定に影響を与えることはできなかった。軍へのシヴィリアン・コントロールは事実上、消滅していたのである。また休戦条約は、イタリアを「共和主義化」するという総裁政府の意向にも反していた。しかし、折からバブーフの陰謀の追及を国内に抱え込んだ総裁政府は、ピエモンテの革命派《パトリオット》に配慮している余裕はなかった。その上、領地の併合と多額の賠償金は総裁政府の希望にかなうものだった。結局、総裁政府は

図25　ロディ橋の戦い　1796.5.10

ボナパルトの問題行動をすべて黙認したのである。彼はさらに、みずからの軍資金を現地で取り立て、それをもとにして、兵への給料の半額は貴金属貨幣で支払うことにした。こうした措置を通して、共和国の軍隊は次第に指揮官の私兵という性格を強めていく。指揮官が自由に動かすことができる資金が豊かなことに気づいた納入業者は、指揮官に個人的に取り入ることで金儲けの機会を広げようとした。これらはすべて、ボナパルトとイタリア方面軍だけに限った話ではない。指揮官の専横、軍の私兵化、軍資金に関する公私混同と指揮官による着服、軍と納入業者の癒着などはどの部隊にも見られるようになり、軍は次第に政府の統制から離れて、自分自身の論理で動くようになっていく。

ボナパルトはピエモンテを征服すると、五月五日からロンバルディア地方の征服にとりかかった。一〇日にアダ川にかかるロディ橋でオーストリア軍を破ると、同月一五日にミラノに入城した。ここで彼の基本的な政策が実行に移される。すなわち地元の革命派《パトリオット》のために政治クラブを作り、独立を約束し、国民衛兵には三色の記章を与えた。同時に富裕層には二〇〇〇万フランの課徴金を課した。軍資金は現地調達だったからである。占領政策の矛盾はすぐに露呈し、反乱が生じるが、武力で厳しく弾圧した。イタリア革命と統一共和国をめざす地元のジャコバン派が、かろうじてフランス軍が頼りにできる現地勢力だった。イタリア遠征の期間を通じて、ミラノ以外の地でも、類似の状況が見られる。

ミラノを追われたオーストリア軍はマントヴァに立てこもったので、九七年二月初めまでの約八か月は、マントヴァの包囲戦が戦いの中心となる。七月に入るとジュルダンとモロがドイツで攻勢に転じた。イタリアでもボナパルトは、地元のジャコバン派の協力を得て、モデナ公国とロマーニャ地方を併せて、一〇月一六日にシスパダナ共和国を作った。この国は翌年七月には、ロンバルディア地方を併せてチザルピナ共和国に改組される。他方で、アイルランドで反乱が起こり、またスペインがフランスと同盟を結んだ結果、イギリスは地中海を窺う基地を失ったので、イギリスは交渉政策に転じ、一〇月一四日から北フランスのリールで英仏の和平交渉が始まった。しかしイギリスはフランスのベルギー併合を容認するつもりはなかったので、交渉は一二月一九日に決裂した。

ドイツでの戦況は、じきに行きづまった。ジュルダンは九月に再びライン川を越えて西岸に戻り、モロも一〇月末にライン西岸に退却した。余裕ができたオーストリア軍はチロルを越えて南下し、イタリア方面軍に襲いかかったが、ボナパルトは一一月一四〜一七日のアルコーレの戦いでこれを破った。一二月の後半に、アイルランドの反乱を援助するため、オッシュ将軍の指揮下に同島への上陸作戦が行なわれたが、嵐のために失敗した。こうした事情でボナパルトの活躍と勝利だけが目立ち、彼が総裁政府の希望の星になった。年が明けると、一月一四日にはリヴォリの戦いでオーストリア軍を破り、二月二日にはマントヴァを陥落させた。勝利の翌日、二月三日に総裁政府はボナパルトにローマ教皇領の征服を命じた。彼は命令に従いはしたが、ローマに長くはとどまらず、同月一九日に教皇とトレンチノで条約を結ぶと、すぐに北イタリアに戻った。

戦況が変わったのである。冬が明けるとともに、ドイツが再び主戦場になっていた。しかしイタリアで勝利を重ねる中で自信を深めたボナパルトは、おとなしくけん制役にとどまっているつもりはなかった。オーストリアに対する勝利の栄冠をみずからが手にしようと考えたのである。ジュルダンに代わってサンブル゠エ゠ムーズ軍の指揮官になったオッシュが四月一八日にはフランクフルトに迫り、モロも同月二〇日にはライン川を越えていたが、ボナパルトはそれらよりも早く、三月二一日にはイタリアの国境を越えてオーストリア領のタルヴィスに入り、北東に進んで、四月一日にはレオーベンに着いた。同日、先遣隊のマッセナの軍はウィーンの南西七〇キロほどのセメリングにまで迫っていたのである。四月七日にオーストリアの全権大使が交渉のためにレオーベンに出頭し、同月一八日、ボナパルトは独断で休戦と和約を認めた。オーストリアはダルマチアとイストリアを確保する代わりに、フランスがベルギーとロンバルディアを領有することを認めた。ボナパルトは、総裁政府が休戦条約の内容を知るよりも前に、和平成立のニュースが国内に広まるように手配した。彼は、四月四日に終わったフランスの議員選挙で王党派が進出したことを知っており、そのような状況下では総裁政府は、たとえ条約の内容に不満であっても、平和を喜ぶ国民とそれをもたらしたボナパルトを敵にまわすことはできないはずだと踏んだのである。和約成立の前日の一七日、イタリアのヴェローナで反仏蜂起が起こり、フランス人四〇〇名が虐殺された。その復讐のため、ボナパルトは五月二日にヴェネツィア共和国に宣戦布告し、同月一五日に陥落させ、翌一六日に和平条約を結んだ。

オーストリアとの正式な和平交渉はイタリア北東部のウディネで五月二九日に開始された。この頃ボナパルトは、六月一四日にはジェノヴァの革命派《パトリオット》がフランスの九五年憲法に似た憲法を制定するのを背後から助けて、ジェノヴァをリグリア共和国に変えたり、すでに述べたチザルピナ共和国の樹立（七月九日）を行なったりしている。正式な和平条約は一〇月一七日に調印された（総裁政府による批准は同月二六日）。通常「カンポ＝フォルミオの和約」と呼ばれるが、実際の調印地はパッサリアーノである。レオーベンの和約に盛られた内容の他、オーストリアはチザルピナ共和国とリグリア共和国の独立を承認することが取り決められた。ライン川西岸についてはオーストリアは干渉せず、この地を領有するドイツ諸侯を交えた会議で決することになり、その会議はラシュタットで開かれることになった。ボナパルトは一一月七日に、ヴェネツィアから取り上げたイオニア諸島をフランスの四つの県に編成した後、フランス政府を代表してラシュタットに赴いたが、任務が困難であることを悟り、占領地からの相互撤退に関するオーストリアとの協定に一二月一日に調印しただけでラシュタットを去り、一二月五日にパリに帰還した。フランスに平和をもたらした常勝将軍として大歓迎を受け、総裁政府は一〇日に盛大な凱旋祝賀レセプションを開催した。

フランスがアルプス山脈の向こう側に、自国が強い影響力を持つ「姉妹共和国」を作ることは、自然的国境説をはみ出すものである。ボナパルトによって、フランスの戦争目的に変更が加えられたのである。なお、ボナパルトはイタリアで現地勢力と各種の協定や和約を結ぶたびに、課徴金や賠償金を請求するとともに、多数の文化財や芸術作品を没収した。前者はボナパルトの軍資金になるとともに、総裁政府にも送られて、財政の立て直しに一役買った。後者は、ナポレオン戦争の終了後に元の国に返却された物もあるが、多くはフランスにとどまって、現在でもルーヴル美術館をはじめフランス各地の美術館で見ることができる(59)。またリールでのイギリスとの交渉は、九六年一二月一九日に決裂した後、九七年七月七日に再開され、九月一八日に再び決裂したものの、翌一〇月一六日にはまた始まった。

3　フリュクチドール一八日の「クーデタ」

九六年の夏以降も、経済の混乱は続いていた。農村部でも、収穫量が不十分な農民は飢饉にみまわれ、乞食や浮浪者が増えた。貴金属貨幣の流通量が不足していることが商業の停滞をもたらしたが、他方では、デフレになったために労働者の賃金が実質的にもち直すという効果も生じた。財政の均衡の回復も問題であり、総裁政府は間接税の導入や紙幣の発行も検討したが、主に議会の反対で実現はしなかった。王党派の議員は、政府が資金不足から戦争の停止へ追い込まれることを期待していたので、財政改革に積極的ではなかったのである。統制経済への復帰は考慮の対象外であり、借入金も実質的に不可能だったから、軍需物資を手に入れるのに総裁政府は徴発に頼り、その代金は、納税や国有財産の購入に用いることができる金券を発行して、それで支払った。しかしそれだけでは足りなかったので、軍への納入業者などのフィナンシエに頼ることになった。九六年一二月二三日、総裁政府は陸軍・海軍への物資供給を少数の会社に委託することを決定している。フィナンシエは政府に前貸しを行なった。デフレの時代には前貸しは元が取れるのであり、政府も、王冠についていたダイアモンドを売却したり、外国での課徴金を用いたりして、前貸しへの返済を優先した。それでも不安定な分をカバーするため、フィナンシエは納入価格をつりあげたり、国有財産や税の未徴収分を担保にとったりした。財政に対する彼らの影響力が増すとともに、タリアン、フーシェ、バラス、タレイランなどの政治家は彼らと癒着して、財政支出の一部を着服した。徴発を受けた農民や年金《ラント》生活者は政府からの支払いを先に述べた金券で受け取っても、その日の生活の必要から、額面価格よりもずっと安い値段で転売せざるを得ないことが多かった。役人への給与の支払いもとどこおり、公共サービスにも影響が出た。騎馬警邏隊のメンバーが生活の必要から自分の馬を売ってしまったため、野盗の取り締まりに出動できないという事態すら生じている。他方で、フィナンシエなどの新興ブルジョワジーは安い値段で金券や土地手形を入手し、それらの額面価格で国有財産を購入して大儲けすることもできた。短命に終わった土地手形も、土地所有権の移転にはそれなりに貢献したのである。こうした状態の中で、政府は九七年二月四日に貴金属貨幣への復帰を正式に決定した。実際の経済はまだ混乱していたが、制度上は、まがりなりにも、フランス革命がもたらした例外的措置を克服したのだった。

ボナパルトのイタリアでの軍事的成功は、総裁政府の立場を強化するのに役立った。ネオ・ジャコバンの動きを抑制することができたのも、それに貢献した。復古王政派も、そうした状況を見て、立憲君主制支持派と結んで選挙を通した勢力拡大をめざす方が現実的だと判断した。プロヴァンス高等法院の元法官で憲法制定国民議会の議員だったダンドレが、両派の結びつきを仲介した。ルイ一八世も選挙の準備を容認したが、彼自身は実力行使による権力奪取をあきらめておらず、また王党派の中にはオルレアン公を擁立しようとする動きもあったりして、王党派全体の動きにはぎくしゃくした部分もあった。それでもダンドレを中心に選挙の準備を続け、九七年四月四日に終わった議員選挙では王党派が勝利を収めた。この選挙で改選を迎えたのは、両院の三分の二を占めていた旧国民公会議員のうちの半分である。多くは共和派の議員が辞職し、王党派議員がその後任に選ばれたのだから、影響は大きかった。

総裁政府の中で、ルベルは共和派の支持を得ることをめざし、選挙結果に介入して新たな例外的措置を設けることを主張した。バラスとラ＝レヴェリエール＝レポも同じ立場だったが、カルノは正面から反対し、合法的に行なわれた選挙の結果を受け入れるべきだとした。総裁政府自体も最初の改選を迎えることになるので、誰が抜けるかが重要になったのだが、くじ引きの結果、退任が決まったのはカルノに近いルトゥルヌールだった。ルベル、バラス、ラ゠レヴェリエール゠レポの「三頭派」は維持された。五月二〇日の議会で後任総裁に選ばれたのはバルテルミである。保守派で、「三頭派」とは距離があり、カルノをも国王弑逆者とみなして一緒にならなかった。政治的能力にも乏しく、総裁政府の中では孤立することになった。

五月二〇日には元老院の議長にはバルベ゠マルボワが、五百人会の議長にはピシュグリュが選ばれた。ともに王党派である。議員の多くはクリシ・クラブのメンバーだった。このクラブの主流は立憲君主制支持派であり、復古王政派もまじっていた。全体としては、とりあえず実現可能な改良を試みながら、次の選挙でのさらなる勢力拡大をめざしていた。彼らの主導のもとに、九五年一〇月二五日に定められた諸法、すなわち前章の末尾で触れたように、亡命者《エミグレ》と宣誓拒否聖職者の取り締まりをはじめとして、共和国の基本的精神を示した法令が、ほとんど議論なしに廃止された。これを受けて、行政当局も共和主義的な法令の適用を意図的にサボタージュするようになった。追放されていた宣誓拒否聖職者は公然と活動するようになり、亡命者《エミグレ》も自由に帰国した。彼らはともに、国有財産の購入者を攻撃するようになり、パリをはじめ、各地で暴力事件が生じるようになった。総裁政府は南フランスの共和派の保護をボナパルトに命じたので、彼は部下のランヌに一部隊を委ねて、南フランスに派遣した（九月六日）。

クリシ・クラブに対抗して、穏和な共和派はパリで六月四日に「立憲サークル」を開き、シィエス、タレイラン、スタール夫人、バンジャマン・コンスタンなどが参加した。「サルム・クラブ」とも呼ばれる。地方でもいくつかの立憲サークルが設立されたが、ネオ・ジャコバンの影響が及ぶのを恐れた総裁政府は、七月二五日にすべての立憲サークルを閉鎖した。

王党派のジベール＝デモリエールは六月九日の議会で、財政面に関して政府を攻撃した。戦費の調達を妨げ、戦争遂行が不可能になるようにしむけるのが目的である。どうやらこの頃に、総裁政府の「三頭派」は実力で王党派と対決する決意をかためたようである。イタリアのボナパルトのもとに遣わされたファーブル・ド・ロードは六月二三日にパリに戻ったが、ボナパルトは彼に、イタリアで捕らえた王党派のスパイであるアントレーグ伯爵から押収した書類を託しており、それはバラスの手に渡った。五百人会議長のピシュグリュが王政復古の陰謀に加担していることを示す証拠だった。実はバラスは二股かけており、王党派ともひそかに連絡を取っていたのだが、王党派は自分だけを頼りにしているわけではないことを知って、これと手を切る決断をし、翌二四日、サンブル＝エ＝ムーズ軍を率いているオッシュに、援助を求める手紙を出した。オッシュは熱心な共和派で知られ、ボナパルトよりもずっとパリに近い場所にいたのである。七月一日、オッシュは「ブルターニュのブレストを経て、再びアイルランドをめざす」という名目で、一万五〇〇〇人の兵とともにパリに向かった。

七月一六日、総裁政府は大臣の入れ替えを行なったが、ルベル、ラ＝レヴェリエール＝レポ、バラスの「三頭派」は一致して行動し、カルノとバルテルミを抑えた。すなわち王党派から嫌われている司法大臣のメルラン・ド・ドゥエと大蔵大臣のラメル＝ノガレは留任させ、それ以外は共和派の人物と交代させた。外務大臣はタレイラン、内務大臣はフランソワ・ド・ヌシャトー、陸軍大臣はオッシュである。ただし同月二二日に五百人会が、オッシュは憲法第一四八条が定める「年齢三〇歳以上」という規定を満たしていないとして批判したため、彼は着任を辞退し、シェレル将軍が陸軍大臣に着任した。オッシュが無断で自軍をパリに接近させたことも、憲法第六九条(60)に違反していた。クリシ派の議員はこの点を批判したが、一九日にバラスがカルノにアントレーグ伯の書類を示したので、カルノはピシュグリュの裏切りを非難し、「オッシュ軍の動きは単なる手違いによる」とする総裁政府の書類にサインした。また八月一〇日の祭典において王政復古に反対することを明白に述べたので、ひそかにカルノをあてにしていたピシュグリュなどは当惑した。

大臣の入れ替えを見て、王党派は総裁政府が強硬な手段をとることを覚悟し、対応策に着手した。八月一二日には国民衛兵のエリート部隊の再組織を決めた。都市の富裕層を武装させて、第二のヴァンデミエール反乱を起こそうとしたのである。ピシュグリュもこの武装を支援しようとして法令を準備したが、総裁政府はその法令の執行をサボタージュした。他の対策も、元老院の反対があったりして、スムーズに進まなかった。

ボナパルトはバラスの要請を受けて、総裁政府を助けるために部下のオジュローに一部隊を委ねてパリに派遣したが、その部隊は八月七日にパリに到着した。翌八日にオジュローはパリ駐屯の第一七軍団指揮官に任命されたので、パリ市内で軍を動かすことができ、しゃれ者《ミュスカダン》の取り締まりなどを行なった。これで実働部隊が揃ったのである。九月三日の晩、総裁政府の「三頭派」はオッシュ軍をパリ市内に入れた。翌朝、パリは軍に占領され、イギリスと王党派が手を結んだ陰謀を暴くビラが出まわり、王政もしくは九三年憲法の再建をめざす者はいずれも裁判なしで銃殺されることが告げられた。形式的には左右双方の抑圧を謳っているが、実質的には王党派の弾圧である。武力で反抗する者はいなかった。九月五日、総裁のバルテルミ、四二名の五百人会議員、一一名の元老院議員など、全部で六五名にギュイアンヌへの流刑が宣告された。カルノもその一人だが、逮捕を免れてスイスに逃亡することに成功し、ピシュグリュは逮捕されたが逃亡した。また五三の県で選挙が無効とされ、一七七名の議員が資格をはく奪された。デュポン・

ド・ヌムールのように自発的に辞職する議員もおり、総裁政府への反対派は少数になった。同日にはまた、九五年一〇月二五日の法令が復活するとともに、王党派が中心になって制定したいくつかの法令が廃止された。さらに亡命者《エミグレ》と聖職者に対する取り締まりが強化された。

これが「フリュクチドール一八日（＝九月四日）のクーデタ」と呼ばれる事件である。確かに非合法な軍事力が大きな役割を果たしたが、通常の理解のように「政権担当者の交代」をクーデタの要件とするならば、これはクーデタではない。また立法府と執行府がともに動きが取れなくなるような危機が生じていないうちに執行府が立法府に先制攻撃をかけたのであるから、「九五年憲法の規定に不備があったために、立法府と執行府の対立はクーデタによる以外に解決の手段がなかった」ということもできないだろう。ここではむしろ、軍隊と政府の関係に注目しておきたい。フリュクチドール一八日の「クーデタ」はオッシュとオジュローという二人の軍人が指揮する軍が直接に介入することで可能になった。それ以外にも、排除される側のピシュグリュも軍人で、九七年春の議員選挙への立候補をめざして九六年三月に軍を辞職するまで、ジュルダンなどとともにライン地方で戦闘に従事していた。そのジュルダンも九六年九月には、政治家への転身をめざして、軍を離れている。ボナパルトもまた、イタリアでの戦いに従事しながらもパリの政治状況に目を配り、九七年七月一四日には王党派と戦うためにパリに進軍することを示唆するような演説を部下の兵に対して行なったし、その翌日には総裁政府に対して、力が必要なら軍隊を呼ぶように訴える手紙を書いた。要するに政治（家）と軍（人）の癒着が明確になってきたのであり、必ずしも政治（家）が軍（人）をコントロールしているとは言い切れない状況が生まれてきている。例えば前節で見たカンポ＝フォルミオの和約締結の際、総裁政府は国民の自決権を尊重しようとしたのだが、ボナパルトはまるでアンシァン・レジーム期の外交のように領土のやり取りをし、みずからが望むイオニア諸島を手に入れたりしている。彼はオジュローを派遣することで、フリュクチドール一八日の「クーデタ」を側面から援護したのに、それに見合う政治的地位を得られなかったことに不満を抱いた。それで総裁のバラスは彼をなだめるために秘書のボトを派遣し、ボナパルトがカンポ＝フォルミオの和約を自分の気に入るように修正するのを黙認したのであり、総裁政府は自己の政策と合致しない和約であっても、ボナパルトとその軍隊を敵にまわさないために、批准せざるを得なかったのである。つけ加えるなら、王党派は戦争全般と軍人を批判していたが、軍人と一体のものとして批判された納入業者は「クーデタ」の費用を積極的に負担している。

4　第二次総裁政府期の政治・経済・社会

フリュクチドール一八日の「クーデタ」によって総裁政府期の権威は強化された。これ以後の二〇か月は第二次総裁政府期と呼ばれ、政府が緊急事態に妨げられることなく政治を行なうことができた時期だった。九月八日には、追放されたカルノとバルテルミの後任として、フランソワ・ド・ヌシャトーとメルラン・ド・ドゥエが総裁に選出された。ともに共和派であり、前者は経済面、後者は法律面での実務能力によって知られていた。「クーデタ」の成功を受けて総裁政府は、九月五日の法令に定められたように、亡命者《エミグレ》と聖職者の取り締まりに乗り出した。そのために通信の秘密は侵され、新聞は自由に発行できなくなった。私人の家の家宅捜索が行なわれ、劇場も取り締まりの対象になった。共和暦六年（一七九七年九月下旬～九八年九月中旬）に、主にフランス南東部で、一六〇名以上の亡命者《エミグレ》が軍事裁判を受けて銃殺され、聖職者でギュイアンヌに流刑になる者も出た。しかし、共和暦二年のいわゆる恐怖政治との対比において注意しておくべき点がある。総裁政府は革命委員会や革命裁判所を作らず、取り締まりはもっぱら警察に委ねた。強権は国家に一元化されていたのである。また取り締まりの実態は建前よりも緩やかだった。地方当局はしばしば被告に好意的に介入したし、通常の裁判所は死刑を避けて、流刑を選ぶ傾向があった。聖職者の場合、流刑の対象となり得るのは全国で一万一〇〇〇名だったが、実際に逮捕したのはその一〇分の一であり、ギュイアンヌに送られたのは逮捕者の四分の一だった。また一一月二九日には貴族の都市在住権がはく奪されたが、実際の適用は例外的だった。それでも王党派の抑圧は成果をおさめ、九八年末まで王党派の活動は下火になる。

総裁政府は財政の立て直しに取り組んだ。大蔵大臣のラメル＝ノガレが九七年九月三〇日と一二月一四日の法令によって実施した「三分の二の破産」がその代表である。これは国庫の借入金のうちの三分の一のみを公債台帳に記載し、その権利書は納税や国有財産の購入の際の貴金属貨幣支払い分としても用いられることにするというものである。残りの三分の二は国有財産の購入に用いることができる金券で支払われることになった。この金券は、すでに見たように、通貨としては額面価格よりずっと低い価値しか持たなかったから、実質的には債権を無効とされたのに等しい。この施策によって国庫の借入額は二億五〇〇〇万フランから八三〇〇万フランに減少したが、年金生活者《ラント》の利益は大きく損なわれた。この他にも、例えば、新たな直接税として不動産税（戸口・窓税）を決め（一一月二四日）、翌年春にはその税率を二倍に引き上げた。また従来は国庫予算の決定が年度開始後に大きくずれ込むのが普通だったのを、共和暦七年（一七九八年九月下旬〜九九年九月中旬）には年度開始までに決めるよう、議会に要請した。実際には予算成立は九八年一二月になったが、これまでよりはかなり改善された。これらの措置によって財政もしくは経済の問題が解消されたわけではない。戦争の再開とともに臨時の支出が増えて、フィナンシエに依存しなければならない状態は続いたし、貴金属貨幣の流通は不足したままで、次の統領政府下の一八〇〇年になっても流通額は一〇億フラン程度、すなわち一七八九年の半分から三分の一だった。それでも、実現可能な解決策への道を整えた点、直接税の自律的な管理や穏和な間接税への復帰をなしとげた点、財務局を執行府に従属させた点などに、この時期の総裁政府の成果を認めることができるのである。

経済に関しては、マイナス面とプラス面の両方が見られる。農村において、国有財産の売却は、土地が細分化されて転売されることにより、小土地所有農の増加をもたらした。彼らは資本が乏しいために、未知の冒険に乗り出すよりは安全な経営をこころがけ、伝統的な農法を守った。革命が種々の規制を緩和したにもかかわらず、伝統的な慣行はすぐにはなくならなかったのである。それでも、教会十分の一税や領主権の廃止は農民の生活条件の改善につながったし、新種の作物も少しずつ普及していった。特にブドウ栽培は大きく改善された。一七九六年から九八年にかけては豊作だったため、農産物価格は下落した。おりからのデフレがその傾向をさらに強め、この時期の価格は一七九〇年の頃の三分の二から四分の三になっている。総裁政府が軍に食糧供給をするには有利になったが、比較的に豊かで市場販売分を多く持つ農民の利益は損なわれた。

農村部での消費が低迷したために、工業も打撃をうけた。また流通は、道路の維持・修理が不十分だったり、王党派の一部が野盗化したりしたために、困難が増した。海上貿易も、九七年にはフランスが持つ外洋航海用の船舶は二〇〇艘で、革命直前の頃の一〇分の一になっていた上、イギリスの圧力を受けて、低迷していた。ボナパルトがエジプトに遠征し、トルコと敵対することになったために、レパント貿易がほぼ途絶したことも打撃になった。しかし沿岸交通が困難になったために内陸交通が拡大したし、姉妹共和国を輸出のための植民地として利用できるようになったことのメリットも大きかった。総裁政府は保護主義政策をとり、同盟国であるスペインとの間でも関税障壁を維持した。総裁（一七九八年五月からは内務大臣）のフランソワ・ド・ヌシャトーも生産を奨励する政策を積極的に行なうとともに、経済統計の整備も進めた。工業生産の水準は依然として革命直前よりは低かったし、イギリスとの交流が実質的に途絶えているため、産業革命への道を進み始めたイギリスで作られた新たな機械の導入は遅れたが、回復のきざしは現れたのである。九八年九月一七日には、フランソワ・ド・ヌシャトーの主導のもとに、最初の全国産業博覧会が開かれた。二一日までの五日間だけのこととはいえ、フランス経済の新たな姿を人々に紹介しようとする行事を開ける程度には、経済は持ち直してきたのだった。

前章2節の末尾に指摘した社会的変化は（233頁参照）、総裁政府期に入ってさらに本格化する。すなわち旧支配層の没落と、フィナンシエに代表される金融業者・実業家の上昇である。投機によって成り上がった新興ブルジョワジー層が拡大し、彼らが中心となる社交界も形成された。地方でも類似の事情は見られたが、パリ以外では成り上がり者は相対的に少なく、スキャンダラスな風俗もほとんど生じず、伝統的な生活様式が生き残ることが多かった。農村部では、革命と国有財産の売却とから利益を得たのは農村ブルジョワジーである。裕福な地主がさらに所有地を拡大する例も見られたが、一番多いのは、かろうじて独立自営が可能な小土地所有農だった。教会十分の一税や領主制が廃止されたこともあいまって生活基盤が安定した彼らは、さらなる変革を求めるよりは手に入れた革命の成果を守ることの方を望んで、次第に保守化していく。もちろん、こうした成功者より下層には都市の労働者層が存在したし、農民の過半数は自己の経営地だけでは家族の生活を支えられなかった。

支配的階層の関心が既存の秩序の破壊よりは新たな秩序の維持の方に向かうと、家庭裁判所の廃止、身体拘禁刑の復活、離婚や私生児への非難など、反動的な傾向も現れてきた。そのために人々の価値観が混乱し、新憲法に基づく種々の法律の整備は先延ばしされた。ただし、あくまで革命によって得られた成果を守ることが大前提であるから、反動化にはおのずから限界があった。人々は秩序の維持もしくは下層民に道徳を強制するための手段として、再び宗教に目を向けた。とはいえ、反革命や王党派との結びつきが強いカトリックは、最初から論外である。一七九七年一月にパリの書籍商であるシュマン＝デュポンテスが敬神博愛教《テオフィラントロフィ》を創設した。理神論的な神への信仰に基づく市民的道徳が中心である。総裁のラ＝レヴェリエール＝レポはこの宗教を擁護したが、他の総裁はそれほど積極的ではなかった(61)。フリーメーソンもブルジョワジーの一部に浸透し、一七九九年には全国に一〇〇ほどの会所《ロージュ》があった。総裁政府は、最高存在の礼拝の更新は拒絶したが、共和暦の使用を国民の義務とする点では一致した。旬日の祭典や祝日の行事を定期的に組織することで、キリスト教の礼拝に替えようとしたのである。九八年四月三日の総裁政府の布告はあらゆる行政当局は共和暦に基づいてすべての政治活動を組織することを命じ、同年八月四日と九月九日の法令は旬日の休業を命じた。ただし、人々の日常生活の慣行はグレゴリオ暦と結びついている場合が多かったから、総裁政府の政策は一部の人の離反を招いた。カトリック教会は混乱していた。本来の信仰を失っていても、道徳の基盤や日々の苦労の慰めを求めて教会に来る人々もいる一方で、民衆の中には聖職者に激しく敵対的で攻撃的なグループも現れた。また聖職者も立憲教会派とローマ教皇派に分かれ、ローマ教皇派はさらに、あくまで総裁政府に敵対的な非宣誓派と政府に融和的な服従派に分かれていた。ただし聖職者は次第に高齢化し、新たな聖職志願者は少なかったため、信徒はどの派であれ、身近にいる聖職者が行なう宗教儀礼に参加していた。

総裁政府は、教育を通じた国民の統合と秩序への帰順をめざした。中心になったのは中等教育と高等教育である。テルミドール派公会で設立が決まった中央学校が県ごとに作られて中等教育を担い、同じくテルミドール派公会の最後の審議で設置が決められた学士院が総裁政府期に創設されて、高等教育の機関となった。そこではデステュット・ド・トラシを中心とするイデオローグが支配的で、実験・実証に基づく合理主義の哲学を教授していた。小学校も市町村によって各県に少しずつ作られたが、師範学校がないために教員の数が不足するとともに、そのレベルも低かった。また給与を払う財源がなかったため、生徒が払う授業料のみが教員の収入だった。革命に敵対的な者はイデオローグが奉じる一八世紀的な合理主義を嫌って、宗教的な伝統への復帰にあこがれており、こうした中から一九世紀のロマン主義が育っていった。

5　フロレアル二二日の「クーデタ」とボナパルトのエジプト遠征

このような状況の中で、九八年春の選挙が近づいてきた。毎年行われる、議員の三分の一の改選であるが、前年のフリュクチドール一八日の「クーデタ」で追放された議員の後任も補充しなければならないため、全部で四三七名の議員を選出しなければならなかった。しかも改選されるのは旧国民公会議員で前年に辞職しなかった者すべてである。もしも再び王党派が勝利を収めたら、共和国の先行きは一気に不透明になる。総裁政府も共和派議員も疑心暗鬼になり、九八年一月には「新たに選出される議員は、現在の議会が資格審査を行なう」という趣旨の法令が制定された。さらに二月一二日には、次の総裁の選挙は五月一六日に現在の議員が行なうことが決められた。新たに進出してくる（と予想される）王党派議員の影響をできるだけ排除しようとしたのである。だが、王党派は弾圧を受けて弱腰になっており、リーダーのうちには選挙の棄権を呼びかける者もいた。時間が経つにつれて、王党派よりもむしろネオ・ジャコバンの勝利が予想されるようになった。彼らが社会的民主主義、すなわち平等の要求を持ち出すことの方が、総裁政府の心配の種になった。バラスは共和派の一致団結を説いたが、受け入れられなかった。ルベルのように比較的にネオ・ジャコバンに近い者でも、政府にとって御しやすい多数派を作る方の利点を重視したのである。

四月九日に始まった選挙は一〇日ほどで終了し、両院による選出者の資格審査が始まった。総裁政府も種々の情報を提供して介入し、五月二日には王党派と「無政府主義者《アナルシスト》」双方の陰謀を告発した。ここでもまた、名目上は左右双方が挙げられているが、今回は左のネオ・ジャコバンが実質的な対象である。五月七日に五百人会で最終的な一括審査が行なわれ、同月一一日（フロレアル二二日）に元老院がその結果を承認して、正式な決定になった。全部で九六の県のうち、四七の県での選挙は有効とされたが、八つの県の選挙は無効とされた。残りの県でもそれぞれに一名ないし数名の選出者が承認されず、全国で一〇六名が議員の資格を奪われた。これが「フロレアル二二日のクーデタ」と呼ばれる事件であるが、前年同様、文字通りのクーデタではない。共和派は両院で相対的には多数派になったが、自分たちの仲間が排除されたのを見て、総裁政府との間には溝ができた。またこの「クーデタ」の影響は周辺の姉妹共和国にも及び、不安を抱いた革命派《パトリオット》はフランス政府に多少は距離を置くようになった。五月一五日の総裁選挙では、前年に着任したばかりのフランソワ・ド・ヌシャトーがくじ引きの結果として九日に総裁を辞任することになったのを受けて、トレイラールがその後任に選ばれた。元国民議員で、国王処刑に賛成しており、バラスの取り巻きの一人である。

この「クーデタ」より前の二月二三日、ボナパルトは総裁政府にエジプト遠征計画を提案し、三月五日に承認された。彼は前年の一二月にイタリアから凱旋するとすぐにイギリス上陸作戦に関心を示し、その月のうちにいくつかの具体的な提案をしている。しかし二月八日から二〇日にかけて英仏海峡の沿岸部を視察して、上陸作戦が無謀であることを悟った。パリに戻ると、イギリスに直接に上陸する代わりにエジプトに遠征し、イギリスの対インド貿易を阻害することで間接的にイギリス経済に攻撃をかけることを提案したのである。もっともエジプトに関しては、タレイランが九七年七月三日に学士院で、西インド諸島に代わる植民地としてエジプトに遠征すべきことを提案しており、九八年一月二八日にはボナパルトに直接、エジプト遠征を示唆した。ボナパルト自身も九七年後半に、カンポ＝フォルミオの和約に関連して、イオニア諸島をフランス領とすることに執着し、「東方への夢」の一端を垣間見せていた。

「クーデタ」後の五月一九日、彼は水夫一万六〇〇〇人、将兵三万八〇〇〇人、および学者一八七人とともにトゥーロンを出港、途中でマルタ島に寄って、そこをフランスの県の一つとしてから、七月一日にアレクサンドリアに入港し、翌日上陸して、町を占領した。そこから東のカイロに向かって進軍し、同月二一日にはピラミッドの戦いでマムルーク軍に勝利した。カイロに入ったボナパルトは、あくまで現地の行政組織を尊重し、みずからは後見的な立場にとどまりながらも、代表制の導入を試みた。宗教はイスラム教を尊重した。ペストの予防に関する保健・衛生政策、運河の開削、郵便制度や印刷事業の創設、風車の設置、ナイル川の水害対策用の水路の開削やナイル川と紅海を結ぶ水路の計画など、「啓蒙専制主義的」とも言える政策も試みている。ボナパルトに同行した学者集団はエジプト学士院を形成した。

ネルソン提督が率いるイギリス艦隊はフランス艦隊より三日早く、六月二八日にアレクサンドリアに到着したが、フランス軍が見つからないので、エーゲ海方面に探索に出た。さらにシチリアに寄ったところでボナパルトのアレクサンドリア到着を知り、再びエジプトに急行、八月一日にアレクサンドリアに近いアブキール湾に停泊していたフランス艦隊を襲撃した。水夫の多くが上陸していたフランス艦隊は、ほぼ全滅といってよい敗北を喫した。海上を移動する手段を失ったボナパルト軍は、征服した土地に閉じ込められることになった。

イスラム教徒は最初からフランス軍に不信感を抱いていた。エジプトへの宗主権を侵害されたオスマン・トルコは聖戦を呼びかけた。少人数でいる兵や孤立した駐屯地がゲリラ的に襲われた。トルコはまた、九月九日にフランスに宣戦布告した。ボナパルトがカイロで徴税を試みたことが住民の不満を爆発させ、一〇月二一日に反乱が起こった。翌日の鎮圧は熾烈で、武器を携えた反乱参加者はすべて銃殺された。トルコがイギリスの支援を受けて、海陸の両方からの攻撃を計画しているという情報はエジプトにも伝わったので、冬が明けた九九年二月、ボナパルトはパレスチナで敵を迎え撃つべく、地中海沿いに一万五〇〇〇人の軍を北上させた。三月七日にヤッファを陥落させ、さらに北上して同月一九日にはアッコの攻囲戦を開始した。しかしこの町の防御は堅かった上、エジプトから大砲を運ぶのに用いた船（アブキールで沈没・拿捕を免れたもの）がイギリス海軍に拿捕され、積み荷の武器を奪われたので、五月一七日に撤退を始め、六月一四日にエジプトに戻った。七月一七日にはトルコ軍がイギリス艦隊に運ばれてアブキールに上陸したが、ボナパルトは同月二五日の戦いでこれを破った。この後、イギリス艦隊司令官のシドニー・スミスから贈られた新聞でフランス本国の情勢を知ったボナパルトは、ひそかに帰国を決意した。クレベールを後任のエジプト遠征軍司令官に任命し、ごく少数の腹心の者だけを連れて、八月二三日にエジプトを出港、一〇月九日にフランスに上陸し、同月一六日にパリに戻った。総裁政府は五月二六日に、ボナパルトをフランスに呼び戻すことを決めていた。この命令書は結局、エジプトのボナパルトには届かなかったのだが、結果的にはボナパルトの帰国は合法的なものになった。

6　第二次対仏同盟とプレリアル三〇日の「クーデタ」

ボナパルトのエジプト遠征は、ヨーロッパ諸国の政治と外交にも大きな影響を及ぼした。ロシアはトルコと同盟を結び、トルコ軍を支援する見返りにボスポラス海峡の自由航行権を手に入れた。そして地中海に進出するとイオニア諸島を攻撃し、九九年三月三日にこれを征服した。トルコを支援するイギリスもこの条約に関心を示し、九八年一二月二九日にイギリスとロシアの条約が結ばれた。さらにナポリ王国も、ボナパルトがエジプトに閉じ込められたことを知ると、九八年一一月二二日にローマ共和国に軍事攻撃をかけてローマを占領し、一週間後の二九日にロシアと相互援助条約を結んだ。これら一連の条約によって、第二次対仏同盟ができあがっていく。

総裁政府はナポリとサルデーニャの両王国に宣戦布告した。シャンピオネが率いるフランス軍は九八年一二月一四日にローマを奪還し、年が明けて一月二三日にはナポリに入城した。シャンピオネは「南イタリアのボナパルト」として振る舞い、ナポリをパルテノペアンヌ共和国に作り替え、六〇〇〇万フランの税を徴収した。しかし総裁政府は新たな姉妹共和国を望まず、シャンピオネとその部下を罷免し、またシャンピオネを職権乱用のかどで二月二四日に逮捕した。初めて、政府が軍の独断専行を抑制したのである。もっとも、この件で政府に恨みを抱いた将軍たちはこの後、総裁政府に敵対的になる。

対仏同盟諸国がフランスを東部もしくは北部から攻撃するためには、プロイセンかオーストリアの協力が必要だった。両国のうちプロイセンは同盟との交渉をためらっていた。シィエスが九八年五月八日からフランスの駐ベルリン大使になっており、彼はプロイセンにフランスとの同盟を結ばせることには失敗したが、中立を守らせることはできた。オーストリアは同盟との交渉に応じたが、それほど積極的ではなかった。ロシアがイタリアに接近することも、イギリスがオランダ・ベルギーを征服することも、望んではいなかったのである。それでもオーストリアは戦争に備えて軍備を整えるとともに、ロシア軍が自国領土を通過するのを許可した。総裁政府はこれを敵対行為とみなし、九九年三月一二日にオーストリアに宣戦布告した。同日、オーストリアはイギリス、ロシア、トルコ、ナポリの同盟に参加した。これにより第二次対仏同盟が最終的に成立したとみなすことができる。フランスは三月二一日にイタリアのトスカナ地方を占領した。ローマ教皇ピウス六世はフィレンツェで捕らえられ、最終的にはフランスのヴァランスに移されて、八月に亡くなった。ラシュタットではカンポ＝フォルミオの和約以来の交渉が続いていたが、フランスとオーストリアの開戦によって意味を失い、四月二三日に交渉を中止した。フランスの全権代表団は同月二八日にラシュタットを離れたが、町を出たところでオーストリアの軽騎兵に襲われて、三名の全権代表のうち二名が殺害され、残り一名も負傷した。

第二次総裁政府期には、ネオ・ジャコバンの勢力が相対的に強まったためもあって、指導者層の内部では革命への情熱が復活する傾向にあり、戦争への熱意もこれまでより多少は高まっていた。九八年の夏頃からは戦争の再開が予期されるようになり、総裁政府も軍の準備にとりかかった。この年の九月五日、軍人から議員に転じたジュルダンが中心になって、二〇歳から二五歳までの未婚の男子に兵役義務を課する法が制定された。同月二四日には召集人数が二〇万人と定められ、早速に徴募が始まったが、実際に軍務についたのは目標人数の三分の一強だった。九九年一月一七日には、一七九三年に定められていた兵役免除の規定が廃止され、四月一七日には追加の徴募が行なわれたが、それでも当初の目標である人数には達しなかった。兵員数は敵国よりも少なく、戦費の調達も不十分だったが、軍の雰囲気には共和暦二年の「民衆の軍隊」を思わせる要素が生まれた。九九年の春から夏は、イタリアでもスイスでも、戦況は一進一退だった。

このような状況の中で、九九年春の議会選挙が始まった。状況は総裁政府に不利だった。一方では、確かに、ナポリを簡単に征服したことの記憶が新しかった。しかし九八年一一月にベルギーの諸地方で起こった蜂起は「農民戦争」となって、二か月続いたし、国内でも西部でシュアンの反乱が再開し、徴兵忌避者や脱走兵は野盗集団を形成して、秩序を脅かしていた。政府はヴァンデー反乱の復活を恐れて、西部地域では徴兵を実施しなかった。世論は全般的に戦争の再開に不満であり、ネオ・ジャコバンは逆に、総裁政府が不手際から反革命の活動を許したことを批判した。総裁政府は、前年と同じように、王党派と「無政府主義者《アナルシスト》」双方が外国人に奉仕していることを告発したが、王党派は前年と同じ理由で選挙に距離をおいた。選挙では、ネオ・ジャコバンもある程度の議員が当選したが、特にどの党派が勝利を収めたとは言えない。立法府は当選者全員をすばやく自動的に承認して、前年の「フロレアル二二日のクーデタ」の再来を未然に防止した。

選挙後の数週間に、フランスの戦況は悪化した。イタリア方面軍は、四月二一日からモロが指揮官になっていたが、同月二七日にミラノ近郊のカッサーノで敗れて退却し、替わってロシア軍が二九日にミラノを占領した。ナポリに駐屯するフランス軍は、シャンピオネに代わってマクドナルドが指揮官になっていたが、モロ軍を支援するために五月五日にナポリを撤退した。同じ頃にトスカナ地方では、フランス軍敗北の知らせを聞いた農民が「ヴィヴァ・マリア団」を結成し、地元のジャコバン派を襲撃するようになった。イタリアは事実上フランスのコントロールをはずれた。ロシア軍はスイスにも進撃し、オランダはイギリスの脅威を受けていた。

議会は、戦争指導に関する総裁政府の責任を追及し始めた。軍と納入業者による横領・着服を放置して軍需物資の不足を招いた点も問題にされた。軍の指揮官たちも、敗戦や軍需物資の横領・着服に関する責任を転嫁するために、政府批判の声を上げた。そのような状況下で総裁政府のメンバーの交代が行なわれ、五月九日にくじ引きをした結果、ルベルの辞任が決まった。五百人会は、ネオ・ジャコバンの傾向を持つ将軍のルフェーヴルを後任候補に選んだが、元老院は五月一六日にシィエスを新総裁に選出した。シィエスは、前章の終わりで見たように、九五年に最初の総裁の一人に選出されたものの、九五年憲法の規定では行政府の権力が十分に強くないことを不満として着任を拒否していた。九八年五月からは駐プロイセン大使になってフランスを離れ、当時の政局からは距離をおいた。その彼が選出されたのは、元老院の内部には憲法の改正に好意的な勢力が存在して、彼らがシィエスに期待をかけたからである。戦争の再開とフランス軍の当初の敗戦は革命と共和国の危機として受け止められ、なんらかの制度改革が必要だと思われたのだった。総裁政府の中でもバラスは、やはり憲法改正を視野に入れて、シィエスの選出を積極的に後押しした。シィエス自身も今回は総裁を引き受けてベルリンからパリに戻り、六月九日に着任した。この後の彼の動きには不明なところが多く、確実なことはわからないのだが、陰でいろいろと手回しをしたようである。彼の帰着とともに、政局は大きく動き出す。

数日前の六月五日に立法府の両院はここ三か月のフランス軍の敗北に関する説明を総裁政府に求めたのだが、回答はなかった。同月一六日、五百人会のプラン＝グランプレは改めて説明を求め、回答があるまで五百人会を常時開催状態とすることを決めさせた。元老院もそれに同調した。同時に、メルラン・ド・ドゥエ、ラ＝レヴェリエール＝レポ、トレイラールの三人の総裁が、体制の変革に敵対的だとみなされて、批判の対象になった。同じ一六日にベルガスが、前年にトレイラールが総裁に選ばれたのは問題があるとして、辞任を求めた。トレイラールは五百人会の元議員であり、憲法はその第一三六条で、元議員が総裁になるには一年以上の間をおくことを求めているが、トレイラールの場合は一年に一五日足りなかったのである。総裁のラ＝レヴェリエール＝レポは無視しようとしたが、シィエスとバラスが議会に同意し、翌一七日にトレイラールは辞任することになった。彼の後任は翌日、ジャコバンに好意的なゴイエが選ばれた。さらに翌日の一八日（プレリアル三〇日）、議員のベルトランが総裁のラ＝レヴェリエール＝レポとメルラン・ド・ドゥエを公金横領と裏切りのかどで告発した。前日にシィエスが二人に辞任を勧めていたこともあって、両名はすぐに辞任した。後任に選ばれたのは、シィエスが推薦するロジェ・デュコ（元国民公会議員で国王弑逆者）とバラスが推薦するムラン（ネオ・ジャコバンの軍人）だった。またこれに合わせて、総裁のもとで実務にあたる大臣も、タレイランを含めて全員が交代した。

これが「プレリアル三〇日のクーデタ」と呼ばれる事件であるが、今回もまた、真の意味でのクーデタではない。二人の総裁に対する告発は合法的なものだった。「プレリアル三〇日」は、これまでの二つの「クーデタ」で総裁政府に屈服させられた立法府が、これまでとは逆に執行府に対するコントロールを行なおうとしたのであり、ある意味で議院内閣制に近づけようとする試みだったのである。だが、これによって総裁政府が従属化したわけでも、弱体化したわけでもない。見方を変えればこの「クーデタ」は、総裁政府に反発する将軍たちの勝利でもあった。ベルナドットは陸軍大臣に、ジュベールはイタリア方面軍司令官になり、逮捕されていたシャンピオネは出獄してアルプス方面軍司令官になった。その陰で、軍への派遣委員《コミッセール》の権限は大きく制限された。さらに「プレリアル三〇日」は一面において、前年の「フロレアル二二日」の仕返しでもあった。三人の新しい総裁はいずれも、前年の「クーデタ」で議員資格を奪われた者であり、他にもネオ・ジャコバンが様々な役職に就いた。ロベール・ランデが大蔵大臣に復帰したのはそのシンボルである。もっとも、この後の政治の動きを見る上では、憲法改正に強く反対しそうな総裁が更迭された点に注目しておくべきだろう。

7　ブリュメール一八日（一七九九年一一月九日）のクーデタ

「プレリアル三〇日のクーデタ」を受けて、六月下旬から議会でネオ・ジャコバンの影響力が増した。同月二八日、ジュルダンの提案に基づいて総動員法が成立した。二〇万三〇〇〇名の徴発が見込まれたが、実際に入隊したのは一一万六〇〇〇名だった。一か月後には、国民衛兵の再組織に関する法も制定された。六月二七日には、同じジュルダンの提案で、富裕者（とりわけ納入業者）に課する強制公債案が採択され、すぐに目標額が一億フランに設定された。しかしこの案にはさすがに抵抗も多く、最終的に法制化されるのは八月六日になった。さらに七月一二日には人質法が採択された。騒乱が起きている県においては、亡命者《エミグレ》の親族や貴族を人質にとることを認めるものである。同月六日にはテュイルリ宮殿内のマネージュ（調馬場）にネオ・ジャコバンのクラブを設置することが認められた。通常、マネージュ・クラブと呼ばれる。

こうした一連の動きに対する批判は、七月半ばから生じた。シィエスは同月一四日にネオ・ジャコバンに警告を発し、八九年の理念のもとに一致するよう呼びかけるとともに、政府当局は公安のための措置に反対ではないが、あくまで政府自体の手で行なわれなければならないとした。ネオ・ジャコバン側は、九三年の革命的情熱を人民の中に復活させなければならないとし、革命委員会の再設置を求めていたのである。総動員法と物資の徴発の強化は全国的に不安といら立ちを生じさせたが、強制公債を割り当てられる富裕層の反発はことに激しかった。彼らの抵抗により、公債は目標額の三分の一程度しか集まらなかった。パリの富裕層の多くは、雇い人を解雇して首都を離れたため、製造業の活動は低下した。七月二六日には元老院が、立法府の敷地内には政治団体は認めないことを決めたため、マネージュ・クラブはバック街の、元は教会だった建物に移動した。

八月になると、内外の情勢は悪化した。イタリアでは、新たに指揮官になったジュベールがシャンピオネの軍の到来を待たずに攻勢に出たが、八月一五日にノヴィで敗れ、彼自身も戦死した。同月二七日にはオランダ北部の軍港デンヘンデルにイギリス艦隊が襲来。バタヴィア艦隊は戦わずに敗れ、ヨーク公が指揮をとるロシア軍が上陸した。フランス軍も敗れて、守勢に転じた。国内では、徴兵拒否者や脱走兵が野盗団となって、農村にうごめいた。フランス西部や南東部、中央山塊の周辺など、これまでにも反革命の活動が激しかった地域で、この動きは顕著だった。シュアンの反乱も続いていた。またフランスの敗勢は反革命と王党派を勇気づけた。その筆頭はルイ一八世で、革命陣営との最終的対決をめざし、弟のアルトワ伯に代わって反革命の指揮をとるようになった。八月上旬、オート・ガロンヌ県で王党派の反乱が生じた。これ自体は孤立しており、じきに消滅したが、反革命の脅威を改めて、ある意味では実態以上に、人々に印象づけた。同月一三日に報告を受けた五百人会は、一か月間の臨時の家宅捜索を承認し、またそれに関連して、九月二日にはシィエスが三四の王党派新聞の関係者を追放させた。このような状況でネオ・ジャコバン派は再び動き出し、ジュルダンは九月一三日に「祖国は危機にあり」宣言を提案した。これは九二年の同じ宣言と、それに続いたいわゆる恐怖政治を思い出させるので議論になり、翌日に否決された。それでも数日後には、別のネオ・ジャコバン派議員のガロが「国土の分割や憲法の変更を支持する者は死刑に処す」という案を出し、採択させた。

しかし、状況は再び変化する。オーストリアは、イギリスとロシアだけがオランダ・ベルギーに駐在するのを望まなかったので、スイスにいたカール大公にオランダ方面に向かうよう指示した。この案を危険と見たカール大公は、出発前にマッセナ率いるフランス軍を破ろうとしたが、成功しなかった。大公の出発後、フランス軍はスイスでロシア軍に勝利を収めた。オランダに上陸したヨーク公は九月下旬から一〇月上旬にかけてブリュンヌ率いるフランス軍といくさを交えたが、自軍内に流行病が広まったため、一〇月一八日に撤退を決めた。同月九日には、エジプトから戻ったボナパルトが南仏のフレジュスに上陸したが、このニュースがパリに伝わると人々に「共和国は救われた」という希望をもたらし、熱狂を引き起こした。危機感が去れば、穏和派が有利になる。五百人会は人質法の見直しを始め、元老院はガロが提案した決議を破棄した。チボドーは一〇月三一日に強制公債の廃止と、それに代わる直接税の増税を提案した。この案は一一月の七日と八日に審議されたが、採決は九日（ブリュメール一八日）に持ち越された。

ボナパルトがパリに戻ると、政局は彼とシィエスを中心にして、憲法の変更に向けて動き始めた。ネオ・ジャコバンと王党派という左右双方からの攻撃を抑えて、中道派が強いリーダーシップを発揮できる政府を作るのが目的である。当初はボナパルトはシィエスを嫌悪していたのだが、タレイランが仲介役になって両者を引き合わせると、二人はともに、自分の目的を達成するには相手が必要なことを理解した。ボナパルトはなんらかの主要な政治的ポストを手に入れたかったのだが、年齢が若すぎて、立法府の議員にも総裁にもなる資格がなかった。つまり九五年憲法のもとでは彼に出る幕はなかった。シィエスは執行府の強化をめざしていたが、憲法はその改正に関しては第三三八条で「九年のうちに、五百人会の承認を受けた元老院の提案が、少なくとも各々三年の間隔をおいた三時期に行なわれた時に、改正議会が召集される」と定めていた。即刻に合法的な改正を行なうのは不可能だったのである。従って、どちらにとっても、非合法手段に訴えるほかなかったのであり、シィエスにはそのための軍事力が必要だった。しかし将兵の多くは共和派で、ネオ・ジャコバンに近い。九七年のフリュクチドール一八日の「クーデタ」は王党派の排除が目的だったから軍の協力が得られたが、今回はそのような大義名分を欠いている。それでも軍を動かすには、兵に人気があって影響力の強い指揮官が必要であり、ボナパルト以上の適任者はいなかった。ところがボナパルトの方は、自分が正統な指揮権を持つ軍隊はエジプトに残してきてしまったのであり、政府内部に後ろ盾になってくれる人物がいて適法性を保証してくれなければ、軍を動かせなかった。そうした事情でシィエスとボナパルトはクーデタに向けて手を結んだのである。将軍たちのうち、ジュルダンやオジュローのような明確な共和派はボナパルトと距離をおいたが、他は喜んで協力した。コロをはじめとする軍への納入業者が積極的に資金を提供した。「恐怖政治の復活をめざす左派の陰謀が企てられている」という主張が、クーデタの口実として用いられることになった。

一一月九日（ブリュメール一八日）の朝、コルネが元老院の演壇に上り、恐怖政治をめざす陰謀が差し迫っていると告げた。元老院は、議会をサン＝クルーに移動すること、ナポレオン・ボナパルトをパリ駐屯軍の指揮官にすることを決定した。同じ頃、総裁のシィエス、ロジェ・デュコ、バラスは辞表に署名をした。ゴイエとムランは蚊帳の外で、リュクサンブール宮殿にいても何もできず、実質的にはモロ将軍の捕虜になった。ボナパルトは自宅に主だった将軍を集めるとともに、パリ市内とサン＝クルーへの街道を守備するために軍を派遣した。翌一〇日の昼過ぎからサン＝クルーで議会が再開されたが、五百人会でも元老院でもネオ・ジャコバンの議員が独裁反対を叫んだり、前日からの事態の説明を求めたりして、議論が紛糾した。五百人会の議長はナポレオンの弟のリュシアン・ボナパルトだったが、収拾のつかない事態に陥った。夕方になってナポレオンが議場に入ったが、「独裁者を倒せ」の叫びに圧倒され、リュシアンとともに議場の外に逃れた。彼はすぐに兵を中庭に集め、議場への突入を命じた。五時半頃、軍は五百人会を解散させ、議員を外に追い出した。この事態を知った元老院は、総裁の辞職によって崩壊した政府に替えて、三人の臨時執行委員が任命されるべきことを議決した。夜九時頃、クーデタ側はなんとか五〇名ほどの五百人会議員を見つけ出し、リュシアンを議長として会合を開いた。そして五百人会としてナポレオン・ボナパルトの祖国への貢献に感謝し、彼とシィエスおよびロジェ・デュコを、元老院が設置した臨時執行委員会の委員に任命した。

これがブリュメール一八日のクーデタであり、これによって九五年憲法と総裁政府は終わった。総裁政府期にクーデタと呼ばれている四つの事件のうち、この最後のものだけが、言葉の真の意味においてクーデタだった。

終　章　統領政府と革命の終焉

1　統領政府の出現

臨時執行委員に選ばれたボナパルト、シィエス、ロジェ・デュコの三人は、建前の上では相互に対等のはずだった。しかし、名前のアルファベット順に議長を務めることになったので、ボナパルトが最初にリーダーシップを握った。その上、彼は軍人に自由に振る舞わせることで他の二人の文民委員に無言の圧力をかけ、新たな制度の設計に関してみずからの意思を押しつけるのに成功した。彼には、実務能力とエネルギーもあった。シィエスが入念に準備した憲法草案を一二月一日に退けると、四日には自宅に憲法起草のための私的委員会を作り、一週間ほどの間に一二回の会合を開いてみずからの憲法案を完成させた。一二日にはやはり自分の私的サロンに他の二人の執行委員を招き、その席でシィエスに自分を第一統領に推薦させると、カンバセレスを第二統領、ルブランを第三統領に指名した。ともに自分の息がかかった人物であるが、カンバセレスは元国民公会議員で国王弑逆者であり、ルブランは元憲法制定国民議会の議員で、総裁政府下では立憲王党派だった。すなわち、前者に左寄りの「革命派」を、後者に右寄りの「保守派」を代表させ、みずからは双方の間の「中道派」＝国民の真の代表として君臨するという構図だった。同月二三日に、ボナパルトの草案に基づく九九年憲法は正式に成立した。駆け引きに敗れたシィエスは、同月二七日、新憲法に基づいて設置された元老院の議長という、実権をともなわない名誉職に祭り上げられた。翌年二月七日、国民投票によって憲法は承認された。棄権は有権者の八割に達したが、形式的にはこれで「主権者である国民によって直接に承認された憲法」として、正統性が保障されることになった。

新憲法には人権宣言は添えられていなかった。執行権は、任期一〇年で再任可能な三名の統領が担うが、ほとんどすべての決定権は第一統領にあり、他の二名は第一統領からの諮問に答えて意見を具申するだけだった。また第一統領には国務評議会という補助機関が付与され、これが法案や政令の作成や提案にあたった。選挙制度は形式的に維持されたが、選挙人が選ぶのは議員や役人の候補者だった。選挙を通して作成された候補者リストの中から、上位の機関(62)が実際の議員や役人を指名した。事実上は第一統領が議員を任命もしくは罷免したのである。立法府は護民院、立法院、元老院の三院から成る。護民院は国務評議会からの提案を受けて法案を審議するが、修正する権限はなく、また採決もしない。そして法案に自分たちの意見を添えて、立法院に送付する。立法院は、国務評議会の説明と護民院での審議を参考にして、自分たちでは審議をせずに、法案を採択もしくは否決する。議員の選出方法を組み合わせて考えるなら、護民院と立法院は実質的には国務評議会が用意する法案を追認するだけの機関で、執行府に完全に従属していた。元老院は、他の二院とは異なり、法律や政令をチェックする権限を持つとともに、他の二院の議員を候補者リストから指名する。統領の任期が切れた時に次期統領を指名するのも元老院である。さらに、重要な政治問題に関して元老院決議を出すことができ、この決議によって憲法の規定を実質的に変更することも可能だった。これだけを見ると、元老院は統領政府と対等、もしくは場合によっては政府よりも上位に立つことすら可能なように思われる。しかし実際には、元老院議員六〇名のうち三一名は第一統領がみずから指名し、その三一名が残りの二九名を指名した。最初から、第一統領の息がかかった人物のみが元老院議員になれる仕組みだったのである。その上、元老院議員は高額の報酬と数多くの栄誉・栄典で骨抜きにされており、事実上は第一統領の意思をみずからの意思として表明する機関に過ぎなかった。地方行政の制度は一八〇〇年二月一七日の法令で整備されるが、県知事は第一統領が任免権を持ち、人口五〇〇〇人以上の都市には、パリを除いて、やはり第一統領が任免権を持つ市長と助役が置かれた（パリは一都市がそのまま一つの県なので、知事が置かれている）。すなわち統領政府とは、形式的には国民主権と普通選挙制、代表制議会に基づき、憲法制定のような重要事項は国民投票によって決められるが、実質的にはナポレオン・ボナパルトの独裁制度だった。

2　革命の終焉

一七九九年一二月一五日、新憲法への国民投票を呼びかける布告の中で三人の統領は「市民諸君、革命は、それを始めることになった諸原則の上に確立された。だから革命は終わったのである」と宣言した。本当に革命は終わったのだろうか。前章の冒頭で挙げた、戦争の決着、財政赤字の解消と国庫収支のバランスの回復、カトリック教会との関係の修復、亡命者《エミグレ》問題の解決のいずれについても総裁政府は、かなりの努力をしたとはいえ、成功はしなかった。単に政府を取り換えただけでは、まだ「革命は終わった」とは言えないだろう。統領政府の実際の政策を検討しなければならない。

まず亡命者《エミグレ》について見ると、九九年一二月一三日、新憲法が採択されたのと同じ日に、ボナパルトは人質法を廃止し、亡命者を敵視する政策を終わらせた。新憲法は第九三条で亡命者《エミグレ》の帰国を禁じていたのだが、一八〇二年四月二六日には元老院決議により、フランスに対して武器を取らなかった亡命者《エミグレ》には恩赦が与えられた。元老院決議による憲法の事実上の変更であるが、これによって亡命者《エミグレ》との和解がひとまずは成立した。併せて、まだ販売されていない国有財産の売却を停止したので、亡命者《エミグレ》には没収された財産を取り戻すことができる可能性が開かれた。

九九年の秋からフランス西部では、ヴァンデーやシュアンの反乱の流れを引き継いだ、カトリック王党派の反乱が再び起こっていた。統領政府は六万人からなる軍を送り込んで一八〇〇年二月頃に平定するが、同時に九九年一二月二八日には西部地方での礼拝の自由を宣言した。またボナパルトは、新憲法に対する忠誠の誓いは純粋に市民的なものとし、西部の聖職者には宣誓を免除した。軍事的な弾圧のみに頼らずに和解の努力も行なったのであり、これが一八〇一年一月四日の休戦協定の成功につながった。

九九年春に再開した対外戦争は一進一退が続いたが、ボナパルトはこれに決着をつけるために新たなイタリア遠征を計画し、一八〇〇年五月二〇日にサン＝ベルナール峠を越えてイタリアに入った。六月一四日のマレンゴの戦いは激戦だったが、フランス軍はかろうじてオーストリアを破った。マレンゴの勝利は、ブリュメール一八日のクーデタにおけるボナパルトの失態を打ち消し、ナポレオン神話の再生と拡大につながった。その後の休戦交渉は決裂したが、モロ将軍が率いるライン方面軍が同年一二月三日にホーヘンリンデンの戦いでオーストリアに勝利した結果、翌一八〇一年二月九日にリュネヴィルの講和条約が調印された。またイギリスも、長期の戦争による財政の悪化と経済危機から厭戦気分が広がっており、対仏強硬派のピットから講和派のアディントンに首相が交代したこともあって、一八〇二年三月二五日にフランス（およびその同盟国であるスペインとバタヴィア共和国）とイギリスの間でアミアンの和約が調印された。同年一〇月にはロシア、オスマン・トルコとの講和条約も締結された。

一八〇〇年六月二五日、マレンゴの勝利で勢いに乗ったボナパルトはフランスに帰国する途中、ヴェルチェリでマルティニアナ枢機卿と会談して、政教協約を結ぶ意思があることを伝えた。ローマ教皇庁と統領政府の双方が準備を進めた上で、同年秋から交渉が始まった。それを受けて翌一八〇一年六月二一日に、政教協約に向けた最後の詰めの交渉のためにコンサルヴィ枢機卿がパリに到着。七月一五日に協約が調印され、一か月後の八月一五日に教皇ピウス七世がこの協約を批准した。フランスの国内政治との関連で言えば、教皇庁との交渉でもっとも大事だったのは、教会財産の没収と売却を承認させることだった。国有財産の購入者は政府の支持基盤としてもっとも重要な階層であり、彼らの所有権を保証しなければ政府は立ち行かないのである。この点でローマ教皇が妥協したので政教協約は可能になったとも言えるであろう。成立した協約において、ローマ教皇はフランス共和国を承認し、フランスはカトリックが国民の大多数の宗教であることを認めた。プロテスタントやユダヤ教徒の信仰の自由を否定せずに、言い換えればカトリックをフランスの国教とせずに、統領政府ができる最大限の譲歩である。またフランスのカトリック教会においては第一統領が司教を指名し、司教が政府の同意のもとに司祭を任命することになり、また聖職者は国家から俸給を受けることになった。言うまでもなく、ローマ教皇は教会財産の売却を了承した。この協約によって、フランス政府とカトリック教会の基本的な和解が成立した。また教皇自身がフランス共和国を承認したのだから、王党派＝カトリックは政府に反抗する大義名分を失った。一八〇二年四月一八日、復活祭の祝日に合わせて、パリのノートルダム大聖堂で、政教協約公布の式典が挙行された(63)。

財政問題を見ると、ボナパルトは税制そのものには基本的に手をつけず、むしろ徴税の効率化をはかる方に力を注いだ。九九年一一月二四日、まだ臨時執行委員会の時期にすでに、県ごとの課税台帳の整備に取り組むとともに、徴税の監督を強化した。また一八〇一年九月には、それまでの大蔵省に加えて財務省を設置し、バルベ＝マルボワを財務大臣に任命して、国庫支出の管理にあたらせた。信用制度の改善にも努めた。一八〇〇年二月一三日にはフランス銀行を創設し、〇三年四月一四日には同銀行にパリにおける銀行券発行の独占権を認めた。これらの政策を通して財政の健全化が図られた。経済全体も回復に向かったが、ある政治的決定や法令が出されればすぐに経済の現状が変化するわけではないのだから、特定の時点をもって経済が復興したとみなすことはできない。それでも、一例を挙げれば、一八〇一年には農業は不作であったが、政府は穀物の輸入、公共事業の増加、工場経営者への無利子融資による雇用の確保などによって民衆騒乱を未然に防ぐことができた。財政と国民経済全体が農業部門の不振をカバーし、その悪影響を吸収してしまえる程度には、経済が回復していたのである。

このように見てくると、統領政府はその最初の二年ないし三年で、革命をもたらした財政問題と、革命が引き起こした種々の政治・社会問題の双方に、ひとまずはけりをつけたと言えるのではないだろうか。ブリュメール一八日のクーデタそのものは革命を終わらせなかったが、一八〇二年頃には革命は終了したのである。

3　共和国の凍結

ここで、序章の2節で述べた「革命」の定義をもう一度思い出してみよう。革命とは自由を求める変革である。フランス人は自由を求めて絶対王政を倒し、まず立憲君主制を、ついで共和制を樹立した。しかし共和国は、ある意味では不可避的に内外の戦争を引き起こし、その危機のために、生まれたばかりの共和国は様々な混乱に見舞われた。国民主権（＝代表制議会主義）と人民主権（＝直接民主制）の対立も、その一つである。それは社会階層や経済的利害の対立とも関連してはいたが、政治思想の問題として見れば、共和制のあるべき姿をめぐる理念の対立だった。それとも関連するが、①右側にいる反革命派もしくは王党派、②左側にいる過激な民衆層、③両者の中間にあって左右のどちらにも寄り過ぎないように革命を導く議会という三つ巴の構造は比較的に早くから現れ、革命全体の流れを一貫して基礎づけていることが見て取れる。そして②と③は、政治の理念に関する対立を含みながらも、革命推進派（共和制の成立以降は共和派）としての共通性を持ち、①に対しては共闘することもしばしば見られた。しかし共和制を最終的に基礎づけるべく作られた九五年憲法に基づく総裁政府は、みずからの「中道派」としての位置に固執して政治理念の異なる②とは距離を置き、危機に際しては軍の力をあてにするようになった。それがボナパルトの権力掌握へとつながったのである。

第一統領たるボナパルトは、確かに一〇年以上に及ぶ革命を完成・終了させた。しかし革命がまさに終了したとみなせる一八〇二年、彼は元老院決議と国民投票によって終身統領となり、その二年後の〇四年、同じ手続きを経て皇帝になる。それでも、すでに述べたように、形式上は共和国と国民主権は継続している。ナポレオン・ボナパルトは主権者たる国民の意思と付託に基づいて終身統領、ついで皇帝の地位に就いたのである。理屈の上ではその通りなのだが、ナポレオンの統治は明らかな軍事独裁である。革命の目的が自由であり、共和国が革命の成果であるならば、実質的には政治的自由が保障されていない軍事独裁を共和制とは呼べないだろう。すなわち、革命は完成し、終了したのに、革命が生み出した成果であるはずの共和国は確立して根を下ろすことなく、革命終了後ほどなくしてうやむやになってしまったのである。なぜこんなことになってしまったのだろう。

端的に言えば、肥大化した軍の存在と、軍事活動と一体になった納入業者ないしフィナンシエの経済的利害が、対外政策のあり方を左右するようになったのが基本的要因である。最初は内外の戦争に対処するために大軍が組織されたのであろうが、その後は大軍を維持するために戦争と勝利、その結果としての占領地での戦費と物資の徴発が必要になった。総裁政府期に軍に対する政治の側からのシヴィリアン・コントロールが消滅すると、将軍たちはみずからの存在意義を認めさせるため、また時には私腹を肥やすために、新たな戦争を求めるようになった。さらにボナパルトが権力の座につくと、彼みずからが「私の権力は私の栄光によるものであり、私の栄光は私の勝利によるものである。栄光と新たな勝利を権力の基盤にしないならば、私の権力は衰弱するであろう」と述べたように、戦争と勝利は統治の基盤そのものになったのである。革命期のサイクルの戦争は一八〇二年三月にひとまず決着がついたが、アミアンの和約は一年ほどで破れ、翌年には帝政期のサイクルの戦争が始まって、敗北で帝政が崩壊するまで続くのである。

しかし、フランス国民は大軍の圧倒的な勢力の前になすすべがなく、仕方なしにナポレオン・ボナパルトの軍事独裁を受け入れたわけではない。むしろある意味ではナポレオンを歓迎し、みずから進んでその権力に協力し、服従したのだった。なぜか。フランス革命は社会と経済の様々な混乱をもたらしたが、同時に、国有財産の売却やアシニア紙幣、軍需物資などへの投機による蓄財の機会でもあった。その波にうまく乗った者は一気に経済界の上層部に入り込んだし、そこまでの成功でなくても、普通の農民が国有財産の売却、および細分化しての転売を通して一片の土地を手に入れ、これまでよりは生活が安定するという事態はフランス全国で一般的に見られた。こうして革命から多少とも利益を得た人々は、これ以上の変革を拒否して革命の終焉を望むとともに、自分たちが手にした新たな所有権と社会秩序を保障してくれる強力な権力者にあこがれる。彼らは総裁政府期には中道派の社会的基盤となり、さらなる革命と変革を望むかに見えるネオ・ジャコバンも、革命の成果を否定してアンシァン・レジームに戻ろうとするかに見える王党派も拒否した。さらに、エネルギッシュなボナパルトがエジプトから戻ると、彼の政治への登場を喜んで迎えた。そして新たに手にした所有権の保障と引き換えに、自分たちの政治的自由を自発的に投げ出したのである。また野心的な若者にとっては、軍は立身出世の機会を与えてくれるという点で好都合であり、皇帝ナポレオンが立て続けに行なう戦争も必ずしも厭うべきものではなかった。

「自由の放棄」に関連して、植民地サン＝ドマングの反乱にも目を向けておこう。九四年二月に奴隷制が廃止された後、現地の黒人の軍はイギリスやスペインの介入を排除するための戦いを続けていた。指導者のトゥサン・ルヴェルチュールは一八〇一年に、自治政府の樹立を定める憲法を作ったが、ボナパルトはこれを嫌い、翌〇二年にフランス軍を派遣した。トゥサンはだまし討ちで捕らえられ、フランスに護送されて〇三年に没した。サン＝ドマングは数か月間はフランス軍の支配下に入ったが、黒人たちはデサリーヌの指揮下に戦いを再開し、〇四年一月一日に独立を宣言し、ハイチ共和国を成立させた。彼らはナポレオンが奴隷制の復活を企図していることに反発したのである。植民地ロビー、すなわちプランテーション農園主たちもナポレオンの支持基盤の一つになっており、彼らは黒人の自由と人権よりも自分たちの経済的利害を優先させ、ナポレオンの政策に反映させたのだった。革命政府下の国民公会は自分たちの意思で奴隷制を廃止したが、現地の黒人が独立を成し遂げたのは統領政府の意思に反してのことだったのである。

ともあれこうして共和国は、建前や形式の上では生き残っていても、実質的にはいつの間にか人々の意識から消えていった。それはいつのことだろうか。共和制を停止するという正式な布告や法令が出されたわけではないから、はっきりした期日を規定することはできない。しかしいくつかの指標は示せるだろう。

共和暦は、フランスに共和制が宣言された一七九二年九月二二日を元年元日としており、共和暦一四年ニヴォーズ一〇日（一八〇五年一二月三一日）まで用いられた。しかしこの日をもって共和暦は正式に廃棄され、翌日の一八〇六年一月一日からフランスはグレゴリオ暦を復活させた。共和国の歩みをもって年月を計るのをやめたのである。

フランス造幣局は帝政の発足後、一八〇七年までは発行する硬貨の表に「皇帝ナポレオン」、裏に「フランス共和国」と刻んでいたが、これ以降は「フランス共和国」は消え、「皇帝ナポレオン」のみになる。

総裁政府期のフランスは、自国周辺にいくつかの姉妹共和国を作った。例えばオランダはバタヴィア共和国、イタリア北東部はチザルピナ共和国、イタリア南部はパルテノペアンヌ共和国になった。しかしナポレオンの帝政が始まると、これら諸国はそれぞれオランダ王国（一八〇六年、国王はナポレオンの弟ルイ）、イタリア王国（一八〇五年、国王はナポレオン）、ナポリ王国（一八〇六年、国王はナポレオンの兄ジョゼフ）となっている。

これらの事実はいずれも、人々の間で共和制の理念が次第に弱まっていったことを示しているのではないだろうか。元老院決議で一八〇四年憲法が作られ、ナポレオンが皇帝に任じられたのは一八〇四年五月一八日、国民投票によって帝政の成立が承認されたのが八月二日、ナポレオンがパリのノートルダム大聖堂で戴冠式を挙行したのが一二月二日である。その後一年くらいは「主権者たる国民の負託を受けて就任した皇帝をいただくフランス共和国」が意識されていたが、それは次第に弱まり、一八〇七年頃には人々の日常感覚から「共和国」はほとんど姿を消していたのではないかと思われる。

4　エピローグ　共和国の「解凍」

帝政の開始後、長く見ても二年か三年で、共和国と自由の姿はうやむやになった。しかし共和国は凍結されたのであって、消滅したのではない。ナポレオンが没落するとじきに、解凍の動きが始まる。ルイ一八世の王政復古は、彼が一八一四年六月四日に憲章《シャルト》を公布して、法の下の平等、国有財産の購入者の権利を含む所有権の保障、出版の自由など、フランス革命の成果を基本的に尊重することを約束して、初めて可能になったのである。総裁政府期に確立する名士層の優位も揺るがなかった。自由と政治的権利を求める動きは再開する。その後、復古王政から七月王政、第二共和制、第二帝政と政治体制は移り変わったが、普仏戦争の敗北を経て一八七一年に第三共和制が成立すると、それ以降は現在までずっと共和制が続いている。一八七〇年代には王党派が政権を握ることもあって、共和主義は不安定だったが、八〇年代以降は、ブーランジスムやドレフュス事件などの危機はあっても、共和制は確立に向かい、フランスに根を下ろしたと言えるだろう。当時の共和派は、自分たちが一〇〇年前のフランス革命の時に生まれた共和主義の伝統を引き継ぐものであることを明瞭に意識していた。例えば一八八〇年七月一四日にはフランスの公共施設の正面外壁に「自由・平等・博愛」の標語が刻まれることが定められた。一八八五年にはパリ大学にフランス革命史講座が作られ、初代教授のアルフォンス・オラールは共和主義の生誕に焦点を当てるフランス革命史を講じた。八九年にはフランス革命一〇〇周年を記念してパリ万国博覧会が開かれ、エッフェル塔が建設された。そして博覧会の公式報告書は、この万博がフランス革命に端を発する知識と技術の進歩を人々に示すのが目的であることを明記していたのである。

二〇世紀半ばには、第四共和制、ついで第五共和制と憲法を変えるが、共和国であること自体は揺るがなかった。共和制はフランスに完全に確立したと言って構わないだろう。それは一面において、秩序維持のためには強権の発動に頼り、自由の制限を受け入れることも辞さない中道派の共和国である。一九五〇年代後半のアルジェリア独立をめぐる政治危機において軍人出身のド・ゴールが政界に復帰し、大統領に強大な権限を与える第五共和制憲法を作って、国民の圧倒的な支持のもとに大統領に就任したのはその典型であって、あえて言えばナポレオン・ボナパルトのブリュメール一八日のクーデタを連想させるものだった。しかし同時に、革命政府のもとにおけるサン＝キュロットや総裁政府期のネオ・ジャコバンの流れを汲む、より民主主義的な共和主義、直接民主制的な政治行動への志向も含む共和主義も引き継がれている。一八七一年のパリ・コミューン、一九三〇年代の人民戦線の運動、一九六八年の五月革命などを、目に見える事例として挙げることができるだろう。現在においても、テロ事件に際しての表現の自由を守るためのデモへの広範で自発的な参加、フランスの年中行事とさえ言えそうなストライキの頻発などに、かつてのサン＝キュロットやジャコバンの面影を窺うことができる。フランス革命期の共和主義は、相異なるそれら双方の面において解凍され、現代につながっているのである。

あとがき

刀水書房の中村さんから「フランス革命の概説書を書いてみないか」というご提案をいただいたのは、もう六年ほど前だったと思う。とっさに「今の日本でフランス革命史を書くなら、私よりも適任者がいるだろう」と思った。しかし同時に「私でなければ書かないようなフランス革命史もあるかもしれない」とも思った。そしてその場ですぐに「フランス革命の大筋は頭に入っているけれども、新しい研究成果をフォローしたり、細かい事実を確認したりしなければならないから、三年待ってほしい。待っていただけるなら、執筆を引き受ける」という趣旨のお返事をした。頭の中では、サブタイトルは「共和国の誕生」にすると決めていた。実際に引き受けてみると、新たに出ている論文や研究書に目を通すのは、必要最低限のものに限ってもかなりの大仕事で、結局はお願いした三年の倍の年月がかかってしまったが、今こうして「あとがき」を執筆できるところまで到達して、ようやく肩の荷を下ろせたという、喜びとともに一抹の淋しさも混じった感慨にひたっている。この六年間、この仕事のおかげでそれなりの充実感を確かに味わっていた。

本書をお読みになって、いわゆる「ブルジョワ革命論」がまったく登場してこないのを訝しく思われた方もおられるかもしれない。つまり、絶対王政とは経済的には領主制の最後の段階であって、基本的には領主制に拠って立つ貴族が支配階層であるが、新しい生産関係である資本主義も発達してきていて、それに拠って立つブルジョワジーも勢力を増している。そして、フランス革命とは貴族が持つ政治的・社会的ヘゲモニーを新興のブルジョワジーが手に入れようとして両者が争い、ブルジョワジーが勝利を収めた事件であると考えるのが「ブルジョワ革命論」であり、一九八〇年代までは主流の考え方だった。言い換えればフランス革命は「中世の封建制・領主制から近代の資本主義への移行の画期」という視点から捉えられていたのである。さらに、そこで言うブルジョワジーとは単一のものではなく、「封建土地貴族と上層市民層＝前期的資本家層との結合において資本主義的推転を遂行してゆこうとする仕方」と「より広汎に民主的な方向の、中小生産者層＝農民層を地盤としている今一つの資本主義的発展の体系」が対立しているとされる（高橋幸八郎『市民革命の構造』増補版、御茶ノ水書房、一四頁）。そして前者は順に立憲君主派、フイヤン派、ジロンド派によって担われ、後者はモンターニュ派によって担われたのだが、フランス革命においてはモンターニュ派がジロンド派に対して勝利し、「広くブルジョワ的・民主的」な路線を貫徹したが故に、典型的なブルジョワ革命であるとされる。さらにつけ加えるなら、イギリスやアメリカ合衆国も同様の路線を歩んだが、ドイツ・イタリア・日本では前者の「狭くブルジョワ的・寡頭的」な近代化が行なわれた（「」内は高橋幸八郎の用語）。そして一九三〇年代の危機においては、これら三国はナチズムやファシズムの全体主義に支配されたが、本格的なブルジョワ革命を経験したフランス・イギリス・アメリカ合衆国は自由と民主主義を守る側にまわったのだった。すなわちフランス革命期に見られた近代化の二つの路線の対立は、二〇世紀半ばまでの各国の政治や社会のあり方にまで影響を及ぼしたと考えられるのである。しかし本書はこのような見方をとっていない。

第二次世界大戦を経験した世代にとっては、「ブルジョワ革命論」は自分たち自身の問題関心に直接に応えるものであり、説得力を持ったであろう。しかし本書においては取り上げなかった理由は二つある。第一は、貴族とブルジョワジーの経済的利害は必ずしも対立してはいないことである。資本主義のもとでの企業だったら、経営者が資本家＝株主への配当を増やしたらその分だけ労働者の賃金にまわす資金は減るであろうし、その逆も成り立つ。しかし領主制と資本主義は相異なる別の生産関係であるから、領主が農民から取る地代（日本で言えば年貢）を増やしたからといって企業を営むブルジョワジーの利潤が減るわけではない。本書の二七〜二八頁でも示したように、領主＝貴族とブルジョワジーは提携して助け合うことも可能なのである。だからといって、両者はともに「エリート」として一体化していたとも考えない。貴族とブルジョワジーの間には確かに一定の対立があったのだが、それは経済的な利害の相反よりは、政治的な理念や社会観・人生論に関わる価値観・伝統や慣習など、広い意味での文化の相違に起因するものだったと考えるのである。

第二は、二一世紀においてフランス革命を研究する意味に関わる。現在の私たちが見ているのは、フランス・イギリス・アメリカ合衆国も、ドイツ・イタリア・日本も、どのような路線を通って近代化したかに関わりなく、グローバル化した経済が極端な貧富の格差と労働条件の悪化をもたらしたことに苦悶している姿である。それは、一国単位で個別に行なわれる政治は、世界中を自由に動き回りながら活動する経済を有効にコントロールできるかという問題、言い換えれば民主主義の統治可能性《ガバナビリティ》の問題を提起している。すなわち、二一世紀の私たちが考えなければならないのは前近代から近代への移行の問題ではなく、現代の資本主義それ自体が新たに生み出した問題なのである。私のこのような問題意識は、雑誌『歴史評論』八一〇号（二〇一七年一〇月号）に「フランス革命史の現在」と題してより詳しく論じておいたので、興味ある方は御覧いただければ幸いである。

これらの理由から本書においては、階級闘争と一つの階級から別の階級へのヘゲモニーの移行という社会経済史的な問題ではなく、「共和国の出現」の問題、すなわち絶対王政を倒した後のフランス国民はどのような政治文化を背景として、どのような政治のあり方を正統なものと認め、実現しようとしたのか、そしてそれに成功したのか否か、言い換えればフランス国民はどのような「共和国」を出現させたのか、もしくはどのような「共和国」しか出現させられなかったのかという問題を明らかにすることに努めた。本書でその目論見がどの程度成功したのかは、読者諸氏の評価を待つしかない。

今、こうして「あとがき」を記しながら、若い頃からの自分の歩みを改めて思い出す。もう半世紀近くも前に大学に入って、まだ右も左もわからないような状態の時に、たまたまフランス革命に関する講義を聞いて興味を持ったのが、そもそもの出発点だった。その後、いろいろに紆余曲折し、大回りもしたが、大学教授も定年を迎える歳になってフランス革命史の概説書を書くことになった。もしかすると、自分でもそれと意識しないまま、グルっと一回りして出発点に戻るように歩んできたのかもしれない。研究を始めた頃はブルジョワ革命論の全盛期だったことを思えば、出発点そのものに戻ったとは言えないかも知れないが。ともあれその途中で、実にいろいろな方から多くの学恩を受けた。今でもまだ、研究会や学会で若い研究者の発表から刺激を受けている。個々のお名前はとても書き切れないから、ここには記さないが、自分の研究生活はそれなりに恵まれたものであったことを、改めて実感している。刀水書房の中村さんは私に本書執筆の機会を提供してくださり、なかなかできあがらない原稿を辛抱強く待ってくださった。そしてようやく原稿が完成してから出版までの期間は、本書を少しでも出来のいいものにするために献身的な努力を払ってくださった。本当に頭が下がる思いで、ふさわしいお礼の言葉もないが、せめてここに記すことで謝意を表したい。

二〇一八年八月

著者

ている。法の適用の平等であって，権利の（とりわけ参政権の）平等ではない。言い換えれば誰が参政権を持つ者（＝市民）であるかを定めるのは，平等原理と無縁の，単なる便宜的な問題に過ぎないことになる。95年憲法においては，91年憲法の時のようにわざわざ能動的市民と受動的市民を原理的に区別する必要そのものがなくなったのである。

(56)　1フランは旧来の1リーヴルにほぼ等しい（厳密に言うと，1フランは銀4.50グラム，1リーヴルは4.50516グラム)。なお旧来は1リーヴル＝20スーだった。

第八章

(57)　柴田三千雄『バブーフの陰謀』，註111参照，213頁。

(58)　Philippe Buonarroti (1761–1837), *Conspiration pour l'égalité, dite de Babeuf*, Bruxelles, 1828.

(59)　ボナパルトによる文化財の没収については，服部春彦『文化財の併合―フランス革命とナポレオン―』知泉書館，2015年を参照。

(60)　憲法69条は「執行府は，立法府の要求に基づくか，もしくはその許可を受けるのでなければ，立法府が会合を開く都市から6万メートル以内に，いかなる部隊を通過もしくは滞在させることはできない」と規定している。

(61)　敬神博愛教《テオフィラントロフィ》をはじめとする総裁政府期の市民宗教については，山中聡「共和国フランスは神を求める」山﨑，松浦編『フランス革命史の現在』山川出版社，2013年，第3章を参照。

終　章

(62)　最初の議員は統領政府が任命したが，憲法では元老院がその任にあたると規定される。

(63)　政教協約に関しては，松嶌明男『礼拝の自由とナポレオン―公認宗教体制の成立』山川出版社，2010年を参照。

の実業家や金融業者が関わっていたからだけではない。

(45)　公安委員会にはすでに逮捕状の発行，秘密資金の管理，特別委員会の委員の任命，軍の指揮官と公務員の監督の諸権限が認められており，12月4日には外交も担当することが正式に決められた。警察と財政以外の統治権限はほぼ公安委員会の管轄下に入ったと言ってよい。

(46)　松浦義弘『フランス革命とパリの民衆―「世論」から「革命政府」を問い直す』山川出版社，2015年。

(47)　この時の学校制度については，竹中幸史「理想の公教育への挑戦」山﨑，松浦編『フランス革命史の現在』山川出版社，2013年，第五章を参照。

(48)　共和暦で10日ごとに置かれた休日。グレゴリオ暦の日曜日に相当する。

(49)　P. マクフィー（高橋暁生訳）『ロベスピエール』白水社，2017年，第11章。引用は291頁。

第七章

(50)　ジャコバン・クラブは1794年11月12日に閉鎖されたが，そうしたクラブの状況とは別に，共和暦2年のジャコバン・クラブの政治的傾向を保つ政治活動家をネオ・ジャコバンと呼ぶ。テルミドール派にならなかった旧モンターニュ派議員もネオ・ジャコバンの一部である。

(51)　柴田三千雄『バブーフの陰謀』岩波書店，1968年，62～91頁参照。

(52)　フィナンシエは半官半民の金融関係の業者。徴税請負人がその典型だが，彼らは自分が請け負った地域の間接税を年度初めに立て替え払いで国庫に納入し，その後1年の徴税を請け負って，取り立てた間接税を自己の収入とした。このように，国家財政に密着した民間業者がフィナンシエであり，特に特定の業種に限定はされない。

(53)　18世紀において年金《ラント》と呼ばれるのは，基本的には利息である。国や地方公共団体が発行する公債の利息もあれば，私人間の貸借金の利息もあり（18世紀には借金をしても元本は返却せず，年利に当たる金額のみを毎年貸し手に払うのが普通だった），これらが年金《ラント》と総称される。

(54)　原語は Institut national de musique。ルイ14世が1669年に設立した王立音楽アカデミーを受けて，1793年11月に設立。現在のコンセルヴァトワール（Conservatoire national supérieur de musique et danse）の前身。

(55)　ただし原理的問題は別である。憲法の3条では「平等は，法律が保護する場合も，処罰する場合も，すべての人にとって同じであることに存する」としタンプ一揆に関する以下の記述は，主としてこの書に依拠する。

(36)　連盟兵《フェデレ》とは本来は連盟祭の参加者を指し，1792年7月14日に開催されるべき第3回全国連盟祭に参加することを名目に上京する全国各地の国民衛兵がその実体。

(37)　古代ローマでの解放奴隷の帽子。民衆の自由のシンボルとなっていた。

(38)　同時代にはダントン自身が9月虐殺を組織したという非難も生じたが，実証的根拠はないようである。F. フュレ，M. オズーフ編『フランス革命事典2—人物Ⅰ—』みすず書房，1998年，86頁参照。

第五章

(39)　各投票の票数は遅塚忠躬「フランス革命における国王処刑の意味」(遅塚，松本，立石編『フランス革命とヨーロッパ近代』同文舘，1996年，第Ⅲ章）参照。

(40)　ロベスピエールの言説については，松浦義弘「ロベスピエール現象とはなにか—革命的ディスクールと政治文化」『岩波講座世界歴史17　環大西洋革命』1997年,「ロベスピエールとフランス革命—文化現象としてのロベスピエールの言説」『思想』938号　2002年6月，を参照。

(41)　九三年憲法の制定過程や内容の分析に関しては，辻村みよ子『フランス革命の憲法原理—近代憲法とジャコバン主義』日本評論社，1989年参照。

(42)　モーリス・デュヴェルジェ（時本義昭訳)『フランス憲法史』みすず書房，1995年，62頁。

第六章

(43)　見晴らしのよい所を選んで，10～15キロおきに，可動式の腕木をつけた高さ10メートルほどの信号機を設置し，腕木の操作で信号を伝える装置。となりの信号機にいる者は双眼鏡で通信を確認し，順にリレーしていく。夜間や悪天候で見通しがきかない時には使えないが，昼間であれば通信速度は伝令を使うよりもずっと速くなった。1794年4月からパリ—リール間の通信が実用化された。

(44)　当時「外国人」の語は「一致団結して革命を推進するフランス国民」の対概念として,「革命に反対し妨害する者」全般を指すのにも用いられている。例えばロベスピエールは1794年2月5日の演説で「王党派や陰謀家は共和国にとっては外国人，というよりはむしろ敵に過ぎない」と述べている。「外国人の陰謀」と呼ばれるのは主にこの意味においてであって，単にヨーロッパ各国印状と呼ぶ。逮捕状である場合が多く，絶対王政の恣意的な統治のシンボルとされた。

(25)　正統性《レジティミテ》とは道義または社会理念に照らした場合の正しさであり，適法性《レガリテ》とは法の規定にかなっていることである。本書においては他に，形式的に正しいことを指すのに正当の語を用いる。これは意味的には正統とかなり重なり合うが，法や布告にかなっているから形式的に正しいという場合には適法というニュアンスも帯びる。それぞれの意味の差は微小である。

(26)　G. ルフェーヴル，前掲書，328頁。

第三章

(27)　patriote を序章では愛国派と訳したが，89年以降はこの語は革命をリードする人々を指すのに用いられるようになるので，以降は「革命派《パトリオット》」を用いる。

(28)　この事件については山﨑，松浦編『フランス革命史の現在』第２章に早川理穂による簡潔な紹介がある。同書63～67頁参照。

(29)　能動的市民の割合は地域ごとに格差があったが，とりわけ都市と農村で異なっていた。都市では一般に労賃が高かったので，納税額によるハードルもそれだけ高くなって，能動的市民は成年男子の３分の１程度だったのに対して，農村では能動的市民の方が多いことも珍しくなかった。

(30)　リュー（lieue）の長さは地方によって異なるが，この法令《デクレ》では１リューを2400トワズとしている。１トワズは約1.95メートルなので，ここでの１リューはおよそ4680メートルである。

(31)　競売の開始は同年８月14日の法令による。

(32)　ブラバント革命については，松尾秀哉『物語ベルギーの歴史』中公新書，2014年，25～27頁参照。

(33)　ピルニッツ宣言は「すべての列強の合意のもとに」介入することを宣言していた。しかし当時イギリスは介入に反対していたので，「すべての列強の合意」が形成されるはずはなかった。

第四章

(34)　この点に関しては，安藤裕介『商業・専制・世論―フランス啓蒙の「政治経済学」と統治原理の転換』創文社，2014年，とりわけ第４章を参照。

(35)　この事件については遅塚忠躬『ロベスピエールとドリヴィエ―フランス革命の世界史的位置』東京大学出版会，1986年の第１章に詳しい紹介がある。エ

第一章

(13) フランスの諸地方において，行政の単位・区画である州（province），徴税の単位である徴税管区（généralité），軍の単位である軍管区（gouvernement）は相互に重なり合う部分が多いが，厳密にはそれぞれの境界線は少しずつ異なる。また州は，住民の帰属意識に応じて境界線上の村の帰属が変化する場合もあり，境界線自体が一義的に定められないケースもある。いずれにせよ，州・徴税管区・軍管区は大まかには同じものと考えておいて構わない。

(14) フランス語では「貴族」を示す語として noble（集合名詞としては noblesse）と aristocrate（同じく aristocratie）がある。noble（noblesse）が社会的な身分としての貴族であるのに対して，aristocrate（aristocratie）は政治的な支配層もしくは貴族政での統治者を意味する。本書では noble（noblesse）を指すのに「貴族」の語を用い，aristocrate は「アリストクラート」と表記する。

(15) ラングドック州の一部で，現在のアルデッシュ県にほぼ対応する。

(16) この事件については早川理穂「革命前後のパリ―レヴェイヨンとサン・タントワーヌ城外区」高澤，ティレ，吉田編『パリと江戸』山川出版社，2009年，および同「パリの民衆運動と暴力」山﨑，松浦編『フランス革命史の現在』山川出版社，2013年参照。

第二章

(17) 開催式の具体的な様子については，J.-Ch. プティフィス（小倉孝誠監修）『ルイ一六世』上下，中央公論社，2008年，第20章に詳しい記述がある。

(18) シィエス（稲本他訳）『第三身分とは何か』第５章（特に105～107頁），岩波文庫，2011年を参照。

(19) G. ルフェーヴル（高橋他訳）『1789年―フランス革命序論』岩波文庫，1998年，160～162頁。

(20) 封建制廃止令については，河野健二編『資料フランス革命』岩波書店，1989年，101～104頁参照。

(21) 訳文は，河野健二編，前掲書，105～108頁によるが，一部を改めた。

(22) モンテスキューの自由論については『法の精神』第11編および第12編を参照。

(23) G. ルフェーヴル，前掲書，295～300頁参照。

(24) 王令は通常は開封した状態で手渡されるのに対して，封印されたものを封

注

序　章

（1）　ノルベルト・エリアス（波田，溝辺，羽田，藤平訳）『文明化の過程』法政大学出版局，1978年，下巻，265頁。

（2）　家産制国家とは国全体が支配者の私有財産として扱われている国家を指すが，本書においては財政面に限定して，本文で説明するような意味において「家産制国家」の語を用いる。

（3）　Jean-Clément Martin, *Nouvelle histoire de la Révolution française*, Paris, 2012, p.63.

（4）　ブランヴィリエ伯爵（Boulainvilliers, Comte de, 1658-1722）はフランスの貴族で歴史家・政論家。主著は『フランス古来の政体の歴史』（1727年出版），『フランス貴族に関する試論』（1732年出版）など。フランスの国制は，フランク族の伝統に従い，貴族の合議制が中心になり，国王は「貴族の第一人者」であるべきことを説いた。本文28頁も参照。

（5）　この点に関しては，柴田三千雄『フランス革命はなぜおこったか』山川出版社，2012年の第１章に簡潔で的確な説明がある。

（6）　ジュネーヴの状況に関しては川合清隆『ルソーとジュネーヴ共和国―人民主権論の成立』名古屋大学出版会，2007年を参照。

（7）　オランダの「革命」に関してはモーリス・ブロール（西村六郎訳）『オランダ史』白水社（文庫クセジュ），1994年，94頁参照。

（8）「革命」の定義に関しては，中野実『革命』，東京大学出版会，1989年を参照。

（9）　シーダ・スコッチポル（牟田和恵監訳）『現代社会革命論―比較歴史社会学の理論と方法』岩波書店，2001年。

（10）　アルベール・マチエ（ねずまさし，市原豊太訳）『フランス大革命』岩波文庫　全３巻，1958-59年。

（11）　ジョルジュ・ルフェーヴル（柴田三千雄訳）『フランス革命と農民』未来社，1956年，12～14頁。

（12）　柴田三千雄『フランス革命』岩波現代文庫189，2007年，90～91頁。

東京大学社会科学研究所『1791年憲法の資料的研究』東京大学社会科学研究所，1972年
中野実『革命』東京大学出版会，1989年
中村義孝編訳『フランス憲法史集成』法律文化社，2003年
長谷川正安・渡辺洋三・藤田勇編『市民革命と法』（講座・革命と法，第1巻）日本評論社，1989年
服部春彦『経済史上のフランス革命・ナポレオン時代』多賀出版，2009年
服部春彦『文化財の併合―フランス革命とナポレオン』知泉書館，2015年
浜忠雄『ハイチ革命とフランス革命』北海道大学図書刊行会，1998年
浜忠雄『カリブからの問い―ハイチ革命と近代世界』岩波書店，2003年
浜忠雄『ハイチの栄光と苦難―世界初の黒人共和国の行方』刀水書房，2007年
早川理穂「革命前後のパリ―レヴェイヨンとサン・タントワーヌ城外区」高澤・ティレ・吉田編『パリと江戸』[2009]
早川理穂「パリの民衆運動と暴力」山﨑・松浦編『フランス革命史の現在』[2013]
ハント，リン（松浦義弘訳）『人権を創造する』岩波書店，2011年
樋口陽一『近代立憲主義と現代国家』勁草書房，1973年
プティフィス，ジャン＝クリスチャン（小倉孝誠監修）『ルイ一六世』上下，中央公論新社，2008年
ブラン，オリヴィエ（辻村みよ子訳）『女の人権宣言―フランス革命とオランプ・ドゥ・グージュの生涯』岩波書店，1995年
ブロール，モーリス（西村六郎訳）『オランダ史』白水社（文庫クセジュ），1994年
ホーフ，U. イム（森田安一監訳）『スイスの歴史』刀水書房，1997年
マクフィー，ピーター（高橋暁生訳）『ロベスピエール』白水社，2017年
松浦義弘『フランス革命の社会史』山川出版社，1997年
松浦義弘「ロベスピエール現象とはなにか―革命的ディスクールと政治文化」『岩波講座世界歴史17　環大西洋革命』岩波書店，1997年
松浦義弘「ロベスピエールとフランス革命―文化現象としてのロベスピエールの言説」『思想』岩波書店，938号（2002年6月）
松浦義弘『フランス革命とパリの民衆―「世論」から「革命政府」を問い直す』山川出版社，2015年
松尾秀哉『物語ベルギーの歴史―ヨーロッパの十字路』中公新書，2014年
松嶌明男『礼拝の自由とナポレオン―公認宗教体制の成立』山川出版社，2010年
三浦信孝（編）『自由論の討議空間―フランス・リベラリズムの系譜』勁草書房，2010年
森山軍治郎『ヴァンデ戦争―フランス革命を問い直す』筑摩書房，1996年
モンテスキュー（野田良之他訳）『法の精神』岩波文庫，3巻，1989年
モランジェ，ジャン（藤田久一・藤田ジャクリーン訳）『人権の誕生―フランス人権宣言を読む』有信堂，1990年
山﨑耕一・松浦義弘編『フランス革命史の現在』山川出版社，2013年
山中聡「共和国フランスは神を求める」山﨑・松浦編『フランス革命史の現在』[2013]
ルフェーヴル，ジョルジュ（柴田三千雄訳）『フランス革命と農民』未来社，1956年
渡辺良二『近代憲法における主権と代表』法律文化社，1988年

フランスの旧地方名

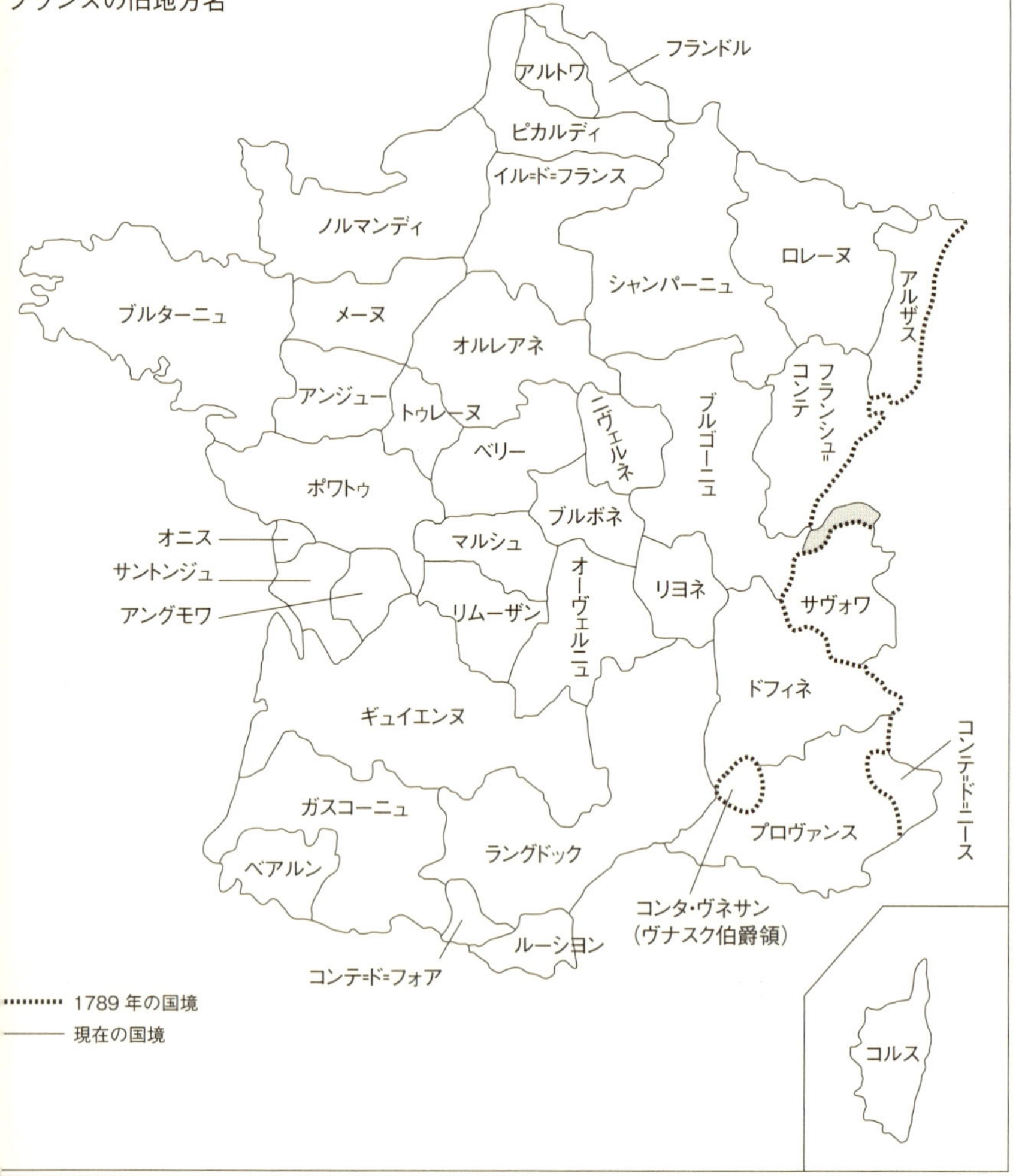
フランドル
アルトワ
ピカルディ
イル=ド=フランス
ノルマンディ
ロレーヌ
アルザス
シャンパーニュ
ブルターニュ
メーヌ
オルレアネ
フランシュ=コンテ
アンジュー
トゥレーヌ
ニヴェルネ
ブルゴーニュ
ベリー
ポワトゥ
ブルボネ
オニス
マルシュ
サントンジュ
リヨネ
サヴォワ
アングモワ
リムーザン
オーヴェルニュ
ドフィネ
ギュイエンヌ
コンテ=ド=ニース
ガスコーニュ
プロヴァンス
ラングドック
ベアルン
コンタ・ヴネサン
(ヴナスク伯爵領)
ルーション
コンテ=ド=フォア
コルス
1789 年の国境
現在の国境

刀水歴史全書 —歴史・民族・文明—

四六上製　平均300頁　随時刊　(価格は税別　書名末尾の☆は「電子ブックあり」のマーク)

樺山紘一 1 **カタロニアへの眼**（新装版）☆ 歴史・社会・文化 1979, 2005(新装版)　000-X　四六上製　289頁＋口絵12頁　¥2300	西洋の辺境，文明の十字路カタロニアはいかに内戦を闘い，なぜピカソら美の巨人を輩出したか。カタロニア語を習い，バルセロナに住んで調査研究した歴史家によるカタロニア文明論
R. C. リチャードソン／今井　宏訳 2 **イギリス革命論争史** 1979　001-8　四六上製　353頁　¥2200	市民革命とは何であったか？　同時代人の主張から左翼の論客，現代の冷静な視線まで，革命研究はそれぞれの時代，立場を反映する。論者の心情をも汲んで著された類書のない学説史
山崎元一 3 **インド社会と新仏教**☆ アンベードカルの人と思想〔付〕カースト制度と不可触民制 1979　＊002-7　四六上製　275頁　¥2200	ガンディーに対立してヒンドゥーの差別と闘い，インドに仏教を復興した不可触民出身の政治家の生涯。日本のアンベードカル研究の原典であり，インドの差別研究のほとんど最初の一冊
G. バラクロウ編／木村尚三郎解説・宮島直機訳 4 **新しいヨーロッパ像の試み**［品切］ 中世における東欧と西欧 1979　003-4　四六上製　258頁　¥2330	最新の中世史・東欧史の研究成果を背景に，ヨーロッパの直面する文明的危機に警鐘を鳴らした文明史家の広ヨーロッパ論。現代のヨーロッパの統一的傾向を最も早く洞察した名著。図版127点
W. ルイス，村上直次郎編／富田虎男訳訂 5 **マクドナルド「日本回想記」**☆ ［再訂版］　インディアンの見た幕末の日本 1979　＊005-8　四六上製　313頁　¥2200	日本をインディアンの母国と信じて密航した青年の日本観察記。混血青年を優しくあたたかく遇した幕末の日本と日本人の美質を評価。また幕末最初の英語教師として評価されて，高校英語教科書にものっている
J. スペイン／勝藤　猛・中川　弘訳 6 **シルクロードの謎の民** パターン民族誌 1980　006-9　四六上製　306頁　¥2200	文明を拒否して部族の掟に生き，中央アジア国境地帯を自由に往来するアフガン・ゲリラの主体パターン人，かつてはイギリスを，近くはロシアを退けた反文明の遊牧民。その唯一のドキュメンタルな記録
B. A. トゥゴルコフ／加藤九祚解説・斎藤晨二訳 7 **トナカイに乗った狩人たち** 北方ツングース民族誌 1981　024-7　四六上製　253頁　¥2233	広大なシベリアのタイガを漂泊するエベンキ族の生態。衣食住，狩猟・遊牧生活から家族，氏族，原始文字，暦，シャーマン，宇宙観まで。ロシア少数民族の運命
G. サルガードー／松村　赳訳 8 **エリザベス朝の裏社会** 1985　060-3　四六上製　338頁　¥2500	シェイクスピアの戯曲や当時のパンフレット“イカサマ読物”“浮浪者文学”による華麗な宮廷文化の時代の裏面。スリ・盗賊・ペテン師などの活躍する新興の大都会の猥雑な現実

P. F. シュガー, I. J. レデラー 編／東欧史研究会訳

9 **東欧のナショナリズム**

歴史と現在

1981　025-5　四六上製　578頁　¥4800

東欧諸民族と諸国家の成立と現在を，19世紀の反トルコ・反ドイツ・反ロシアの具体的な史実と意識のうえに捉え，東欧紛争の現在の根源と今後の世界のナショナリズム研究に指針を与える大著

R. H. C. デーヴィス／柴田忠作訳

10 **ノルマン人**　[品切]

その文明学的考察

1981　027-1　四六上製　199頁　¥2233

ヨーロッパ中世に大きな足跡をのこしたヴァイキングの実像を文明史的に再評価し，ヨーロッパの新しい中世史を構築する第一人者の論究。ノルマン人史の概説として最適。図版70余点

中村寅一

11 **村の生活の記録**　(下) [品切]

㊤上伊那の江戸時代 ㊦上伊那の明治・大正・昭和

1981　028-X　029-8　四六上製　195頁, 310頁　¥1845 ¥1800

村の中から村を描く。柳田・折口体験をへて有賀喜左衛門らとともに，民俗・歴史・社会学を総合した地域史をめざした信州伊那谷の先覚者の業績。中央に追従することなく，地域史として独立し得た数少ない例の一つ

岩本由輝

12 きき書き**六万石の職人衆**

相馬の社会史

1980　010-7　四六上製　252頁　¥1800

相馬に生き残った100種の職人の聞き書き。歴史家と職人の心の交流から生れた明治・大正・昭和の社会史。旅職人から産婆，ほとんど他に見られない諸職が特に貴重

---

13 (缺番)

田中圭一

14 **天領佐渡**　(1) [品切]

(1)(2)村の江戸時代史 上・下(3)島の幕末

1985　061-1, 062-X, 063-8　四六上製　(1)275頁 (2) 277頁 (3)　280頁　(1)(2) ¥2000 (3)¥2330

戦国末〜維新のムラと村ビトを一次史料で具体的に追求し, 天領の政治と村の構造に迫り, 江戸〜明治の村社会と日本を発展的にとらえる。民衆の活躍する江戸時代史として評価され，新しい歴史学の方向を示す

岩本由輝

15 **もう一つの遠野物語** [追補版]☆

(付) 柳田國男南洋委任統治資料六点

1994　＊130-7　四六上製　275頁　¥2200

水野葉舟・佐々木喜善によって書かれたもう一つの「遠野物語」の発見。柳田をめぐる人間関係,「遠野物語」執筆前後の事情から山人〜常民の柳田学の変容を探る。その後の柳田学批判の先端として功績は大きい

森田安一

16 **スイス** [三補版]☆

歴史から現代へ

1980, 1995 (三補版)　159-6　四六上製　304頁　¥2200

13世紀スイス盟約者団の成立から流血の歴史をたどり，理想の平和郷スイスの現実を分析して新しい歴史学の先駆と評価され，中世史家の現代史として，中世から現代スイスまでを一望のもとにとらえる

樺山紘一・賀集セリーナ・富永茂樹・鳴海邦碩

17 **アンデス高地都市**　[品切]

ラ・パスの肖像

1981　020-4　四六上製　図版多数　257頁　¥2800

ボリビアの首都ラ・パスに展開するスペイン，インディオ両文明の相克。歴史・建築・文化人類・社会学者の学際協力による報告。図版多数。若く多才な学者たちの協力の成功例の一つといわれる

A. ノーヴ／和田春樹・中井和夫訳　［品切］

18 **スターリンからブレジネフまで**

ソヴェト現代史

1983　043-3　四六上製　315頁　￥2427

スターリン主義はいかに出現し，いかなる性格のものだったか？　冷静で大胆な大局観をもつ第一人者による現代ソ連研究の基礎文献。ソ連崩壊よりはるか前に書かれていた先覚者の業績

19　（欠番）

増井經夫

20 **中国の歴史書**

中国史学史

1984　052-2　四六上製　298頁　￥2500

内藤湖南以後誰も書かなかった中国史学史。尚書・左伝から梁啓超，清朝野史大観まで，古典と現代史学の蘊蓄を傾けて，中国の歴史意識に迫る。自由で闊達な理解で中国学の世界に新風を吹きこむ。ようやく評価が高い

G. P. ローウィック／西川　進訳

21 **日没から夜明けまで**

アメリカ黒人奴隷制の社会史

1986　064-6　四六上製　299頁　￥2400

アメリカの黒人奴隷は，夜の秘密集会を持ち，祈り，歌い，逃亡を助け，人間の誇りを失わなかった。奴隷と奴隷制の常識をくつがえす新しい社会史。人間としての彼らを再評価するとともに，社会の構造自体を見なおすべき衝撃の書

山本　新著／神川正彦・吉澤五郎編

22 **周 辺 文 明 論**

欧化と土着

1985　066-2　四六上製　305頁　￥2200

文明の伝播における様式論・価値論を根底に，ロシア・日本・インド・トルコなど非西洋の近代化＝欧化と反西洋＝土着の相克から現代の文明情況まで。日本文明学の先駆者の業績として忘れ得ない名著

小林多加士

23 **中国の文明と革命**

現代化の構造

1985　067-0　四六上製　274頁　￥2200

万元戸，多国籍企業に象徴される中国現代の意味を文化大革命をへた中国の歴史意識の変革とマルキシズムの新展開に求める新中国史論

R. タカキ／富田虎男・白井洋子訳

24 **パ ウ ・ ハ ナ**

ハワイ移民の社会史

1986　071-9　四六上製　293頁　￥2400

ハワイ王朝末期に，全世界から集められたプランテーション労働者が，人種差別を克服して，ハワイ文化形成にいたる道程。著者は日系３世で，少数民族・多文化主義研究の歴史家として評価が高い

原田淑人

25 **古代人の化粧と装身具**

1987　076-X　四六上製　図版180余点　227頁　￥2200

東洋考古学の創始者，中国服飾史の開拓者による古代人の人間美の集成。エジプト・地中海，インド，中央アジアから中国・日本まで，正倉院御物に及ぶ美の伝播，唯一の概説書

E. ル･ロワ･ラデュリ／井上幸治･渡邊昌美･波木居純一訳

26 **モンタイユー**（上）（下［新装版］）

ピレネーの村　1294～1324

(上)1990 (下)2021　＊086-7 ＊471-1　四六上製　367頁 425頁　￥2800 ￥3300

アナール派第３世代の代表作！　法王庁に秘蔵された異端審問記録から中世南仏の農村生活を人類学的手法で描き，フランス文学最高のゴンクール賞を受賞した。1975年本書刊行以来フランスで社会史ブームを巻き起こした

ダヴ・ローネン／浦野起央・信夫隆司訳

27 **自決とは何か** [品切]

ナショナリズムからエスニック紛争へ

1988 095-6 四六上製 318頁 ￥2800

自殺ではない。みずからを決定する自決。革命・反植民地・エスニック紛争など，近現代の激動を“自決 Self-determination への希求”で解く新たなる視角。人文・社会科学者の必読書

メアリ・プライア編著／三好洋子編訳

28 **結婚・受胎・労働** [品切]

イギリス女性史1500〜1800

1989 099-9 四六上製 270頁 ￥2500

イギリス女性史の画期的成果。結婚・再婚・出産・授乳，職業生活・日常生活，日記・著作。実証的な掘り起こし作業によって現れる普通の女性たちの生活の歴史

M. I. フィンレイ／柴田平三郎訳

29 **民主主義―古代と現代** [品切]

1991 118-9 四六上製 199頁 ￥2816

古代ギリシア史の専門家が思想史として対比考察した古代・現代の民主主義。現代の形骸化した制度への正統なアカデミズムからの警鐘であり，民主主義の本質に迫る一書

木崎良平

30 **光太夫とラクスマン**

幕末日露交渉史の一側面

1992 134-0 四六上製 266頁 ￥2524

ひろく史料を探索して見出した光太夫とラクスマンの実像。「鎖国三百年史観」をうち破る新しい事実の発見が，日本の夜明けを告げる。実証史学によってはじめて可能な歴史の本当の姿の発見

青木　豊

31 **和鏡の文化史** [品切]

水鑑から魔鏡まで

1992 139-1 四六上製 図版300余点 305頁 ￥2500

水に顔を映す鏡の始まりから，その発達・変遷，鏡にまつわる信仰・民俗，十数年の蓄積による和鏡に関する知識体系化の試み。鏡に寄せた信仰と美の追求に人間の実像が現れる

Y. イチオカ／富田虎男・粂井輝子・篠田左多江訳

32 **一　　世**

黎明期アメリカ移民の物語り

1992 141-3 四六上製 283頁 ￥3301

人種差別と排日運動の嵐の中で，日本人留学生，労働者，売春婦はいかに生きたか。日系アメリカ人一世に関する初の本格的研究の始まり，その差別と苦悩と忍耐を見よ（著者は日系二世）

鄧　搏鵬／後藤均平訳

33 **越 南 義 烈 史**☆

抗仏独立運動の死の記録

1993 143-X 四六上製 230頁 ￥3301

19世紀後半，抗仏独立闘争に殉じたベトナムの志士たちの略伝・追悼文集。反植民地・民族独立思想の原点（1918年上海で秘密出版）。東遊運動で日本に渡った留学生200人は，やがて日本を追われ，各地で母国の独立運動を展開して敗れ，つぎつぎと斃れるその記録

D. ジョルジェヴィチ, S. フィシャー・ガラティ／佐原徹哉訳

34 **バルカン近代史**

ナショナリズムと革命

1994 153-7 四六上製 262頁 ￥2800

かつて世界の火薬庫といわれ，現在もエスニック紛争に明け暮れるバルカンを，異民族支配への抵抗と失敗する農民蜂起の連続ととらえる。現代は，過去の紛争の延長としてあり，一朝にして解決するようなものではない

C. メクゼーパー, E. シュラウト共編／瀬原義生監訳, 赤阪俊一・佐藤専次共訳

35 **ドイツ中世の日常生活**

騎士・農民・都市民

1995 ＊179-6 四六上製 205頁 ￥2800

ドイツ中世史家たちのたしかな目が多くの史料から読みとる新しい日常史。普通の“中世人”の日常と心性を描くが，おのずと重厚なドイツ史学の学風を見せて興味深い

神山四郎　［比較文明学叢書１］
36 **比較文明と歴史哲学**
1995　182-0　四六上製　257頁　¥2800
歴史哲学者による比較文明案内。歴史をタテに発展とみる旧来の見方に対し，ヨコに比較する多系文明の立場を推奨。ボシュエ，ヴィコ，イブン・ハルドゥーン，トインビーと文明学の流れを簡明に

神川正彦　［比較文明学叢書２］
37 **比較文明の方法**
新しい知のパラダイムを求めて
1995　184-7　四六上製　275頁　¥2800
地球規模の歴史的大変動の中で，トインビー以降ようやく高まる歴史と現代へのパースペクティヴ，新しい知の枠組み，学の体系化の試み。ニーチェ，ヴェーバー，シュペングラーを超えてトインビー，山本新にいたり，原理と方法を論じる

B. A. トゥゴルコフ／斎藤晨二訳
38 **オーロラの民**
ユカギール民族誌
1995　183-9　四六上製　220頁　¥2800
北東シベリアの少数民族人口1000人のユカギール人の歴史と文化。多数の資料と現地調査が明らかにするトナカイと犬ぞりの生活・信仰・言語。巻末に調査報告「ユカギール人の現在」

D. W. ローマックス／林　邦夫訳
39 **レコンキスタ**
中世スペインの国土回復運動
1996　180-4　四六上製　314頁　¥3300
克明に史実を追って，800年間にわたるイスラム教徒の支配からのイベリア半島奪還とばかりはいいきれない，レコンキスタの本格的通史。ユダヤ教徒をふくめ，三者の対立あるいは協力，複雑な800年の情勢に迫る

A. R. マイヤーズ／宮島直機訳
40 **中世ヨーロッパの身分制議会**［品切］
新しいヨーロッパ像の試み（２）
1996　186-3　四六上製　214頁　¥2800
各国の総合的・比較史的研究に基づき，身分制議会をカトリック圏固有のシステムととらえ，近代の人権思想もここから導かれるとする文化史的な画期的発見，その影響に注目が集まる。図写79点

M. ローランソン，J. E. シーヴァー／白井洋子訳
41 **インディアンに囚われた白人女性の物語**
1996　195-2　四六上製　274頁　¥2800
植民地時代アメリカの実話。捕虜となり生き残った２女性の見たインディアンの心と生活。牧師夫人の手記とインディアンの養女となった少女の生涯。しばしば不幸であった両者の関係を見なおすために

木崎良平
42 **仙台漂民とレザノフ**
幕末日露交渉史の一側面No. 2
1997　198-7　四六上製　261頁　¥2800
日本人最初の世界一周と日露交渉。『環海異聞』などに現れる若宮丸の遭難と漂民16人の数奇な運命。彼らを伴って通商を迫ったロシア使節レザノフ。幕末日本の実相を歴史家が初めて追求した

U. イム・ホーフ／森田安一監訳，岩井隆夫・米原小百合・佐藤るみ子・黒澤隆文・踊共二共訳
43 **スイスの歴史**
1997　207-X　四六上製　308頁　¥2800
日本初の本格的スイス通史。ドイツ語圏でベストセラーを続ける好著の完訳。独・仏・伊のことばの壁をこえてバランスよくスイス社会と文化を追求，現在の政治情況に及ぶ

E. フリート／柴嵜雅子訳
44 **ナチスの陰の子ども時代**
あるユダヤ系ドイツ詩人の回想
1998　203-7　四六上製　215頁　¥2800
ナチスの迫害を逃れ，17歳の少年が単身ウィーンからロンドンに亡命する前後の数奇な体験を中心にした回想録。著者は戦後のドイツで著名なユダヤ系詩人で，本書が本邦初訳

今谷明・大濱徹也・尾形勇・樺山紘一・木畑洋一編

45 20世紀の歴史家たち

(1)日本編(上) (2)日本編(下) (5)日本編(続) (3)世界編(上) (4)世界編(下)

1997～2006　四六上製　平均300頁　各￥2800

歴史家は20世紀をどう生きたか，歴史学はいかに展開したか。科学としての歴史学と人間としての歴史家，その生と知とを生々しく見つめようとする。書かれる歴史家と書く歴史家，それを読む読者と三者の生きた時代

日本編(上)　1997 211-8

1 徳富蘇峰（大濱徹也）
2 白鳥庫吉（窪添慶文）
3 鳥居龍蔵（中薗英助）
4 原勝郎（樺山紘一）
5 喜田貞吉（今谷明）
6 三浦周行（今谷明）
7 幸田成友（西垣晴次）
8 柳田國男（西垣晴次）
9 伊波普猷（高良倉吉）
10 今井登志喜（樺山紘一）
11 本庄栄治郎（今谷明）
12 高群逸枝（栗原弘）
13 平泉澄（今谷明）
14 上原専祿（三木亘）
15 野呂栄太郎（神田文人）
16 宮崎市定（礪波護）
17 仁井田陞（尾形勇）
18 大塚久雄（近藤和彦）
19 高橋幸八郎（遅塚忠躬）
20 石母田正（今谷明）

日本編(下)　1999 212-6

1 久米邦武（田中彰）
2 内藤湖南（礪波護）
3 山路愛山（大濱徹也）
4 津田左右吉（大室幹雄）
5 朝河貫一（甚野尚志）
6 黒板勝美（石井進）
7 福田徳三（今谷明）
8 辻善之助（圭室文雄）
9 池内宏（武田幸男）
10 羽田亨（羽田正）
11 村岡典嗣（玉懸博之）
12 田村栄太郎（芳賀登）
13 山田盛太郎（伊藤晃）
14 大久保利謙（由井正臣）
15 濱口重國（菊池英夫）
16 村川堅太郎（長谷川博隆）
17 宮本常一（西垣晴次）
18 丸山眞男（坂本多加雄）
19 和歌森太郎（宮田登）
20 井上光貞（笹山晴生）

日本編(続)　2006 232-0

1 狩野直喜（戸川芳郎）
2 桑原隲蔵（礪波護）
3 矢野仁一（挾間直樹）
4 加藤繁（尾形勇）
5 中村孝也（中田易直）
6 宮地直一（西垣晴次）
7 和辻哲郎（樺山紘一）
8 一志茂樹（古川貞雄）
9 田中惣五郎（本間恂一）
10 西岡虎之助（西垣晴次）
11 岡正雄（大林太良）
12 羽仁五郎（斉藤孝）
13 服部之總（大濱徹也）
14 坂本太郎（笹山晴生）
15 前嶋信次（窪寺紘一）
16 中村吉治（岩本由輝）
17 竹内理三（樋口州男）
18 清水三男（網野善彦）
19 江口朴郎（木畑洋一）
20 林屋辰三郎（今谷明）

世界編(上)　1999 213-4

1 ピレンヌ（河原温）
2 マイネッケ（坂井榮八郎）
3 ゾンバルト（金森誠也）
4 メネンデス・ピダール（小林一宏）
5 梁啓超（佐藤慎一）
6 トーニー（越智武臣）
7 アレクセーエフ（加藤九祚）
8 マスペロ（池田温）
9 トインビー（芝井敬司）
10 ウィーラー（小西正捷）
11 カー（木畑洋一）
12 ウィットフォーゲル（鶴間和幸）
13 エリアス（木村靖二）
14 侯外廬（多田狷介）
15 ブローデル（浜名優美）
16 エーバーハルト（大林太良）
17 ウィリアムズ（川北稔）
18 アリエス（杉山光信）
19 楊寛（高木智見）
20 クラーク（ドン・ベイカー／藤川隆男訳）
21 ホブズボーム（水田洋）
22 マクニール（高橋均）
23 ジャンセン（三谷博）
24 ダニーロフ（奥田央）
25 フーコー（福井憲彦）
26 デイヴィス（近藤和彦）
27 サイード（杉田英明）
28 タカキ，R．（富田虎男）

世界編(下)　2001 214-2

1 スタイン（池田温）
2 ヴェーバー（伊藤貞夫）
3 バルトリド（小松久男）
4 ホイジンガ（樺山紘一）
5 ルフェーヴル（松浦義弘）
6 フェーヴル（長谷川輝夫）
7 グラネ（桐本東太）
8 ブロック（二宮宏之）
9 陳寅恪（尾形勇）
10 顧頡剛（小倉芳彦）
11 カントロヴィッチ（藤田朋久）
12 ギブ（湯川武）
13 ゴイテイン（湯川武）
14 ニーダム（草光俊雄）
15 コーサンビー（山崎利男）
16 フェアバンク（平野健一郎）
17 モミリアーノ（本村凌二）
18 ライシャワー（W.スティール）
19 陳夢家（松丸道雄）
20 フィンリー（桜井万里子）
21 イナルジク（永田雄三）
22 トムスン（近藤和彦）
23 グレーヴィチ（石井規衛）
24 ル・ロワ・ラデュリ（阿河雄二郎）
25 ヴェーラー（木村靖二）
26 イレート（池端雪浦）

戸上　一

46 **千　利　休**

ヒト・モノ・カネ

1998　＊210-6　四六上製　212頁　￥2000

高価な茶道具にまつわる美と醜の世界を視野に入れぬ従来の利休論にあきたらぬ筆者が，書き下ろした利休の実像。モノの美とそれにまつわるカネの醜に対決する筆者の気迫に注目

大濱徹也

47 **日本人と戦争☆**

歴史としての戦争体験

2002　220-7　四六上製　280頁　￥2400

幕末，尊皇攘夷以来，日本は10年ごとの戦争で大国への道をひた走った。やがて敗戦。大東亜戦争は正義か不正義かは鏡の表と裏にすぎないかもしれない。日本人の“戦争体験”が民族共有の記憶に到達するのはいつか？

K.B. ウルフ／林　邦夫訳

48 **コルドバの殉教者たち**

イスラム・スペインのキリスト教徒

1998　226-6　四六上製　214頁　￥2800

9世紀，イスラム時代のコルドバで，49人のキリスト教徒がイスラム教を批難して首をはねられた。かれらは極刑となって殉教者となることを企図したのである。三つの宗教の混在するスペインの不思議な事件である

U. ブレーカー／阪口修平・鈴木直志訳

49 **スイス傭兵ブレーカーの自伝**

2000　240-1　四六上製　263頁　￥2800

18世紀スイス傭兵の自伝。貧農に生まれ，20歳で騙されてプロイセン軍に売られ，軍隊生活の後，七年戦争中に逃亡。彼の生涯で最も劇的なこの時期の記述は，近代以前の軍隊生活を知る類例のない史料として注目

田中圭一

50 **日本の江戸時代☆**

舞台に上がった百姓たち

1999　＊233-5　四六上製　259頁　￥2400

日本の古い体質のシンボルである江戸時代封建論に真向から挑戦する江戸近代論。「検地は百姓の土地私有の確認である」ことを実証し，一揆は幕府の約束違反に対するムラの抗議だとして，日本史全体像の変革を迫る

平松幸三編　2001年度 沖縄タイムス出版文化賞受賞

51 **沖縄の反戦ばあちゃん**

松田カメ口述生活史

2001　242-8　四六上製　199頁　￥2000

沖縄に生まれ，内地で女工，結婚後サイパンへ出稼いで，戦争に巻込まれる。帰郷して米軍から返却された土地は騒音下。嘉手納基地爆音訴訟など反戦平和運動の先頭に立ったカメさんの原動力は理屈ではなく，生活体験だ

52 **（缺番）**

原田勝正

53 **日 本 鉄 道 史**

技術と人間

2001　275-4　四六上製　488頁　￥3300

幕末維新から現代まで，日本の鉄道130年の発展を，技術の進歩がもつ意味を社会との関わりの中に確かめながら，改めて見直したユニークな技術文化史

J. キーガン／井上堯裕訳

54 **戦争と人間の歴史**

人間はなぜ戦争をするのか？

2000　264-9　四六上製　205頁　￥2000

人間はなぜ戦争をするのか？　人間本性にその起源を探り，国家や個人と戦争の関わりを考え，現実を見つめながら「戦争はなくなる」と結論づける。原本は豊かな内容で知られるＢＢＣ放送の連続講演（1998年）

M.シェーファー／大津留厚監訳・永島とも子訳

55 **エリザベートー栄光と悲劇**

2000 ＊265-6 四六上製 183頁 ￥2000

ハプスブルク朝の皇后“シシー”の生涯を内面から描く。美貌で頭が良く，自信にあふれ，決断力を持ちながらも孤独に苦しんでいた。従来の映画や小説では得られない“変革の時代”に生きた高貴な人間像

地中海学会編

56 **地中海の暦と祭り**

2002 230-4 四六上製 285頁 ￥2500

季節の巡行や人生・社会の成長・転変に対応する祭は暦や時間と深く連関する。その暦と祭を地中海世界の歴史と地域の広がりの中でとらえ，かつ現在の祭慣行や暦制度をも描いた，歴史から現代までの「地中海世界案内」

堀　敏一

57 **曹　　操**

三国志の真の主人公

2001 ＊283-0 四六上製 220頁 ￥2800

諸葛孔明や劉備の活躍する『三国志演義』はおもしろいが，小説であって事実ではない。中国史の第一人者が慎重に選んだ“事実は小説よりも奇”で，人間曹操と三国時代が描かれる

P.ブラウン／宮島直機訳

58 **古代末期の世界** ［改訂新版］

ローマ帝国はなぜキリスト教化したか

2002 ＊354-7 四六上製 233頁 ￥2800

古代末期を中世への移行期とするのではなく独自の文化的世界と見なす画期的な書。鬼才P.ブラウンによる「この数十年の間で最も影響力をもつ歴史書！」（書評から）

宮脇淳子

59 **モンゴルの歴史** ［増補新版］

遊牧民の誕生からモンゴル国まで

2018 ＊446-9 四六上製 320頁 ￥2800

紀元前1000年に中央ユーラシア草原に遊牧騎馬民が誕生してから，現在21世紀のモンゴル系民族の最新情報までを1冊におさめた，世界初の通史。2017年には，モンゴルでも訳書完成

永井三明

60 **ヴェネツィアの歴史**

共和国の残照

2004 ＊285-4 四六上製 270頁 ￥2800

1797年「唐突に」姿を消した共和国。ヴェネツィアの1000年を越える歴史を草創期より説き起こす。貴族から貧困層まで，人々の心の襞までわけ入り描き出される日々の生活,etc. ヴェネツィア史の第一人者による書き下ろし

H.バイアス／内山秀夫・増田修代訳

61 **敵　国　日　本**

太平洋戦争時，アメリカは日本をどう見たか？

2001 286-X 四六上製 215頁 ￥2000

パールハーバーからたった70日で執筆・出版され，アメリカで大ベストセラーとなったニューヨークタイムズ記者の日本論。天皇制・政治経済・軍隊から日本人の心理まで，アメリカは日本人以上に日本を知っていた……

伊東俊太郎 ［比較文明学叢書 3］

62 **文明と自然**

対立から統合へ

2002 293-2 四六上製 256頁 ￥2400

かつて西洋の近代科学は，文明が利用する対象として自然を破壊し，自然は利用すべき資源でしかなかった。いま「自から然る」自然が，生々発展して新しい地球文明が成る。自然と文明の統合の時代である

P.V.グロブ／荒川明久・牧野正憲訳

63 **甦る古代人**

デンマークの湿地埋葬

2002 298-3 四六上製 191頁 ￥2500

デンマーク，北ドイツなど北欧の寒冷な湿地帯から出土した，生々しい古代人の遺体（約700例）をめぐる“謎”の解明。原著の写真全77点を収録した，北欧先史・古代史研究の基本図書

大濱徹也

64 **庶民のみた日清・日露戦争**

帝国への歩み

2003 316-5 四六上製 265頁 ¥2200

明治維新以後10年ごとの戦争に明けくれた日本人の戦争観・時代観を根底に，著者は日本の現代を描こうとする。庶民の皮膚感覚に支えられた生々しい日本の現代史像に注目が集まる。『明治の墓標』改題

喜安 朗

65 **天皇の影をめぐるある少年の物語**

戦中戦後私史

2003 312-2 四六上製 251頁 ¥2200

第二次大戦の前後を少年から青年へ成長した多くの日本人の誰もが見た敗戦から復興の光景を，今あらためて注視する少年の感性と歴史家の視線。変転する社会状況をくぐりぬけて今現われた日本論

スーザン·W.ハル／佐藤清隆・滝口晴生・菅原秀二訳

66 **女は男に従うもの？**

近世イギリス女性の日常生活

2003 315-7 四六上製 285頁 ¥2800

16～17世紀，女性向けに出版されていた多くの結婚生活の手引書や宗教書など（著者は男性）を材料に，あらゆる面で制約の下に生きていた女性達の日常を描く（図版多数集録）

G.スピーニ／森田義之・松本典昭訳

67 **ミケランジェロと政治**

メディチに抵抗した《市民＝芸術家》

2003 ＊318-9 四六上製 181頁 ¥2500

フィレンツェの政治的激動期，この天才芸術家が否応なく権力交替劇に巻き込まれながらも，いかに生き抜いたか？ ルネサンス美術史研究における社会史的分析の先駆的議論。ミケランジェロとその時代の理解のために

金七紀男

68 **エンリケ航海王子** ［品切］

大航海時代の先駆者とその時代

2004 322-X 四六上製 232頁 ¥2500

初期大航海時代を導いたポルトガルの王子エンリケは，死後理想化されて「エンリケ伝説」が生れる。本書は，生身で等身大の王子とその時代を描く。付録に「エンリケ伝説の創出」「エンリケの肖像画をめぐる謎」の2論文も

H.バイアス／内山秀夫・増田修代訳

69 **昭和帝国の暗殺政治**

テロとクーデタの時代

2004 314-9 四六上製 341頁 ¥2500

戦前，『ニューヨーク·タイムズ』の日本特派員による，日本のテロリズムとクーデタ論。記者の遭遇した5.15事件や2.26事件を，日本人独特の前近代的心象と見て，独自の日本論を展開する。『敵国日本』の姉妹篇

E.L.ミューラー／飯野正子監訳

70 **祖国のために死ぬ自由**

徴兵拒否の日系アメリカ人たち

2004 331-9 四六上製 343頁 ¥3000

第二次大戦中，強制収容所に囚われた日系2世は，市民権と自由を奪われながら徴兵された。その中に，法廷で闘って自由を回復しアメリカ人として戦う道を選んだ人々がいた。60年も知られなかった日系人の闘いの記録

松浦高嶺・速水敏彦・高橋 秀

71 **学 生 反 乱**

—1969— 立教大学文学部

2005 335-1 四六上製 281頁 ¥2800

1960年代末，世界中を巻きこんだ大学紛争。学生たちの要求に真摯に向合い，かつ果敢に闘った立教大学文学部の教師たち。35年後の今，闘いの歴史はいかに継承されているか？

神川正彦 ［比較文明学叢書 5］

72 **比較文明文化への道**

日本文明の多元性

2005 343-2 四六上製 311頁 ¥2800

日本文明は中国のみならずアイヌや琉球を含め，多くの文化的要素を吸収して成立している。その文化的要素を重視して“文明文化”を一語として日本を考える新しい視角

藤川隆男編
73 **白人とは何か？**
ホワイトネス・スタディーズ入門
2005 ＊346-2 四六上製 257頁 ￥2200

近年欧米で急速に拡大している「白人性研究」を日本で初めて本格的に紹介。差別の根源「白人」を人類学者が未開の民族を見るように研究の俎上に載せ，社会的・歴史的な存在である事を解明する多分野17人が協力

W. フライシャー／内山秀夫訳
74 **太平洋戦争にいたる道**
あるアメリカ人記者の見た日本
2006 349-1 四六上製 273頁 ￥2800

昭和初・中期の日本が世界の動乱に巻込まれていくさまを，アメリカ人記者の眼で冷静に見つめる。世界の動きを背景に，日本政府の情勢分析の幼稚とテロリズムを描いて，小社既刊『敵国日本』と対をなす必読日本論

白井洋子
75 **ベトナム戦争のアメリカ**
もう一つのアメリカ史
2006 ＊352-3 四六上製 258頁 ￥2500

「インディアン虐殺」の延長線上にベトナム戦争を位置づけ，さらに，ベトナム戦没者記念碑「黒い壁」とそれを訪れる人々の姿の中にアメリカの歴史の新しい可能性を見る。「植民地時代の先住民研究」専門の著者だからこその視点

L. カッソン／新海邦治訳
76 **図書館の誕生**
古代オリエントからローマへ
2007 ＊356-1 四六上製 222頁 ￥2300

古代の図書館についての最初の包括的研究。紀元前３千年紀の古代オリエントの図書館の誕生から，図書館史の流れを根本的に変えた初期ビザンツ時代まで。碑文，遺跡の中の図書館の遺構，墓碑銘など多様な資料は語る

英国王立国際問題研究所／坂井達朗訳
77 **敗北しつつある大日本帝国**
日本敗戦７ヵ月前の英国王立研究所報告
2007 ＊361-5 四六上製 253頁 ￥2700

対日戦略の一環として準備された日本分析。極東の後進国日本が世界経済・政治の中に進出，ファシズムの波にのって戦争を遂行する様を冷静に判断。日本文化社会の理解は，戦中にも拘わらず的確で大英帝国の底力を見る

史学会編
78 **歴 史 の 風**
2007 ＊369-1 四六上製 295頁 ￥2800

『史学雑誌』連載の歴史研究者によるエッセー「コラム 歴史の風」を１巻に編集。1996年の第１回「歴史学雑誌に未来から風が吹く」（樺山紘一）から昨2006年末の「日本の歴史学はどこに向かうのか」（三谷 博）まで11年間55篇を収載

青木 健→99巻『新ゾロアスター教史』
79 **ゾロアスター教史** ［絶版］
古代アーリア・中世ペルシア・現代インド
2008 ＊374-5 四六上製 308頁 ￥2800

本邦初の書下ろし。謎の多い古代アーリア人の宗教，サーサーン朝国教としての全盛期，ムスリム支配後のインドで復活，現代まで。世界諸宗教への影響，ペルシア語文献の解読，ソグドや中国の最新研究成果が注目される

城戸 毅
80 **百 年 戦 争**
中世末期の英仏関係
2010 ＊379-0 四六上製 373頁 ￥3000

今まで我が国にまとまった研究もなく，欧米における理解からずれていたこのテーマ。英仏関係及びフランスの領邦君主諸侯間の関係を通して，戦争の前史から結末までを描いた，本邦初の本格的百年戦争の全体像

R. オズボン／佐藤 昇訳
81 **ギリシアの古代**
歴史はどのように創られるか？
2011 ＊396-7 四六上製 261頁 ￥2800

最新の研究成果から古代ギリシア史研究の重要トピックに新しい光を当て，歴史学的な思考の方法，「歴史の創り方」を入門的に，そして刺戟的に紹介する。まずは「おなじみ」のスポーツ競技，円盤投げの一場面への疑問から始める

藤川隆男
82 **人種差別の世界史**
白人性とは何か？
2011 ＊398-1 四六上製 274頁 ¥2300
差別と平等が同居する近代世界の特徴を，身近な問題（ファッション他）を取り上げながら，前近代との比較を通じて検討。人種主義と啓蒙主義の問題，白人性とジェンダーや階級の問題などを，世界史的な枠組で解明かす

Ch. ビュヒ／片山淳子訳
83 **もう一つのスイス史**
独語圏・仏語圏の間の深い溝
2012 ＊395-0 四六上製 246頁 ¥2500
スイスは，なぜそしていかに，多民族国家・多言語国家・多文化国家になったのか，そのため生じた問題にいかに対処してきたか等々。独仏両言語圏の間の隔たりから語る，今までに無い「いわば言語から覗くスイスの歴史」

坂井榮八郎
84 **ドイツの歴史百話**
2012 ＊407-0 四六上製 330頁 ¥3000
「ドイツ史の語り部」を自任する著者が，半世紀を超える歴史家人生で出会った人，出会った事，出会った本，そして様ざまな歴史のエピソードなどを，百のエッセイに紡いで時代順に語ったユニークなドイツ史

田中圭一
85 **良寛の実像**
歴史家からのメッセージ
2013 ＊411-7 四六上製 239頁 ¥2400
捏造された「家譜」・「自筆過去帳」や無責任な小説や教訓の類いが，いかに良寛像を過らせたか！ 良寛を愛し，良寛の眞実を求め，人間良寛の苦悩を追って，その実像に到達した，唯一，歴史としての良寛伝が本書である

A. ジョティシュキー／森田安一訳
86 **十字軍の歴史**
2013 ＊388-2 四六上製 480頁 ¥3800
カトリック対ギリシア東方正教対イスラームの抗争という，従来の東方十字軍の視点だけではなく，レコンキスタ・アルビショワ十字軍・ヴェンデ十字軍なども叙述，中世社会を壮大な絵巻として描いた十字軍の全体史

W. ベーリンガー／長谷川直子訳
87 **魔女と魔女狩り**
2014 ＊413-1 四六上製 480頁 ¥3500
ヨーロッパ魔女狩りの時代の総合的な概説から，現代の魔女狩りに関する最新の情報まで，初めての魔女の世界史。魔女狩りの歴史の考察から現代世界を照射する問題提起が鋭い。110頁を超える索引・文献・年表も好評

J.＝C. シュミット／小池寿子訳
88 **中世の聖なるイメージと身体**
キリスト教における信仰と実践
2015 ＊380-6 四六上製 430頁 ¥3800
中世キリスト教文明の中心テーマ！ 目に見えない「神性」にどのように「身体」が与えられたか，豊富な具体例で解き明かす。民衆の心性を見つめて歴史人類学という新しい地平を開拓したシュミットの，更なる到達点

W. D. エアハート／白井洋子訳
89 **ある反戦ベトナム帰還兵の回想**
2015 ＊420-9 四六上製 480頁 ¥3500
詩人で元米国海兵隊員の著者が，ベトナム戦争の従軍体験と，帰還後に反戦平和を訴える闘士となるまでを綴った自伝的回想の記録三部作第二作目 *Passing Time* の全訳。「小説ではないがそのようにも読める」(著者まえがき)

岩崎 賢
90 **アステカ王国の生贄の祭祀**
血・花・笑・戦
2015 ＊423-0 四六上製 202頁 ¥2200
古代メキシコに偉大な文明を打ち立てたアステカ人の宗教的伝統の中心＝生贄の祭りのリアリティに，古代語文献，考古学・人類学史料及び厳選した図像史料を駆使して肉迫する。本邦ではほとんど他に例のない大胆な挑戦

藤川隆男

91 **妖獣バニヤップの歴史**

オーストラリア先住民と白人侵略者のあいだで

2016 ＊431-5 四六上製 300頁＋カラー口絵８頁 ￥2300

バニヤップはオーストラリア先住民に伝わる水陸両生の幻の生き物。イギリスの侵略が進むなか，白人入植者の民話としても取り入れられ，著名な童話のキャラクターとなる。この動物の記録を通して語るオーストラリア史

ジョー・グルディ＆D.アーミテイジ／平田雅博・細川道久訳

92 **これが歴史だ！**

21世紀の歴史学宣言

2017 ＊429-2 四六上製 250頁 ￥2500

気候変動を始め現代の難問を長期的に捉えるのが歴史家本来の仕事。短期の視点が台頭する今，長期の視点の重要性の再認識を主張。歴史学研究の流れから，膨大な史料データ対応の最新デジタル歴史学の成果までを本書に

杉山博久

93 **直良信夫の世界**

20世紀最後の博物学者

2016 ＊430-8 四六上製 300頁 ￥2500

考古学，古人類学，古生物学，現生動物学，先史地理学，古代農業……。最後の博物学者と評されたその研究領域を可能な限り辿り，没後30年に顕彰。「明石原人」に関わる諸見解も紹介し，今後の再評価が期待される

永田陽一 野球文化學會学会賞受賞

94 **日系人戦時収容所のベースボール**

ハーブ栗間の輝いた日々

2018 ＊439-1 四六上製 210頁 ￥2000

「やる者も見る者もベースボールが本気だった」カリフォルニアから強制立ち退きでアメリカ南部の収容所に送られた若者たち。屈辱の鉄条網のなかで生き延びるための野球に熱中，数千の観衆を前に強豪チームを迎え撃つ

三佐川亮宏

95 **紀元千年の皇帝**

オットー三世とその時代

2018 ＊437-7 四六上製 430頁＋カラー口絵２頁 ￥3700

その並外れた教養と知性の故に，「世界の奇跡」と呼ばれた若き皇帝。彼の孤高にして大胆な冒険に満ちた儚い生涯と，「紀元千年」の終末論の高揚する中世ローマ帝国の世界に，今日のヨーロッパ統合の原点を探る旅

山﨑耕一

96 **フランス革命**

「共和国」の誕生

2018 ＊443-8 四六上製 370頁 ￥3000

「革命前夜のフランスの状況」から説かれる本書。１冊で，「革命」とは何か，複雑なフランス革命の諸々の動きと人々の生き方，共和国の成立からナポレオンの登場，帝政の開始までの，すべてを理解できる革命史が完成

ヒュー・ボーデン／佐藤昇訳

97 **アレクサンドロス大王**

2019 ＊442-1 四六上製 234頁 ￥2300

歴史の中に浮び上る真の姿。「西アジアで発見の重要文書から，アレクサンドロスは基本的に「西洋的な人物」であると考えなくなる」と，著者。最新の研究成果を踏まえ旧来のアレクサンドロス像に異議を唱えた入門書

トーマス・W.アルフォード／中田佳昭・村田信行訳

98 **インディアンの「文明化」**

ショーニー族の物語

2018 ＊438-4 四六上製 300頁 ￥3000

小さな部族のエリートが「白人的価値」と「インディアンの価値」の中で苦悩し翻弄されながら，両者の懸け橋を目指して懸命に生きた姿。アメリカ白人社会への強制的同化を受け入れ生き残る ⇒ 現代社会への問いかけ？

青木 健

99 **新ゾロアスター教史**

古代中央アジアのアーリア人・中世ペルシアの神聖帝国・現代インドの神官財閥

2019 ＊450-6 四六上製 370頁 ￥3000

10年前の本邦初の書下ろし（本全書79巻）が既に品切れて，全面改稿！ 最新の研究成果と巻末に詳細な日本におけるゾロアスター教研究の現状を記録。旧版の良さを生かしながら，本来の諸言語の音を取り入れる

森田安一

100 **スイスの歴史百話**☆

2021　＊462-9　四六上製　310頁　￥2700

ヨーロッパの中央に位置するスイスの歴史は，周囲の大国との関係を無視して語ることはできない。あえて，いやむしろスイスから語った百遍の歴史エピソードから，連綿と続くヨーロッパの物語を浮かび上がらせた

永田雄三

101 **トルコの歴史**（上）（下）☆

2023　〈上〉＊479-7〈下〉＊480-3　四六上製　上下共300頁　￥2700

世界でも傑士のトルコ史研究者渾身の通史。匈奴，突厥などモンゴル高原から中央ユーラシアへ展開した騎馬遊牧民の一部トルコ系民族が，西へ移動。民族性を保持しつつ移住先文化と融合，洋の東西に展開した壮大な歴史

S.パツォルト／甚野尚志訳

102 **封建制の多面鏡**☆

「封」と「家臣制」の結合

2023　＊475-9　四六上製　200頁　￥2700

わが国ではまだ十分に知られていない欧米最新の封建制概念を理解する入門書。中世ヨーロッパ各地で多様な形で出現し，「多面鏡に映るがごとくに」異なる像を形成してきた近代に至るまでの「封建制」概念に迫る

桜井万里子　（2024年８月刊行予定）

103 **古代ギリシア人の歴史**

2024　＊445-2　四六上製　400頁予定　￥3500

古代ギリシアを照す正しくて新しい視点。ミケーネ時代を始めとして，アテナイ，スパルタなどポリスが成立，地中海世界全体へ広がり，やがて次の世界へ移るまでを語りきる

L.ミジョット／佐藤 昇訳

104 **古代ギリシアの都市国家と経済**（仮題）

（2024年９月刊行予定）

藤川隆男

105 **世論の誕生**（仮題）

（2024年10月刊行予定）

石坂尚武

106 **実録 ペストの社会史**（仮題）

（2024年12月刊行予定）

〈歴史・民族・文明〉

刀水歴史全書　96

フランス革命—「共和国」の誕生

2018年9月25日　初版1刷発行

2024年4月29日　初版2刷発行

著　者　山﨑耕一

発行者　中村文江

発行所　株式会社　刀水書房

〒101-0065　東京都千代田区西神田2-4-1　東方学会本館
TEL 03-3261-6190　FAX 03-3261-2234　振替 00110-9-75805

印刷　亜細亜印刷株式会社
製本　株式会社ブロケード

　ISBN978-4-88708-443-8　C1322

《著者紹介》

山﨑耕一（やまざき　こういち）

1950年，神奈川県生まれ。1980年に一橋大学大学院社会学研究科博士課程を単位習得により満期退学。2007年に一橋大学にて博士（社会学）の学位を取得
一橋大学社会学部特別研究生，武蔵大学人文学部助教授，同教授を経て，2000年４月から2016年３月まで一橋大学社会科学古典資料センター教授。また2005年から2015年まで国際フランス革命史委員会（Commission internationale de l'Histoire de la Révolution française）の副委員長（vice président），2015年から2022年まで同委員会委員長（président）を務め，現在は再び副委員長（任期は2026年まで）
〔著書〕『啓蒙運動とフランス革命―革命家バレールの誕生』2007年 刀水書房（単著），『ヨーロッパ世界と旅』1997年 法政大学出版局（共著），『フランス史研究入門』2011年 山川出版社（共著），『フランス革命史の現在』2013年 山川出版社（共編著），『シィエスのフランス革命―「過激中道派」の誕生』2023年 NHKブックス（単著）など
〔訳書〕A. ソブール著『大革命前夜のフランス　経済と社会』1982年 法政大学出版局（単独訳），J. ゴドショ著『フランス革命年代記 』1989年 日本評論社（共訳）など

索　　引

I．人名索引――――

ア　行

アディントン　Addington, Henry ……… 293
アドミラ　Admirat, Henri ……… 216
アマール　Amar, Jean-Baptiste André ……… 219
アルトワ伯　Comte d'Artois ……… 54,98,99,234,286
アントネル　Antonellle, Pierre Antoine d' ……… 239
アントレーグ伯爵　Antraigues, Louis Emmanuel Henri Alexandre de Launay, comte d' ……… 268,269
アンリ４世　Henri IV ……… 40
アンリオ　Hanriot, François ……… 31,160,161,204
イザボー　Ysabeau, Claude Alexandre ……… 191
イスナール　Isnard, Maximin ……… 160
ヴァディエ　Vadier, Marc Guillaume Alexis ……… 219,220,224,237
ヴァルレ　Varlet, Jean-François ……… 155,160,177
ヴァンサン　Vincent, François Nicolas ……… 158,186,188,204
ヴィアラ　Viala, Agricol Joseph ……… 200,201
ヴィットリオ・アメデーオ３世　Vittorio Amedeo III ……… 260
ウィレム５世　Willem V ……… 13
エギュイヨン　Aiguillon, Armand Désiré du Plessis de Richelieu, duc d' ……… 63
エベール　Hébert, Jacques René ……… 160,161,172,186,195,202,204,205
エリアス　Elias, Norbert ……… 6
エロー・ド・セシェル　Hérault de Séchelles, Marie Jean ……… 29,167
オジェ，ヴァンサン　Ogé, Vincent ……… 121
オジュロー　Augereau, Pierre Fran[ois Charles ……… 269～271,288
オッシュ　Hoche, Louis Lazare ……… 243,255,262,263,268～270
オラール　Aulard, Alphonse ……… 70
オランプ・ド・グージュ　Olympe de Gouges ……… 200
オルレアン公　Orléans, Louis Philippe Joseph, duc d' ……… 46,143,158,266

カ 行

カエサル　Caesar, Gaius Julius …… 131
ガスパラン　Gasparin, Thomas-Augustin …… 172
ガデ　Guadet, Marguerite Elie …… 159
カドゥダル　Cadoudal, Georges …… 256
カトリノー　Cathelineau, Jean-François …… 165
カリエ　Carrier, Jean-Baptiste …… 190,208,214,220,228〜230,233,234
カール大公　Erzherzog Karl von Österreich …… 286
カルノ　Carnot, Lazare Nicolas Marguerite …… 174,215,220,221,224,230, 254,258,259,266〜269,271
ガルボー　Galbaud Dufort, François Thomas …… 179
ガロ　Garrau, Pierre-Anselme …… 286,287
カロンヌ　Calonne, Charles Alexandre de …… 14,17〜21,98
カンバセレス　Cambacérès, Jean-Jacques Régis de …… 290
カンボン　Cambon, Pierre Joseph …… 160
グーイ・ダルシ　Gouy d'Arcy, Louis Henri Marthe, marquis de …… 56
グスタフ3世　Gustav III …… 132
クートン　Couthon, Georges Auguste …… 212,213,215,219,220,222
クラヴィエール　Clavière, Étienne …… 13,121
グリゼル　Grisel, Georges …… 258
グレゴワール　Grégoire, Henri …… 121,201,209
クレベール　Kléber, Jean-Baptiste …… 279
クレルモン=トネール　Clermont-Tonnerre, Stanislas Marie Adélaïde, comte de …… 78
クローツ　Cloots, Jean-Baptiste (Anacharsis) …… 192,194,196
クロムウェル　Cromwell, Oliver …… 131
ケネー　Quesnay, François …… 123
ケレルマン　Kellermann, François Christophe …… 179
ゴイエ　Gohier, Louis Jérôme …… 283,288
コシューシコ　Kosciuszko, Amdrzej Tadeusz Bonawentura …… 218,242
コック　Kock …… 204
コトロ, ジャン(シュアン)　Cottereau, Jean (Chouan) …… 138
ゴベル　Gobel, Jean-Baptiste Joseph …… 185
コルデ　Corday d'Armont, Marie-Anne Charlotte …… 171,172,288
コロ　Collot …… 288
コロ・デルボワ　Collot d'Herbois, Jean-Marie …… 126,175,191,216,219,221,225,234,237,253
コンサルヴィ枢機卿　Consalvi, Ercole …… 294
コンスタン　Consttant de Rebecque, Benjamin …… 267
コンドルセ　Condorcet, Marie Jean Antoine Caritat, marquis de …… 29,121,123,125,166〜168

サ 行

サイヤン Saillans, comte de …… 101
サン＝ジュスト Saint-Just, Louis Antoine Léon …… 161,168,180,187,191,199, 202～204,207,208,215,219～222
サンテール Santerre, Antoine Josephe …… 158
サン＝プリースト Saint-Priest, François comte de …… 75
シィエス Sieyès, Emmanuel Joseph …… 29,30,43,46,48,82,121,252,254, 267,280,283～287,289～291
シェニエ Chénier, Marie-Joseph de …… 237
シェレル Schérer, Balthélemy Louis Joseph …… 268
柴田三千雄 …… 16
ジベール＝デモリエール Gibert des Molières, Jean-Louis …… 268
シモノー Simoneau, Jacques Guillaume …… 124～126,132
シャボ Chabot, François …… 187,188,206
シャリエ Chalier, Jpseph …… 163,179,185,200
シャルル10世 Charles X …… 54
シャレット Charette de La Contrie, François A;phonse …… 243,255
シャンピオネ Championnet, Jean Antoine Étienne …… 280,282,284,286
シャンピオン・ド・シセ Champion de Cicé, Jérôme …… 78
ジュベール Joubert, Barthélemy Catherine …… 284,286
シュマン＝デュポンテス Chemin-dupontès, Jean Baptiste …… 275
ジュリアン Julien, Marc-Antoine …… 190
ジュルダン Jourdan, Jean-Baptiste …… 259,260,262,263,270,281,285,286,288
ジョゼフィーヌ Joséphine, Marie-Josèphe Rose Tascher de La Pagerie …… 259
スコッチポル Skocpol, Theda …… 15
スタール夫人 Staël, Germaine Necker, baronne de …… 267
ストフレ Stofflet, Nicolas Jean …… 255
スブラニ Soubrany, Pierre Amable …… 199
スミス Smith, Sydeney …… 279
セシル・ルノー Renault, Aimée Cécile …… 216
ソース Sauce, Jean-Baptiste …… 104
ソントナクス Sonthonax, Léger Félicité …… 179

タ行・ナ行

ダヴー Davout, Louis Nicolas …… 158
ダヴィッド David, Jacques Louis …… 44,225
タリアン Tallien, Jean Lambert …… 191,220,222,224,225～228,230,251,252,265
タルジェ Target, Guy Jean-Baptiste …… 29,79

ダルテ　Darthé, Augustin Alexandre Joseph……258
タレイラン　Talleyrand-Périgord, Charles Maurice……29,90,93,265,267,268,278,284,287
ダンドレ　Dandré……266
ダントン　Danton, Georges Jacques……136,138〜140,151,156,159,171,173,188,192,206,213,225
チボドー　Thibaudeau, Antoine Claire……287
チャールズ1世　Charles I……103
ディートリシュ　Dietrich, Philippe Frédéric, baron de……136
ディドロ　Diderot, Denis……28
ディロン　Dillon, Théobald……133
テオ　Théot, Catherine……216,220
デサリーヌ　Dessalines, Jean-Jacques……298
デステュット・ド・トラシ　Destutt de Tracy, Antoine Louis Claude, comte de……276
デフィユー　Desfieux……204
デプレメニル　D'Épremesnil, Jean-Jacques Duval……24
デムーラン　Desmoulins, Camille……74,192〜196,205,206
デュヴェルジェ　Duverger, Maurice……168
デュクロケ　Ducroquet……204
デュコ　Ducos, Pierre Roger……284,288〜290
デュビュイソン　Dubuisson……204
デュファイ　Dufaÿ, Louis-Pierre……180
デュポール　Duport, Adrien Jean François……29,80,121
デュポン・ド・ヌムール　Dupont de Nemeurs, Pierre Samuel……123,270
デュマ　Dumas, Alexandre Davy……218
デュマ，アレクサンドル　Dumas, Alexandre Davy de La Pailleterie……218
デュムーリエ　Dumouriez, Charles François de Périer……150,152〜154,158,159,175,199
デュモン　Dumont, André……185
テュリオ　Thuriot de La Rozière, Jacques Alexis……180,220,225
テュルゴ　Turgot, Anne Robert Jacques……9,18,123,125
テュロ　Turreau……191,218,229
トゥサン・ルヴェルチュール　Toussaint-Louverture, François Dominique Toussaint……298
ド・ゴール　De Gaule, Charles André Joseph Pierre-Marie……301
ドラクロワ　Delacroix, Jean-François……206
ドリヴィエ　Dolivier……125
ドルゥ＝ブレゼ　Dreux-Brézé, Henri Evrard, marquis de……35,46
ドルエ　Drouet, Jean-Baptiste……104
トレイラール　Treilhard, Jean-Baptiste……277,283
ドローネー　Delaunay, Joseph……188
ナポレオン(ボナパルトを含む)　Bonaparte, Napoléon……131,146,192,210,235,250,
253,256,258〜264,266〜271,273,

276～280,287～294,296～301
ネケール Necker, Jacques ……… 9,18,25,29,40,52,53,57,125
ネルソン Nelson, Horatio ……… 278
ノアイユ Noailles, Louis Marie, vicomte de ……… 63

ハ 行

バイイ Bailly, Jean-Sylvain ……… 44,53,55,56,73,75,107,109,110
パオリ Paoli, Pascal ……… 179
バジル Basire, Claude ……… 188,206
バブーフ Babeuf, François Noël(Gracchus) ……… 230,231,239,256～258,260
バラ Bara, Joseph ……… 200,201
バラス Barras, Paul François Nicolas ……… 191,202,208,222,250,252,259,
265～269,271,276,277,283,284,288
バランタン Barentin, Charles Louis François de Paule de ……… 40
バルテルミ Barthélemy, François, marquis de ……… 267～269,271
バルナーヴ Barnave, Antoine Pierre Joseph Marie ……… 56,80,104,112,121,122
バルバルー Barbaroux, Charles-Jean-Marie ……… 162
バルベ＝マルボワ Barbé-Marbois, François ……… 267,295
バレール Barère, Bertrand ……… 86,87,92,148,159,160,166,187,
200～202,204,209,221,224,225,234,237,251
ピウス6世 Pius VI ……… 96,281
ピウス7世 Pius VII ……… 294
ピシュグリュ Pichegru, Jean-Charles ……… 267～270
ピット Pitt, William ……… 155,192,293
ビュゾ Buzot, François ……… 80,118
ビヨ＝ヴァレンヌ Billaud-Varenne, Jacques Nicolas ……… 143,175,197,219,221,225,234,237,253
ファーブル・デグランチーヌ Fabre, Philippe François(Fabre d'Églantine) ……… 183,188,206
ファーブル・ド・ロード Fabre de l'Aude ……… 268
ブイエ Bouillé, François Claude Amour, marquis de ……… 102
フィリップ2世 Philippe II ……… 4,10
フィリポー Philippeaux, Pierre-Nicolas ……… 206
フェロー Féraud, Jean-Bertrand ……… 238,239
ブオナロッティ Buonarrotti, Filippo Giuseppe Maria Ludovico ……… 258
フーキエ＝タンヴィル Fouquier-Tinville, Antoine Quentin ……… 221,236
ブザンヴァル Besenval, Pierre Victor, baron de ……… 52,53
フーシェ Fouché, Joseph ……… 184,191,220,228,245,265
ブショット Bouchotte, Jean-Baptiste ……… 158,192
ブラウンシュヴァイク Braunschweig-Wolfenbüttel, Karl Wilhelm Ferdinand ……… 136,141
ブランヴィリエ Boulainvillier, Henri, comte de ……… 11,28

プラン＝グランプレ Poullain-Grandprey, Josseph Clément ……283
フランソワ François ……81,93
フランソワ1世 François Ier ……4
フランソワ・ド・ヌシャトー François de Neufchateau, Nicolas Louis ……268,271,274,277
フランツ2世 Franz II ……132
ブリソ Brissot, Jacques Pierre ……118,121,128～131,144,150,160
フリードリッヒ・ヴィルヘルム2世 Friedrich Wilhelm II ……13,112
プリュドーム Prudhomme, Louis Marie ……74
プリュール(ド・ラ・コート＝ドール) (Prieur de la Côte-d'Or), Prieur-Duvernois, Claude Antoine ……174,215,220,230
ブリュンヌ Brune, Gyuillaume Marie-Anne ……287
ブルソネ Broussonet ……40
ブールドン(・ド・ロワズ) Bourdon de l'Oise, François Louis ……214,215,220,225,251
ブルノンヴィル Beurnonville, Pierre de Riel ……158
プレシ Précy, comte de ……237
フレッセル Flesselles, Jacques de ……54,55
フレロン Fréron, Louis Marie Stanislas ……191,202,208,220,224,225,228,230,251,255
プロヴァンス伯 Comte de Provence ……234,240
フロッテ Frotté, Marie Pierre Louis, comte de ……256
プロリ Proly ……204
フーロン Foulon de Doué, Joseph François ……55,56,62,175
ペティヨン Pétion de Villeneuve, Jérôme ……80,104,107,109,112,134,136
ベルガス Bergasse, Nicolas ……78,283
ベルチエ Bertier de Sauvigny, Louis Bénigne François ……55,56,62,175
ベルトラン Bertrand de L'Hodiesnière, Charles-Ambroise ……284
ベルナドット Bernadotte, Jean-Baptiste Jules ……284
ベルニス枢機卿 Bernis, François Joachim de Pierre de ……96
ベレ Belley, Jean-Baptiste ……180
ペレイラ Pereira ……204
ボアルネ Beauharnais, Alexandre, vicomte de ……259
ボダン Baudin, Pierre-Charles-Louis ……249
ボト Botot ……271
ボナパルト, ジョゼフ Bonaparte, Joseph ……299
ボナパルト, ナポレオン→ナポレオン
ボナパルト, リュシアン Bonaparte, Lucien ……288
ボナパルト, ルイ Bonaparte, Louis ……299
ポルヴェレル Polverel, Étienne ……179
ボルペール Beaurepaire, Nicolas-Joseph ……140
ボワシ＝ダングラ Boissy d'Anglas, François Antoine ……235,244,246

マ行・ヤ行

マイヤール　Maillard, Stanislas Marie ……… 75,188
マクドナルド　Macdonald, Jacques Étienne Joseph Alexandre ……… 282
マクフィー　McPhee, Peter ……… 217
マズュエル　Mazuel ……… 204
マチエ　Mathiez, Albert ……… 15,16
マッセナ　Masséna, André ……… 263,286
マーユ　Mailhe, Jean ……… 148
マラ　Marat, Jean Paul ……… 130,144,159～161,164,171,172,181,185,187,200,204,216
マラルメ　Mallarmé, François-René-Auguste ……… 160
マリ＝アントワネット　Marie-Antoinette ……… 112,134,181
マルーエ　Malouet, Pierre-Victor ……… 78
マルタン　Martin, Jean-Clément ……… 11
マルティニアナ枢機卿　Martiniana, Carlo Giuseppe Filoppa della ……… 294
マレ＝デュ＝パン　Mallet du Pan, Jacques ……… 212
ミヨー　Milhaud, Edmond Jean-Baptiste ……… 199
ミラボー　Mirabeau, Honoré Gabriel Riqueti, comte de ……… 29,30,70,72,80,81,103,121,148,187
ミル　Mills, Jean-Baptiste ……… 180
ムーニエ　Mounier, Jean Joseph ……… 42,44,78,81
ムラン　Moulin, Jean-François ……… 284,288
メルシエ　Mercier de la Rivière, Pierre Paul ……… 69
メルラン・ド・チオンヴィル　Merlin (de Thionville), Antoine-Christophe ……… 237
メルラン・ド・ドゥエ　Merlin (de Douai), Philippe-Antoine ……… 91,236,268,271,283,284
モプー　Maupeou, René Nicolas Charles Augustin de ……… 9,18,24
モモロ　Momoro, Antoine François ……… 202,204
モルヴォ　Mollevaut, Étienne ……… 241
モロ　Moreau, Jean-Victor ……… 259,260,262,263,282,288,293
モンサベール　Goislard de Montsabert, ……… 24
モンテスキュー　Montesquieu, Charles Louis de Secondat, Baron de la Brède et de ……… 9～11,23,69,108,112,138,145,195～197
ヤンセニウス　Jansenius　Jansen, Cornelius ……… 10
ユーグ・カペ　Hugues Capet ……… 137
ヨーク公　Prince Frederick Augustus, Duke of York and Albany ……… 286
ヨーゼフ２世　Joseph II ……… 99

ラ行・ワ行

ラヴォワジェ　Lavoisier, Antoine Laurent de ……… 210
ラカナル　Lakanal, Joseph ……… 252

ラコンブ　Lacombe, Claire ……198
ラ＝トゥール＝デュ＝パン　La Tour du Pin-Gouvernet, Jean-Frédéric, marquis de ……80
ラトゥール＝モブール　Latour-Maubourg, Marie Charles de Fay, comte de ……104
ラファイエット　La Fayette, Marie Paul Yves Roch Gilbert Motier, marquis de ……12,29,53,55,56,75,76,79,90,102,104,106～108,134,138,175,199
ラボ＝サン＝テチエンヌ　Rabaut-Saint-Étienne, Jean-Paul ……70
ラメット，シャルル　Lameth, Charles Malo François, comte de ……106,111
ラメット兄弟　Lameth ……29,80,112,121
ラメル＝ノガレ　Ramel-Nogaret, Dominique ……268,272
ラモワニョン　Lamoignon de Basville, Chrétien François ……23～25
ラリ＝トランダル　Lally-Tollendal, Trophime Gérard, marqui de ……78
ラ＝レヴェリエール＝レポ　La Révellière-Lépeaux, Louis Marie de ……252,254,266～268,275,283,284
ランジュイネ　Lanjouinais, Jean-Denis ……241
ランデ　Lindet, Jean Baptiste Robert ……174,215,220,230,284
ルー　Roux, Jacques ……125,155,175
ルイ11世　Louis XI ……4
ルイ12世　Louis XII ……40
ルイ14世　Louis XIV ……5,10
ルイ15世　Louis XV ……9
ルイ16世　Louis XVI ……9,14,40,43,46,53,54,76,86,98,103,104,108,128,129,131～133,136～138,143,147～149,240,255
ルイ17世　Louis XVII ……240
ルイ18世　Louis XVIII ……240,243,266,286,300
ルイ＝フィリップ　Louis-Philippe ……158
ルヴェルション　Reverchon, Jacques ……255
ルクレール　Leclerc, Charles Victor Emmanuel ……177
ルコワントル　Lecointre, Laurent ……220,225
ルージェ・ド・リール　Rouget de Lisle, Jean-Claude ……136
ル・シャプリエ　Le Chapelier, Isaac René Guy ……42
ルジャンドル　Legendre, Louis ……220,251
ルソー　Rousseau, Jean-Jacques ……12,28,69,108,112,145,197
ルトゥルヌール　Letourneur, Étienne François Louis Honoré ……252,267
ルバ　Lebas, Philippe François Joseph ……191,199,222
ルフェーヴル　Lefebvre, Georges ……16,48,70,74
ルフェーヴル　Lefebvre ……283
ルブラン　Lebrun, Pierre Henri Hélène Marie ……290
ルベル　Reubell, Jean-François ……252,254,259,266～268,276,282
ルペルチエ　Lepeletier de Saint-Fargeau, Louis Michel ……149,150,185,200

レヴェイヨン　Réveillon, Jean-Baptiste……31,54
レオポルド2世　Leopod II……99,112,132
レオン　Léon, Pauline……198
ロシニョル　Rossignol, Jean Antoine……158,186
ロネー　Launay, Bernard René Jordan……52
ロベスピエール　Robespierre, Maximilien……80,109,112,115,122,125,130,131,144,147,156,160,161,164,172,184〜188,190,192〜197,200〜202,205,208〜213,215〜217,219〜222,224〜231
ロベスピエール(弟)　Robespierre, Augustin……222
ロム　Romme, Charles Gilbert……182
ロメニー・ド・ブリエンヌ　Loménie de Brienne, Étienne Charles de……21,23,25
ロラン　Roland de La Platière, Jean-Marie……133,138,139
ロンサン　Ronsin, Charles Philippe……158,176,186,188,189,192,204
ワシントン　Washington, George……131

II．地名索引

ア　行

アイルランド……262,264
アヴィニョン　Avignon……91,95,115,130,132,140,179,201
アキテーヌ　Aquitaine……163,178
アダ川　Adda……261
アッコ……279
アブキール湾……278
アミアン　Amien……237
アムステルダム　Amsterdam……13
アメリカ合衆国……12,27,36,108,109,129,142,145,219
アラス　Arras……177
アリエ県　Allier……83
アルコーレ　Arcole……262
アルゴンヌ丘陵　Argonne……141
アルザス　Alsace……62,91,95,97,130,178,179,193,209
アルトワ　Artois……41
アルプス　Alpes……151,164,219,260,264,284
アレクサンドリア……278
アンヴァリッド　Hôtel des Invalides……52
アンジェ　Angers……164,174,190,255
イオニア諸島……264,270,278,280
イギリス……13,14,36,41,72,81,91,93,99,102,103,130,142,150,151,153,155,157,164,171,175,179,192,206,219,242,243,246,256,259,260,262,265,269,273,274,277〜282,286,293,298
イストリア……263
イタリア王国……299
イル＝ド＝フランス　Île-de France……40,55
ヴァランシエンヌ　Valenciennes……171
ヴァランス　Valence……89,281
ヴァルミ　Valmy……141,150
ヴァレンヌ　Varennes……104
ヴァンデー　Vendée……87,138,154,155,158,167,169,173,176,190〜192,255,293
ヴァンドーム　Vendôme……258
ヴァンドーム広場　Place de Vendôme……257
ヴィヴァレ　Vivarais……30,89,101

ヴィジル　Vizille 25,30
ウィーン 260,263
ウェッサン島　Île d'Ouessant 219
ヴェネツィア 242,264
ヴェネツィア共和国 263
ヴェルサイユ　Versailles 12,27,35,37,39,40,43,47,49,52,53,74,75,79,81,82,103
ヴェルダン　Verdun 139〜141
ヴェルチェリ 294
ヴェローナ 240,263
ヴォクルーズ県　Vaucluse 250
ウディネ 264
ヴナスク伯爵領　Comtat venaissin 115,130
エクス・アン・プロヴァンス Aix-en-Provence 240
エーゲ海 278
エジプト 273,276〜280,287,288,298
エタンプ　Étampes 123〜125
オーストリア 75,98,111,112,132〜134,136,138,139,141,150,153,158,164,171,179,218,242,258〜264,280,281,286,293
オート・ガロンヌ県　Haute-Garonne 286
オランダ 10,13,49,99,113,129〜131,151〜153,242,243,280,282,286,299
オランダ王国 299
オレ　Auray 243
オレロン島　Île d'Oléron 237
オントスコート　Hondschoote 179

カ　行

カイザースラウテルン　Kayserslautern 219
カイロ 278,279
カッサーノ 282
カルナック　Carnac 243
カンブレ　Cambrai 177
キブロン岬　Prequ'île de Quiberon 243
ギュイアンヌ　Guyane 237,269,271,272
グラヴィリエ・セクション　Gravilliers 236
グルノーブル　Grenoble 24,25
ゲスベール　Geisberg 193
紅海 278
コブレンツ　Coblence(Koblenz) 130,136
コリウール　Collioure 219
コルシカ　Corse 134,158,179

サ　行

サヴォイア公国＝サルデーニャ王国 260
サヴォワ　Savoie 151,179,219,260
サヴネ　Savenay 190
ザクセン 112
サルデーニャ　Sardaigne 12,98,260
サン＝クルー　Saint-Cloud 103,104,288
サン＝ドマング　Saint-Domingue 120〜122,155,164,179,180,242,298
サント＝ムヌー　Sainte-Menehould 104,106
サン＝ベルナール峠　Col du Saint-Bernard 293
ジェノヴァ 242,264
ジェマップ　Jemappes 150
シスパダナ共和国　République cispadane 262
シチリア 278
シテ・セクション　Cité 160
シャマランド村　Chamarande 124
シャルルロワ　Charleroi 219
ジャレス　Jales 101
シャン＝ド＝マルス　Champ-de-Mars 52,53,89,90,109,211
ジュネーヴ　Genève 12,13,37,49,113,129
ショレ　Cholet 154
スイス 12,37,102,126,132,137,154,259,269,281,282,286
スウェーデン 98,132

ストラスブール　Strasbourg …… 135,177,191
スペイン …… 86,91,95,102,132,151,158,164,
175,179,242,262,273,293,298
セーヴル　Sèvres …… 75
セーヌ川　La Seine …… 57
セメリング …… 263
ソミュール　Saumur …… 164
ソンム県　Somme …… 185

タ　行

タラスコン　Tarascon …… 240
タルヴィス …… 263
ダルマチア …… 263
ダンケルク　Dunkerque …… 179
チザルピナ共和国　République cisalpine
…… 262,264,299
中央山塊　Massif central …… 97,127,154,286
チロル …… 262
テアトル・フランセ・セクション
Théâtre français …… 136
ディジョン　Dijon …… 24,57
ディナン　Dinan …… 218
テュイルリ　Tuilerie …… 52,76,103,104,131,
133,137,148,169,211,285
デンヘンデル …… 286
ドーヴァー海峡 …… 179,218
トゥルーズ　Toulouse …… 21,24,177
トゥーロン　Toulon …… 102,163,175,177,
192,202,208,260,278
トスカナ大公国 …… 242
トスカナ地方 …… 281,282
ドーフィネ　Dauphiné …… 25,30,31,41,42,44,
45,56,78,81,89,138
トリノ …… 98
トルコ …… 273,279～281,294
ドルドーニュ県　Dordogne …… 83
トレンチノ …… 263
トロワ　Troyes …… 23

ナ　行

ナイル川 …… 278
ナヴァール　Navarre …… 86,92
ナポリ …… 242,280～282
ナポリ王国 …… 280,299
ナンシ　Nancy …… 177
ナント　Nantes …… 154,164,165,190,
208,214,228,229,255
ニエーヴル県　Nièvre …… 83
西インド …… 120,121,164,278
ニース　Nice …… 151,154,259,260
ニース伯爵領　Comté de Nice …… 179
ニーム　Nîmes …… 95,177
ヌヴェール　Nevers …… 184
ネールヴィンデン　Neerwinden …… 153,154,
157,158
ノヴィ　Novi …… 286
ノートカ湾 …… 91
ノルマンディ　Normandie …… 30,40,161,
163,171,256

ハ　行

ハイチ共和国　République d'Haïti …… 298
バーゼル司教領 …… 152
バタヴィア共和国　République batave
…… 242,293,299
パッサリアーノ …… 264
パルテノペアンヌ共和国　République
parthénopéenne …… 280,299
パレスチナ …… 279
パレ・ロワイヤル　Palais-Royal …… 52,75
ピエモンテ …… 164,179,242,260,261
ビゴール　Bigorre …… 86
ピルニッツ　Pilnitz …… 112
ピレネー　Pyrénées …… 86,97,151,164,
179,199,219
フィレンツェ …… 281
フォブール・サン＝ジャック

Faubourg Saint-Jacques……236
フォブール・サン＝タントワーヌ
Faubourg Saint-Antoine……31,75,136,236
フォブール・サン＝マルセル
Faubourg Saint-Marcel……136,236
ブザンソン Besançon……21,102
ブーシュ＝デュ＝ローヌ県 Bouches-du-Rhône……87
フランクフルト……263
フランシュ＝コンテ Franche-Comté……29,30,41,89,154
フランドル Flandre……7,58,74,75,178,179,219
ブリュッセル Bruxelles……99,219
ブール Bourg……57
ブルゴーニュ Bourgogne……29,57
ブルジュ Bourges……160
ブルターニュ Bretagne……7,29〜31,36,41,42,57,62,127,136,138,154,157,163,219,228,243,268
フルーリュス Fleurus……218〜220
フレジュス Fréjus……287
ブレスト Brest……102,136,177,219,268
プロイセン……13,99,112,132,134,136,138〜141,158,164,171,179,218,219,242,259,280,283
プロヴァンス Provence……30,41,178,255,266
ベアルン Béarn……86
ヘッセン……242
ベルギー……98,99,113,129〜131,133,150,151,153,156,164,218,219,242,243,262,263,280,281,286
ペルピニャン Perpignan……102
ベルン……12
ポー Pau……24
ボース Beauce……123
ボスポラス海峡……280
ホーヘンリンデン……293
ポーランド……113,129,158,218,242
ホラント州……13
ポール＝ヴァンドル Port-Vendres……219
ボルドー Bordeaux……21,57,159,179,191
ポワトゥー＝シャラント Poitou-Charentes……178

マ行・ヤ行

マイエンヌ県 Mayenne……138
マインツ Mainz……171
マシュクール Machecoul……154
マルセイユ Marseille……88,134〜136,159,162,163,177,179,191,208,214,240
マルタ島……278
マルティニック島 Martinique……121
マレンゴ Marengo……293,294
マントヴァ……262,263
ミラノ……261,262,282
ムーズ川 Meuse……242
メーヌ Maine……30
モーシャン村 Mauchamps……125
モデナ公国……262
モナコ公国 Principauté de Monaco……151
モン＝スニ Mont-Cenis……219
モントバン Montauban……57,95
モンメディ Montmédy……104
ヤッファ……279
ヨーロッパ……11,13,98,112,120,128,130,151,164,243,279
ヨンヌ県 Yonne……158

ラ行・ワ行

ライン地方……164,270
ラヴァル Laval……57
ラシュタット Rastatt……264,281
ラ・ロッシェル La Rochelle……37,154
リヴォリ Rivoli……262
リグリア共和国 République ligurienne……264

リュネヴィル　Lunéville……293
リヨン　Lyon……163,176,177,179,185,191,192,214,236,237,240,255
リール　Lille……175,262,265
ル・アーヴル　Le Havre……57
ルアン　Rouen……21,237
ルーヴァン……153,154,158
ルクセンブルク　Luxembourg……104
ルーシヨン　Roussillon……219
ルペルチエ・セクション　Le Peletier……250
ル・マン　Le Mans……190
レ・アール　Les Halles……75
レオーベン　Leoben……263,264
レピュブリック・セクション　République……241
レンヌ　Rennes……24,57
ロ県　Lot……83
ロシア……98,129,158,218,279～282,286,294
ロシュフォール　Rochefort……177
ロディ橋……261
ローヌ渓谷　Vallée du Rhône……97,127,240
ローマ……34,96,192,197,198,263,275,280,281,294
ロマーニャ地方……262
ロレーヌ　Lorraine……30,62,102,138
ロワール川　Loire……190
ロワール地方　Loire……178
ロンウィ　Longwy……138
ロンドン……103
ロンバルディア……261～263
ワッチニー　Wattignies……179
ワルシャワ……218

Ⅲ. 事項索引

ア 行

愛国派　Patriotes……13,27～30,33,34,250,251
アサンブレ・ナシオナル　→国民議会
　アサンブレ・ナシオナル・コンスティテュアント→憲法制定国民議会
アシニア　Assignat……93,94,122,155,159,231～233,249,253,256,257,297
アマルガム(融合)法　Amalgame……152
アミアンの和約　Paix d'Amiens……293,297
アメリカ独立戦争……14,17,131
アラルド法　Loi d'Allarde……92
アリストクラートの陰謀　Complot aristocratique……51,56,57,60～62,81,89,124
　アンラジェ　→過激派
　一般最高価格法　→最高価格法
　ヴァレンヌ逃亡　→国王の逃亡
ヴァンダリスム　Vandalisme……173,201
ヴァンデー(の)反乱　Vendée……155,157,158,163～165,169,173,179,190,192,200,212,214,218,228,229,235,240,255,282
ヴァンデミエールの蜂起……249～251,253,255
ヴァントーズ法　Loi de Ventôse……203,209

『ヴュ・コルドリエ』 *Le Vieux Cordelier* …… 192,194,206
エタンプ一揆 …… 123～125,132
エベール派 Hébertistes …… 175,176,184～186,188,189,192～197,201～207,210,219,220
エミグレ →亡命者
塩税 Gabelle …… 7,17,18,87
王党派 Royaliste …… 56,175,179,182,194,196,201,212,228,234,235,237,240,241,243,244,249,250,252,254,255,258,259,263,265～273,275～277,282,286,287,291,293,294,296,298,300

カ 行

外国人の陰謀 Complot des étrangers …… 186～188,201,203,205,206,214
カイロ学士院 Institut d'Egypte …… 278
革命軍 Armée révoutionnaire …… 160,176,178,186,189,190,198,202,231,232
革命裁判所 Tribunal révolutionnaire …… 156,159,176,177,181,189,193,194,206～208,212～215,221,225,228,229,236,260,271
革命政府 Gouvernement révolutionnaire …… 156,168～170,172,175,182,184,186～190,192～197,200,202,205,210,215,216,219,220,225,232,234,236,239,255,260,298,301
革命政府の宣言 …… 180,181
革命的・共和主義的女性市民のクラブ Club des citoyennes républicaines révolutionnaires …… 198,199
革命派 Patriotes …… 27,79,100,104,106,107,112,132,136,139,151,152,237,238,242,243,259,260,262,264,277,291
過激派 Enragés …… 82,125,155,156,175,177,200
ガベル →塩税
監視委員会 Comités de surveillance …… 157,165,176～178,189,198,203,232
カンポ＝フォルミオの和約 Traité de paix de Campo Formio …… 264,270,271,278,281
議会州 Pays d'États …… 25,86
キブロン事件 Expédition de Quiberon …… 240,243,244
宮廷貴族 Noblesse de cour …… 27,72,92,127
教会財産 Biens du clergé …… 93,94,96,151,255,294
恐怖政治 Terreur …… 57,172,175,176,178,191,192,199,203,206,208,213～215,220,224～229,230～234,236,237,240,241,244,250,253,271,286,288
共和暦 Calendrier républicain …… 182,183,228～233,236,237,239,241,275,281,299
拒否権 Véto …… 72,73,78,79,128,133,197
金ぴか青年団 Jeunesse dorée …… 228,230,235,237,244
九月虐殺 Massacres de septembre …… 137,139,141,144,157,173,176
グランドバイイヤージュ →大バイイ裁判所
クリシ・クラブ Club de Clichy …… 267
クールデペール →重臣会議

敬神博愛教 Théophilanthropie …… 275
憲法制定国民議会 →国民議会
憲法友の会 Société des Amis de la Constitution …… 79
元老院 Sénat …… 245,246,248,252,254,267,269,277,283,285,287〜289,291〜293,296,299
公安委員会 Comité de salut public …… 151,157〜159,166,167,170,172,174,175,178,180,181,185,187〜191,193〜196,200〜202,204〜208,212〜217,219〜221,224,225,229,230,233,234
功績主義 Méritocratie …… 27,28,33,115
高等法院 Parlement …… 6,10,11,19,21〜26,28,29,32〜34,62,266
国王顧問会議 Conseil du roi …… 29,49
国王の逃亡（ヴァレンヌ逃亡を含む） …… 103〜105,107,108,110,111,113,118,147,176
黒人友の会 Société des Amis des Noirs …… 29,121,122
国民衛兵 Gardes nationales …… 53,55〜58,75,76,88〜90,101,104,107,108,110,118,124,134,152,154,160,161,204,237〜239,251,262,269,285
国民議会（憲法制定国民議会を含む） Assemblée nationale …… 31,35,37,42〜44,46〜49,52〜54,56,57,63,65,66,69,71,74,76,79,80,82〜84,86,89〜92,98,104,105,112,113,115,117,121,122,123,127,144,167,187,215,249,266,290
国民公会 Convention nationale …… 137,142〜144,146,148,150〜152,154,155,158〜162,165〜169,171〜176,179,180,185〜189,193〜195,200〜202,204〜207,209,211〜217,220〜222,225,226,228〜231,233〜236,238,240,241,243,245,249〜255,266,276,284,290,298
国民主権 Souveraineté nationale …… 69,99,119,140,146,180,292,296
国民派 Nationaux …… 29,78
穀物最高価格法 →最高価格法
五百人会 Conseil des Cinq-Cents …… 245,246,248,254,257,268,269,277,282,283,286〜288
コミッセール →派遣委員
コミューン Commune …… 115,137〜141,159,162,166,172,173,175,180,184,185,204,222,301
護民院 Tribunat …… 291
コルドリエ・クラブ Club des Cordeliers …… 108,109,119,140,202,204

サ 行

最高価格法（一般最高価格法，穀物最高価格法）を含む Loi du Maximum général …… 159,173,176,229,231,232,236,241,257
最高存在の祭典 Fête de l'Être suprême …… 183,210〜212,216,217
裁判＝正義の代執行 …… 31,56,60,81,139
サルム・クラブ Club de Salm …… 267
サン＝キュロット Sans-culottes …… 107,119,120,125〜127,133,134,136,139,155〜161,171〜179,

185,190,199,202,204,205,228,230,234〜237,239,241,244,250,301
三〇万人動員令 Levée de 300000 hommes ……153,156
三頭派 Triumvirat ……80,267〜269
三分の二法令 ……249,250
ジェネラリテ →徴税管区
ジェルミナルの蜂起 ……236,237,241,244
市政革命 Révolution municipale ……57,61,89
自然的国境 Frontières naturelles ……242,259
自然的国境説 ……151,259,264
執行評議会 Conseil exécutif ……138,140
室内球技場の誓い Serment du Jeu de Paume ……44,46,72
姉妹共和国 Républiques sœurs ……242,264,273,277,280,299
『社会契約論』 *Du Contrat social* ……12,69,197
ジャコバン(ジャコバン派, ジャコバン・クラブを含む) Jacobins ……79,108,109,112,118,
119,125,130,134,136,137,139,147,158〜160,162,
163,168,178,179,185,188,194,198,200,215,221,
225,228,230,235,240,244,251,256,262,282,283,301
しゃれ者 Muscadins ……228
ジャンセニスト Jansénistes ……11,41
ジャンセニスム Jansénisme ……10
シャン＝ド＝マルスの虐殺 Massacre du Champs de Mars ……108〜112,114,176
シュアンの反乱 Les Chouans ……87,138,235,240,243,256,282,286,293
州三部会 États provinciaux ……25,30,45
自由主義貴族 Noblesse libérale ……42,48,63
重臣会議 Cour des pairs ……10,22
重農主義 Phisiocratie ……9,10,11,69,114,123,246
自由の木 Arbres de la liberté ……198,199
主権 Souveraineté ……48,66,71,74,114,136,140
ジュスティスの代執行 →裁判＝正義の代執行
シュスペ →反革命容疑者
ジュネス・ドレー →金ぴか青年団
食糧委員会 Comités des subsistances ……57,58,180,207
ジロンド派 Girondins ……13,118,128,132〜134,139,142〜144,148,150,152,155〜163,166〜168,
170〜172,181,182,187,198,200,202,207,229,230,233,234,241,252,259
新エベール派 Néo-Hébertistes ……236,239
人権宣言 Déclaration des droits de l'homme et du citoyen ……62,65,70〜72,74,76,79,85,92,96,
113,120,121,145,166〜169,291
親裁座 Lits de justice ……19,23,24,46
人民主権 Souveraineté populaire ……119,134,140,162,172,177,180,296

政教協約　Concordat …… 294
聖職者市民化法　Constitution civile du clergé …… 95〜98,111,113,127,182,235
セクション　Sections …… 107,118,136,140,159〜163,173,175,177,179,222,235〜237,239
前期革命　Pré-Révolution …… 16,17,32,34,41,80,85,98
全国三部会　États généraux …… 10,15,20〜23,25〜27,29〜33,35,36,40,43〜45,49,50,60,64,76,120,123,127
全国連盟祭　Fête de la fédération …… 89〜91,102,134
一七八九年協会　Société de 1789 …… 80
総裁政府　Directoire …… 233,246〜248,254〜260,262〜277,279〜284,289,291,292,296,297,299〜301

タ行・ナ行

大恐怖政治　Grande Terreur …… 213〜215
第二次対仏同盟 …… 279〜281
大バイイ裁判所　Grands Bailliages …… 24
代表制議会主義 …… 74,139,146,296
ダントン派　Dantonistes …… 186,188,189,193〜197,202〜206,213,214,217,220
　地方連盟祭　→連盟祭
徴税管区　Généralités …… 21
直轄州　Pays d'élection …… 25
直接民主制　Démocratie directe …… 74,118,119,122,127,134,139,140,143,146,162,172,180,195,202,241,245,296,301
ディストリクト　Districts …… 73,75,84,115,231
テルミドール（9日）のクーデタ …… 161,203,205,207,214,215,217,225,227,228,230,231,235
テルミドール派　Thermidoriens …… 224,225,228〜232,234,235,237,239,244,251,252,256,258,275
　テルール　→恐怖政治
同業組合 …… 5,7,65,92
統領（統領政府を含む）　Consul …… 146,272,290〜296,298
土地上納金　Subvention territortiale …… 17,18
土地手形　Mandats territoriaux …… 257,266
　ナシオノー　→国民派
ナンシ事件 …… 102
二院制 …… 72,73,78,241,246
ネオ・ジャコバン　Néo-Jacobins …… 230,234,235,239,241,256,257,266,267,276,277,281,282,284,285,287,288,298,301
ネオ・ジャコバン派 …… 238,245,286
能動的市民　Citoyens actifs …… 82,95,114,133,136,172,245

ハ 行

白色テロ Terreur blanche ………… 236,240,241,251,255,258
派遣委員 Commissaire ………… 260,284
派遣議員 Représentants en mission ………… 156,159,165,174,176～178,183,184,
189～192,198,199,202,207,208,220,224,226,260
バスティーユ Bastille ………… 52～58,73,75,87,98,103,169,244,250
パトリオット →愛国派・革命派
反革命容疑者 Suspects ………… 111,118,128,139,157,160,177,192,206,212,236
反革命容疑者法 Loi des Suspects ………… 176,177,212,236
パンテオン・クラブ Club du Panthéon ………… 256,257
非キリスト教化運動 Déchristianisation ………… 178,181～186,188,192,196,198,201,208,210,215
人質法 Loi des Otages ………… 285,287,292
ピルニッツ宣言 Déclaration de Pilnitz ………… 113,129
フィナンシエ Financiers ………… 233,265,266,272,274,297
フイヤン派(フイヤン・クラブを含む) Feuillants ………… 109,112,118,126,132,133,136
フェデラリスム →連邦主義
フェデレ →連盟兵
ブキエ法 ………… 209
復古王政派 ………… 234,235,244,266,267
フランス銀行 Banque de France ………… 295
フリーメーソン ………… 29,41,275
フリュクチドール18日のクーデタ ………… 270,271,276,287
ブリュメール18日のクーデタ ………… 289,293,295,301
ブルトン・クラブ Club breton ………… 41～43,63,79
プレリアル30日のクーデタ ………… 284,285
プレリアル22日法 Loi du 22 prairial an II ………… 212～214,217,220,225
プレリアルの蜂起 ………… 233,238,241,244
プレレヴォルシオン →前期革命
プロテスタント ………… 22,41,70,94,95,99,101,126,294
フロレアル22日のクーデタ ………… 277,282,284
平原派 La Plaine ………… 143,155,156,166,225,227～229
ペイデタ →議会州
ペイデレクシオン →直轄州
保安委員会 Comité de sûreté générale ………… 178,186,188,189,203,207,212,216,219,224,225,234
『法の精神』 *De l'Esprit des Lois* ………… 9,138,196,197
亡命者 Émigrés ………… 13,93,98,111,127,128,131,132,148,150,155,177,234,
237,243,244,248,253,255,267,270,271,285,292,293

マ行・ヤ行

マネージュ・クラブ Réunion séante au Manège ……… 285
ミュスカダン →しゃれ者
名士会 Assemblée des Notables ……… 15,16,19〜22,32〜34
命令的委任 Mandat impératif ……… 40,45,114
メリトクラシー →功績主義
モナルシアン →立憲君主派
モンターニュ派 Montagnards ……… 125,126,143,144,150,155〜157,159〜162,166,168,170,171,225,230,231,234,236,237,239,249,251
ユダヤ人(ユダヤ教徒) ……… 94,95,115,294

ラ 行

ラ・マルセイエーズ La Marseillaise ……… 135,136,244
立憲君主制 Monarchie constitutionnelle ……… 11,103,108,114,129,140,147,157,234,255,295
立憲君主制支持派 ……… 234,241,244,245,249,254,259,266,267
立憲君主派 Monarchiens ……… 78,79,81
立憲サークル Cercle constitutionnel ……… 267,268
立憲派 Constitutionnels ……… 79,97,118,184,185,201
立法院 Corps législatif ……… 291
立法議会(立法国民議会を含む) Assemblée législative ……… 115〜118,123,125〜128,130,132,133,137,140〜142,144,150,157,182,187,249,255
立法国民議会 →立法議会
リドジュスティス →親裁座
ル＝シャプリエ法 Loi Le Chapelier ……… 92,108,167
連邦主義 Fédéralisme ……… 85,135,144,161〜166,168,171,172,175,178,179,182,191,200,207,214
連盟祭(地方連盟祭を含む) Fêdérations (locales) ……… 88,89,91,101
連盟兵 Fédérés ……… 133〜136
ロベスピエール派 Robespierristes ……… 203,205,213,214,219〜225
ローマ教皇 ……… 10,91,96,263,275,281,294

フランス革命史年表

年	月日	できごと
1786	8-20	カロンヌ，国王に財政改革案を提出。
1787	2-22	第1回名士会召集。
	4-08	カロンヌが財務総監を罷免され，ロメニー・ド・ブリエンヌが後任になる。
	5-25	名士会解散。
	8-15	ブリエンヌ，パリ高等法院をトロワへ追放。
	9-04	ブリエンヌ，1792年に全国三部会開催を約束，高等法院のパリ帰還を認める。
	9-20	国王政府は税制改革案を撤回。
	11-28	勅令によりプロテスタントの市民権が認められる。
1788	1-04	パリ高等法院は個人の自由は自然権であると宣言。
	2-19	「黒人友の会」設立。
	5-03	パリ高等法院は「王国基本法の宣言」を発表。
	5-08	国璽尚書のラモワニョンによる司法改革が始まる（～9-14）。
	6-07	グルノーブルの「屋根瓦の日」。
	7-21	グルノーブル郊外のヴィジルで，ドーフィネ州の3身分の代表が会合。
	8-08	国王とブリエンヌは，翌1789年5月1日に全国三部会を召集することを宣言。
	8-24	ブリエンヌが罷免され，26日にネケールが財務長官に任命される。
	9-17	司法改革を主導したラモワニョンが罷免される。
	9-21	パリといくつかの地方の高等法院は全国三部会が1614年の方式によることを要求。
	11-06	第2回名士会召集。全国三部会の方式を審議するためだが，何も決められないまま，12月12日に散会。
	12-27	国王顧問会議は第三身分議員の倍増に同意。投票を1人1票とするか否かについては態度を表明せず。
1789	1-24	全国三部会の選挙規定が公表される。
	1-26	ブルターニュ地方のレンヌとナントで民衆争乱が発生する（～1-27）。

2月～	全国三部会の選挙が行なわれる。全国で食糧不足に起因する騒乱が生じる（～4月）。
4-19	ブルターニュの貴族身分は全国三部会への参加を拒否する。
4-26	パリでレヴェイヨン事件が生じる（～4-28）。
5-05	ヴェルサイユで全国三部会の開会式が開かれる。
5-06	第三身分議員は「庶民院」を名のる。議員の資格審査をめぐって，特権身分と対立。
6-17	第三身分議員は「国民議会」を名のる。
6-19	聖職者議員は国民議会への合流を決める。貴族身分は変革を拒否し続ける。
6-20	国王は国民議会の議場を閉鎖。議員はジュ・ド・ポームでの宣誓を行なう。
6-23	三部会の親臨会議。閉会後，第三身分議員は国王命令に従って解散することを拒否。
6-27	国王は，貴族と聖職者の議員が国民議会に合流するよう求める。
7-09	国民議会は「憲法制定国民議会」を名のる。
7-11	国王はネケールを罷免。このニュースが翌日パリに伝わり，不穏な情勢となる。
7-14	バスティーユの攻略。
7-15	議会は代表をパリ市に派遣，前日の事件を容認することを示唆。
7-16	ネケールが呼び戻される。バイイがパリ市長となる。
7-17	国王はパリに赴き，バイイから3色の徽章を受ける。王弟アルトワ伯は亡命。
7-20	農村部で大恐怖が始まる（～8月上旬）。
7-22	パリでベルチエ・ド・ソヴィニとフーロンが民衆によって虐殺される。
8-04	議会は封建制の廃止を宣言（正式な法となるのは同月11日）。
8-26	議会が「人と市民の権利の宣言」を採択。
8-29	議会が穀物取引の自由を法令化する。
9-10	議会は二院制案を否決。
9-11	議会は国王に停止的拒否権を認めることを決める。
10-01	ヴェルサイユでのフランドル連隊歓迎の宴席で3色の徽章が踏みにじられる。
10-05	パリの民衆層の女がパンを求めてヴェルサイユに行進し，代表が国王に接見。
10-06	前日からヴェルサイユに残ったデモ隊の要求により，国王一家はパリに移動する。

	10-10	国王の呼称が「フランスの王」から「フランス人の王」に変わる。
	10-19	議会も国王を追ってパリに移動する。同日，「憲法友の会」が設立される。
	10-21	パリのパン屋フランソワが民衆に虐殺され，パリ市に戒厳令が発令される。
	11-02	議会は，聖職者の財産は国民に委ねられることを決定。
	11-11	議会は，全国を県—郡—市町村に区分することを決定（〜11-12，実施は12-22)。
	11-29	ヴァランス郊外のエトワールで最初の大規模な地方連盟祭が挙行される。
	12-19	国有化した教会財産の売却とアシニアの発行が決定される（〜12-21)。
	12-24	プロテスタントと俳優に対し，すべての公職に就く権利が認められる。
1790	1-15	83の県が創設されることが決まる。
	1-28	南フランスのユダヤ人に市民権が認められる。
	2-13	議会は修道宣誓の禁止と修道院の廃止（教育・福祉施設を除く）を布告。
	3-04	長子相続制が廃止される。
	4-27	パリにコルドリエ・クラブが設立される。
	4〜6月	南仏のニームやモントバンでカトリックとプロテスタントの衝突が生じる。4-20 と 6-13〜15にはニームで，5-10にはモントバンで武力衝突となる。
	5-12	穏和派議員の1789年協会ができる。
	5-21	パリの60のディストリクトが48のセクションに替わる。
	5-22	議会は宣戦布告の権限を持つこと，征服を目的とする戦争はしないことを宣言。
	6-19	世襲貴族制が廃止される。
	7-12	聖職者市民化法が議会で採択される。
	7-14	パリで全国連盟祭が開催される。
	8-18	ヴィヴァレ地方で「ジャレスの野営」が形成され，反革命運動とされる。
	8-31	ナンシで反乱を起こしたスイス人連隊をブイエ将軍が鎮圧し，厳罰処分を科す。
	9-04	ネケールが辞任し，スイスのコッペに亡命。
	9-28	アシニアが無利子の紙幣となる。

	10-28	メルラン＝ド＝ドゥエが議会で，アルザスは住民が望むが故にフランス領と演説。
	10-31	国内関税が廃止される。
	11-01	エドモンド・バーク『フランス革命の省察』が刊行される。
	11-27	議会は聖職者に，聖職者市民化法への宣誓を求める。
	12-26	国王は11-27の法令を裁可し，聖職者に宣誓を厳命する。
1791	2-02	聖職者市民化法を受け入れる立憲派司教の選挙が始まる。
	3-02	同業組合の廃止を命じるアラルド法が議会で採択される。
	3-10	教皇ピウス6世が聖職者市民化法と人権宣言を弾劾する小教書を発布する。
	4-02	ミラボー没。
	4-18	国王一家は復活祭をサン＝クルーで過ごそうとするが，パリ民衆に出発を止められる。
	6-14	ル＝シャプリエ法（同業組合の廃止・同盟罷業の禁止）が採択される。
	6-20	深夜，国王一家は変装してパリを脱出。北東部国境をめざすが6-21～6-22の深夜に国境付近のヴァレンヌで逮捕され，送還される。6-25にパリ帰還。
	7-15	コルドリエ・クラブが共和制を求める請願書を提出。
	7-16	ジャコバン・クラブは共和制をめぐって分裂し，穏和派はフイヤン・クラブを創設。
	7-17	コルドリエ・クラブはシャン＝ド＝マルスで共和制を求める請願書に署名する集会を開催。パリ市長バイイは国民衛兵を出動させて弾圧（シャン＝ド＝マルスの虐殺）。
	8-22	サン＝ドマング（現在のハイチ）で大規模な奴隷反乱が発生。
	8-27	ピルニッツ宣言。
	9-03	議会が憲法を採択。
	9-13	国王が憲法を裁可。この憲法は通常「1791年憲法」と呼ばれる。
	9-14	アヴィニョンとヴナスク伯爵領がフランスに併合される。
	9-27	フランス国内のすべてのユダヤ人に市民権が認められる。
	9-30	憲法制定国民議会は最終会議を開いた後，解散。
	10-01	立法議会が開会。
	10-20	ブリソは議会で，亡命貴族を支援する列強に対する戦争を主張する。
	12-12	ロベスピエールがジャコバン・クラブで戦争反対の演説をする。12-18も同様。

1792	1-05	バルナーヴは故郷のドーフィネに引退。
	1-20	パリで砂糖・コーヒーなどの食糧不足に起因する騒乱が発生。2月には地方に波及。
	2-09	議会は亡命者の財産の国庫への没収を布告（第2次起源の国有財産)。
	3-03	エタンプ事件。民衆が要求する価格公定を拒否した市長シモノーが殺害される。
	3-15	国王はフイヤン派の内閣を罷免し，ジロンド派の内閣を組織する（〜3-24)。
	4-15	シャトーヴュー連隊のスイス兵の釈放を祝う祭典がパリで開かれる。
	4-20	フランスはオーストリアに宣戦布告。
	4-25	パリでギロチンが初めて用いられる。同日，ストラスブールでルージェ・ド・リールがライン方面軍軍歌（後のラ・マルセイエーズ）を作る。
	4-29	ベルギーに侵攻したフランス軍がオーストリア軍の反撃で退却する。
	5-27	議会は，騒乱の原因とみなされた非宣誓聖職者の国外追放を命じる法令を採択。
	6-03	殺害されたエタンプ市長シモノーを顕彰する「法の祭典」が開催される。
	6-08	議会は，2万人の連盟兵を徴募し，パリ周辺に駐在させることを決定。
	6-11	国王は，5-27および6-08の法令に拒否権を発動する。
	6-12	国王はジロンド派の大臣を罷免，翌日フイヤン派の人物を大臣にする。
	6-20	国王の拒否権発動に抗議するパリ民衆がテュイルリ宮殿に乱入。王は譲歩せず。
	6-27	ラファイエットが中部方面軍を離れてパリに戻る。ジャコバン派に対するクーデタを計画するが，結局何もできず，6-30に中部方面軍に帰還。
	7-11	オーストリア軍・プロイセン軍の攻勢に対し，議会は「祖国は危機にあり」宣言を出す。
	7-25	オーストリア・プロイセン同盟軍司令官のブラウンシュヴァイクがパリを威嚇する宣言。
	7-27	亡命貴族の財産を国有財産として売却する旨の法令が採択される。
	8-09	パリに蜂起コミューンが作られ，実質的にパリ市政を担う（〜1794. 7-29)。
	8-10	全国から集まっていた連盟兵とパリ市民がテュイルリ宮殿を襲撃。議会は王権の停止と国王の監禁，国民公会の招集を布告する。
	8-12	パリのコミューンは各県に代表委員を派遣することを決定。

	8-13	国王一家はタンプル塔に監禁される。
	8-17	反革命罪を裁くための特別刑事裁判所がパリに設置される。
	8-19	ラファイエットは，自軍をパリに向けて出発させられず，オーストリア軍に投降。
	8-23	プロイセン軍がロンウィを陥落させる。
	8-25	領主制が，一定の条件付きで，無償廃止される。
	8-30	プロイセン軍がヴェルダンを攻略。立法議会はパリのコミューンを非合法とする。
	8-31	パリのコミューンは解散を拒否。議会の無力，議会とパリ市当局の対立が明白になる。
	9-02	ヴェルダンが降伏。パリの民衆が監獄を襲って囚人を虐殺（～9-05）。
	9-20	ヴァルミ会戦でフランスが勝利。立法議会は最後の審議で戸籍の世俗化と離婚を承認
	9-21	国民公会は初日の審議で君主制の廃止を決議。フランス軍はサヴォワに進軍。
	9-22	公文書の日付には「フランス共和国第1年」と記すことが定められる。
	10-07	オーストリア軍がリールの包囲を解き，ベルギーに撤退。
	10-19	プロイセン軍がロンウィから撤退。フランス全土が解放される。
	10-27	デュムーリエの軍がベルギーに進出。
	11-06	フランス軍がジェマップの戦いに勝利。オーストリアはベルギーから撤退。
	11-07	議員マーユが国王裁判の予備報告を提出。国民公会は国王を裁判し得るとする。
	11-13	国王裁判が始まる。
	11-19	議会は「諸外国に革命を輸出するための戦争」を宣言。
	11-20	テュイルリ宮殿の「鉄戸棚」から国王と敵国の通謀を示す書類が見つかる。
	11-27	フランスはサヴォワを併合する。
	12-02	フランス軍はドイツで反攻を受け，フランクフルトから撤退。
	12-11	ルイ16世が初めて国民公会での裁判に出席，議員バレールの尋問を受ける。
1793	1-15	ルイ16世に対する判決の評決が始まる（～1-20）。
	1-20	ルイ16世の，執行猶予をともなわない死刑が確定。ルペルチエが暗殺される。
	1-21	ルイ16世が処刑される。
	1-31	国民公会はニース伯爵領のフランスへの併合を評決。

2-01	フランスはイギリスとオランダに宣戦布告。
2-15	コンドルセが憲法草案（＝ジロンド派憲法案）を国民公会に提出。
2-17	デュムーリエ率いるフランス軍がオランダに進入。
2-21	正規軍と志願兵部隊を統合するアマルガム法が成立。
2-24	軍への30万人動員令が国民公会で評決される。
3-01	ベルギーで，オーストリア軍の反攻が始まり，翌日フランス軍はアーヘンから撤退。
3-07	フランスはスペインに宣戦布告。
3-09	30万人動員の促進のため，全国の県に派遣議員が送られる。
3-10	パリに特別刑事裁判所（＝革命裁判所）が設置される。
3-11	30万人動員に反発してヴァンデーで反乱，マシュクールで共和派が虐殺される。
3-14	ショレがヴァンデー軍の手に落ちる。
3-18	デュムーリエ率いるフランス軍がネールヴィンデンでオーストリア軍に敗れる。同日，国民公会は土地均分法の提案など所有権の転覆を企てる者を死刑とすることを決定。
3-21	国民公会が，全国に革命監視委員会を設置することを決定。
4-04	デュムーリエは軍にパリ侵攻を命じるが，部下の不服従に遭いオーストリアに投降。
4-06	国民公会の内部に公安委員会が設置される。
4-09	軍隊への派遣議員制度が定められる。
4-11	国民公会はアシニア紙幣の強制流通を決定。
4-13	国民公会はジロンド派の主導によりマラの告発を決定。マラは地下潜伏中で逮捕されず，4-23に自首するが，翌日に革命裁判所で無罪放免となる。
5-04	国民公会はパリ民衆の要求に譲歩して，穀物最高価格法を決定。
5-18	国民公会はパリ市の監視のため，ジロンド派主導の12人委員会を設置。
5-20	国民公会は，富裕な市民への総額10億リーヴルの強制公債の割り当てを決める。
5-24	12人委員会はパリ民衆運動のリーダーであるエベールとヴァルレの逮捕を命じる。
5-29	リヨンで反ジャコバン派が市政を掌握し，ジャコバン派リーダーのシャリエを逮捕。
5-31	パリの国民衛兵が反ジロンド派的な政策を要求して国民公会を包囲。
6-02	パリの国民衛兵と民衆が再び蜂起。国民公会はジロンド派議員29名の逮捕を決定。

6-09	ヴァンデー軍がソミュールを奪取。
6-13	マルセイユで連邦主義の反乱が生じる。
6-14	イギリス・オランダ・スペインが反フランスの同盟を締結。
6-18	ヴァンデー軍がアンジェを奪取。
6-24	1793年憲法と新たな人権宣言が議会で可決される。
6-28	ヴァンデー軍がナントを攻撃するが，翌日，共和国軍に撃退される。
7-10	公安委員会の委員が改選され，ダントンは委員からはずれる。
7-12	トゥーロンで反革命の反乱が起こる。
7-13	マラがパリの自宅でシャルロット・コルデに暗殺される。
7-17	リヨンでジャコバン派に近いシャリエが穏和派により処刑される。
7-27	ロベスピエールが，辞任するガスパランの後任として，公安委員会に参加。
7-28	ヴァランシエンヌがイギリス・オーストリア連合軍に降伏。
8-01	国民公会は「焦土作戦」によりヴァンデー軍に過酷な弾圧を加えることを決定。
8-14	カルノとプリュール・ド・ラ・コート＝ドールが公安委員会に加わる。
8-23	国民公会は「総動員令」を決定。18～25歳で未婚または子のない寡夫は即刻入営。
8-25	共和国軍は「連邦主義者」の手に落ちていたマルセイユを奪回。
8-27	トゥーロンの反革命陣営は町をイギリス軍に明け渡す。
9-05	パリの民衆が「恐怖政治を通常事態とする」ことを要求。国民公会が「革命軍」の創出を決定する。革命裁判所が拡充される。
9-08	フランス軍がオントスコートでイギリス軍を破る。
9-17	国民公会で反革命容疑者法が制定される。
9-29	国民公会で一般最高価格法が制定される。
10月	非キリスト教化運動が始まる（～11月）。
10-05	国民公会で共和暦（＝革命暦）が採択される。
10-09	リヨンが共和国軍に降伏する。
10-10	国民公会が平和到来まで政府は革命的であることを宣言。
10-14	ファーブル・デグランチーヌが「外国人の陰謀」事件を政府委員会に告発。
10-16	フランス軍がワッチニーでオーストリア軍に勝利。マリ＝アントワネットの処刑。
10-17	共和国軍がショレでヴァンデー軍に勝利。ヴァンデー軍はこの後，迷走状態になる。

	10-22	食糧委員会が作られ，公安委員会の管轄下におかれる。
	10-24	国民公会は，非キリスト教化運動にともなう文化財の破壊を禁止する。
	10-31	パリで21名のジロンド派議員が処刑される。
	11-03	オランプ・ド・グージュが処刑される。
	11-07	パリ大司教ゴベルが国民公会で「還俗」の儀式を行なう。オルレアン公が処刑される。
	11-10	パリのノートルダム寺院で「自由と理性の祭典」が行なわれる。
	11-16	カリエと革命委員会がナントで最初の溺死刑を執行。
	11-17	ダントン派のシャボ，バジルがインド会社清算に関する汚職事件で逮捕される。
	11-21	ロベスピエールが国民公会で礼拝の自由に関する演説を行なう。
	12-03	ヴァンデー軍がアンジェで敗北。
	12-04	革命政府の組織に関する法令（フリメール14日法）が国民公会で採択される。
	12-05	カミユ・デムーランが『ヴュ・コルドリエ』紙を創刊。
	12-06	礼拝の自由を認める法令が国民公会で採択される。
	12-12	ヴァンデー軍がルマンで壊滅的な敗北を喫する（～12-13)。
	12-19	共和国軍がナポレオン・ボナパルトの活躍によりトゥーロンを奪回する。同日，初等教育に関する法令（＝ブキエ法）が採択される。
	12-23	ヴァンデー軍の残党がサヴネで完敗。以後，反抗はゲリラ活動に拠るようになる。
	12-25	ロベスピエールが「革命政府の諸原則に関する報告」を国民公会で行なう。
1794	1月	テュロ将軍が「地獄部隊」を組織し，ヴァンデー弾圧に投入。
	1-23	トゥーロンで過酷な弾圧を行なった派遣議員のバラスとフレロンが召喚される。
	2-04	フランス領植民地における奴隷制を無償で廃止する法令が国民公会で採択される。
	2-05	ロベスピエールが国民公会で「国民公会を導くべき政治的道徳の諸原理」の演説。
	2-26	国民公会でヴァントーズ法が採択される（～3-03)。
	3-13	エベール派が逮捕される。3-24に処刑。
	3-30	ダントン派が逮捕される。4-05に処刑。
	4-01	執行会議が廃止され，12の執行委員会がそれに替わる。同日，公安委員会に警察局が設置される。

4-19	派遣先で過酷な弾圧を行なった議員21名が召喚される。
5-07	国民公会で「霊魂の不滅と最高存在を認める」旨の法令が採択される。
5-08	地方の臨時裁判所のほとんどが廃止され，「恐怖政治」がパリに集中される。
5-23	ロベスピエール暗殺未遂事件が起こる。5-24にも同様の事件が生じる。
6-01	ウェッサン島沖の海戦を機に，アメリカからの食糧がフランスに到着。
6-08	最高存在の祭典が挙行される。ロベスピエールが主宰。
6-10	プレリアル22日の法令（=「大恐怖政治法」）が国民公会で可決される。
6-26	フルーリュスの戦いでオーストリア軍に勝利。フランス国土が再び解放される。
7-08	フランス軍がブリュッセルに進出。
7-13	フランス軍がカイザースラウテルンを占領，プロイセン軍をライン川の東に追いやる。
7-27	テルミドールのクーデタでロベスピエール派が倒される。ロベスピエール派はパリ市役所に立てこもるが，28日未明に逮捕され，同日夕刻に処刑される。
7-29	パリの蜂起コミューンが廃止される（1792. 8-09～）。政府委員会のメンバーは毎月4分の1ずつ改選されることが決まる。
8-01	プレリアル22日の法令が廃止される。
8-24	革命政府の改組。16の委員会が新たに組織され，公安委員会は権限を縮小される。
8-29	パリでミュスカダン（=しゃれ者）など反革命派の若者が初めて示威活動を行なう。
8-31	グレゴワールが国民公会でヴァンダリスムを批判する最初の演説を行なう。
9-17	フランス軍がオランダに進出。
9-18	国民公会がいかなる宗派にも維持費用を支給しないことを決定。
10-11	ジャン＝ジャック・ルソーの遺骸がパンテオンに納められる。
10-29	国民公会は派遣議員の活動を審査するための21人委員会の設置を決める。
11-01	オッシュ将軍が西部方面軍司令官となり，ヴァンデー軍との和平交渉にとりかかる。
11-09	パリの「金ぴか青年団」がジャコバン・クラブを襲撃。

	11-12	上の事件を受けて国民公会はジャコバン・クラブの閉鎖を命じる。
	11-17	国民公会はラカナルの報告に基づき，初等教育の再編を命じる。
	11-23	国民公会は，ナントで虐殺を行なった派遣議員カリエの告発を決める（～11-24）。
	12-08	国民公会は，追放されていたジロンド派議員の復帰を認める。
	12-16	パリでカリエが処刑される。
	12-24	最高価格法が廃止される。
	12-27	国民公会は，公安委員会の委員だったバレール，コロ・デルボワ，ビヨ＝ヴァレンヌ，保安委員会のヴァディエを恐怖政治の責任者として告発。
1795	1-19	歌曲『民衆の目覚め réveil du peuple』が初演され，以後ミュスカダンなど反革命派の青年の愛唱歌となる。
	1-19	（～1-20）北部方面軍がアムステルダムに進入。オランダの愛国派は各地で革命委員会を結成する。オランダ州総督オラニエ大公はイギリスに亡命。
	2月	いくつかの県で激しい白色テロが始まり，以後，各地で白色テロが起こる。
	2-03	「バタヴィア共和国」が作られる。フランスの「姉妹共和国」政策の開始となる。
	2-08	死後10年を経ない者のパンテオン入りが禁止され，マラがパンテオンから出される。
	2-09	トスカナ大公フェルディナンド3世がフランスとの和平に調印する。対仏同盟解消の最初のきっかけとなる。
	2-17	ラ・ジョネの和約が締結される。ヴァンデーへの和平政策の始まりとなる。
	2-19	人口5000人未満の市町村での革命委員会が廃止される。
	2-21	宗教を国家と公共社会から切り離すことを決める法令が採択される。
	2-25	ラカナルの報告に基づき，中央学校の設立が決まる。
	3月	アシニア紙幣の価値が額面の10％以下に下落。
	4-01	パリのサン＝キュロットが暴動を起こす（ジェルミナルの蜂起）。同日，国民公会はバレール，コロ・デルボワ，ビヨ＝ヴァレンヌおよびヴァディエのギュイアンヌ流刑を決める。
	4-05	フランスとプロイセンがバーゼルの講和条約に調印（国民公会は同月14日に批准）。同時にプロイセンはフランス共和国を承認する。
	4-10	テロリストの武装解除を命じる法令が施行され，白色テロが活発化する。
	5-02	和平条約に調印していなかった最後のヴァンデーの首領ストフレが条

	約に調印。
5-06	国民公会は1793年憲法を施行し得ないと認め，新憲法の準備に取りかかる。
5-07	革命裁判所の検事だったフーキエ・タンヴィルが処刑される。
5-16	ハーグ条約により，バタヴィア共和国が正式に成立。
5-20	パリのサン＝キュロットが蜂起（プレリアルの蜂起)。パリの民衆蜂起はこれが最後。
6-08	ルイ16世の息子（王党派にはルイ17世）がタンプル塔で没。翌日，王弟プロヴァンス伯は亡命先のヴェローナでルイ18世を名のる。
6-10	国民公会で，1793年5月31日以降に亡命した者の帰国を許す法令が採択される。
6-17	死刑宣告を受けたジャコバン派議員6名が自殺をはかり，3名は死亡，残りの3名はギロチンで処刑される。彼らは「プレリアルの殉教者」と呼ばれる。
6-23	ボワシ・ダングラが新憲法案を国民公会で発表。
6-24	ルイ18世が「ヴェローナ宣言」を発する。王政復古の政策を示したものだが，基本的にはアンシァン・レジームへの復帰を基盤とする。
6-25	(～6-26）イギリス海軍の支援のもと，4000名の亡命貴族がブルターニュに上陸し，地元のシュアンと合流してキブロン要塞に立てこもる。
7月	国民公会で新憲法案について議論され，シィエスはこの草案に批判的。またアシニア紙幣の価値は額面の5%に下落する。
7-21	フランス共和国軍がキブロンで亡命貴族とシュアンに全面的に勝利。
7-22	バーゼルでフランスとスペインが講和条約に調印。
8-15	「フラン」が新たな法定通貨となる。
8-18	新憲法下での議員の3分の2は現職議員から選ばれることを決める法令が決まる。
8-22	国民公会は新憲法（共和暦3年憲法または1795年憲法）を採択。
8-29	フランスはスウェーデンとの和平条約に調印。
10-01	ベルギーがフランスに併合される。
10-05	(～10-06)「3分の2法令」を不満とする王党派がパリで反乱（ヴァンデミエールの蜂起)。バラスはナポレオン・ボナパルト将軍を鎮圧に用いる。
10-26	国民公会が解散する。
10-31	バラス，ラ＝レヴェリエール，ルトゥルヌール，ルベル，シィエスの5人が総裁に選出される。シィエスは着任を断り，数日後にカルノと交代。

	11-16	旧ジャコバン派がパリにパンテオン・クラブを設立。バブーフが主な弁士。
	11-30	バブーフの『護民官（Le Tribun du peuple)』紙に「平民宣言」が掲載される。
	12-05	バブーフは逮捕を恐れて地下に潜伏。
1796	1-26	ストフレがヴァンデーの反乱を再開。
	2-02	「アイルランド人連合」（アイルランドの革命派）の指導者ウォルフ・トーンがル・アーヴルに上陸。オシュ将軍とともにアイルランド侵攻を計画。
	2-19	アシニア紙幣の発行が停止され，紙幣印刷の原版が破棄される。
	2-25	ストフレ（同月23日に逮捕される）がアンジェで銃殺される。
	2-27	総裁政府がパンテオン・クラブの閉鎖を命令。翌日ボナパルト(注)により執行される。
	3-02	ボナパルトがイタリア方面軍指揮官に任命される。
	3-18	24億フランの土地手形が創設される。
	3-29	シャレット（同月23日に逮捕される）がナントで銃殺される。
	3-30	バブーフが「平等派の陰謀」の蜂起委員会を組織。
	4月	イタリア戦役が始まる。
	5-04	バブーフ派のグリゼルが「平等派の陰謀」を総裁政府に密告。
	5-10	バブーフ派が逮捕される。同日，ナポレオン軍はロディで勝利。
	5-15	ボナパルトがミラノに進入。同日，サルデーニャ王国はフランスとパリ条約を結ぶ。
	6-03	ボナパルトがヴェローナに進入。マントヴァの攻略がこの後8か月間のボナパルト軍とオーストリア軍の戦いの中心となる。
	6-12	ボナパルト軍の1部がローマ教皇領に進入。
	6-19	カドゥーダルと彼の率いるシュアン軍が降伏。フロッテが率いる別のシュアン軍はイギリスに向けてノルマンディーから逃亡（〜6-22)。
	7-16	ジュルダン麾下のフランス軍がフランクフルトに進入。
	9-09	パリのグルネル兵営の部隊がバブーフ派支持の反乱を起こし，政府軍に鎮圧される（〜9-10)。死者20名を出し，32名が10月10日に死刑判決を受ける。
	10-04	フランスと同盟を結んだスペインがイギリスに宣戦布告。
	10-14	リールでイギリスとの和平交渉が始まる。
	10-16	北イタリアにシスパダナ共和国が作られる。
	11-07	内務大臣が，問題を起こさない聖職者は放任することを推奨する回状を出す。

	11-08	国有財産売却の支払いを促進するため，新たな法が制定される。
	11-14	ボナパルト軍が大激戦の末にアルコーレで勝利（～11-17）。
	12-15	オシュ将軍が率いるフランス軍を載せた艦船がブレストを出港（～12-17）。アイルランド上陸をめざすが，この遠征は同月末に失敗に終わる。
	12-19	リールでのイギリスとの和平交渉が決裂する。
1797	1-14	ボナパルト軍がリヴォリでオーストリア軍に勝利（～1-15）。
	1-30	ブロティエなどによる王党派のスパイ網が発見され，壊滅的な打撃を受ける。
	2-02	マントヴァが降伏。北イタリア全域がオーストリア軍から解放される。
	2-04	貴金属通貨への復帰が正式に決まる。
	2-19	フランスとローマ教皇との間にトレンチノ条約が結ばれる。
	2-20	バブーフとその「共犯者」の裁判がヴァンドームの高等裁判所で始まる。
	3月	ボナパルトは自軍を3部隊に分けて，ウィーンに向け，攻勢をかける。
	4-04	共和暦5年の選挙が終わり，右派（王党派とクリシ派）が勝利。
	4-18	レオーベンでボナパルトとオーストリア軍による和平の予備交渉が合意に達する。
	5-12	ヴェネツィアの「愛国派」が寡頭制を倒して権力を握り，フランス軍を呼び寄せる（フランス軍は15日にヴェネツィアに入城）。
	5-20	議会の新会期が始まり，五百人会ではピシュグリュ，元老院ではバルベ＝マルボワが議長に選ばれる。ともに王党派。
	5-26	バブーフ派の裁判が終わり，バブーフとダルテは死刑，その他は拘禁刑となる。翌27日に死刑執行。
	6月	ピシュグリュがルイ18世の復位を企んでいることの証拠がパリに伝わる。
	6-04	穏和共和派が「立憲サークル」を開く。政府は7-25にサークルを閉鎖。
	6-14	ジェノヴァの「ジャコバン派」が暫定政府を樹立。リグリア共和国の発端となる。
	7-07	リールでのイギリスとの和平交渉が再開される。
	7-09	ミラノでチザルピナ共和国の成立が宣言される。
	7-16	総裁政府は，クリシ派に好意的な閣僚を更迭する。
	8-07	総裁政府擁護のためボナパルトが派遣したオジュローがパリに到着。
	8-08	バタヴィア共和国で国民投票により憲法が否決される。

	8-15	立憲派教会の最初の全国司教会議がパリのノートルダムで開催される。
	8-22	サン＝ドマング（ハイチ）がトゥサン・ルヴェルチュールのもとで独立に踏み出す。
	9-04	フリュクチドール18日の「クーデタ」。第二次総裁政府が始まる。
	9-05	議会は新総裁政府の求めに応じて，王党派を取り締まるための一連の法律を採択。この結果，合計177名の議員が追放される。
	9-18	リールでのイギリスとの和平交渉が決裂する。
	9-30	財務大臣ラメルのもとで「3分の2破産」の措置がとられる。
	10-16	リールでのイギリスとの和平交渉が再開。
	10-17	カンポ・フォルミオで仏と墺が講和条約に調印（総裁政府による批准は10-26）。
	11-07	ボナパルトはイオニア諸島をフランスの4つの県に編成。
	12-01	ボナパルトはラシュタットでオーストリアとの協定に調印。
	12-10	5日にパリに帰着したボナパルトの凱旋祝賀レセプションを総裁政府が開催する。
	12-28	ローマで反フランスの暴動が生じる。
1798	1-22	バタヴィア共和国でクーデタがあり，連邦派（＝右派）が追放される。
	1-28	ミュルーズがフランスに併合される。
	2-11	フランス軍がローマに入城。教皇ピウス6世はトスカナに避難。
	2-15	ローマのジャコバン派が共和国を宣言。
	2-23	ボナパルトがエジプト遠征計画を総裁政府に提出。
	3-05	総裁政府が，ボナパルトのエジプト遠征計画を承認。
	4-09	共和暦6年の国政選挙が始まる。
	4-13	チザルピナ共和国でブリュヌ将軍主導のクーデタがあり，穏和派が追放される。
	4-21	スイスにヘルヴェティア共和国が創設される。
	4-23	バタヴィア共和国で新たな国民投票により，憲法案が承認される。
	5-08	シィエスが駐ベルリン大使になる。
	5-09	くじ引きによりフランソワ＝ド＝ヌシャトーが総裁政府を退く。同月15日にトレヤールが後任に任命される。
	5-11	フロレアル22日の「クーデタ」。ネオ・ジャコバン議員の多くが当選無効となる。
	5-19	ボナパルトがエジプトに向け，トゥーロンを出港。
	6-17	フランソワ＝ド＝ヌシャトーが内務大臣になる。統計調査の発展に貢

		献する。
	7-01	ボナパルトの艦隊がアレクサンドリアに入港，部隊は翌日上陸し，町を占領。
	7-06	宣誓拒否聖職者への特例法が採択され，信仰を外面に現すことが禁じられる。
	7-14	アイルランドの蜂起が終息させられる。
	7-21	ボナパルトの遠征軍がピラミッドの戦いに勝利する。
	8-01	フランス艦隊はアブキール湾でネルソン率いるイギリス艦隊に壊滅させられる。
	8-19	フランスとヘルヴェティア共和国の相互援助条約が締結される。
	8-30	チザルピナ共和国でフロレアル22日に倣ったクーデタ。ジャコバン派が追放される。
	9-02	マルタ島で反フランスの住民蜂起が発生。
	9-05	義務兵役制を命じるジュルダン・デルブレル法が可決される。
	9-09	トルコがフランスに宣戦布告。
	9-17	パリで全国産業博覧会が開催される（～9-21）。
	10月	ベルギーで反フランスの農民反乱が生じる。
	10-21	カイロで反フランスの暴動。翌日フランス軍は過酷な弾圧を行なう。
	11-22	ナポリ軍が，シャンピオネ率いるフランス軍が守るローマ共和国を攻撃。
	11-29	ナポリ王国とロシアが相互援助条約を締結。
	12-14	シャンピオネがローマを奪回。
	12-21	シャンピオネ軍がナポリに迫り，国王夫妻はネルソンの艦隊の船でパレルモに避難。
	12-29	イギリスがロシア，ナポリ王国と同盟。第二次対仏同盟の成立。
1799	1-23	シャンピオネ率いるフランス軍がナポリ入城。
	1-26	パルテノペアンヌ共和国（＝ナポリ共和国）が成立。
	2月	ナポリのフランス軍とジャコバン派に対する農民蜂起が生じる。
	2-25	ボナパルト軍がガザに入る。
	3-12	フランスはオーストリアに宣戦布告。オーストリアは対仏同盟に参加。4月末にかけて，ドイツとイタリアにおけるフランス軍の敗北が続く。
	3-21	共和暦7年の国政選挙が始まる。
	4-08	フランス軍がナザレトでトルコ軍に勝利。
	4-18	共和暦7年の選挙の結果，改選議員の過半数をネオ・ジャコバン派が占める。

4-23	ラシュタット会議はオーストリアとの開戦で無意味となり，交渉を中止。
4-28	ラシュタットから帰国するフランス全権代表団がオーストリア軍により殺害される。
4-29	ロシア軍が北イタリアでフランス軍を破り，ミラノに入城。
5-05	フランス軍がナポリを撤退。
5-06	トスカナの農民が組織した「ヴィヴァ・マリア団」がジャコバン派を攻撃。
5-09	ルベルがくじ引きにより総裁からはずれ，16日にシィエスがその後任に任命される。
6-09	駐ベルリン大使だったシィエスがパリに帰還。
6-14	ボナパルト軍がエジプトに帰還。
6-18	プレリアル30日の「クーデタ」。総裁政府が軍事的敗北の責任を問われ，ラ＝レヴェリエール＝レポとメルラン＝ド＝ドゥエの二人の総裁が辞任させられる。
6-19	デュコがメルラン＝ド＝ドゥエの後任の総裁に任命される。同日，ナポリに残って要塞に立てこもった少数のフランス軍とジャコバン派が降伏。
6-20	ムラン将軍がラ＝レヴェリエール＝レポの後任の総裁に任命される。
6-28	「ヴィヴァ・マリア団」がシエナを奪取し，その地のジャコバン派を虐殺。同日，フランスで総動員法が成立。
6-29	ナポリでフランス兵とともに戦ったジャコバン派のほとんどが処刑される。
7-06	パリでマネージュにネオ・ジャコバンのクラブが創設される。
7-12	亡命貴族の家族の逮捕を許す「人質法」が可決される。
7-17	フランス軍がジェノヴァで籠城戦にはいる。
8-06	トゥルーズ周辺で王党派の反乱が発生。同月20日に最終的に鎮圧される。
8-13	マネージュ・クラブが閉鎖され，ネオ・ジャコバンは地下に潜る。
8-15	フランス軍がノヴィで敗れ，イタリア方面軍司令官ジュベールが戦死。
8-23	ボナパルトがフランス帰還を決意して，エジプトを出港。
9月	シュアンとの戦いが西部の諸県で再開。
9-02	ネオ・ジャコバンと王党派双方のいくつかの新聞が発行禁止となる。
9-19	ブリュンヌ率いるフランス・バタヴィア連合軍が英露軍にベルゲンで勝利。
9-25	マッセナ率いるドナウ・エルヴェシア派遣軍がチューリッヒで英露軍

		に勝利。
	10月	西部でシュアンの活動が激化。
	10-06	ブリュンヌがカストリウムで英露軍に決定的な勝利。英露軍は18日に撤退。
	10-09	ボナパルトがフランスのフレジュスに上陸。
	10-16	ボナパルトがパリに帰還。
	10-23	リュシアン・ボナパルトが五百人会の議長に選出される。
	10-29	ヴァンデーの反乱軍がショレ付近で敗北。西部の大規模な反乱は終わる。
	11-09	ブリュメール18日のクーデタ。五百人会はサン＝クルーへ移動し，バラス，シィエス，デュコの3人の総裁が辞表を提出。
	11-10	クーデタの続き。ボナパルト，シィエス，デュコの3人が臨時執行委員となる。
	12-12	ボナパルト，カンバセレス，ルブランの3人が統領に任じられる。
	12-13	共和暦8年の憲法が採択される。同月15日に公布。13日に人質法が廃止される。
	12-27	元老院が設立され，シィエスが議長に任命される。
	12-28	西部地方に礼拝の自由が認められる。
1800	1-17	パリの73紙の新聞のうち60紙が発行禁止になり，新たな新聞も禁止される。
	2-07	共和暦8年の憲法が国民投票により承認される。
	2-13	フランス銀行が創設される。
	2-17	行政制度の整備と県知事制の創設を決める法が採択される。
	3-08	新たなイタリア戦役の準備が決められる。
	4-26	フランスに対して武器をとらなかった亡命者に恩赦が与えられる。
	5-20	ボナパルトの率いるフランス軍がサン＝ベルナール峠を越える。
	6-14	ボナパルト軍がマレンゴで辛勝。
	6-25	ボナパルトがマルティニアナ枢機卿と会談し，政教協約を結ぶ意思を伝える。
	7-02	ボナパルト，パリに帰還。
	12-03	モロ将軍が率いるライン方面軍がホーヘンリンデンでオーストリア軍を破る。
	12-24	サン＝ニケーズ街でボナパルト暗殺未遂事件が生じる。
1801	2-09	オーストリアとの間でリュネヴィルの講和条約が調印される。
	6-21	政教協約についての交渉のため，コンサルヴィ枢機卿がパリに到着。

	6-29	立憲派教会の全国会議がノートルダムで開催される。
	7-15	政教協約（コンコルダ）が調印される（〜7-16)。
	8-15	教皇ピウス7世が政教協約を批准。
	12月	議会で民法典案が審議される。ルクレール将軍が率いるフランス軍がサン＝ドマングの反乱鎮圧に向かう。
1802	3-25	フランスとイギリス，スペイン，オランダの間でアミアンの和約が締結される。
	4-18	ノートルダムで政教協約が公布され，公認宗教体制が発足する。
	5-12	ボナパルトを終身統領とする案を立法府がほぼ満票で可決する。
	5-20	フランスは植民地における奴隷制と黒人貿易を再開する。
	6-07	トゥサン・ルヴェルチュールがサン＝ドマングで捕虜となる。
	8-02	国民投票により，ボナパルトが終身統領に任命される。
	8-04	共和暦10年の憲法が採択される。
1803	4-30	フランスはルイジアナをアメリカ合衆国に売却する。
	5-16	イギリスがアミアンの和約を破棄する。
1804	1-01	ハイチ共和国が独立を宣言する。
	1-28	モロ，ピシュグリュの両将軍がボナパルトへの陰謀のために会合するが，すぐに警察の知るところとなる。両名とも2月に逮捕される。
	3-15	アンギアン公がバーデンで誘拐され，同月21日にヴァンセンヌで処刑される。
	3-21	立法府がフランス民法典を採択する。
	5-18	元老院決議により共和暦12年憲法が制定され，ボナパルトが皇帝に任じられる。
	8-02	国民投票により帝政の成立が承認される。
	12-02	ノートルダムで皇帝ナポレオン1世の戴冠式が挙行される。

（注）特に断らない限り，「ボナパルト」は「ナポレオン・ボナパルト」を指すものとする。

参考文献

I　欧文文献

史　料

Archives parlementaires de 1787 à 1860. 1ère sér., 1787 à 1799 : recueil complet des débats législatifs & politiques des chambres françaises, Paris, Libr. administrative de P. Dupont, 1879～.

Collection Baudouin de l'Institut d'Histoire de la Révolution Française （http.//collection-baudouin.univ-paris1.fr）

Dorigny, Marcel（Notes liminaires par）, *Œuvres de Sieyès,* Paris, EDHIS, 1989, 3 vols.

Observations présentées à l'Assemblée nationale par M. Barère de Vieuzac, député de Bigorre, Bibliothàque nationale, L²k 297.

Œuvres de Maximilien Robespierre, 10 vols, Paris, Phénix Éditions, 2000.

Recueil général des anciennes lois françaises, depuis l'an 420 jusqu'à la Révolution, Paris, 1827.

Saint-Just œuvres complètes, Paris, Gallimard（folio histoire）, 2004.

Saint-Just Oeuvres choisis, Paris, Gallimart（idées nrf）, 1968.

Le Vieux Cordelier, Bibliothèque nationale, 8Lc2 804.

事典・通史

Aulard, Alphonse, *Histoire politique de la Révolution française : Origines et Développement de la Démocratie et de la République*（*1789-1804*）, 4ᵉ édition, Paris, Armand Colin, 1909.

Biard, M., Bourdin, Ph., et Marzagalli, S.,（éd.）, *Révolution, Consulat, Empire : 1789-1815,* Paris, Belin, 2009.

Biard, M., et Dupuy, P., *La Révolution française : 1787-1804,* 3ᵉ édition, Paris, Armand Colin, 2014.

Boursin, E., et Challamel, A., *Dictionnaire de la révolution française : institutions, hommes & faits,* Paris, 1893（Kraus reprint 1971）.

Commninel, George C., *Rethinking the French Revolution : Marxism and the Revisionist Challenge,* London & New York, Verso, 1987.

Furet, François et Ozouf, Mona, *Dictionnaire critique de la Révolution française,* Paris, Flammarion, 1988〔フランソワ・フュレ，モナ・オズーフ編（河野健二他監訳）『フランス革命事典』みすず書房，全7巻，1998～2000年〕.

Godechot, Jacques, *Les Révolutions 1770-1799,* Paris, P.U.F., 1965.

Godechot, J., *La Révollution française : Chronologie commentée 1787-1799,* Paris, Perrin, 1988〔ジャック・ゴデショ（瓜生洋一他訳）『フランス革命年代記 1787-1799』日本評論社，1989年〕.

Kuscinski, A, *Dictionnaire des conventionnels,* Paris, 1916（Bruel-en-Vexin, Editions du Vexin Français, 1973）.

Lefebvre, Georges, *La Révolution française,* 6ᵉ édition, Paris, P.U.F., 1968.

Lemay, Edna Hindie（sous la direction de）, *Dictionnaire des Législateurs 1791-1792,* 2

vols., Ferney-Voltaire, Centre international d'Étude du XVIIIe siècle, 2007.
Leuwers, Hervé, *La Révolution française et l'Empire : Une France révolutionnée (1787-1815,* Paris, P.U.F., 2011.
Martin, Jean-Clément, *Nouvelle histoire de la Révolution française,* Paris, Perrin, 2012.
Massin, Jean, *Almanach de la Révolution française : Des États Généraux aux Neuf-Thermidor,* Paris, Encyclopaedia Universalis, 1988.
Massin, J., *Almanach du Premier Empire : Du Neuf-Thermidor à Waterloo,* Paris, Encyclopaedia Universalis, 1988.
Mathiez, Albert, *La Révolution française,* Paris, Armand Colin, 1922-27, 3 vols〔アルベール・マチエ(ねずまさし・市原豊太訳)『フランス大革命』岩波文庫, 全3巻, 1958-59年〕.
Meyer, J., et Corvisier, A., *La Révolution française,* 2 vols., Paris, P.U.F., 1991.
Soboul, Albert, *Dictoinnaire historique de la Révolution française,* Paris, P.U.F., 1989.
Sutherland, Donald M. G., *Révolution et Contre-Révolution en France (1789-1815),* Paris, Seuil, 1985.
Sutherland, D. M. G., *The French Revolution and Empire : The Quest For A Civic Order,* Padstow, Blackwell Publishing, 2002.
Tulard, J., Fayard, J.-F., Fierro, A., *Histoire et Dictoinnaire de la Révolution française – 1789-1799,* Paris, Robert Laffont, 1987.
Vovelle, Michel, *La Révolution française 1789-1799,* Paris, Armand Colin, 1992.

個別研究

Aberdam, S. et Pangué D., « Les comités de surveillance, des rouages de la Terreur? », in M. Biard et H. Leuwers (sous la direction de), [2014].
Aftalion, Florin, *L'économie de la Révolution française,* Paris, Hachette, 1987.
Bastid, Paul, *Sieyès et sa pensée,* Paris, 1939, (Slatkine Reprints, 1978).
Baczko, Bronislaw, *Comment sortir de la Terreur : Thermidor et la Révolution,* Paris, Gallimard, 1989.
Baczko, B., *Politiques de la Révolution française,* Paris, Gallimard (folio histoire), 2008.
Baker, K. M., Furet, F., Lucas, C., Ozouf, M. (edited by), *The French Revolution and the creation of modern political culture,* 4 vols., Oxford &. Pergamon, 1987-1994.
Bertaud, Jean-Paul, *Les causes de la Révolution française,* Paris, Armand Colin, 1992.
Bianchi, Serge, *La révolution culturelle de l'an II : Elites et peuple 1789-1799,* Paris, Aubier, 1982.
Biard, Michel, *Missionnaires de la République : Les représentants du peuple en mission (1793-1795),* Paris, Comité des travaux historiques et scientifiques, 2002.
Biard, M. (sous la direction de), *Les politiques de la Terreur : 1793-1794,* Rennes, Presses Universitaires de Rennes, 2008.
Biard, M. (sous la direction de), *La Révolution française : Une histoire toujours vivante,* Paris, Tallandier, 2009.
Biard, M., « La mort à la Convention. Des représentants dans l'oeil du cyclone », in Biard, M. et Leuwers H., (sous la direction de) [2014].
Biard, Bourdin, Leuwers, et Serna (sous la direction de), *1792 : Entrer en République,* Paris, Armand Colin, 2013.

Biard, M. et Leuwers, H. (sous la direction de), *Visages de la Terreur,* Paris, Armand Colin, 2014.

Biard, M., *Terreur et Révolution française,* Paris, Uppr, 2016.

Biard, M. et Leuwers, H. (sous la direction de), *Danton : Le mythe et l'Histoire,* Paris, Armand Colin, 2016.

Bluche, François, *L'Ancien Régime : Institutions et société,* Paris, Le livre de poche, 1993.

Bouloiseau, Marc, *La république jacobine, 10 août 1792–9 thermidor an II : Nouvelle Histoire de la France contemporaine 2,* Paris, Seuil (Points Histoire), 1972.

Bourgeois, B., et D'Hondt, J. (sous la direction de), *La Philosophie et la Révolution : actes du colloque de la Société française de philosophie, 31 mai, l^er et 2 juin 1989,* Paris, J. Vrin, 1993.

Brassart, Laurent,« 'L'autre Terreur' : portrait d'une France (presque) épargnée », in Biard M. et Leuwers H. (sous la direction de), [2014].

Brinton, Clarence Crane, *The Jacobins : An Essay in the new history,* New York, Russell & Russell, 1930.

Bruguière, Michel, *Gestionnaires et profiteers de la Révolution,* Paris, Olivier Orban, 1986.

Brunel, Françoise, « Les députés montagnards », in Soboul, Albert, (sous la direction d'), [1980].

Brunel, F., *Thermidor – La chute de Robespierre,* Paris, Complexe, 1989.

Burstin, Haim, *L'invention du sans-culotte : Regard sur le Paris révolutionnaire,* Paris, Odile Jacob, 2005.

Campbell, Peter R. (edited by), *The Origins of the French Revolution,* New York, Palgrave, 2006.

Chappey, Jean-Luc, « Révolution, régénération, civilisation; enjeux culturels des dynamiques politiques », in Chappey, Gainot, Mazeau, Régent, Serna, [2012].

Chappey, Gainot, Mazeau, Régent, et Serna, *Pour quoi faire la Révolution,* Marseille, Agone, 2012.

Chartier, Roger, *Les origines culturelles de la Révolution française,* Paris, Seuil, 1990〔ロジェ・シャルチエ(松浦義弘訳)『フランス革命の文化的起源』岩波書店, 1994年〕.

Chaumié, Jacqueline, « Les girondins », in Soboul, Albert, (sous la direction d'), [1980].

Chopelin, Paul, « La défanatisation de l'an II. Anticléricalisme et laïcisation radicale dans la nation en guerre », in M. Biard et H.Leuwers (sous la direction de) [2014].

Cobb, Richard, *The Police and the people: French popular protest 1789–1820,* Oxford &c., Oxford University Press, 1970.

Conac, G.et Machelon, J.-P. (sous la direction de), *La Constitution de l'an III : Boissy d'Anglas et la naissance du libéralisme constitutionnel,* Paris, P.U.F., 1999.

De Certeau, M., Julia, D., Revel, J., *Une politique de la langue : La Révolution française et les patois,* Paris, Gallimard, 1975.

Dommanget, Maurice, *Sur Babeuf et la conjuration des égaux,* Paris, François Maspero, 1970.

Du Pontavice, Gabriel, *La Chouannerie,* Paris, P.U.F. (Que sais-je ?), 1991.

Dupuy, R., Morabito, M. (sous la direction de), *1795 : Pour une République sans Révolution,* Rennes, Presses universitaires de Rennes, 1996.

Egret, Jean, *La Pré-Révolution française (1787–1788),* Paris, P.U.F., 1962.

Egret, J., *La Révolution des Notables : Mounier et les Monarchiens 1789,* 2e éd., Paris, Armand Colin, 1989.

Faccarello, G. et Steiner, Ph. (sous la direction de), *La Pensée économique pendant la Révolution française,* Grenoble, Presses universitaires de Grenoble, 1990.

Furet, François, *Penser la Révolution française,* Paris, Gallimard (folio histoire), 1978〔フランソワ・フュレ（大津真作訳）『フランス革命を考える』岩波書店，1989年〕.

Furet, François et Halévi, Ran, *La Monarchie républicaine : La Constitution de 1791,* Paris, fayard, 1996.

Gainot, Bernard, « Des mots pour dire la guerre et le territoire », in Biard, Leuwers (sous la direction de) [2016].

Gauthier, Florence, *La voie paysanne dans la Révolution française : l'exemple picard,* Paris, François Maspero, 1977.

Gershoy, Leo, *Bertrand Barere, A Reluctant Terrorist,* Princeton, Princeton University Press, 1962.

Godechot, Jacques, *La Contre-révolution : Doctrine et action, 1789–1804,* Paris, P.U.F., 1961〔ジャック・ゴデショ（平山栄一訳）『反革命—理論と行動 1789－1804』みすず書房，1986年〕.

Godechot, J., *Les institutions de la France sous la Révolution et l'Empire,* 2e éd., Paris, P.U.F., 1968.

Grateau, Philippe, *Les cahiers de doléances : Une relecture culturelle,* Rennes, Presses Universitaires de Rennes, 2001.

Hunt, Lynn, *Le roman familial de la Révolution française,* Paris, Albin Michel, 1995〔リン・ハント（西川長夫他訳）『フランス革命と家族ロマンス』平凡社，1999年〕.

Jourdan, Annie, *La Révolution, une exception française?,* Paris, Flammarion (Champs), 2004.

Jouvenel, François de, « Les camps de Jales (1790–1792), épisodes contre-révolutionnaires? », in *Annales historiques de la Révolution française,* no.337 (juillet-septembre 2004).

Kaiser, Thomas E. & Kley, Dale K. Van (edited by), *From Deficit to Deluge: the origins of the French revolution,* Stanford, Stanford University Press, 2011.

Kley, Dale K. Van, *Les origines religieuses de la Révolution française : 1560–1791,* Paris, Seuil, 2002.

Le Bozec, Christine, *La Première République : 1792–1799,* Paris, Perrin, 2014.

Lefebvre, Georges, « Sur la loi du 22 prairial an II », in Lefebvre [1963].

Lefebvre, G., *Etudes sur la Révolution française,* 2e éd., Paris, P.U.F., 1963.

Lefebvre, G., *La Grande Peur de 1789,* nouvelle édition, Paris, Armand Colin, 1970.

Lefebvre, G., *Quatre-Vingt-Neuf,* Paris, Éditions Sociales, 1970〔ジョルジュ・ルフェーヴル（高橋幸八郎他訳）『1789年—フランス革命序論』岩波文庫，1998年〕.

Lefebvre, G., *La France sous le Directoire (1795–1799),* Paris, Editions Sociales, 1977.

Lefebvre, G., *Les Thermidoriens·Le Directoire,* Paris, Armand Colin, 2016.

Leuwers, Hervé, « Ces représentants qui ont choisi la république : les Conventionnels des 20 et 21 septembre 1792 », in Biard, Bourdin, Leuwers, Serna (sous la direction de), [2013].

Luzzatto, Sergio, *L'Automne de la Révolution : Luttes et cultures politiques dans la France thermidorienne,* Paris, Honoré Champion, 2001.

Maire, Catherine (réunis par), *Jansénisme et Révolution*, Paris, Chroniques de Port-Royal, 1990.

Mallet, Marc-George, *La politique financière des Jacobins,* (reprinted), New York, Burt Franklin, 1972, (reprint of the 1913 ed.).

Martin, Jean-Clément, *Contre-Révolution, Révolution et Nation en France 1789–1799,* Paris, Seuil (Points Histoire), 1998.

Martin, J.-C. (sous la direction de), *La Révolution à l'œuvre : Perspectives actuelles dans l'histoire de la Révolution française,* Rennes, Presses universitaires de Rennes, 2005.

Martin, J.-C.,*Violence et Révolution,* Paris, Seuil, 2006.

Martin, J.-C., *La Vendée et la Révolution : Accepter la mémoire pour écrire l'histoire,* Paris, Perrin, 2007.

Martin, J.-C., *La Terreur : Part maudite de la Révolution,* Paris, Gallimard, 2010.

Martin, Virginie, « Diplomatie et République : gageure ou impasse? », n Biard, Bourdin, Leuwers, Serna (sous la direction de), [2013].

Martin, J.-C., *La guerre de Vendée 1793–1800,* Paris, Seuil, 2014.

McPhee, Peter, « Robespierre et la République », in Biard, Bourdin, Leuwers, Serna (sous la direction de), [2013].

Méthivier, Hubert, *La fin de l'Ancien régime,* Paris, P.U.F. (Que sais-je?), 1970.

Monnier, Raymonde, « Que signifie 'être républicain' en septembre 1792? », in Biard, Bourdin, Leuwers, Serna (sous la direction de), [2013].

Mousset, Sophie, *Olympe de Gouge et les droits de la femme,* Paris, Félin-Kiron, 2007.

Niclolas, Jean, *La Rébellion française, mouvements populaires et conscience sociale : 1661–1789,* Paris, Seuil, 2002.

Olivier, Albert, *Saint-Just et la force des choses,* Paris, Gallimard (livre de poche), 1966.

Ozouf-Marignier, Marie-Vic, *La formation des départements : La représentation du territoire français à la fin du 18ᵉ siècle,* Paris, Éditions de l'École des hautes études en sciences sociales, 1989.

Popkin, Jeremy, *La Presse de la Révolution : Journaux et journalistes (1789–1799),* Paris, Odile Jacob, 2011.

Rance, Karine, « La Contre-Révolution à œuvre en Europe», in Martin, J.-C. (sous la direction de), [2005].

Rétat, Pierre, *Les Journaux de 1789 : Bibliographie critique,* Paris, Edition du CNRS, 1988.

Sédillot, René, *Le coût de la Révolution française : Vérités et Légendes,* Paris, Perrin, 1987 〔ルネ・セディヨ（山﨑耕一訳）『フランス革命期の代償』草思社，1991年〕.

Serna, Pierre, *La République des girouettes,* Seyssel, Champs Vallon, 2005.

Serna, P. (sous la direction de), *Républiques sœurs : Le Directoire et la Révolution atlantique,* Rennes, Presses Universitaires de Rennes, 2009.

Simeon, Côme, « Un ministre face aux massacres de septembre 1792 », in Biard, Leuwers (sous la direction de) [2016].
Soboul, Albert, *Les sans-culottes parisiens en l'an II : Mouvement populaire et gouvernement révolutionnaire, 2 juin 1793–9 thermidor an II,* Paris, Clavreuil, 1958.
Soboul, A., *La Ire République (1792–1804),* Paris, Calmann-Lévy, 1968.
Soboul, A., *Les Sans-culottes,* Paris, Seuil, 1968〔アルベール・ソブール（井上幸治監訳）『フランス革命と民衆』新評論，1983年〕.
Soboul, A., *Mouvement populaire et gouvernement révolutionnaire en l'an II 1793–1794,* Paris, Flammarion (Science), 1973.
Soboul, A., (sous la direction d'), *Actes du colloque Girondins et Montagnards,* Paris, Société des Études Robespierristes, 1980.
Soboul, A., *Dictionnaire historique de la Révolution française,* Paris, P.U.F., 1989.
Tackett, Timothy, *Par la volonté du peuple : Comment les députés de 1789 sont devenus révolutionnaires,* Paris, Albin Michel, 1997.
Tackett, T., *Le roi s'enfuit : Varennes et l'origine de la Terreur,* Paris, La Découverte 2004.
Tackett, T., *The coming of the Terror in the French Revolution,* Cambridge & London, The Belknap Press of Harvard University Press, 2015.
Thomas, Jean-Pierre, *Bertrand Barère. La voix de la Révolution,* Paris, Les Éditions Desjonquères, 1989.
Troper, Michel, « La separation des pouvoirs dans la Constitution de l'an III », in Conac, G.et Machelon, J.-P. (sous la direction de) [1999].
Tulard, Jean, *Les Thermidoriens,* Paris, Fayard, 2005.
Vinot, Bernard, *Saint-Just,* Paris, Fayard, 1985.
Vovelle, Michel, *La Chute de la monarchie 1787–1792 : Nouvelle Histoire de la France contemporaine 1,* Paris, Seuil (Points Histoire), 1969.
Vovelle, M., *Religion et Révolution : la déchristianisation de l'an II,* Paris, Hachette, 1976.
Vovelle, M., *La mentalité révolutionnaire : Société et mentalité sous la Révolution française,* Paris, Éditions sociales, 1985〔ミシェル・ヴォヴェル（立川孝一他訳）『フランス革命の心性』岩波書店，1992年〕.
Vovelle, M., *Les aventures de la raison : entretiens avec Richard Figuier,* Paris, Belfond, 1989.
Vovelle, M., *La Révolution contre l'Église : de la Raison à l'Être suprême,* Paris, Complexe, 1988〔ミシェル・ヴォヴェル（谷川稔他訳）『フランス革命と教会』人文書院，1992年〕.
Woronoff, Denis, *La République bourgeoise de Thermidor à Brumaire 1794–1799 : Nouvelle Histoire de la France contemponaine 3,* Paris, Seuil (Points Histoire), 1972.

II　日本語文献

安藤裕介『商業・専制・世論—フランス啓蒙の「政治経済学」と統治原理の転換』創文社，2014年
井上幸治『ロベスピエールとフランス革命』誠文堂新光社，1981年

井上すず『ジャコバン独裁の政治構造』御茶ノ水書房，1972年
浦田一郎『シエースの憲法思想』勁草書房，1987年
エリアス，ノルベルト（波田，溝辺，羽田，藤平訳）『文明化の過程』法政大学出版局，1978年
川合清隆『ルソーとジュネーヴ共和国―人民主権論の成立』名古屋大学出版会，2007年
河野健二『フランス革命小史』岩波新書，1959年
河野健二『フランス革命と明治維新』NHK ブックス，1966年
河野健二編『資料フランス革命』岩波書店，1989年
桑原武雄編『フランス革命の研究』岩波書店，1959年
小井高志『リヨンのフランス革命―自由か平等か』立教大学出版会，2006年
桜田美津夫『物語オランダの歴史―大航海時代から「寛容」国家の現代まで』中公新書，2017年
札幌日仏協会編『フランス革命の光と闇』勁草書房，1997年
シィエス（稲本他訳）『第三身分とは何か』岩波文庫，2011年
柴田三千雄『バブーフの陰謀』岩波書店，1968年
柴田三千雄『パリのフランス革命』東京大学出版会，1988年
柴田三千雄『フランス革命』岩波現代文庫，2007年
柴田三千雄『フランス革命はなぜおこったか』山川出版社，2012年
杉原泰雄『国民主権の研究』岩波書店，1971年
杉原泰雄『人民主権の史的展開―民衆の権力原理の成立と展開』岩波書店，1978年
杉原泰雄『国民主権と国民代表制』有斐閣，1983年
杉原泰雄『国民主権の史的展開―人民主権との対抗のなかで』岩波書店，1985年
スコッチポル，シーダ（牟田和恵監訳）『現代社会革命論―比較歴史社会学の理論と方法』岩波書店，2001年
ソブール，アルベール（山﨑耕一訳）『大革命前夜のフランス―経済と社会』法政大学出版局，1982年
高澤紀恵・ティレ，アラン・吉田伸之編『パリと江戸―伝統都市の比較史へ』山川出版社，2009年
高橋幸八郎『市民革命の構造』御茶ノ水書房，1950年
高橋幸八郎『近代社会成立史論』御茶ノ水書房，新装第1刷，1953年
竹中幸史『フランス革命と結社―政治的ソシアビリテによる文化変容』昭和堂，2005年
竹中幸史『図説フランス革命史』河出書房新社，2013年
竹中幸史「理想の公教育への挑戦」，山﨑・松浦編『フランス革命史の現在』［2013］
遅塚忠躬『ロベスピエールとドリヴィエ―フランス革命の世界史的位置』東京大学出版会，1986年
遅塚忠躬「フランス革命における国王処刑の意味」，遅塚・松本・立石編『フランス革命とヨーロッパ近代』［1996］
遅塚忠躬・松本彰・立石博高編『フランス革命とヨーロッパ近代』同文舘，1996年
遅塚忠躬『フランス革命―歴史における劇薬』岩波ジュニア新書，1997年
辻村みよ子『フランス革命の憲法原理―近代憲法とジャコバン主義』日本評論社，1989年
デュヴェルジェ，モーリス（時本義昭訳）『フランス憲法史』みすず書房，1995年